학문을 키워주는 미래로의 산책

온고지신
인문학

에게 드립니다

온고지신(溫故知新)

'온고(溫故)'는 옛것을 익힌다는 뜻이고, '지신(知新)'은 새것을 안다는 뜻으로
새로운 것을 알기 위해서 옛것을 익히고 배워야 한다.

온고지신 인문학 10

원저:법구존자 / 편저:박일봉

일봉 법구경

육문사
Yukmoonsa

온고지신 인문학 10

일봉 법구경

초판 1쇄 | 2019년 5월 15일 발행

원저자 | 법구존자
편저자 | 박일봉
교　정 | 이정민
디자인 | 인지숙
펴낸이 | 이경자
펴낸곳 | 육문사

주소 | 경기도 고양시 일산동구 산두로 128. 909동 202호
전화 | 031-902-9948
팩시밀리 | 031-903-4315
출판등록 | 제313-2011-2호 (1974. 5. 29)

ISBN 978-89-8203-031-4 04140
　　　978-89-8203-100-7 (세트)

이 도서의 국립중앙도서관 출판예정도서목록(CIP)은 서지정보유통지원시스템
홈페이지(http://seoji.nl.go.kr)와 국가자료종합목록시스템(http://www.nl.go.kr/kolisnet)에서
이용하실 수 있습니다. (CIP제어번호 : CIP2019011811)

一峰 法句經

법구경을 시작하며……

《법구경(法句經)》은 《논어(論語)》나 《채근담(茱根譚)》과 마찬가지로 사람이 세상을 살아가는데 있어서 처세를 어떻게 하느냐에 대한 말씀이다.

《법구경》은 법구존자(法救尊者)가 엮은 것으로 오(吳)나라의 유기난(維祇難)이 번역한 것이다. 법구존자는 파사사대논사(婆娑四大論師)의 한 사람으로 부처님이 돌아가신지 300년 뒤에 세상에 태어났다고 하며 대덕법구(大德法救)라는 인물이다.

《법구경》에는 남전(南傳)과 북전(北傳)의 두 종류가 있다. 남전은 파리어로 번역된 《법구경》으로 26品 422송(頌)으로 되어 있으며, 북전은 범어(梵語)를 번역한 것으로 39品 752송(頌)으로 되어 있다.

이 《법구경》을 번역한 유기난은 천축(天竺)의 중(僧)이다. 그의 전기에 의하면 그는 삼장(三藏)에 밝고 특히 《아함경(阿含經)》에 밝아 뒤에 서역(西域)으로부터 중국에 와서 위(魏)나라 문제(文帝) 황무(黃武) 3년에 입률염(笠律炎)과 《법구경》을 번역했다.

이 《법구경》은 제1 무상품(無常品)으로부터 제39 길상품(吉祥品)에 이르는 것을 모두 번역한 것으로 간단하기는 하지만 불교 전체의 내용을 보여 주고 있으며, 실제로 인간생활의 여러 분야에 걸쳐 다 포함되어 있다.

그리고 인간의 미망과 깨달음과 죄악과 미덕, 드디어 깨달음의 열반(涅槃)을 이해할 수 있으며, 자유방임주의시대에 사는 현대에 마음과 몸을 조이는 생각을 곰곰이 생각하게 한다.

신앙이 있는 사람이나 없는 사람이나, 특히 음욕을 굳게 경계하는 일 등은 고마운 교훈이다. 더러움으로 썩어버린 인간계의 욕정을 없애서 깨끗한 생활을 보이고 올바른 인생의 종국의 깨달음이 열반이란 것을 보여 주는 것은, 근본적으로 불교의 높은 큰 이상을 보여 주는 것이라고 믿고 있는 것이다.

　처음에 불교가 무엇인지를 아는 사람에게 있어서 이《법구경》이야말로 불교를 배우는데 있어서 경시할 수 없는 국제적인 불교의 경전으로 널리 읽혀도 좋다고 확신하는 바이다.

　이밖에도 널리 전하여지는《화엄경(華嚴經)》·《반야경(般若經)》·《법화경(法華經)》·《열반경(涅槃經)》등 8만 4천 가지 불경이 있지만 모두가 대부분이 이해하기 어려워서 한 번이나 두 번 읽어 가지고는 이해하기 어렵다. 이《법구경》은 주로《아함경(阿含經)》에서 중요한 부분을 정리한 것으로 몹시 알기 쉽다.

　부처님의 광대무변(廣大無邊)한 지혜와 깊고 후한 대자비(大慈悲)를 알게 되면, 우리들과 같은 평범한 사람들은 천박하지도 슬프지도 않은 눈앞에 나타난 현상에만 사로잡힌 미혹됨을 깊이 깨닫게 될 것이다. 사람은 반드시 죽어 떠나지만 불법(佛法)은 인생을 어떻게 살아가느냐를 가르쳐 주고 있다.

차 례 / 법구경(法句經)

제1 무상품(無常品)

無常品者 寤欲昏亂 榮命難保 唯道是眞.
무 상 품 자 오 욕 혼 란 영 명 난 보 유 도 시 진

무상품(無常品)이란 깨어나면 욕심이 혼란하여 영화와 목숨은 보전하기 어렵고 오직 도(道)만이 참된 것이다.

【글자 뜻】 常:항상 상. 寤:잠깰 오. 欲:욕심 욕. 하고자할 욕. 昏:어두울 혼. 亂:어지러울 란. 榮:영화 영. 難:어려울 난. 保:보전할 보. 唯: 오직 유. 眞:참 진.

【말의 뜻】 無常:일정불변한 것이 없음. 寤欲昏亂:잠깨면 욕심이 마음을 혼미하게 만들고 어지럽힘. 榮命難保:영화와 목숨은 보전하기 어려움. 唯道是眞:오직 부처님의 도만이 참됨.

【뜻 풀이】 무상품에서 설명하는 것은 이 세상에는 무엇 하나 일정불변한 것이 없어서, 잠에서 깨어나면 다섯 가지 욕심(이(耳)·목(目)·구(口)· 비(鼻)·신(身)의 욕심)이 마음을 혼미하고 어지럽게 만들어, 부귀영화나 인간의 수명까지도 오래 보전하기 어렵다. 오직 부처님이 말씀하신 도야말로 참다울 뿐이다.

睡眠解寤 宜歡喜思. 聽我所說 撰記佛言.
수 면 해 오 의 환 희 사 청 아 소 설 찬 기 불 언

잠에서 깨어나면 마땅히 기뻐하며 생각하라. 내가 설명하는 바를 듣고 부처님의 말씀을 갖추어 기억하라.

【글자 뜻】 睡:잠잘 수. 眠:잠잘 면. 解:깨달을 해. 풀 해. 宜:마땅 의.
歡:기쁠 환. 喜:기쁠 희. 聽:들을 청. 說:말씀 설. 撰:갖출 찬. 記:기
억할 기. 기록할 기. 佛:부처 불.
【말의 뜻】 睡眠解寤:잠에서 깨어나 깨달음. 宜歡喜思:마땅히 기뻐하면서
생각하라. 聽我所說:내가 설명하는 바를 들음. 撰記佛言:부처님의 말
씀을 갖추어 기억하라.

【뜻 풀이】 잠에서 깨어나거든 크게 기쁜 생각을 안고서 생각해 보라. 내가
설교하는 바를 잘 듣고서 부처님의 말씀을 마음 깊이 새겨 기억하라.

> 所行非常 謂興衰法 夫生輒死 此滅爲樂.
> 소 행 비 상 위 흥 쇠 법 부 생 첩 사 차 멸 위 락

행하는 것은 일정불변한 것이 없으니 흥하고 쇠하는 법이라고 말한다.
대저 생겨난 것은 부득 죽으니 이 멸함을 즐거움으로 삼아야 한다.

【글자 뜻】 謂:이를 위. 興:흥할 흥. 衰:쇠할 쇠. 夫:대저 부. 남편 부.
輒:문득 첩. 滅:멸할 멸.
【말의 뜻】 所行非常:행하는 것은 일정불변한 것이 없음. 謂興衰法:흥하
고 쇠하는 법이라고 말한다. 夫生輒死:대저 생겨난 것은 부득 죽어감.
此滅爲樂:이 멸하는 것을 즐거움으로 삼으라.

【뜻 풀이】 이 세상에서 행하는 것은 모두 일정불변한 것이 있을 수 없으니 이것을 일러 흥하고 쇠하는 법이라고 말한다. 무릇 태어나고 생겨나는 것은 결국에는 죽어서 영원히 존재하는 것이 없다. 이 생사를 초월하여 살아가는 힘을 안락이라고 말한다.

譬如陶家 埏埴作器 一切要壞. 人命亦然.
비 여 도 가 선 식 작 기 일 체 요 괴   인 명 역 연

　비유컨대 질그릇을 만드는 사람이 찰흙을 이겨 그릇을 만들되 모두가 반드시 파괴되는 것과 같다. 사람의 목숨도 또한 그러하다.

【글자 뜻】 譬:비유할 비. 陶:질그릇 도. 埏:흙이길 선. 埴:찰흙 식. 器: 그릇 기. 切:모두 체. 끊을 절. 要:반드시 요. 필요 요. 壞:무너질 괴. 亦:또 역.
【말의 뜻】 譬如:비유컨대 마치 ~과 같다. 陶家:질그릇을 만드는 사람. 埏 埴作器:찰흙을 이겨 그릇을 만들음. 切要壞:모두가 반드시 깨어짐. 人 命亦然:사람의 목숨도 또한 그러함.

【뜻 풀이】 비유해서 말하면 질그릇을 만드는 사람이 찰흙을 이겨 여러 가 지 그릇을 만들지만, 그 그릇들 모두가 부딪치고 떨구고 하여 반드시 다 깨어지는 것과 같다. 사람의 목숨도 역시 이와 마찬가지이다. 그러므로 생사를 초월하여 살아야 하는 것이다.

如河駛流 往而不返 人命如是 逝者不還.
여 하 사 류 왕 이 불 반 인 명 여 시 서 자 불 환

개울물이 빨리 흘러가서 돌아오지 않음과 같으니 사람의 목숨도 이와 같아서 간 자는 돌아오지 않는다.

【글자 뜻】河:개울 하. 駛:빠를 사. 往:갈 왕. 返:돌아올 반. 逝:갈 서.
　　還:돌아올 환.
【말의 뜻】河駛流:개울물이 빨리 흐름. 往而不返:가서 돌아오지 않음. 人
　　命如是:사람의 목숨도 이와 같음. 逝者不還:간 자는 돌아오지 않음.

【뜻 풀이】마치 개울물이 잠시도 쉬지 않고서 빨리 흘러가서, 한 번 흘러간
　　물은 다시 원점으로 돌아오지 않는 것과 같다. 사람의 목숨도 이와 같아
　　서 한 번 죽은 사람은 다시는 돌아오지 못한다.

譬人操杖 行牧食牛 老死猶然 亦養命去.
비 인 조 장 　 행 목 식 우 　 노 사 유 연 　 역 양 명 거

비유컨대 사람이 몽둥이를 잡고서 목축을 행하여 소를 잡아먹는 것과
같아서 늙음과 죽음은 오히려 그와 같으니 역시 목숨을 길러 가지고 사라
져 간다.

【글자 뜻】操:잡을 조. 杖:몽둥이 장. 지팡이 장. 牧:칠 목. 猶:오히려 유.
　　같을 유. 養:기를 양. 去:갈 거.
【말의 뜻】人操杖:사람이 몽둥이를 잡음. 行牧食牛:목축을 행하여 소를 잡
　　아먹음. 老死猶然:늙음과 죽음도 오히려 그러함. 養命去:목숨을 길러
　　가지고 가버림.

【뜻 풀이】 비유하면 마치 소를 도살하여 먹은 백정이, 많은 소들을 기른 다음 살찐 소부터 잡아먹는 것과 같다. 사람의 늙음과 죽음도 이와 같아서, 목숨을 기른 다음 갑자기 죽어버리고 만다. 세상에는 이와 같이 목숨이 짧다는 것을 깨닫지 못하는 불쌍한 사람들이 많다.

千百非一 族姓男女 貯聚財産 無不衰喪.
천 백 비 일 족 성 남 녀 저 취 재 산 무 불 쇠 상

천 명이나 백 명에 한 사람도 아니고 모든 집안의 남녀들이 재산을 저축하고 모으지만 쇠망하고 잃지 않는 사람이 없다.

【글자 뜻】 族:겨레 족. 姓:성 성. 貯:저축할 저. 聚:모을 취. 喪:잃을 상.
【말의 뜻】 千百非一:천 명이나 백 명 중의 한 사람도 아님. 族姓男女:여러 집안의 남녀들. 貯聚財産:재산을 저축하고 모음. 無不衰喪:쇠망하고 상실하지 않음이 없음.

【뜻 풀이】 천 명이나 백 명 중의 한 사람도 아니고, 모든 집안의 모든 남녀들이 재산을 저축하고 모으려고 애쓰지만, 누구나 죽을 때 그 재산을 가지고 가는 사람은 아무도 없다. 무상한 인생을 빨리 깨닫고 부처님의 참다운 도에 귀의하라.

生者日夜 命自攻削 壽之消盡 如熒霽水.
생 자 일 야 명 자 공 삭 수 지 소 진 여 영 영 수

살아 있는 사람은 밤낮으로 자기 목숨을 치고 깎으니 수명의 꺼지고

다함이 마치 낙숫물과 같다.

【글자 뜻】 攻:칠 공. 削:깎을 삭. 壽:목숨 수. 消:꺼질 소. 盡:다할 진.
荥:낙숫물 영. 霁:깊은 못 영.

【말의 뜻】 命自攻削:목숨을 스스로 치고 깎고 함. 壽之消盡:수명이 꺼지
고 다함. 如荥霁水:낙숫물과 같음.

【뜻 풀이】 마치 낙숫물이 계속 떨어져 마침내 돌에 구멍을 뚫는 것과 마
찬가지로, 사람은 언제나 다섯 가지 욕심에 사로잡혀 밤낮으로 부귀영
화에 대한 꿈을 버리지 못하고 밤낮으로 자신의 목숨을 깎아 내고 있으
니, 수명이 다하는 것도 모르고 욕심에 사로잡혀 있어 그 모습은 마치
낙숫물과 같다.

常者皆盡 高者亦墮 合會有離 生者有死.
상 자 개 진 고 자 역 타 합 회 유 리 생 자 유 사

유상(有常)한 사람은 모두 목숨이 다하여 부귀영화를 누리던 사람도 역
시 다 떨어지니 만나면 헤어짐이 있는 것과 마찬가지로 살아 있는 사람에
게는 죽음이 있을 뿐이다.

【글자 뜻】 皆:다 개. 墮:떨어질 타. 會:모일 회. 離:떠날 리.

【말의 뜻】 高者亦墮:부귀영화를 누리면 사람도 역시 다 떨어짐. 合會有離:
만나면 헤어짐이 있음. 生者有死:산 사람은 죽음이 있음.

【뜻 풀이】 유상(有常)한 사람에게도 무상(無常)한 인생이 있다. 부귀영화

를 누리던 사람도 언젠가는 가난해진다. 만남에는 이별이 있는 것과 마찬가지로, 산 사람에게는 죽음이 있을 뿐이다.

衆生相尅 以喪其命 隨行所墮 自受殃福.
중 생 상 극 이 상 기 명 수 행 소 타 자 수 앙 복

중생(衆生)은 서로 해치고 이겨 써 그 목숨을 잃으니 행함에 따라서 떨어지는 곳이 있으니 스스로 그 재앙과 복을 받는다.

【글자 뜻】 衆:무리 중. 尅:이길 극. 隨:따를 수. 受:받을 수. 殃:재앙 앙.

【말의 뜻】 衆生相尅:중생들은 서로 해침. 喪其命:자기 목숨을 잃음. 隨行所墮:행동함에 따라 떨어지는 바가 있음. 自受殃福:스스로 재앙과 복을 받음.

【뜻 풀이】 세상 사람들은 인생을 살기 위하여 서로 상대방을 해쳐서 그 목숨을 잃는다. 이것은 모두 다섯 가지 욕심 때문이다. 선행을 하는 사람은 다른 사람들을 위하여 좋은 일을 하고, 악행을 하는 사람은 재앙을 받아 지옥으로 떨어진다.

老見苦痛 死則意去 樂家縛獄 貪世不斷.
노 견 고 통 사 즉 의 거 낙 가 박 옥 탐 세 부 단

늙으면 고통을 당하고 죽으면 뜻도 사라진다. 집을 즐기고 다섯 가지 욕심에 얽매여 세상을 탐내어 끊지 않는다.

【글자 뜻】 苦:괴로울 고. 痛:아플 통. 意:뜻 의. 縛:얽을 박. 獄:감옥 옥.
貪:탐할 탐. 斷:끊을 단.

【말의 뜻】 老見苦痛:늙으면 고통을 당함. 死則意去:죽으면 마음도 가버
림. 樂家縛獄:집을 즐기고 다섯 가지 욕심에 얽매임. 貪世不斷:세상
을 탐내어 끊지 않음.

【뜻 풀이】 아무리 재산이 많고 부귀영화를 누릴지라도 늙어서 병이 들면
고통을 당하게 되고, 누구나 면할 수 없는 죽음을 당하면 마음까지 사
라진다. 그런데도 세상 사람들은 집을 즐거워하고 다섯 가지 욕심에 얽
매여 세상을 탐내어 끊을 줄을 모른다. 그리하여 많은 죄악을 저지르고
지옥에 떨어지게 된다.

咄嗟老至 色變作耄. 少時如意 老見蹈藉.
돌 차 노 지 색 변 작 모   소 시 여 의 노 견 도 자

잠깐 사이에 늙음이 이르면 얼굴빛이 변하여 늙은이가 된다. 젊은 시절
에는 뜻과 같이 되었지만 늙으면 짓밟힘을 당한다.

【글자 뜻】 咄:잠시 돌. 嗟:잠깐 차. 變:변할 변. 耄:늙은이 모. 蹈:밟을
도. 藉:밟을 자.

【말의 뜻】 咄嗟:잠깐 사이. 色變作耄:얼굴빛이 변하여 늙은이가 됨. 少
時如意:젊은 시절에는 모든 일이 뜻과 같이 됨. 老見蹈藉:늙으면 짓밟
힘을 당함.

【뜻 풀이】 잠깐 사이에 늙어버리면 얼굴빛이 변하고 주름이 생겨 늙은이

가 되어버리고 만다. 젊은 시절에는 모든 것이 뜻과 같이 될지라도 일단 늙고 나면 세상 사람들은 그를 거들떠보지 않게 된다. 그러므로 젊은 시절부터 선량한 마음과 행동을 하고 부처님의 계율을 철저하게 지킨다. 사람들을 위하여 좋은 일을 많이 하면 만년에 사람들로부터 존경을 받고 행복하게 살 수 있다.

雖壽百歲 亦死過去. 爲老所厭 病條至際.
수 수 백 세 역 사 과 거   위 노 소 염 병 조 지 제

비록 백 살을 장수한다 할지라도 역시 죽으면 과거가 된다. 늙은이가 되어 사람들의 싫어하는 바가 되고 병이 여러 가지로 이르게 된다.

【글자 뜻】 雖:비록 수. 壽:수할 수. 厭:싫어할 염. 病:병들 병. 條:가지 조. 際:이를 제. 즈음 제.

【말의 뜻】 雖壽百歲:비록 백 살을 장수한다 할지라도. 死過去:죽으면 모두 과거가 된다. 爲老所厭:늙게 되면 사람들이 싫어하는 바가 됨. 病條至際:여러 가지 병이 이르게 된다.

【뜻 풀이】 비록 백 살을 살아 장수한다 할지라도 수명이 다하여 죽으면 과거의 사람이 되어버린다. 늙은이가 되면 사람들이 싫어할 뿐 아니라 여러 가지 병이 들어 죽게 되는 것이다.

是日已過 命則隨減 如少水魚 斯有何樂.
시 일 이 과 명 즉 수 감 여 소 수 어 사 유 하 락

이 하루가 이미 지나면 목숨도 따라서 줄어들게 된다. 적은 물속에 물고기와 같이 이 무슨 즐거움이 있겠는가?

【글자 뜻】 已:이미 이. 過:지날 과. 隨:따를 수. 減:감할 감. 少:적을 소. 斯:이 사.

【말의 뜻】 是日已過:이 하루가 이미 지남. 命則隨減:목숨도 따라서 줄어듦. 如少水魚:적은 물에 있는 물고기와 같음. 斯有何樂:이 무슨 즐거움이 있겠는가?

【뜻 풀이】 젊은 시절에는 하루하루의 생활이 즐겁기만 하다. 그러나 이 하루도 이미 지나가버렸으니 따라서 목숨도 그만큼 줄어든 셈이다. 마치 적은 물에 잠긴 물고기와 같으니 여기에 무슨 즐거움이 있겠는가?

老則色衰 所病自壞 形敗腐朽 命終自然.
노 즉 색 쇠 소 병 자 괴 형 패 부 후 명 종 자 연

늙으면 얼굴빛이 쇠퇴하고 병들면 스스로 무너진다. 형체가 무너져 썩어 버리니 목숨이 끝나는 것도 자연이 아니겠는가!

【글자 뜻】 衰:쇠할 쇠. 壞:무너질 괴. 形:형상 형. 敗:무너질 패. 패할 패. 腐:썩을 부. 朽:썩을 후. 終:마침 종.

【말의 뜻】 老則色衰:늙으면 얼굴빛이 쇠퇴함. 所病自壞:병들면 스스로 무너져버림. 形敗腐朽:형체가 무너지고 썩음. 命終自然:목숨이 끝남도 자연이 아닌가.

【뜻 풀이】 젊은 시절에는 건강하여 얼굴빛이 광택이 나지만, 늙으면 얼굴빛도 쇠퇴하고 병들면 몸이 저절로 무너진다. 몸뚱이가 병으로 무너지고 썩어버리니 목숨이 끝나는 것도 자연의 이치가 아니겠는가!

是身何用 恒漏臭處. 爲病所困 有老死患.
시 신 하 용 항 루 취 처   위 병 소 곤 유 노 사 환

이 몸을 어디에 쓸고? 항상 악취가 새어 나오는 곳이다. 병들어 피곤한 몸이 되어 늙고 죽음의 근심이 있을 뿐이다.

【글자 뜻】 用:쓸 용. 恒:항상 항. 漏:샐 루. 臭:냄새 취. 困:곤할 곤. 患: 근심 환.

【말의 뜻】 是身何用:이 몸을 어디에 쓸까? 恒漏臭處:항상 악취가 새어 나오는 곳이다. 爲病所困:병들어 고생하는 바가 됨. 有老死患:늙고 죽는 근심이 있을 뿐임.

【뜻 풀이】 도대체 이 몸을 어디에 쓸 곳이 있는가! 항상 몸에서 악취만이 새어나오는 곳이다. 병들어 고생하는 몸이 되니 오직 늙음과 죽음의 근심이 있을 뿐이다.

嗜欲自恣 非法是增. 不見聞變 壽命無常.
기 욕 자 자 비 법 시 증   불 견 문 변 수 명 무 상

욕심을 즐기어 스스로 방자하면 불법 아님이 더할 뿐이다. 변화함을 보고 듣지 못하니 수명이 덧없을 뿐이다.

【글자 뜻】嗜:즐길 기. 恣:방자할 자. 增:더할 증. 變:변할 변.

【말의 뜻】嗜欲自恣:욕심을 즐겨 스스로 방자함. 非法是增:법 아님이 더함. 不見聞變:변화에 대한 것을 보고 듣지 못함. 壽命無常:사람의 수명이 덧없음.

【뜻 풀이】다섯 가지 욕심에 빠져 스스로 방자하게 굴면 이는 곧 불법 아님을 더할 뿐이다. 살고 죽음의 덧없음을 깨닫지 못하고, 드디어 수명이 다하여 몽매한 가운데 죽어갈 뿐이다.

> 非有子恃 亦非父兄 爲死所迫 無親可怙.
> 비 유 자 시 역 비 부 형 위 사 소 박 무 친 가 호

아들이 있음을 믿지 말고 또한 아버지와 형이 있음을 믿지 말라. 죽음이 임박하게 되면 가까움도 믿을 것이 되지 못한다.

【글자 뜻】恃:믿을 시. 迫:다가올 박. 怙:믿을 호.

【말의 뜻】非有子恃:아들이 있음을 믿지 말라. 爲死所迫:죽음이 임박하게 됨. 無親可怙:가까움도 믿을 것이 못됨.

【뜻 풀이】생명이 있는 것은 언제 죽을지 모르기 때문에 아들이 있음을 믿지 말고 부형이 있는 것도 믿지 말라. 일단 죽음이 임박하게 되면 아무리 가까운 사이라도 믿을 것이 되지 못한다.

> 晝夜慢惰 老不止婬 有財不施 不受佛言 有此四弊 爲自侵欺.
> 주 야 만 타 노 불 지 음 유 재 불 시 불 수 불 언 유 차 사 폐 위 자 침 기

밤낮으로 게으름을 피우고 늙어도 음란한 짓을 그치지 못하고 재산이 있어도 베풀지 않고 부처님의 말씀을 받지 않는다. 이 네 가지 폐단이 있으면 스스로 속임을 침범하는 것이 된다.

【글자 뜻】慢:게으를 만. 惰:게으를 타. 婬:음란할 음. 財:재물 재. 施: 베풀 시. 受:받을 수. 弊:폐단 폐. 侵:침범할 침. 欺:속일 기.

【말의 뜻】晝夜慢惰:밤낮으로 게으름을 피움. 老不止婬:늙어도 음탕한 짓을 그치지 않음. 有財不施:재물이 있어도 베풀지 않음. 不受佛言:부처님의 말씀을 받지 않음. 四弊:네 가지 폐단. 爲自侵欺:스스로 속임을 침범하게 됨.

【뜻 풀이】날마다 밤낮으로 게으름을 피우는 일, 늙어서도 음탕한 짓을 그치지 않는 일, 재산이 많으면서도 사람들에게 베풀지 않는 일, 부처님의 고마운 말씀을 듣지 않는 일, 이 네 가지 폐단이 있으면 항상 자신을 속이고 남도 속이는 생활을 하고 있는 것이다.

> 非空非海中 非入山石間 無有地方所 脱之不受死.
> 비 공 비 해 중 비 입 산 석 간 무 유 지 방 소 탈 지 불 수 사

허공도 아니고 바다 속도 아니고 산속에 들어가고 바위 사이에 숨는 것도 아니다. 땅의 방위에는 이를 벗어나 죽음을 받지 않을 곳이 있지 않다.

【글자 뜻】空:빌 공. 脱:벗을 탈.

【말의 뜻】非空非海中:허공도 아니고 바다 속도 아니다. 非入山石間:산속에 들어가 바위틈에 숨는 것도 아니다. 無有:있지 않음. 脱之不受死:

이를 벗어나 죽음을 받지 않음.

【뜻 풀이】 죽는 것이 두려워서 허공으로 들어가거나, 바다 가운데로 들어
가거나, 산속으로 들어가거나, 바위틈에 몸을 숨기거나, 이 세상 어디에
가서 숨어도 인생으로 태어난 이상 죽음에서 벗어날 수는 없는 것이다.

是務是吾作 當作令致是. 人爲此躁擾 履踐老死憂.
시 무 시 오 작   당 작 영 치 시   인 위 차 조 요   이 천 노 사 우

이것을 힘쓰는 것은 곧 내가 지은 것이니 마땅히 지어서 이것을 이루게
해야 한다. 사람들은 이 소란함을 행하여 늙고 죽는 근심을 밟는다.

【글자 뜻】 務:힘쓸 무. 當:마땅 당. 令:하여금 령. 致:이를 치. 躁:떼들
조. 擾:요란할 요. 履:밟을 리. 踐:밟을 천. 憂근심 우.
【말의 뜻】 是務是吾作:이것을 힘쓰는 것은 곧 내가 지은 것임. 當作令致
是:마땅히 지어서 이것에 이르게 해야 함. 人爲此躁擾:사람들은 이 소
란함을 행함. 履踐老死憂:늙고 죽는 근심을 밟음.

【뜻 풀이】 생사의 근심에서 벗어나 안락한 세계로 들어가는 것은 각자가
노력하기에 달려 있다. 마땅히 생사의 근심에서 벗어나도록 수행하는
것에 힘써야 할 터인데도, 세상 사람들은 다섯 가지 욕심에 사로잡혀 미
망의 세계에서 헤매어 늙고 죽는 근심에서 벗어나지 못한다.

知此能自淨 如是見生盡. 比丘厭魔兵 從生死得度.
지 차 능 자 정   여 시 견 생 진   비 구 염 마 병   종 생 사 득 도

이것을 알면 능히 스스로 마음을 밝게 하여 이와 같은 삶이 다함을 보라. 비구(比丘)는 악마의 병정을 싫어하여 생사에 따라 건넘을 얻는다.

【글자 뜻】 淨:깨끗할 정. 盡:다할 진. 比:다스릴 비. 견줄 비. 兵:언덕 구. 厭:싫어할 염. 魔:마귀 마. 從:좇을 종. 得:얻을 득. 度:건널 도.
【말의 뜻】 自兵:스스로 마음을 깨끗하게 함. 見生盡:삶이 다함을 본다. 比丘:집을 나가 불문에 귀의한 사람. 厭魔兵:악마를 싫어함. 從生死得度: 생사에 따라 법도를 얻음.

【뜻 풀이】 이와 같은 사실을 알면 부처님의 말씀을 마음에 새기고, 몸과 마음을 깨끗하게 닦고 노력을 기울여, 10계(지옥계·아귀계·축생계·수라계·인간계·천상계·성문계·연각계·보살계·불계)에서 윤회(輪廻)하는 인연을 스스로 깨닫고 미혹한 세계에서 벗어나라. 출가(出家)하여 불도를 수행하는 사람은 악마에게 미혹되지 않고 생사의 윤회에서 벗어나 안상(安祥)을 얻게 된다.

제2 교학품(教學品)

教學品者 導以所行 釋己愚闇 得見道明.
교 학 품 자 도 이 소 행 석 기 우 암 득 견 도 명

교학품(教學品)이란 행하는 바로써 인도하여 나의 어리석고 어두움을 풀
고 불도의 밝음을 보는 것을 얻게 하기 위한 것이다.

【글자 뜻】 導:인도할 도. 釋:풀 석. 愚:어리석을 우. 闇:어두울 암. 得:
얻을 득.
【말의 뜻】 導以所行:행하는 바로써 인도함. 釋己愚闇:나의 어리석고 어두
움을 풀음. 得見道明:불도의 밝음을 보는 것을 얻게 함.

【뜻 풀이】 이 교학품은 사람들을 인도하여 선한 길로 들어가게 하기 위한
수행을 설교한 것으로, 모든 중생들이 어리석고 어둡기 때문에 맹목적
으로 욕심에 따르는 까닭을 설명하여, 총명하게 눈을 뜨고 깨달아 올바
른 길로 인도하기 위해 자비로써 설교한 것이다. 그러므로 사람이 열심
히 기도하고 노력한다면 올바른 길을 깨닫게 될 것이다.

咄哉何爲寐. 螉螺蜂蠹類 隱弊以不淨 迷惑計爲身.
돌 재 하 위 매   옹 라 봉 두 류 은 폐 이 부 정 미 혹 계 위 신

놀랍다! 무엇 때문에 잠자는가? 벌과 소라와 조개와 좀까지도 깨끗지
못함으로써 숨어 엎드리니 사람도 미혹하여 몸을 위하여 도모하는 도다.

【글자 뜻】 咄:괴이할 돌. 잠시 돌. 哉:어조사 재. 寐:잘 매. 蠣:벌 옹.
螺:소라 라. 蜂:조개 봉. 蠹:좀 두. 類:무리 류. 隱:숨을 은. 弊:엎드
릴 폐. 폐단 폐. 淨:깨끗할 정. 迷:혼미할 미. 惑:혹할 혹. 計:계교 계.
【말의 뜻】 咄哉:놀라는 모양. 何爲寐:무엇 때문에 잠자는가. 蠣螺蜂蠹類:
벌과 소라와 조개와 좀과 같은 무리. 隱弊以不淨:깨끗하지 못하게 숨어
엎드림. 迷惑計爲身:사람도 미혹하여 몸을 위하여 도모함.

【뜻 풀이】 벌이나 소라 조개 좀과 같은 미물도 사람들에게 죽임을 당할까
두려워서 어두운 곳에 숨어 엎드려서 잠을 자고 있다. 사람들도 역시 미
혹하여 그늘 속에서 안일과 방탕을 구하고 있으니, 진실로 한심하기 짝
이 없는 일이다.

焉有被斫創. 心如嬰疾痛. 遘于衆厄難 而反爲用眠.
언 유 피 작 창　심 여 영 질 통　구 우 중 액 난　이 반 위 용 면

어찌 찍히고 상처를 입음이 있으랴? 마음은 병의 아픔이 더하는 것과 같
다. 우리의 재액과 어려움을 만남과 같되 도리어 써 잠을 이룬다.

【글자 뜻】 焉:어찌 언. 被:입을 피. 斫:찍을 작. 創:상할 창. 嬰:더할 영.
어릴 영. 疾:병 질. 痛:아플 통. 遘:만날 구. 衆:무리 중. 厄:액 액.
難:어려울 난. 反:돌이킬 반. 用:쓸 용. 眠:잠 면.
【말의 뜻】 焉有:어찌 있으랴? 被斫創:찍히고 상처를 입음. 嬰疾痛:병의
아픔이 더함. 遘于衆厄難:무리의 재액과 어려움을 만남. 反爲用眠:도
리어 써 잠을 이룸.

【뜻 풀이】 벌레들이 어두운 곳에 몸을 숨기고 편안하기를 바라지만, 도리어 몸에 찍히고 상처를 입는 일이 있다. 사람들도 이 벌레들과 마찬가지로 마음에 여러 가지 상황과 행동에 부정이 있는데, 이를 반성하지 않고 재액을 당하는데도 깨닫지 못하고 도리어 잠을 자고 있으니 가련하기 이를 데 없다.

思而不放逸 爲仁學仁迹 從是無有憂 常念自滅意.
사 이 불 방 일 위 인 학 인 적 종 시 무 유 우 상 념 자 멸 의

생각하여 방탕과 안일한 생활을 하지 말고 자비를 위하여 자비의 자취를 배우면 이를 좇아 근심이 있지 않을 것이니 항상 마음에 새겨 자신의 뜻을 없애라.

【글자 뜻】 放:방탕할 방. 逸:편안할 일. 迹:자취 적. 憂:근심 우. 常:항상 상. 念:생각할 념. 滅:멸할 멸.

【말의 뜻】 不放逸:방탕하고 안일한 생활을 하지 않음. 從是:이를 좇아. 無有憂:근심이 있지 않음. 근심이 없음. 常念:항상 마음에 새김. 自滅意:자신의 뜻을 없앰.

【뜻 풀이】 마음에 방탕하고 안일한 생활을 행하지 않도록 힘써 다른 사람들에게 자비를 베풀기 위해서 자비의 자취를 배운다. 사람들을 위해서 자비를 베풀고 선행을 하고 기도하면 이로부터 모든 근심이 없어질 것이니, 항상 스스로의 생각을 없애도록 힘쓰라.

正見學務增 是爲世間明. 所生福千倍 終不墮惡道.
정 견 학 무 증 시 위 세 간 명   소 생 복 천 배 종 불 타 악 도

정견(正見)을 배워서 힘써 더하면 이것이 세상의 밝음이 된다. 여기에서 생기는 바 복은 천 배는 더하고 마침내 악의 길로 떨어지지도 않는다.

【글자 뜻】 務:힘쓸 무. 增:더할 증. 倍:갑절 배. 終:마침 종. 墮:떨어질 타.

【말의 뜻】 正見:불교의 팔성도의 하나. 정견·전사성·정어·정업·정명·정정진·정념·정정을 팔성도라 함. 務增:더하기에 힘씀. 所生福:여기에서 생기는 복. 不墮惡道:악한 길에 떨어지지 않음.

【뜻 풀이】 부처님이 말씀하신 팔성도(八聖道)를 배워 더하기에 힘쓰면 마음을 가린 검은 구름이 걷히고 세상을 바라보는 밝은 지혜가 생긴다. 여기에서 생기는 복은 천 배나 더해지고, 마침내 악한 길에 떨어지지 않아 당신 자신의 마음과 행실을 올바르게 나갈 수 있다.

莫學小道 以信邪見. 莫習放蕩 令增欲意.
막 학 소 도 이 신 사 견   막 습 방 탕 영 증 욕 의

작은 길을 배워서 써 간사한 견해를 믿지 말라. 방탕한 생활을 익혀서 욕심의 뜻을 더하게 하지 말라.

【글자 뜻】 莫:말 막. 信:믿을 신. 邪:간사할 사. 習:익힐 습. 放:놓을 방. 蕩:방탕할 탕. 令:하여금 령. 增:더할 증. 欲:욕심 욕. 意:뜻 의.

【말의 뜻】 小道:불교 이외의 작은 길. 信邪見:간사한 견해를 믿음. 放蕩:
　방탕한 생활. 增欲意:욕심에 대한 생각을 더함.

【뜻 풀이】 불교 이외의 종교는 사교(邪敎)이며 나의 깨달음에 도움이 되지
　않을 뿐이므로 함부로 믿지 말라. 세상을 살면서 방탕한 생활을 익히면
　다섯 가지 욕심으로 내닫게 되므로 익히지 말라.
　　부처님께서 돌아가신 후 천년 동안은 정법시대(正法時代)라 말하고,
　다음 천년 동안을 상법시대(像法時代)라 말하고, 다음 오백년 동안을
　말법시대(末法時代)라고 말한다. 정법시대에는 부처님의 힘이 강하였
　기 때문에 사교가 비집고 들어갈 틈이 없었다. 그러나 상법시대에는 부
　처님의 힘이 쇠퇴하여 사교가 들어갈 틈이 생겼고, 다음 오백년의 말법
　시대에는 세상이 어지러워져 사교가 마음대로 흥행하게 되었다.

善修法行 學誦莫犯. 行道無憂 世世常安.
선 수 법 행　학 송 막 범　행 도 무 우　세 세 상 안

　불법을 잘 닦고 행하여 배우고 외워 침범하지 말라. 도를 행하면 근심이
없고 평생 동안 항상 안락하다.

【글자 뜻】 修:닦을 수. 誦:외울 송. 犯:침범할 범. 憂:근심 우.
【말의 뜻】 善修法行:불법을 잘 닦고 행함. 學誦莫犯:배우고 외워 침범하
　지 말라. 行道無憂:도를 행하면 근심이 없음. 世世常安:평생 동안 항
　상 안락함.

【뜻 풀이】 항상 마음과 몸을 삼가 불법을 잘 닦고 실천하여 부처님의 가르

침을 배우고 익혀 침범하지 말라. 불도를 행하면 근심이 없어지고 안락함을 얻어 평생 동안 행복한 생활을 할 수 있다.

憖學攝身 常愼思言 是到不死 行滅得安.
민 학 섭 신　상 신 사 언　시 도 불 사　행 멸 득 안

총명하게 배우고 몸을 단정히 하여 항상 삼가서 생각하고 말하면 이는 불사(不死)에 이르러 악행을 소멸하고 편안함을 얻는다.

【글자 뜻】 憖:총명할 민. 攝:단정히 할 섭. 愼:삼갈 신. 到:이를 도. 滅: 소멸할 멸.

【말의 뜻】 憖學攝身:총명하게 배우고 몸을 단정히 함. 常愼思言:항상 조심하여 생각하고 말함. 是到不死:이는 불사에 이름. 行滅得安:악행이 없어지고 편안함을 얻음.

【뜻 풀이】 부처님이 말씀하신 가르침을 성실히 배워 마음과 몸을 단정히 하고, 일상생활에서도 부처님의 계율을 받아들여 항상 신중히 생각하고 말한다면, 자연히 열반의 경지에 도달하여 이미 저지른 과거의 모든 악행은 소멸되고 안락한 경지를 얻게 된다.

非務勿學 是務宜行. 已知可念 則漏得滅.
비 무 물 학 시 무 의 행　이 지 가 념　즉 루 득 멸

힘쓰지 않는다면 배우지 말아야 하고 이 힘을 쓰면 마땅히 행하라. 이미 외워야 할 것임을 안다면 곧 고민 없앰을 얻는다.

【글자 뜻】 務:힘쓸 무. 宜:마땅 의. 念:외울 념. 漏:고민 루.

【말의 뜻】 非務勿學:힘쓰지 않으려거든 배우지 말라. 是務宜行:힘을 쓰면
마땅히 행하라. 已知可念:이미 외워야 할 것임을 알음. 則漏得滅:곧
고민 없앰을 얻을 수 있음.

【뜻 풀이】 부처님이 말씀하신 정법이야말로 높은 가르침이므로 배워야 하
겠지만, 정법이 아닌 가르침은 배우지 말아야 한다. 정법을 배워야 할
법(法)인 줄 알고 열심히 힘쓰면 온갖 번뇌는 없어지고 열반을 깨달을
수 있게 된다.

> 見法利身 夫到善方 知利健行 是謂賢明.
> 견 법 이 신 부 도 선 방 지 리 건 행 시 위 현 명

법(法)을 보고 몸에 이롭게 하면 그 좋은 방법에 이르고 이 됨을 알고 행
실을 건전하게 하면 이것을 현명하다고 말한다.

【글자 뜻】 健:굳셀 건. 謂:이를 위. 賢:어질 현.

【말의 뜻】 見法利身:법을 보고 몸에 이롭게 함. 夫到善方:그 좋은 방법에
이름. 知利健行:이 됨을 알고 행실을 굳세게 함. 是謂賢明:이것을 현
명하다고 말함.

【뜻 풀이】 정법을 믿고 실천하여 올바르게 살아가는 것이 자기의 길이라
고 한다면 열반을 깨달아 도달할 수 있다. 정법을 확신하고 마음과 행실
을 닦아 나간다면 그런 사람이야말로 깨달은 사람이라고 말할 수 있다.

起覺義者 學滅以固 著滅自恣 損而不興.
기 각 의 자 학 멸 이 고 착 멸 자 자 손 이 불 흥

일어나 옳음을 깨닫는 사람은 멸함을 배워 써 굳어지고 멸함에 붙어서 스스로 방자하면 손해되어 일어나지 않는다.

【글자 뜻】 起:일어날 기. 覺:깨달을 각. 固:굳을 고. 著:붙을 착. 滅:방
자할 자. 損:손될 손. 興:일 흥.

【말의 뜻】 起覺義者:일어나서 의를 깨닫는 사람. 學滅以固:멸함을 배워
서 써 굳어짐. 著滅自恣:멸함에 붙어서 스스로 방자함. 損而不興:손
해되어 일어나지 않음.

【뜻 풀이】 크게 마음을 분발하여 정법(正法)을 이해하고 깨달음을 얻은 사
람은 마음이 확고부동하기 때문에 외도에 미혹됨이 없이 굳은 신념을
가질 수 있다. 그러나 무상(無常)의 법에 집착하여 자기 혼자만이 깨달
았다고 생각하는 방자한 사람은 자기를 해치고 다른 사람들을 해쳐, 사
람들에게 유익한 일을 하지 못하기 때문에 정법을 깨달았다고는 말할
수 없는 것이다.

是向以强 是學得中 從是解義 宜憶念行.
시 향 이 강 시 학 득 중 종 시 해 의 의 억 념 행

이것에 향함에 굳셈으로써 하여 이것을 배워 중도(中道)를 얻고 이것에
따라 의(義)를 깨달아서 마땅히 행할 것을 생각하라.

【글자 뜻】 向:향할 향. 强:굳셀 강. 解:깨달을 해. 宜:마땅 의. 憶:생각할 억. 念:생각할 념.

【말의 뜻】 是向以强:이것(열반의 도)에 향함에 굳셈으로써 함. 是學得中: 이것(열반의 도)을 배워 중도를 얻음. 從是解義:이것(열반의 도)에 따라 의를 깨달음. 宜憶念行:마땅히 행할 것을 생각하라.

【뜻 풀이】 마음을 굳세게 지녀 열반의 도를 깨닫고, 그 도를 향하여 열심히 노력하면 그 도를 배워 중도(中道)를 얻고, 그 도에 따라 실상의 의를 깨달으면 정법의 가르침에 밝아지기 때문에, 우선 실행할 것을 마음에 정해야 하는 것이다.

學先斷母 率君二臣 廢諸營從 是上道人.
학 선 단 모 솔 군 이 신 폐 제 영 종 시 상 도 인

배워서 우선 어머니를 끊고 임금의 두 신하를 거느리고서 모든 영종(營從)을 폐지시키는 것은 이것은 상도(上道)의 사람이다.

【글자 뜻】 率:거느릴 솔. 廢:폐할 폐. 營:다스릴 영.

【말의 뜻】 學先斷母:배워서 우선 어머니를 끊음. 率君二臣 廢諸營從:임금의 두 신하를 거느리고 모든 영종을 폐지함.

【뜻 풀이】 스스로의 어리석음을 모르고서 도를 구하려 해도 그 여러 가지 죄악의 원흉인 어리석음의 미혹을 끊어버리지 않으면, 마음이 혼란되어 미혹이 많고 선(禪)을 하려고 앉아도 마음이 통일되지 않고 미혹 때문에 깨달음을 얻지 못한다. 어리석음을 끊어야 비로소 마음이 안정되

고, 마음이 안정되어야 도를 깨달을 수 있는 것이다. 마치 임금의 현명한 두 신하를 이끌고 외관을 피하고 내실을 구하는 것과 같은 것이다.

學無朋類 不得善友 寧獨守善 不與愚偕.
학 무 붕 류 불 득 선 우 영 독 수 선 불 여 우 해

배움에 친구들이 없어 좋은 친구를 얻지 못한다면 차라리 홀로 선함을 지켜 어리석음과 더불어 함께하지 말라.

【글자 뜻】 朋:벗 붕. 類:무리 류. 寧:차라리 녕. 與:더불어 여. 偕:함께 해.
【말의 뜻】 學無朋類 不得善友:배움에 친구들이 없어 좋은 친구를 얻지 못함. 寧獨守善:차라리 홀로 선함을 지킴. 不與愚偕:어리석음과 더불어 함께하지 말라.

【뜻 풀이】 배움에 있어서 친구들은 필요치 않다. 만일 선량한 친구를 얻지 못한다면 차라리 홀로 앉아 조용히 선함을 지켜 마음을 바로잡아야 한다. 어리석음과 함께 있으면 탐욕이 앞서게 된다. 사람은 선량한 친구를 얻는다면 그보다 더 큰 다행은 없다. 그러나 만일 악한 친구를 벗으로 사귀면 먹에 가깝고 검어진다. 자기도 모르는 사이에 악에 물들어 오히려 수행에 방해가 될 뿐이다.

樂戒學行 奚用伴爲. 獨善無憂 如空野象.
낙 계 학 행 해 용 반 위   독 선 무 우 여 공 야 상

계율을 즐기고 수행을 배움에 있어서 어찌 친구를 이용하는 일을 하랴! 홀로서도 선하여 근심이 없으면 빈 들판의 코끼리와 같다.

【글자 뜻】 奚:어찌 해. 伴:친구 반. 空:빌 공. 象:코끼리 상.

【말의 뜻】 樂戒學行:계율을 즐기고 수행을 배움. 奚用伴爲:어찌 친구를 이용하는 일을 하랴! 獨善無憂:홀로 선행하여 근심이 없음. 如空野象: 마치 빈 들판의 코끼리와 같음.

【뜻 풀이】 뜻을 세우고 불도를 수행하는 사람에게는 계율 행하는 일을 즐기고, 부처님의 가르침을 배우는 사람에게는 정진에 노력해야 하며 친구는 필요치 않다. 악한 친구를 사귀어 마음에 상처를 입기보다는 차라리 혼자서 선행하여 근심이 없는 것이 낫다. 마치 큰 코끼리가 빈 들판에서 즐겁게 지내는 것처럼 말이다.

戒聞俱善 二者孰賢. 方戒稱聞 宜諦學行.
계 문 구 선 이 자 숙 현 방 계 칭 문 의 체 학 행

계율과 많이 듣는 것은 다 같이 좋은 일이니 이 두 가지는 어느 것이 더 현명한가? 바야흐로 계율을 듣는 것이라고 일컬으니 마땅히 밝히어 배우고 행하라.

【글자 뜻】 聞:들을 문. 俱:함께 구. 孰:누구 숙. 稱:일컬을 칭. 宜:마땅의. 諦:밝힐 체.

【말의 뜻】 戒聞俱善:계율과 듣는 일은 다 같이 좋은 것임. 二者孰賢:이 두 가지는 어느 것이 더 현명한가? 方戒稱聞:바야흐로 계율을 듣는 것이

라고 일컬음. 宜諦學行:마땅히 밝히어 배우고 행하라.

【뜻 풀이】불도를 수행함에 있어서는 계율과 설법을 많이 듣는 것이 다 같이 좋은 관계에 있는 것으로, 이 두 가지는 어느 것이 낫다고 말 할 수 없다. 마땅히 이 두 가지는 열심히 배우고 행하는 것이 좋은 일이다.

學先護戒 開閉必固. 施而無受 仂行勿臥.
학 선 호 계 개 폐 필 고   시 이 무 수 늑 행 물 와

배움에 앞서 계율을 지켜서 열고 닫음을 반드시 굳게 하라. 베풀고서 받지 말고 힘써 행하고서 눕지 말라.

【글자 뜻】護:지킬 호. 閉:닫을 폐. 施:베풀 시. 仂:힘쓸 륵. 臥:누울 와.
【말의 뜻】學先護戒:배우기에 앞서 계율을 지킴. 開閉必固:열고 닫음을 반드시 굳게 함. 施而無受:베풀고서 받지 말음. 仂行勿臥:힘써 행하고 눕지 말라.

【뜻 풀이】부처님의 가르침 중에서도 수행하기에 앞서 계율을 지킨다면 마음이나 몸을 단정하게 지닐 수가 있다. 망령된 생각이나 잡념에 침범당하지 않고 보시(布施)를 해도 무엇을 얻으려는 욕구가 없기 때문에, 준다고 함부로 받지 말고 힘써 도를 행하라. 마구 누워서 잠자는 일은 좋은 일이 아니다.

若人壽百歲 邪學志不善 不如生一日 精進受正法.
약 인 수 백 세 사 학 지 불 선 불 여 생 일 일 정 진 수 정 법

만일 사람이 백 살을 살 수 있다 해도 간악함을 배워 악함에 뜻을 둔다면
옳게 하루를 사는 것만도 못하니 정진하여 정법을 받으라.

【글자 뜻】壽:수할 수. 邪:간사할 사. 志:뜻 지.

【말의 뜻】若人壽百歲:만일 사람이 백 살을 수(壽)함. 邪學志不善:사악함
을 배워 뜻을 악함에 둠. 不如生一日:옳게 하루를 사는 것만 못함. 精
進受正法:정진하여 정법을 받음.

【뜻 풀이】 설사 사람이 백 살을 장수한다 할지라도 탐욕에 빠지거나 사악
함을 배워 악함에 뜻을 둔다면, 타락하고 미혹에 빠져 불행하게 된다.
그러므로 단 하루를 살더라도 정진에 노력하여 부처님의 정법을 받는
것이 낫다. 몸에도 유익하고 행복하게 되기 때문이다.

若人壽百歲 奉火修異術 不如須臾頃 事戒者福稱.
약 인 수 백 세 봉 화 수 이 술 불 여 수 유 경 사 계 자 복 칭

만일 사람이 백 살을 살 수 있더라도 불을 받들어 다른 술법을 닦는다면
잠깐 사이라도 계율을 섬기는 사람의 복을 일컬음만 못하다.

【글자 뜻】奉:받들 봉. 修:닦을 수. 異:다를 이. 術:재주 술. 須:잠깐 수.
臾:잠깐 유. 頃:잠시 경. 事:섬길 사

【말의 뜻】奉火修異術:불을 받들어 다른 술법을 닦음. 不如須臾頃 事戒者

福稱:잠깐 사이에 계율을 섬기는 사람의 복을 일컬음만 못함.

【뜻 풀이】 설사 사람이 백 살을 장수한다 할지라도 사람들의 권고로 불을
받드는 사교(邪敎)에 열중한다면, 잠시 사이라도 불도에 들어가 계율을
지키고 해탈을 구하는 사람의 운명이나 복은 광대무변하여 도저히 사
교가 미치지 못한다.

能行說之可 不能勿空語. 虛僞無誠信 智者所屛棄.
능 행 설 지 가 불 능 물 공 어   허 위 무 성 신 지 자 소 병 기

능히 행하여 이것을 옳다고 풀지라도 능하지 못하면 빈 말을 하지 말라.
허위를 꾸며서 성실한 믿음이 없는 것은 지혜 있는 사람이 물리치고 버리
는 것이다.

【글자 뜻】 說:풀 설. 空:빌 공. 虛:빌 허. 僞:거짓 위. 屛:물리칠 병.
棄:버릴 기.
【말의 뜻】 能行說之可:능히 행하여 이것을 옳다고 풀음. 不能勿空語:능하
지 못하면 빈 말을 하지 말라. 虛僞無誠信:허위를 꾸며 진실한 믿음이
없음. 智者所屛棄:지혜 있는 사람이 물리치고 버리는 것임.

【뜻 풀이】 부처님의 계율과 설법을 듣고 노력하여 그대로 행하는 사람은
옳거니와, 이와는 반대로 이론만 말하고 실행은 하지 않아 공리공론(空
理空論)만 말하는 사람은 곤란하다. 허위를 꾸며 거짓말만 하는 사람은
성의가 없는 사람이라고, 밝은 지혜를 지닌 사람들이 물리치고 버려 상
대도 하지 않는다.

學當先求解 觀察別是非. 受諦應誨彼. 慧然不復惑.
학 당 선 구 해 관 찰 별 시 비   수 체 응 회 피   혜 연 불 복 혹

배워서 마땅히 먼저 깨달음을 구하고 보고 살면서 옳고 그름을 분별하라. 밝힘을 받거든 응당 그를 가르쳐야 하다. 지혜로우면 다시는 미혹되지 않는다.

【글자 뜻】 解:깨달을 해. 觀볼 관. 察:살필 찰. 諦:밝을 체. 應:응당 응. 誨:가르칠 회.

【말의 뜻】 學當先求解:배워서 마땅히 먼저 깨달음을 구함. 觀察別是非:보고 살펴 옳고 그름을 분별함. 受諦應誨彼:밝음을 받았으면 응당 그를 가르침. 慧然不復惑:지혜로우면 다시는 미혹되지 않음.

【뜻 풀이】 다른 사람들을 가르치려면 우선 자기 자신이 배워서 선악과 올바름과 사악함의 옳고 그름을 충분히 분별할 줄 알아야 한다. 이와 같이 함으로써 밝은 지혜를 지닌 사람은 다시는 선악과 올바름과 사악함에 미혹되는 일이 없다.

被髮學邪道 草衣內貪濁 曚曚不識眞 如聾聽五音.
피 발 학 사 도 초 의 내 탐 탁 몽 몽 불 식 진 여 농 청 오 음

머리를 풀어헤치고 사악한 도를 배우고 거친 옷을 입고 안으로 탐내어 흐려 있으면 어두워서 진리를 알지 못하여 귀머거리가 5음을 들음과 같다.

【글자 뜻】 被:풀어헤칠 피. 髮:터럭 발. 草:거칠 초. 貪:탐낼 탐. 濁:흐

릴 탁. 曚:어두울 몽. 識:알 식. 聾:귀먹을 롱. 聽:들을 청.

【말의 뜻】 被髮學邪道:머리를 풀어헤치고 사악한 도를 배움. 草衣內貪濁:
거친 옷을 입고 안으로 탐냄으로 흐려 있음. 曚曚不識眞:어두워서 진
리를 알지 못함. 如聾聽五音:귀머거리가 5음(宮·商·角·微(치)·羽)
을 들음과 같음.

【뜻 풀이】 머리를 풀어헤치고 사악한 도를 배워 마음이 미혹되고 행실이
혼란하다. 또 초라한 거친 옷을 입고 마음속으로 탐욕에 빠져 있다면,
안개가 자욱한 것처럼 마음이 어두워져서 진리를 깨닫지 못한다. 그러
므로 마치 귀머거리가 5음을 듣고도 분별하지 못하는 것처럼, 그것이
정법인지 사악한 법인지를 확실히 분별하지 못하게 된다.

學能捨三惡 以藥消衆毒 健夫度生死 如蛇脫故皮.
학 능 사 삼 악 이 약 소 중 독 건 부 도 생 사 여 사 탈 고 피

배움은 능히 세 가지 악함을 버려야 함은 약으로써 여러 가지 독을 소멸
하는 것과 같고 건장한 사나이는 생사를 지나는 것이 마치 뱀이 옛 허물을
벗는 것과 같다.

【글자 뜻】 捨:버릴 사. 藥:약 약. 消:사라질 소. 健:건장할 건. 夫:사
나이 부. 度:지날 도. 蛇:뱀 사. 脫:벗을 탈. 故:예 고. 皮:가죽 피.
【말의 뜻】 學能捨三惡:배움은 능히 세 가지 악함(탐냄·성냄·어리석음)
을 버림. 以藥消衆毒:약으로써 여러 가지 독을 사라지게 함. 健夫度生
死:건장한 사나이는 생사를 지나 초월함. 如蛇脫故皮:마치 뱀이 옛 허
물을 벗는 것과 같음.

【뜻 풀이】 불교를 배워 세 가지 악함—지옥·아귀(餓鬼)·축생(畜生)을 버려 피할 수 있는 것은, 마치 약으로써 많은 독을 제거함과 같아서, 도를 배워 정진하면 악도에서 벗어날 수 있다. 이와 같은 사람은 의지가 굳은 사람으로 생사의 고해(苦海)를 건너 열반에 도달하는 것이, 마치 뱀이 옛 허물을 벗어버리는 것처럼 번뇌의 낡은 껍질을 벗어버릴 수 있는 것이다.

學而多聞 持戒不失 兩世見譽 所願者得.
학 이 다 문 지 계 불 실 양 세 견 예 소 원 자 득

배우고서 많이 들어 계율을 지녀 잃지 아니하면 두 세상에 칭찬함을 보아 원하는 바를 얻는다.

【글자 뜻】 持:가질 지. 失:잃을 실. 譽:기릴 예. 願:원할 원.

【말의 뜻】 學而多聞:배우고 많이 들음. 持戒不失:계율을 지녀 잃지 않음. 兩世見譽:두 세상(이 세상과 저 세상)에 칭찬을 봄. 所願者得:원하는 바를 얻음.

【뜻 풀이】 부처님이 말씀하신 가르침을 배우고 듣고 다시 계율을 지킨다면, 살아 있을 때는 물론이고 저승에 가서도 모든 선신(善神)에게 칭찬을 받고 모든 소원이 이루어진다.

學而寡聞 持戒不完 兩世受痛 喪其本願.
학 이 과 문 지 계 불 완 양 세 수 통 상 기 본 원

배우되 적게 듣고 계율을 지녀 완전하지 못하면 두 세상에서 고통을 받고 그 근본의 소원을 잃는다.

【글자 뜻】 寡:적을 과. 完:완전할 완. 喪:잃을 상.

【말의 뜻】 學而寡聞:배우되 적게 들음. 持戒不完:계율을 지니되 완전하지 못함. 兩世受痛:두 세상에서 고통을 받음. 喪其本願:그 근본 되는 소원을 잃음.

【뜻 풀이】 부처님의 가르침을 배우되 적게 듣고 계율을 지니되 완전하지 못하면, 이 세상에서나 저승에서나 고통을 받고 열반에도 이르지 못하게 된다.

夫學有二 常親多聞 安諦解義 雖困不邪.
부 학 유 이 상 친 다 문 안 체 해 의 수 곤 불 사

대저 배움에 두 가지가 있으니 항상 많이 듣는 것에 친근하여 편안하게 밝히어 의를 깨달으면 비록 곤란하더라도 사악하지 않다.

【글자 뜻】 親:친할 친. 諦:밝을 체. 解:깨달을 해. 困:곤할 곤.

【말의 뜻】 夫學有二:대저 배움에는 두 가지가 있음. 常親多聞:항상 많이 듣는 것에 친근함. 安諦解義:편안하게 밝히어 의를 깨달음. 雖困不邪:비록 곤란하더라도 사악하지 않음.

【뜻 풀이】 불도를 수행함에는 두 가지 길이 있다. 항상 부처님의 설법에 친근하여 많이 듣고 마음에 굳게 지녀 그 이치를 깨달아 몸으로 실행하

라. 이 두 가지를 갖추어야 배운다 할 수 있다. 아무리 곤란한 경우를 만나더라도 이 정법에 따라 미혹하지 말고 사악한 길로 들어가지 말아야 함을 깊이 깨달아라.

稊稗害禾 多欲妨學. 耘除衆惡 成收必多.
제 패 해 화 다 욕 방 학   운 제 중 악 성 수 필 다

피가 벼를 해치듯이 많은 욕심은 배움을 방해한다. 많은 악함을 김매 제거하면 수확을 이룸이 반드시 많아진다.

【글자 뜻】稊:피 제. 稗:피 패. 禾:벼 화. 妨:거리낄 방. 耘:김맬 운.
收:거둘 수.

【말의 뜻】稊稗害禾:피가 벼를 해침. 多欲妨學:많은 욕심은 배움을 방해함. 耘除衆惡:모든 악함을 김매어 제거 함. 成收必多:수학을 이룸이 반드시 많아짐.

【뜻 풀이】마치 잡초나 피가 많이 있으면 벼농사에 해가 되는 것처럼, 욕심이 많으면 학문하는데 해독이 된다. 그러나 잡초와 피를 뽑고 김매어 모든 악함을 제거한다면, 벼의 수확이 많이 올라감과 마찬가지다. 학문을 닦아 덕행을 성취시키고 도를 깨달아 열반에 이르게 된다.

慮而後言 辭不强梁. 法說義說 言而莫違.
여 이 후 언 사 불 강 양   법 설 의 설 언 이 막 위

생각하고 뒤에 말하며 말은 강한 어조로 하지 않는다. 법을 말하고 의를

말하되 말함에 어긋남이 없다.

【글자 뜻】 慮:생각할 려. 辭:말씀 사. 梁:굳셀 량. 說:말씀 설. 違:어긋
날 위.

【말의 뜻】 慮而後言:깊이 생각한 뒤에 말함. 辭不强梁:말이 강한 어조가
아님. 法說義說:법을 설교하고 의를 설교함. 言而莫違:말함에 어긋나
지 않음.

【뜻 풀이】 말할 때는 앞뒤로 깊이 생각한 다음에 말하고, 말을 강한 어조
를 피하고 부드럽게 하라. 법을 설교하고 의를 설교하되 말에 잘못됨이
없게 해야 한다.

善學無犯 畏法曉忌. 見微知者 誡無後患.
선 학 무 범 외 법 효 기   견 미 지 자 계 무 후 환

잘 배워서 침범함이 없고 법을 두려워하여 밝게 삼가라. 적은 것을 보는
지혜 있는 사람은 경계하여 뒤에 근심이 없다.

【글자 뜻】 畏:두려워할 외. 曉:밝을 효. 忌:삼갈 기. 微:적을 미. 誡:경
계할 계. 患:근심 환.

【말의 뜻】 善學無犯:잘 배워 침범함이 없음. 畏法曉忌:법을 두려워하여
밝게 삼감. 見微知者:적은 것을 보는 지혜 있는 사람. 誡無後患:경계
하여 뒤에 근심이 없음.

【뜻 풀이】 도를 배우고 법을 닦는 노력하는 수행자는 부처님의 계율을 침

범하는 일이 없고, 부처님의 법에 어긋나지나 않을까 하고 항상 두려워한다. 스스로를 경계하여 조금도 게으르지 않는 밝은 지혜를 지닌 사람은 후세 사람들로부터 비웃거나 근심되는 일을 하지 않는다.

> 遠捨罪福 務成梵行 終身自攝 是名善學.
> 원 사 죄 복 무 성 범 행 종 신 자 섭 시 명 선 학

멀리 죄와 복을 버리고 힘써 부처님의 계율을 행함을 이루어 몸이 맞도록 스스로 다스리니 이것을 잘 배운다고 이름 붙인다.

【글자 뜻】 務:힘쓸 무. 梵:부처 범. 攝:다스릴 섭.

【말의 뜻】 遠捨罪福:멀리 죄와 복을 버림. 務成梵行:힘써 부처님의 계율 행함을 이룸. 終身自攝:평생토록 스스로 다스림. 是名善學:이것을 잘 배운다고 이름 붙임.

【뜻 풀이】 부처님이 설교하신 불경과 계율을 배우고 행하는 사람은, 이 세상의 이름과 이익과 죄와 복을 다 버리고 평생 동안 수행하고 자중하여 방탕과 안일에 빠지지 않는다. 이것을 이름 하여 잘 배운다고 말한다.
　사리사욕을 다 버리고 오직 부처님이 설법하신 깨끗한 설법을 듣고, 열심히 배우고 행하는 두 가지 도에 힘쓰는 일을 잘 배운다고 말하는 것이다.

제3 다문품(多聞品)

多聞品者 亦勸聞學 積聞成聖 自致正覺.
다 문 품 자 역 권 문 학 적 문 성 성 자 치 정 각

다문품(多聞品)이란 또한 듣고 배움을 권하고 들음을 쌓아 거룩함을 이루어 스스로 올바른 깨달음을 이루는 것이다.

【글자 뜻】 勸:권할 권. 積:쌓을 적. 聖:거룩할 성.
【말의 뜻】 觀聞學:듣고 배움을 권함. 積聞成聖:들음을 쌓아 거룩함을 이룸. 自致正覺:스스로 올바른 깨달음을 이룸.

【뜻 풀이】 이 다문품에서는 불경과 계율을 말하여 많이 듣고 학문이 넓어지면, 더욱 깊이 깨달아 체득할 수 있다. 학문함에 있어서 듣는 것이 적으면 계율을 지님이 완전하지 못하여 도리어 고통을 받게 되기 때문에, 널리 듣고 굳세게 봉행하면 드디어 올바른 깨달음을 이룰 수 있다는 것을 설명한 것이다.

多聞能持固 奉法爲垣墻. 精進難踰毁 從是戒慧成.
다 문 능 지 고 봉 법 위 원 장 정 진 난 유 훼 종 시 계 혜 성

많이 들어 능히 굳게 지니고 법을 받들어 담장을 삼으라. 정진하면 넘어서 부수기 어려우니 이에 따라 계율과 지혜가 이루어진다.

【글자 뜻】 垣:담 원. 墻:담 장. 踰:넘을 유. 毁:헐 훼.

【말의 뜻】 多聞能持固:많이 들어서 능히 굳게 지님. 奉法爲垣墻:법을 받들어 담장으로 삼음. 精進難踰毁:정진하면 넘어서 부수기 어려움. 從是戒慧成:이에 따라 계율과 지혜가 이루어짐.

【뜻 풀이】 많이 설법을 들어서 배움의 뜻을 마음에 굳게 지닌다. 법을 굳게 받들어 정진해 나가면 그 노력이 사악함에 물들지 않게 하니, 이에 따라서 계율을 이루고 밝은 지혜를 지닐 수 있게 된다.

> 多聞令志明 已明智慧增. 智則博解義 見義行法安.
> 다 문 영 지 명 이 명 지 혜 증   지 즉 박 해 의 견 의 행 법 안

많이 들으면 뜻을 밝게 해 주어 이미 밝아지면 지혜가 더한다. 지혜는 곧 넓으면 의를 깨닫고 의를 보면 행함이 법에 편안하다.

【글자 뜻】 增:더할 증. 博:넓을 박. 解:깨달을 해.

【말의 뜻】 多聞令志明:많이 들으면 뜻을 밝게 해 줌. 已明智慧增:이미 뜻이 밝으면 지혜가 더해짐. 智則博解義:지혜가 곧 넓으면 의를 깨달음. 見義行法安:의를 보면 행함이 법에 편안함.

【뜻 풀이】 부처님의 설법을 많이 들으면 지혜가 더해지고 뜻이 밝아지기 때문에, 사물의 이치를 깨달을 수 있고, 법을 행하는데 장애물도 없고, 불안한 생각이 없어지게 된다.

多聞能除憂 能以定爲歡. 善說甘露法 自致得泥洹.
다 문 능 제 우 능 이 정 위 환   선 설 감 로 법   자 치 득 이 원

많이 들으면 능히 근심을 제거하여 능히 정함으로써 기쁨을 삼는다. 단 이슬과 같은 법을 설하여 스스로 열반[泥洹]을 얻는 일을 이룬다.

【글자 뜻】 除:제할 제. 歡:기쁠 환. 甘:달 감. 露:이슬 로. 泥:진흙 니.
洹:물이름 원.

【말의 뜻】 多聞能除憂:많이 들으면 능히 근심이 제거됨. 能以定爲歡:능히 정함으로써 기쁨으로 삼음. 善說甘露法:단 이슬 같은 법을 말함. 自致 得泥洹:스스로 열반을 얻음을 이룸.

【뜻 풀이】 많이 들어 학문을 넓히면 다섯 가지 욕심에 괴로움을 받지 않고 선정(禪定)하는 기쁨을 얻을 수 있으며, 부처님의 단 이슬과 같은 법을 말하게 되어 진리를 깨달아 열반에 이르는 길을 얻을 수가 있다.

聞爲知法律 解疑亦見正. 從聞捨非法 行到不死處.
문 위 지 법 률 해 의 역 견 정   종 문 사 비 법   행 도 불 사 처

들으면 법과 계율을 알기 때문에 의심을 깨닫고 또한 올바름을 본다. 들음에 따라 법이 아닌 것을 버리면 행하여 죽음이 없는 곳에 이르게 된다.

【글자 뜻】 疑:의심 의. 捨:버릴 사. 到:이를 도.

【말의 뜻】 聞爲知法律:들으면 법과 계율을 알게 됨. 解疑亦見正:의심을 깨닫고 또한 올바름을 봄. 從聞捨非法:들음에 따라 법이 아닌 것을 버

림. 行到不死處:행하여 죽지 않는 곳에 이름.

【뜻 풀이】 듣는 것을 널리 함으로써 불경이나 계율을 알게 되고, 의혹을 깨
닫고 올바른 것을 보게 된다. 많이 들음으로써 그릇된 법을 버리고 정법
에 안주하면, 죽음이 없는 열반의 경지에 이르게 된다.

爲能師現道 解疑令學明. 亦興淸淨本 能奉持法藏.
위 능 사 현 도 해 의 영 학 명   역 흥 청 정 본 능 봉 지 법 장

능한 스승이 되어서는 도를 나타내고 의심을 깨달아 배움을 밝게 해야
한다. 또 청정(淸淨)함을 근본으로 일으켜서 능히 법장(法藏—교법)을 받
들어 가지라.

【글자 뜻】 師:스승 사. 現:나타낼 현. 興:일으킬 흥. 淨:깨끗할 정. 藏:
감출 장.
【말의 뜻】 爲能師現道:능한 스승이 되어서는 도를 나타냄. 解疑令學明:의
심을 깨닫고 배움을 밝게 함. 亦興淸淨本:또한 청정한 것을 근본으로
일으킴. 能奉持法藏:능히 불교의 교법을 받들어 가짐.

【뜻 풀이】 많이 들어 박식하여 유능한 스승이 되어서는 다른 사람들을 위
하여 진정한 도를 나타내고, 의혹을 깨달아 제거하여 배우는 목적을 명
백하게 하라. 또 깨끗한 마음과 행동을 근본으로 탐구하여 불경의 교법
(敎法)을 받들어 가지라.

能攝爲解義 解則義不穿 受法猗法者 從是疾得安.
능 섭 위 해 의 해 즉 의 불 천 수 법 의 법 자 종 시 질 득 안

능히 단정히 하면 의를 깨닫게 되고 깨달으면 곧 의를 범하지 않으며 법을 받아 법에 의지하는 사람은 이에 따라 빨리 편안함을 얻는다.

【글자 뜻】 攝:단정할 섭. 解:풀 해. 穿:범할 천. 猗:의지할 의. 疾:빠를 질.

【말의 뜻】 能攝爲解義:능히 단정히 하면 의를 깨닫게 됨. 解則義不穿:깨달으면 의를 범하지 않음. 受法猗法者:법을 받아 법에 의지하는 사람. 從是疾得安:이에 따라 빨리 편안함을 얻음.

【뜻 풀이】 마음과 행동을 단정히 하면 능히 의를 깨달을 수 있게 되고, 의를 깨달으면 불의를 저지르지 않게 된다. 법을 받아 법에 따르는 사람은 많이 들은 것의 이익으로서 빨리 안락함을 얻고 도를 체득하게 된다.

若多少有聞 自大以憍人 是如盲執燭 炤彼不自明.
약 다 소 유 문 자 대 이 교 인 시 여 맹 집 촉 소 피 불 자 명

만일 다소라도 듣는 것이 있어 스스로를 크게 여겨 써 사람들에게 교만하면 이것은 소경이 촛불을 잡는 것과 같아서 그를 비치더라도 스스로 밝지 못하다.

【글자 뜻】 憍:교만할 교. 盲:소경 맹. 執:잡을 집. 燭:촛불 촉. 炤:비칠 소.

【말의 뜻】若多少有聞:만일 다소라도 들은 것이 있음. 自大以憍人:스스로
　　를 크게 보아서 다른 사람들에게 교만하게 굶. 是如盲執燭:이것은 소경
　　이 촛불을 잡는 것과 같음. 炤彼不自明:그를 비쳐도 스스로 밝지 못함.

【뜻 풀이】법을 믿는 사람이 다소라도 들은 것이 있어 자기는 위대하다 믿
　　어 다른 사람들에게 교만하게 굴면, 마치 소경이 촛불을 잡고 있는 것
　　같이, 자기를 비칠지라도 조금도 밝음을 느끼지 못하는 것과 같다.

夫求爵位財 尊貴升天福 辯慧世間悍 斯聞爲第一.
부 구 작 위 재　존 귀 승 천 복　변 혜 세 간 한　사 문 위 제 일

　대저 벼슬과 재물을 구하여 존귀하기가 하늘의 복에 오를지라도 지혜를
분별하여 세상에 포악하면 이는 듣는 것이 첫째가 된다.

【글자 뜻】爵:벼슬 작. 位:벼슬 위. 財:재물 재. 升:오를 승. 辯:분별할
　　변. 悍:포악할 한. 斯:이 사.
【말의 뜻】夫求爵位財:벼슬과 재물을 구함. 尊貴升天福:존귀하기가 하늘
　　의 복에 오름. 辯慧世間悍:지혜를 분별하여 세상에 포악함. 斯聞爲第
　　一:이는 듣는 것이 첫째가 됨.

【뜻 풀이】사람이 벼슬과 재산을 구하여 존귀하기가 세상을 다스려서 하늘
　　의 복을 받은 것 같을지라도, 이 세상에서 포악무도(暴惡無道)하게 군
　　다면, 이것은 부처님의 가르침을 많이 듣는 것이 제일 중요한 일이다.

帝王聘禮聞 天上天亦然. 聞爲第一藏 最富旅力强.
제 왕 빙 례 문 천 상 천 역 연　문 위 제 일 장 최 부 여 력 강

제왕이 빙례(聘禮)하는 것도 듣는 것이니 하늘 위의 하늘도 또한 그러하
다. 듣는 것을 첫째로 간직하면 가장 부함의 함께 하는 힘이 강하다.

【글자 뜻】 聘:공경할 빙.　藏:간직할 장.　旅:함께할 려.
【말의 뜻】 帝王聘禮聞:제왕의 빙례 하는 것도 듣는 것임.　聞爲第一藏:듣
　　는 것을 첫째의 간직함으로 삼음.　最富旅力强:가장 부함의 함께 하는
　　힘이 강함.

【뜻 풀이】 널리 듣고 많이 배우는 것은 제왕도 공경하여 받드는 것이니, 삼
　　천세계 어디에서나 또한 그러하다. 많이 듣고 널리 배우는 것이야 말로
　　첫째의 공덕이니, 가장 부한 사람은 가장 힘이 있는 사람이다.

智者爲聞屈 好道者亦樂. 王者盡心事 雖釋梵亦然.
지 자 위 문 굴 호 도 자 역 락　왕 자 진 심 사 수 석 범 역 연

지혜 있는 사람은 듣기 위하여 굴복하고 도를 좋아하는 사람 또한 즐긴
다. 왕(王)인 사람은 마음을 다하여 섬기고 비록 제석(帝釋)과 범천(梵天)
이라 할지라도 또한 그러하다.

【글자 뜻】 屈:굴할 굴.　釋:부처 석.　梵:부처 범.
【말의 뜻】 智者爲聞屈:지혜 있는 사람은 듣기 위하여 굴복함.　好道者亦樂:
　　도를 좋아하는 사람 역시 듣는 것을 즐김.　王者盡心事:왕이 된 사람은

마음을 다하여 섬김. 釋梵:석은 제석이니 불법에 귀의하는 사람을 보호하는 신(神)이고 범은 범천이니 부처님이 사는 세계.

【뜻 풀이】 지혜가 있는 사람도 많이 듣고 널리 배운 사람에게는 머리를 숙이고, 도를 구하는 사람도 많이 듣는 것을 즐긴다. 왕이 된 사람도 마음을 다하여 섬기고, 비록 제석과 범천과 같은 세상의 존귀한 사람들까지 많이 듣고 널리 배우는 사람에 대해서는 정성을 기울인다.

仙人常敬聞 況貴巨富人. 是以慧爲貴 可禮無過是.
선 인 상 경 문 황 귀 거 부 인   시 이 혜 위 귀   가 례 무 과 시

선인(仙人)도 항상 많이 듣는 사람을 공경하니 하물며 귀하고 큰 부자인 사람에게 있어서랴! 이로써 지혜를 귀하게 여기니 예절로 대우함이 이보다 지나는 것이 없다.

【글자 뜻】 敬:공경할 경. 況:하물며 황. 巨:클 거. 禮:예도 례. 過:지날 과.

【말의 뜻】 仙人常敬聞:선인도 항상 많이 듣는 사람을 공경함. 況貴巨富人: 하물며 귀한 사람이나 큰 부자에 있어서랴! 是以慧爲貴:이로써 지혜를 귀하게 여김. 可禮無過是:예절로 대우함이 이보다 지나는 것이 없음.

【뜻 풀이】 많이 듣고 널리 배운 사람은 선인이나 지위가 높은 사람이나 큰 부자보다도 존경을 받으니, 많이 들어 얻는 밝은 지혜가 얼마나 존귀한지는 이보다 지나는 것이 없다.

事日爲明故 事父爲恩故 事君以力故 聞故事道人.
사 일 위 명 고 사 부 위 은 고 사 군 이 력 고 문 고 사 도 인

날로 섬김은 밝음을 위한 까닭이고 아버지를 섬기는 것은 은혜를 위한
까닭이며 임금을 섬기는 것은 힘을 얻기 위함이고 많이 듣는 까닭은 도를
지키는 사람을 섬긴다.

【글자 뜻】 事:섬길 사. 恩:은혜 은.

【말의 뜻】 事日爲明故:날마다 섬김은 밝음을 위한 까닭임. 事父爲恩故:아
　　버지를 섬기는 것은 은혜를 위한 까닭임. 事君以力故:임금을 섬김은
　　힘을 얻기 위함 때문임. 聞故事道人:많이 듣는 까닭으로 도를 지키는
　　사람을 섬김.

【뜻 풀이】 날마다 섬기는 것은 사물의 밝은 지혜를 얻기 위함이고, 아버지
　　를 효도로 섬기는 것은 은혜를 갚기 위함이다. 임금을 섬기는 것은 권
　　력을 얻기 위함이고, 많이 듣고 널리 배웠기 때문에 도를 얻어 지키는
　　사람을 섬기는 것이다.

人爲命事醫 欲勝依豪强 法在智慧處 福行世世明.
인 위 명 사 의 욕 승 의 호 강 법 재 지 혜 처 복 행 세 세 명

사람들은 목숨을 위하여 의원을 섬기고 이기기를 바라 부호와 권력이 있
는 사람에게 의지하며 법은 지혜 있는 곳에 있고 복을 행하면 대대로 밝
아진다.

【글자 뜻】 醫:의원 의. 豪:부호 호.

【말의 뜻】 人爲命事醫:사람들은 목숨을 위하여 의원을 섬김. 欲勝依豪强:
이기기를 바라 부호와 세력 있는 사람에게 의지함. 法在智慧處:법은 지
혜 있는 곳에 있음. 福行世世明:복을 행하면 대대로 밝음.

【뜻 풀이】 사람들은 목숨을 보전하기 위하여 의원을 섬기고 약을 먹는다.
강력한 힘을 얻기 위하여 임금을 섬기지만, 밝은 지혜를 지님으로써 인
생에 있어서 모든 장애물을 제거할 수 있는 것이다.

察友在爲謀 別伴在急時. 觀妻在房樂 欲知智在說.
찰 우 재 위 모 별 반 재 급 시   관 처 재 방 락 욕 지 지 재 설

친구를 살피는 것은 꾀함을 위함에 있고 친구와 헤어지는 것은 위급한
때에 있다. 아내를 보는 것은 방의 즐거움에 있고 지혜를 알고자함은 설
법에 있다.

【글자 뜻】 察:살필 찰. 謀:꾀할 모. 伴:벗 반. 急:급할 급. 觀:볼 관.
房:방 방.

【말의 뜻】 察友在爲謀:친구를 살피는 것은 일을 도모함에 있음. 別伴在
急時:친구와 헤어지는 것은 위급할 때에 있음. 觀妻在房樂:아내를 보
는 것은 방의 즐거움에 있음. 欲知智在說:지혜를 알고자 하는 것은 설
법에 있음.

【뜻 풀이】 친구를 살펴보는 것은 일을 도모하려는데 있고, 친구와 헤어지
는 것은 위급한 때에 있다. 아내를 잘 관찰하는 것은 역시 방속에서 즐

거움을 맛보는데 있지만, 참다운 지혜를 알려고 한다면 불경과 계율을 받들어 지니는데 있는 것이다.

聞爲今世利 妻子昆弟友 亦致後世福 積聞成聖智.
문 위 금 세 리 처 자 곤 제 우 역 치 후 세 복 적 문 성 성 지

듣는 것은 지금 세상의 이익을 위함이고 아내와 아들과 형제와 친구는 역시 후세의 복을 이루는 것이니 들음을 쌓아 거룩한 지혜를 이루어라.

【글자 뜻】 昆:맏 곤. 積:쌓을 적. 聖:거룩할 성.

【말의 뜻】 聞爲今世利:듣는 것은 지금 세상의 이익을 위함임. 妻子昆弟友:아내와 아들과 형제와 친구. 亦致後世福:후세의 복을 이룸. 積聞成聖智:들음을 쌓아 거룩한 지혜를 이룸.

【뜻 풀이】 불도에 들어가 많이 듣고 널리 배우는 것은 이 세상의 이익을 위한 것일 뿐 아니라, 처자와 형제와 친구는 후세의 복이 되는 것이니, 듣는 것과 덕행을 쌓으면 거룩한 지혜를 이루게 된다.

是能散憂恚 亦除不祥衰. 欲得安穩吉 當事多聞者.
시 능 산 우 에 역 제 불 상 쇠   욕 득 안 온 길   당 사 다 문 자

이 능히 근심과 성냄을 흩트리고 또한 길하지 못한 쇠퇴함을 제거하라. 안온한 길함 얻기를 바라거든 마땅히 많이 들은 사람을 섬기라.

【글자 뜻】 散:흩을 산. 恚:성낼 에. 祥:상서로울 상. 衰:쇠할 쇠. 穩:

편할 온.

【말의 뜻】 是能散憂恚:이 능히 근심과 성냄을 흩어 버림. 除不祥衰:길하
지 못한 쇠퇴함을 제거함. 欲得安穩吉:안온한 길함 얻기를 바람. 當事
多聞者:마땅히 많이 듣는 사람을 섬김.

【뜻 풀이】 많이 들었으면 나의 근심과 성냄을 제거할 뿐 아니라, 많은 사
람들의 어려움을 흩어서 없어지게 하라. 길하지 못한 쇠퇴함을 제거하
고 안온한 길함을 얻을 수 있으니, 많이 듣는 사람을 섬기면 뜻밖의 재
난을 만나는 일이 없다.

斫創無過憂 射箭無過患 是壯莫能拔 唯從多聞除.
작 창 무 과 우 석 전 무 과 환 시 장 막 능 발 유 종 다 문 제

찍힌 상처는 근심보다 지날 것이 없고 맞힌 화살은 걱정보다 지날 것이
없어 이것은 장한 사람도 능히 빼지 못하나 오직 많이 듣는 사람을 따라야
제거할 수 있다.

【글자 뜻】 斫:찍을 작. 創:상할 창. 射:맞힐 석. 箭:화살 전. 壯:장할
장. 拔:뺄 발.

【말의 뜻】 斫創無過憂:찍한 상처는 근심보다 지나는 것이 없음. 射箭無過
患:맞힌 화살은 걱정보다 지나는 것이 없음. 是壯莫能拔:이것은 힘이
장한 사람도 능히 빼지 못함. 唯從多聞除:오직 많이 듣는 사람을 따라
야 제거할 수 있음.

【뜻 풀이】 찍힌 상처나 화살의 상처는 아무리 깊어도 사람들의 근심과 걱

정과 고뇌와 고통에 비하면 아무것도 아니다. 이 찍힌 상처나 화살의 상
처는 비록 힘이 센 사람도 빼지 못한다. 오직 많이 듣고 덕이 있는 사람
만이 빼낼 수 있는 것이다.

盲從是得眼 闇者從得燭 亦導世間人 如目將無目.
맹 종 시 득 안 암 자 종 득 촉 역 도 세 간 인 여 목 장 무 목

소경은 이에 따라 눈을 얻고 어두운 밤에 이에 따라 촛불을 얻으니 또한
세상 사람들을 인도하여 눈과 같이 눈 없는 사람들을 이끌어 줌과 같다.

【글자 뜻】 闇:어두울 암. 導:인도할 도. 將:이끌 장.
【말의 뜻】 盲從是得眼:소경은 이에 따라 눈을 얻음. 闇者從得燭:어두운 사
     람은 이에 따라 촛불을 얻음. 導世間人:이 세상 사람들을 인도함. 如
     目將無目:눈 있는 이가 눈 없는 이를 이끌어 줌과 같음.

【뜻 풀이】 박학다식하고 많이 듣는 사람은 소경이 눈을 얻음과 같고, 어두
     운 밤에 촛불을 얻은 것과 같이 세상 사람들을 인도하여, 눈 있는 사람
     이 소경들을 이끌어 주는 것과 같다.

是故可捨癡 離慢豪富樂 務學事聞者 是名積聚德.
시 고 가 사 치 이 만 호 부 락 무 학 사 문 자 시 명 적 취 덕

이런 까닭으로 어리석음을 버릴 수 있고 거만함과 호걸스러움과 부자와
즐거움을 떠나 배움에 힘쓰고 들음을 섬기는 사람은 이를 덕을 모아 쌓는
다고 이름 붙인다.

【글자 뜻】 癡:어리석을 치. 慢:거만할 만. 豪:호걸 호. 務:힘쓸 무. 積:
쌓을 적. 聚:모을 취.

【말의 뜻】 是故可捨癡:이런 까닭으로 어리석음을 버릴 수 있음. 離慢豪富
樂:거만함과 호걸스러움과 부자와 즐거움을 떠남. 務學事聞者:힘써 배
우고 듣는 것을 섬기는 사람. 是名積聚德:이를 이름 하여 덕을 모아 쌓
는다 함.

【뜻 풀이】 부처님이 말씀하신 불경과 계율을 많이 듣는 사람은 지혜를 깊
이고 어리석음을 버린다. 거만함과 호걸스러움과 부함과 즐거움을 떠난
사람으로, 이 밝은 도에 의하여 마음을 닦고 행실을 다스린다. 널리 배
우고 많이 듣는 사람이야말로 안온함을 얻고 덕을 쌓는 사람이라고 말
할 수 있는 것이다.

제4 독신품(篤信品)

篤信品者 立道之根果. 於因正見 行不回顧.
독 신 품 자 입 도 지 근 과 어 인 정 견 행 불 회 고

독신품(篤信品)이란 것은 도를 세우는 뿌리와 열매이다. 인함에 있어서
올바르게 본다면 행실을 돌아보지 않는다.

【글자 뜻】 篤:도타울 독. 根:뿌리 근. 果:열매 과. 因:인할 인. 回:돌이
킬 회. 顧:돌아볼 고.
【말의 뜻】 立道之根果:도를 세우는 뿌리요 열매임. 於因正見:처음에 인함
에 있어서 올바르게 봄. 行不回顧:행실을 돌아보지 않음.

【뜻 풀이】 이 독신품이 말하는 바는 '믿음'이 도를 세우는 근본임과 동시에
그 열매임을 밝히고 있다. 즉 인과율(因果律) 중에서 원인에 있어서 정
도의 이치를 깨닫는다면 그 결과 역시 당연한 일이다. 즉 선인선과(善因
善果)요 악인악과(惡因惡果)여서, 좋은 일을 하면 좋은 결과가 돌아오
고, 악한 일을 하면 악한 결과가 돌아오는 것이다.

信慚戒意財 是法雅士譽. 斯道明智說 如是昇天世.
신 참 계 의 재 시 법 아 사 예 사 도 명 지 설 여 시 승 천 세

믿음과 부끄러움과 계율과 마음의 재산은 이것은 법아사(法雅士)의 칭
찬이다. 이 도를 밝히는 것을 지혜의 말이라 하며 이와 같이 하면 하늘 세

상에 올라간다.

【글자 뜻】 慚:부끄러울 참. 財:재물 재. 雅:맑을 아. 譽:기릴 예. 斯:이
　　사. 昇:오를 승.

【말의 뜻】 信慚戒意財:믿음과 부끄러움과 계율과 마음의 재산. 是法雅士
　　譽:이것은 법을 받드는 사람의 칭찬임. 斯道明智說:이 도를 밝히는 것
　　은 지혜의 말이라 함. 如是昇天世:이와 같이 하면 하늘의 세상에 오름.

【뜻 풀이】 이 도에 있어서 믿음과 부끄러움과 계율과 마음이 있는 것은 법
　　을 받드는 사람의 재산이고 칭찬이다. 이것이 있기 때문에 도의 이치가
　　밝혀지며 천상계(天上界)에 올라갈 수가 있는 것이다.

愚不修天行 亦不譽布施. 信施助善者 從是到彼安.
우 불 수 천 행　역 불 예 보 시　　신 시 조 선 자　종 시 도 피 안

　　어리석음은 천행(天行)을 닦지 못하고 또한 보시(布施)를 칭찬하지 않
는다. 믿음을 베풀어 선함을 돕는 사람은 이에 따라 저 편안함에 이른다.

【글자 뜻】 布:베풀 보. 施:베풀 시. 助:도울 조. 彼:저 피.

【말의 뜻】 愚不修天行:어리석으면 천행을 닦지 못함. 不譽布施:보시를 칭
　　찬하지 못함. 信施助善者:믿음을 베풀어 선함을 돕는 사람. 從是到彼
　　安:이에 따라 저 편안함에 이름.

【뜻 풀이】 마음이 어리석음에 덮여 총명하지 못한 사람은, 하늘에 오르는
　　수행을 하지 못하고 베풂을 싫어하지만, 믿음에서 베풂을 행하여 선행

을 돕는 사람은, 그것에 의하여 평온한 곳에 이를 수 있는 것이다.

信者眞人長 念法所住安 近者意得上 智壽壽中賢.
신 자 진 인 장 염 법 소 주 안 근 자 의 득 상 지 수 수 중 현

믿는 사람은 참으로 사람의 어른이고 법을 외우면 사는 곳이 편안하며 가까운 사람은 마음에 위를 얻고 지혜로운 수명은 수명 중에서도 현명하다.

【글자 뜻】 長:어른 장. 住:살 주. 壽:수할 수.

【말의 뜻】 信者眞人長:믿는 사람은 참으로 사람의 어른임. 念法所住安:법을 외우면 사는 곳이 편안함. 近者意得上:부처님에게 가까운 사람은 마음에 위를 얻음. 智壽壽中賢:지혜 있는 수함은 수함 중에서도 현명함.

【뜻 풀이】 신앙이 있는 사람은 항상 사람의 어른이 되어, 불경과 계율의 법을 외우기 때문에 믿음의 주거가 안온하다. 부처님에게 가까운 사람은 마음에 사람의 어른이 됨을 얻어 마음속이 평정하기 때문에, 지혜가 총명하며 장수를 하게 된다.

信能得道 法致滅度. 從聞得智 所到有明.
신 능 득 도 법 치 멸 도 종 문 득 지 소 도 유 명

믿음은 능히 도를 얻고 법은 멸도(滅度)를 이룬다. 들음을 따르면 지혜를 얻어 이르는 곳마다 밝음이 있다.

【글자 뜻】致:이룰 치. 滅:멸할 멸. 度:건널 도.

【말의 뜻】信能得道:믿음은 능히 도를 얻음. 法致滅度:법은 멸도를 이룸.
從聞得智:들음에 따라 지혜를 얻음. 所到有明:이르는 곳마다 밝음이 있
음.

【뜻 풀이】신앙이 있는 사람은 성자의 도를 얻고, 법을 체득하고 불경과 계
율을 받들어 지녀 열반에 이르게 된다. 널리 배우고 많이 들으면 지혜가
깊어지기 때문에, 그가 가는 곳에는 다 밝음으로 빛나게 된다.

信能度淵 攝爲船師 精進除苦 慧到彼岸.
신 능 도 연 섭 위 선 사 정 진 제 고 혜 도 피 안

믿음은 능히 연못을 건너고 잡음은 선사(船師)가 되며 정진은 괴로움을
제거하고 지혜는 피안(彼岸)에 이르게 한다.

【글자 뜻】度:건널 도. 淵:못 연. 攝:잡을 섭. 師:스승 사. 岸:언덕 안.

【말의 뜻】信能度淵:믿음은 능히 연못을 건넘. 攝爲船師:잡음은 선사가
됨. 精進除苦:정진은 괴로움을 제거함. 慧到彼岸:지혜는 피안에 이름.

【뜻 풀이】신앙이 있는 사람은 연못을 건너갈 수 있고, 아무리 어리석은 사
람이라도 마음을 가다듬고 노력해 나가면, 지혜의 힘에 의하여 깨달음
의 피안에 도달할 수 있다.

士有信行 爲聖所譽. 樂無爲者 一切縛解.
사 유 신 행 위 성 소 예 낙 무 위 자 일 체 박 해

선비에게 믿음과 행함이 있으면 성자를 위하여 칭찬하는 바가 된다. 무위를 즐기는 사람은 모든 속박을 풀 수 있다.

【글자 뜻】 譽:기릴 예. 切:모두 체. 縛:묶을 박. 解:풀 해.
【말의 뜻】 士有信行:선비가 믿음과 행함이 있음. 爲聖所譽:성자를 위하여 칭찬하는 바가 됨. 樂無爲者:무위를 즐기는 사람. 一切縛解:모든 속박에서 풀려남.

【뜻 풀이】 마음에 믿음과 행함이 있는 대장부는 성자라는 칭찬을 받는다. 무위로 하늘의 도를 즐기는 사람은 모든 속박에서 벗어날 수가 있다.

信之與戒 慧意能行 健夫度恚 從是脫淵.
신 지 여 계 혜 의 능 행 건 부 도 에 종 시 탈 연

믿음과 계율과 더불어 지혜를 마음으로 능히 행하면 건장한 사나이는 성냄을 건넘으로 이에 따라 연못에서 벗어난다.

【글자 뜻】 與:더불어 여. 健:건장할 건. 恚:성낼 에. 脫:벗어날 탈. 淵:못 연.
【말의 뜻】 信之與戒 慧意能行:믿음과 계율과 더불어 지혜를 마음으로 능히 행함. 健夫度恚:건장한 사나이는 성냄을 건넘. 從是脫淵:이에 따라 연못에서 벗어남.

【뜻 풀이】 성심과 계율을 잘 지키고 밝은 지혜를 마음으로 굳게 지녀, 정신이나 육체가 확고부동한 건장한 사나이 성냄의 불길을 억제할 수 있

기 때문에, 고뇌의 깊은 연못에서 벗어날 수 있는 것이다.

信使戒誠 亦受智慧. 在在能行 處處見養.
신 사 계 성 역 수 지 혜　재 재 능 행 처 처 견 양

　믿음은 계율을 진실 되게 하여 또한 지혜를 받는다. 살피고 살펴서 능히 행하면 곳곳에서 기름을 볼 수 있다.

【글자 뜻】 誠:진실할 성. 在:살필 재.

【말의 뜻】 信使戒誠 亦受智慧:믿음은 계율을 성실하게 만들고 또한 지혜를 받음. 在在能行:살피고 살펴서 능히 행함. 處處見養:곳곳에서 기름을 봄.

【뜻 풀이】 신앙(信仰)상에서 계율을 성실히 받들어 지켜 나가면 지혜도 밝아진다. 정진을 계속 행하면 지혜가 점점 밝아지고 이르는 곳곳에서 공양을 받을 수 있게 된다.

比方世利 慧信爲明. 是財上寶 家産非常.
비 방 세 리 혜 신 위 명　시 재 상 보 가 산 비 상

　바야흐로 세상의 이익과 비교하면 지혜와 믿음은 밝은 것이 된다. 이것이 재산의 으뜸가는 보배이니 집의 재산은 영원한 것이 아니다.

【글자 뜻】 比:비교할 비. 方:바야흐로 방. 寶:보배 보. 産:재산 산. 常:항상 상.

【말의 뜻】 比方世利:바야흐로 세상의 이익과 비교함. 慧信爲明:지혜와 믿음은 밝은 것이 됨. 是財上寶:이것이 재산의 으뜸가는 보배임. 家産非常:집의 재산은 영원한 것이 아님.

【뜻 풀이】 지혜와 믿음이 참다운 보배인 것은 이 세상의 재산과 비교하면 분명히 최상의 보배이다. 집의 재산은 변동이 많은 것이므로 너무 집착해서는 안 된다.

欲見諸眞 樂聽講法 能捨慳垢. 此之爲信.
욕 견 제 진 낙 청 강 법 능 사 간 구   차 지 위 신

여러 가지 참다움을 보기를 바라거든 바라건대 법을 청강(聽講)하여 능히 인색한 때를 버리라. 이것을 믿음이라 한다.

【글자 뜻】 諸:모두 제. 樂:바랄 락. 聽:들을 청. 講:익힐 강. 慳:인색할 간.
【말의 뜻】 欲見諸眞:모든 참다움을 보고자 함. 樂聽講法:바라건대 법을 청강함. 能捨慳垢:능히 인색한 때를 버림. 此之爲信:이것을 믿음이라 함.

【뜻 풀이】 만일 진리를 깨닫기를 바라거든 불경과 계율을 설법하는 것을 즐겨 듣고, 그것을 마음에 새겨 능히 인색함을 버리는 것을 진실한 믿음이라 한다.

信能度河 其福難奪. 能禁止盜. 野沙門樂.
신 능 도 하 기 복 난 탈 능 금 지 도 야 사 문 락

믿음은 능히 개울을 건너 그 복을 뺏기 어렵다. 능히 금하여 도둑질을 그
치라. 들의 중[僧]들의 즐거움이 있기 때문이다.

【글자 뜻】度:건널 도. 何:개울 하. 難:어려울 난. 奪:뺏을 탈. 禁:금할
금. 止:그칠지. 盜:도둑 도.

【말의 뜻】信能度河 其福難奪:믿음은 능히 개울을 건너 그 복을 뺏기 어려
움. 能禁止盜:능히 금하여 도둑질을 그침. 野沙門樂:들판에 있는 중들
도 즐거움은 있음.

【뜻 풀이】법화경(法華經)에 '이신대혜(以信代惠)—믿음으로써 지혜를 대
신함'이란 말이 있는 것처럼, 지혜가 없어도 신앙심만으로 개울을 건널
수 있으니 그의 행복은 뺏기 어렵다. 다른 사람의 물건을 훔치는 일은
그만두어야 한다. 출가하여 도에 들어가려는 중들은 이르는 곳마다 즐
거움이 있기 때문이다.

無信不習 好剝正言 如拙取水 掘泉揚泥.
무 신 불 습 호 박 정 언 여 졸 취 수 굴 천 양 니

믿음이 없으면 익히지 못하고 올바른 말 찢기를 좋아하나 그것은 서툰
사람이 물을 취함에 샘을 파서 진흙을 올리는 것과 같다.

【글자 뜻】剝:찢을 박. 拙:서툴 졸. 掘:팔 굴. 泉:샘 천. 揚올릴 양. 泥:

진흙 니.

【말의 뜻】 無信不習:믿음이 없으면 익히지 않음. 好剝正言:올바른 말 찢기를 좋아함. 如拙取水 掘泉揚泥:마치 서툰 사람이 물을 취함에 샘을 파서 진흙을 올림과 같음.

【뜻 풀이】 마음에 진실한 믿음이 없으면 배움을 익히려 하지 않고 올바른 말을 헐뜯기를 좋아한다. 이것은 마치 서툰 사람이 물을 얻으려 샘을 팠는데, 물은 나오지 않고 진흙만 끌어올리는 것과 같다.

賢夫習智 樂仰淸流 如善取水 思令不擾.
현 부 습 지   요 앙 청 류   여 선 취 수   사 령 불 요

현명한 사람은 지혜를 익히고 밝은 흐름을 좋아하고 우러르니 잘 물을 취하여 생각하여 혼란시키지 않게 함과 같다.

【글자 뜻】 樂:좋아할 요. 仰:우러를 앙. 擾:혼란할 요.

【말의 뜻】 賢夫習智:현명한 사람은 지혜를 익힘. 樂仰淸流:맑은 흐름을 좋아하고 우러름. 如善取水 思令不擾:잘 물을 취하여 생각하여 혼란하지 않게 함과 같음.

【뜻 풀이】 현명한 사람은 밝은 지혜를 더욱 깊고 넓게 하려고 원하기 때문에 학문을 즐겨 익힌다. 이것은 마치 우물을 잘 파는 사람이 맑은 물을 혼란시키지 않고서 길어 올림과 같은 것이다.

信不染他 唯賢與人. 可好則學 非好則遠.
신 불 염 타 유 현 여 인   가 호 즉 학 비 호 즉 원

믿음은 다른 사람들을 물들이지 않고 오직 현명함을 사람들에게 준다. 곧 배우기를 좋아해야 하고 배움을 좋아하지 않는 사람은 곧 멀어 진다.

【글자 뜻】染:물들일 염. 他:다를 타. 與:줄 여.

【말의 뜻】信不染他:믿음은 다른 사람들을 악에 물들게 하지 않음. 唯賢 與人:오직 현명함을 사람들에게 줌. 可好則學:곧 배움을 좋아해야 함. 非好則遠:배움을 좋아하지 않는 사람은 도에서 멀어짐.

【뜻 풀이】 진실한 신앙이 있는 사람은 다른 사람들에게 해독을 끼치지 않고 오직 현명함을 다른 사람들에게 줄 뿐이다. 학문을 좋아하여 배우기 때문에 사람들로부터 존경을 받지만, 배움을 좋아하지 않는 사람은 도에서 멀어지게 된다.

信爲我輿. 莫知斯載 如大象調. 自調最勝.
신 위 아 여   막 지 사 재 여 대 상 조   자 조 최 승

믿음을 나의 수레로 삼으라. 이것에 탈 줄을 알지 못하면 큰 코끼리를 길들이는 것과 같다. 스스로를 길들이는 것이 가장 낫다.

【글자 뜻】輿:수레 여. 斯:이 사. 載:실을 재. 調:길들일 조. 勝:나을 승.

【말의 뜻】信爲我輿:믿음을 나의 수레로 삼으라. 莫知斯載:이것에 탈 줄을 알지 못함. 如大象調:큰 코끼리를 길들임과 같음. 自調最勝:스스로

를 길들이는 것이 가장 나음.

【뜻 풀이】 진실한 신앙을 내가 탈 수레로 삼아 그 수레를 잘 타야 한다. 수
레를 탈 줄 모른다면 이것은 큰 코끼리를 길들여 타는 것과 같다. 자기
자신을 스스로 길들이는 것이 가장 나은 일이다.

信財戒財 慚愧亦財 聞財施財 慧爲七財.
신 재 계 재 참 괴 역 재 문 재 시 재 혜 위 칠 재

믿음은 재물이고 계율도 재물이고 부끄러움 또한 재물이고 들음도 재물
이고 베풂도 재물이고 지혜를 일곱 가지 재물이라 한다.

【글자 뜻】 財:재물 재. 慚:부끄러울 참. 愧:부끄러울 괴.
【말의 뜻】 信財戒財:믿음은 재물이고 계율도 재물임. 慚愧亦財:부끄러움
도한 재물임. 聞財施財:들음도 재물이고 베풂도 재물임. 慧爲七財:지
혜를 일곱 가지 재물이라 함.

【뜻 풀이】 진실한 신앙이야말로 재물이다. 여기에 계율과 부끄러움과 수치
와 들음과 보시와 지혜를 합하여 7재(七財)라고 한다. 불교를 배워 익히
는 것도 중요하지만 신앙이 근본이므로 가장 소중한 것이다.

從信守戒 常淨觀法. 慧而利行 奉敬不忘.
종 신 수 계 상 정 관 법 혜 이 이 행 봉 경 불 망

믿음에 따라 계율을 지키고 항상 깨끗하게 법을 보라. 지혜로워서 이 됨

을 행하고 받들어 공경하여 잊지 말라.

【글자 뜻】 淨:깨끗할 정. 觀:볼 관. 忘:잊을 망.
【말의 뜻】 從信守戒:믿음을 따라 계율을 지킴. 常淨觀法:항상 깨끗하게 하여 법을 봄. 慧而利行:지혜로워서 이 됨을 행함. 奉敬不忘:받들고 공경하여 잊지 말음.

【뜻 풀이】 신앙이 있기 때문에 계율을 지킬 수 있다. 그러므로 항상 법을 깨끗한 마음으로 관찰하고 밝은 지혜로써 좋은 일을 행하며, 부처님의 가르침을 받들고 공경하여 항상 잊지 말도록 해야 한다.

生有此財 不問男女 終以不貧 賢者識眞.
생 유 차 재 불 문 남 여 종 이 불 빈 현 자 식 진

태어나면서 이 재물이 있으니 남녀를 불문하고 마침내 써 가난하지 않으니 현명한 사람은 참됨을 알라.

【글자 뜻】 問:물을 문. 貧:가난할 빈. 識:알 식.
【말의 뜻】 生有此財:태어남에 이 재물이 있음. 終以不貧:마침내 써 가난하지 않음. 賢者識眞:현명한 사람은 참됨을 알라.

【뜻 풀이】 사람들은 태어나면서 이 재물이 있기 때문에, 남녀를 불문하고 평생 동안 가난함이 없이 행복을 생각할 수 있도록 자연의 혜택을 받고 있다. 현명한 사람은 이 이치를 깨닫고 있기 때문에, 불교신앙에 편안히 살아 조금도 후회하는 일이 없는 것이다.

제5 계신품(誡愼品)

誡愼品者 授與善道 禁制邪非 後無所悔也.
계 신 품 자 수 여 선 도 금 제 사 비 후 무 소 회 야

계신품(誡愼品)이란 선한 도를 주고받아 사악하고 그름을 금하고 억제하여 뒤에 후회하는 바가 없게 하려는 것이다.

【글자 뜻】 誡:경계할 계. 愼:삼갈 신. 授:줄 수. 與:받을 여. 制:억제할
　제. 非:그를 비. 悔:후회할 회.
【말의 뜻】 誡愼品:경계하고 삼가는 품목. 授與善道:선한 도를 주고받음.
　禁制邪非:사악하고 그른 것을 금하고 억제함. 後無所悔也:뒤에 후회되
　는 바가 없게 하려는 것임.

【뜻 풀이】 계신품이란 마음으로부터 순종하여 계율을 지키고 마음을 엄격
　하게 지킨다. 정도에 정진함을 근본으로 삼아 사람들을 인도하여 선도
　로 나아가게 한다. 사악하여 도가 그름을 금하고 억제하여 스스로 후회
　가 없도록 하기 위한 것이다.

人而常淸 奉律至終 淨修善行 如是戒成.
인 이 상 청 봉 률 지 종 정 수 선 행 여 시 계 성

사람으로서 항상 맑고 계율을 받들어 끝까지 이르러 선행을 깨끗하게 닦
으면 이와 같이 하여 계율을 이룬다.

【글자 뜻】 淸:맑을 청. 律:계율 률. 終:마침내 종.

【말의 뜻】 人而常淸:사람으로서 항상 맑음. 奉律至終:계율을 받들어 끝까지 이름. 淨修善行:선행을 깨끗하게 닦음. 如是戒成:이와 같이 하면 계율은 이루어짐.

【뜻 풀이】 사람으로서 항상 마음을 깨끗하게 지니고, 계율을 받들어 끝까지 지켜 나가고, 평생 동안 선행을 닦아 나가면, 이와 같이 하여 계율은 이루어진다. 많은 계율 중에서도 부처님의 5계, 즉 살생 · 도둑질 · 망령된 말 · 음란함 · 술 마심이 가장 중요하다.

慧人護戒 福致三寶 名聞得利 後上天樂.
혜 인 호 계 복 치 삼 보 명 문 득 리 후 상 천 락

지혜 있는 사람은 계율을 지키어 복을 삼보(三寶—부처님 · 법 · 중)에 이루고 이름이 들리고 이익을 얻어 뒤에 하늘에 올라가는 즐거움이 있다.

【글자 뜻】 護:지킬 호. 寶:보배 보. 聞:들을 문.

【말의 뜻】 慧人護戒:지혜 있는 사람은 계율을 지킴. 福致三寶:복을 삼보에 이룸. 名聞得利:이름이 알려지고 이익을 얻음. 後上天樂:뒤에 하늘에 오르는 즐거움이 있음.

【뜻 풀이】 밝은 지혜가 있는 사람은 부처님의 계율을 지키고, 복을 삼보에 귀의하기 때문에 생활은 깨끗하고 빛나며, 사람들에게 존경을 받고 여러 가지 이익을 얻어, 뒤에 천상에 올라가는 큰 즐거움을 누리게 된다.

> 常見法處 護戒爲明 得成眞見 輩中吉祥.
> 상 견 법 처 호 계 위 명 득 성 진 견 배 중 길 상

항상 법이 있는 곳을 보아 계율을 지켜 밝음을 삼으면 참다운 봄의 이룸을 얻어 무리들 중에서 길하고 상서롭다.

【글자 뜻】 處:곳 처. 輩:무리 배. 祥:상서 상

【말의 뜻】 常見法處 護戒爲明:항상 법이 있는 곳을 보아 계율을 지켜 밝음을 삼음. 得成眞見:참다운 봄의 이룸을 얻음. 輩中吉祥:무리들 중에서 길하고 상서로움.

【뜻 풀이】 마음을 써서 항상 불경과 법이 있는 곳을 보고 알아, 계율을 지키어 밝은 지혜로 삼는다면, 참다운 도를 얻어 사람들의 존경을 받아 행복하게 된다.

> 持戒者安 令身無惱 夜臥恬淡 寤則常歡.
> 지 계 자 안 영 신 무 뇌 야 와 염 담 오 즉 상 환

계율을 지니는 사람은 편안하여 몸으로 하여금 번뇌를 없게 하고 밤에 누웠어도 고요하고 맑으며 깨어나면 곧 항상 기쁘다.

【글자 뜻】 令:하여금 령. 惱:번뇌할 뇌. 臥:누울 와. 恬:고요할 념. 淡: 맑을 담. 寤:잠깰 오. 歡:기쁠 환.

【말의 뜻】 持戒者安:계율을 지닌 사람은 편안함. 令身無惱:몸으로 하여금 번뇌를 없앰. 夜臥恬淡:밤에 누웠어도 고요하고 맑음. 寤則常歡:깨었

으면 곧 항상 기쁨.

【뜻 풀이】 부처님의 계율을 엄격하게 지켜 이를 침범하지 않는 사람은, 마음이나 몸이나 아무런 번뇌도 없게 하기 때문에, 밤에 누워 있어도 마음이 고요하고 맑아 번뇌에 시달리지 않는다. 아침에 깨어나면 항상 기뻐서 행복하게 하루의 생활을 보낼 수 있는 것이다.

修戒布施 作福爲福. 從是適彼 常到安處.
수 계 보 시　작 복 위 복　　종 시 적 피　상 도 안 처

계율을 닦고 보시(布施)를 하면 복을 지어 복이 된다. 이에 따라 피안(彼岸)에 가서 항상 안락한 곳에 이른다.

【글자 뜻】 修:닦을 수. 布:보시할 보. 施:보시할 시. 適:갈 적. 彼:저 피.
【말의 뜻】 修戒布施:계율을 닦고 보시를 함. 作福爲福:복을 만들어 복이 됨. 從是適彼:이에 따라 피안에 감. 常到安處:항상 안락한 곳에 이름.

【뜻 풀이】 부처님이 말씀하신 계율을 수행하고 보시를 베풀어 복을 만들면 복이 된다. 이것에 의하여 인간의 복의 근본을 만들어 나가면, 드디어는 피안을 깨닫게 되고 편안하게 살아 행복하게 된다.

何終爲善 何善安止 何爲人寶 何盜不取.
하 종 위 선　하 선 안 지　하 위 인 보　하 도 불 취

어떤 끝이나 선함으로 하고 어떤 선함에도 편안히 그치며 어떤 것이나

사람의 보배로 삼고 어떤 도둑이라도 취하지 말라.

【글자 뜻】 終:끝 종. 止:그칠 지. 寶:보배 보. 盜:도둑 도. 取취할 취.

【말의 뜻】 何終爲善:어떤 끝이나 선하게 함. 何善安止:어떤 선함이나 편
　　안함에 그침. 何爲人寶:어떤 것이나 사람의 보배로 삼음. 何盜不取:어
　　떤 도둑이나 취하지 않음.

【뜻 풀이】 종극의 선함이란 무엇인가? 어떤 선함에 안주해야 하는가? 사
　　람의 보배로 삼아야 한다는 것은 무엇인가? 물건을 훔치지 않는 도둑이
　　란 무엇을 뜻하는가?

戒終老安 戒善安止. 慧爲人寶 福盜不取.
계 종 노 안 계 선 안 지 혜 위 인 보 복 도 불 취

　계율의 끝은 늙어서 편안한 것이고 계율은 선함에 편안히 그치라. 지혜
를 사람의 보배로 삼고 복된 도둑은 취하지 않는다.

【글자 뜻】 老:늙을 로. 福:복 복.

【말의 뜻】 戒終老安:계율의 끝은 늙어서 편안 함. 戒善安止:계율은 선함
　　에 편안히 그침. 慧爲人寶:지혜를 사람의 보배로 삼음. 福盜不取:복된
　　도둑은 취하지 않음.

【뜻 풀이】 부처님이 말씀하신 계율을 지키어 범하지 않으면 노인이 되어도
　　편안하게 지낼 수 있다. 그러므로 계율이야말로 선한 복이요 안온한 곳
　　이다. 지혜는 사람의 보배이고 복이 쌓이면 남의 물건을 훔칠 수 없게

된다.

比丘立戒 守攝諸根 食知自節 悟意令應.
비 구 입 계 수 섭 제 근 식 지 자 절 오 의 영 응

비구(比丘)는 계율을 세워 모든 근원을 지키고 거두고 먹는 것을 스스로 절제할 줄 알아 깨달은 마음에 응하게 하라.

【글자 뜻】 戒:계율 계. 攝:거둘 섭. 節:절제할 절. 悟:깨달을 오. 應:응할 응.

【말의 뜻】 比丘立戒:비구들은 계율을 세움. 守攝諸根:모든 근원을 지키고 거둠. 食知自節:먹는 것을 스스로 절제할 줄 알음. 悟意令應:깨달은 마음에 응하게 함.

【뜻 풀이】 도를 깨달은 비구들은 마음으로써 계율을 세워서 지킨다. 여러 가지 근거를 지키고 거두고 먹는 것을 절제하여 일정한 분량을 먹는다. 법을 배워 탐욕을 없애고 정신을 단련하라.

以戒降心 守意正定 內學正觀 無忘正智.
이 계 강 심 수 의 정 정 내 학 정 관 무 망 정 지

계율로써 마음을 내리고 마음을 지키어 정함을 바르게 하여 안으로 바르게 몸을 배우면 올바른 지혜를 잊는 일이 없다.

【글자 뜻】 降:내릴 강. 觀:볼 관. 忘:잊을 망.

【말의 뜻】 以戒降心:계율로써 마음을 내림. 守意正定:마음을 지키어 정함을 바르게 함. 內學正觀:안으로 올바른 봄을 배움. 無忘正智:올바른 지혜를 잊는 일이 없음.

【뜻 풀이】 계율 지키는 것을 마음의 기본으로 삼고, 다섯 가지 욕망을 억제하여 선(禪)을 올바로 행한다. 마음으로 올바로 보는 방법을 배운다면, 올바른 지혜를 잊어버리는 일이 없다.

明哲守戒 內思正智 行道如應 自淸除苦.
명 철 수 계 내 사 정 지 행 도 여 응 자 청 제 고

명철하게 계율을 지키고 안으로 올바른 지혜를 생각한다면 도를 행하여 응함과 같이 스스로 깨끗하게 고뇌를 제거한다.

【글자 뜻】 哲:밝을 철. 淸:맑을 청.
【말의 뜻】 明哲守戒:명철하게 계율을 지킴. 內思正智:안으로 올바른 지혜를 생각함. 行道如應:도를 행하여 응함과 같음. 自淸除苦:스스로 맑게 고뇌를 제거함.

【뜻 풀이】 이 세상의 모든 일에 대하여 밝게 계율을 지키고 마음속에 올바른 지혜를 지녀 나간다면, 도를 행함에 있어서 마음을 멸하고 진리를 얻어 스스로 고뇌를 깨끗이 제거할 수 있다.

蠲除諸垢 盡慢勿生. 終身求法 勿暫離聖.
견 제 제 구 진 만 물 생 종 신 구 법 물 잠 이 성

모든 때를 깨끗이 제거하고 참음을 다하여 생겨나지 말게 하라. 몸이 맞도록 법을 구하여 잠시도 성스러움을 떠나지 말라.

【글자 뜻】 蠲:깨끗할 견. 垢:때 구. 慢 참을 만. 暫:잠시 잠.

【말의 뜻】 蠲除諸垢:모든 때를 깨끗이 제거함. 盡慢勿生:참음을 다하여 생겨나지 말게 하라. 終身求法:몸이 맞도록 법을 구함. 勿暫離聖:잠시도 성스러움을 떠나지 말게 하라.

【뜻 풀이】 모든 번뇌의 때를 깨끗이 제거하여 참음을 다하여 때가 다시는 끼지 말게 하라. 목숨이 끝날 때까지 부처님의 법을 구하여 잠시도 부처님의 도에서 떠나서는 안 된다.

戒定慧解 是當善惟. 都已離垢 無禍除有.
계 정 혜 해 시 당 선 유　 도 이 이 구 무 화 제 유

계율과 선정(禪定)과 지혜와 깨달음은 이것을 마땅히 잘 생각하라. 모두가 이미 때를 떠나면 재앙도 없고 소유욕을 제거한다.

【글자 뜻】 解:깨달을 해. 惟:생각할 유. 都:모두 도.

【말의 뜻】 戒定慧解:계율과 선정(禪定)과 지혜와 깨달음. 是當善惟:이것을 마땅히 잘 생각함. 都已離垢:모두 이미 때를 떠남. 無禍除有:재앙이 없고 소유욕을 제거함.

【뜻 풀이】 계율과 선정(禪定)과 지혜와 깨달음은 이것을 마땅히 잘 생각해야 한다. 이미 이것들에 의하여 세속적인 먼지와 때와 번뇌를 벗어난다

면, 재앙도 없고 번뇌도 없고 사물을 소유하려는 욕망을 제거하게 되어
마음의 안정을 얻을 수 있게 된다.

著解則度 餘不復生. 越諸魔界 如日淸明.
착 해 즉 도 여 불 부 생   월 제 마 계 여 일 청 명

집착을 풀면 곧 제도함이니 나머지는 다시 생겨나지 않는다. 모든 악마
의 세계를 넘는 것이 마치 날씨의 청명함과 같다.

【글자 뜻】 著:붙을 착. 解:풀 해. 越:넘을 월. 魔:마귀 마.
【말의 뜻】 著解則度:집착을 풀면 곧 제도함임. 餘不復生:나머지는 다시 생
  겨나지 않음. 越諸魔界:모든 악마의 세계를 넘음.

【뜻 풀이】 인생은 욕망 때문에 속박되게 마련이니, 이 속박을 풀면 피안
  (彼岸)에 건너갈 수 있어 다시는 장애물이 생기지 않는다. 모든 악마의
  세계를 뛰어넘으면 태양이 청명함과 같이 마음과 몸이 청명해진다.

狂惑自恣 已常外避 戒定慧行 求滿勿離.
광 혹 자 자 이 상 외 피 계 정 혜 행 구 만 물 이

미치고 미혹되고 스스로 방자함은 이미 항상 밖을 피하며 계율과 선정(禪
定)과 지혜로운 행실은 가득함을 구하여 떠나지 말라.

【글자 뜻】 狂:미칠 광. 惑:미혹할 혹. 恣:방자할 자. 避:피할 피. 滿:가
  득할 만.

【말의 뜻】 狂惑自恣 已常外避:미치고 미혹되고 스스로 방자함은 이미 항상 밖을 피함. 戒定慧行 求滿勿離:계율과 선정과 지혜의 행실은 가득함을 구하여 떠나지 말라.

【뜻 풀이】 항상 오욕에 미혹되어 스스로 방자하게 굴지 말고 밖으로 벗어나 피하도록 노력하라. 계율과 선정과 지혜의 행동을 함에 있어서 언제나 가득함을 지녀 해탈을 구하여, 이에서 떠나서는 안 된다.

持戒淸淨 心不自恣 正智已解 不覩邪部.
지 계 청 정 심 불 자 자 정 지 이 해 불 도 사 부

계율을 지녀 맑고 깨끗하게 하여 마음에 스스로 방자하지 않으면 올바른 지혜를 이미 깨달아 사악한 곳을 보지 않는다.

【글자 뜻】 解:깨달을 해. 覩:볼 도. 部:종류 부.
【말의 뜻】 持戒淸淨:계율을 지녀 맑고 깨끗하게 함. 心不自恣:마음으로 스스로 방자하지 않음. 正智已解:올바른 지혜를 이미 깨달음. 不覩邪部:사악한 것들을 보지 않음.

【뜻 풀이】 계율을 지켜 마음과 몸을 깨끗하게 하고, 마음이 스스로 방자하지 않으면, 올바른 지혜를 깨닫고 사악한 것들을 보지 않고서 살아갈 수 있다.

是往吉處 爲無上道 亦捨非道 離諸魔界.
시 왕 길 처 위 무 상 도 역 사 비 도 이 제 마 계

이리하여 길한 곳에 가서 무상(無上)의 도를 행하고 또한 도가 아닌 것을 버리고 모든 악마의 세계에서 떠나라.

【글자 뜻】 往:갈 왕.　非:아닐 비.　諸:모두 제.

【말의 뜻】 是往吉處:이리하여 길한 곳에 감.　爲無上道:다시없는 도를 함. 捨非道:도가 아닌 것을 버림.　離諸魔界:모든 악마의 세계에서 떠남.

【뜻 풀이】 이와 같이 하여 만일 수행자가 계율을 지켜 마음과 몸을 깨끗이 하면, 이것이 곧 열반의 길한 곳에 가는 무상의 도이고, 또한 사악하여 도가 아닌 곳을 떠날 수 있다. 최상의 도를 지키는 것이야말로 사악한 길에서 떠날 수 있는 것이다.

제6 유념품(惟念品)

유념품(惟念品)이란 적은 것을 지키는 처음에 안으로 편안함으로 돌아감을 생각하면 반드시 도의 벼리를 깨닫는다.

【글자 뜻】惟:생각할 유. 微:적을 미. 始:비로소 시. 般:돌아갈 반. 紀: 벼리 기.

【말의 뜻】惟念品者:적은 것을 지키는 처음. 內思安般:안으로 편안함으로 돌아감을 생각함. 必解道紀:반드시 도의 벼리를 깨달음.

【뜻 풀이】 유념품이란 도를 구하여 해탈을 얻으려 한다면, 마음의 혼란을 정돈하여 삼보(부처님·법(法)·중)를 생각하고, 선정(禪定)에 들어가 삼매(三昧)를 생각하여 밤낮으로 정진하기에 노력한다면, 반드시 피안에 도달하고 열반에 들어갈 수가 있을 것이다.

숨을 내쉬고 숨을 들이마시는 생각을 갖추어 가득 채워 밝게 생각하라. 처음부터 끝까지 날카로움에 통하면 편안하기가 부처님이 말씀하신 바와 같다.

【글자 뜻】 息:숨 쉴 식. 具:갖출 구. 諦:밝을 체. 竟:마침 경. 利:날카로울 리.

【말의 뜻】 出息入息念:숨을 내쉬고 숨을 들이마시는 것을 생각함. 具滿諦思惟:갖추어 가득 채워서 밝게 생각함. 從初竟通利:처음부터 끝까지 드디어 날카로움이 통함. 安如佛所說:편안함이 부처님이 말씀하신 바와 같음.

【뜻 풀이】 마음이 침착하지 않을 때는 호흡이 혼란하기 때문에 호흡을 잘 생각하여 고르게 하라. 마음을 가라앉히고 밝게 구체적인 사물의 세계를 고요히 바라보라. 처음부터 끝까지 사리를 잘 판단하면 부처님의 말씀을 듣고 있는 것과 같이 마음이 진정된다.

> 是則炤世間 如雲解月現. 起止學思惟 坐臥不廢忘.
> 시 즉 소 세 간 여 운 해 월 현   기 지 학 사 유 좌 와 불 폐 망

이것이 곧 세상을 비추어 구름이 풀리고 달이 나타남과 같다. 일어나 그쳐 배움을 생각하여 앉았거나 누웠거나 폐해도 잊혀 지지 않는다.

【글자 뜻】 炤:비칠 소. 現:나타날 현. 臥:누울 와. 廢:폐할 폐. 忘:잊을 망.

【말의 뜻】 是則炤世間 如雲解月現:이것이 곧 세상을 비추어 구름이 풀리고 달이 나타남과 같음. 起止學思惟 坐臥不廢忘:일어나서 그쳐서 배움을 생각하여 앉았거나 누웠거나 그만두어도 잊혀 지지 않음.

【뜻 풀이】 호흡을 고르게 하는 것이야말로 이 세상을 비추는 근본이 된다.

이것이 인격적으로도 고요하게 단정히 하고 앉았거나 누웠거나 배움을
잊지 않고 힘쓴다. 인간으로서 다른 사람을 비추는 것이, 마치 달이 구
름 사이에서 나타나 밝게 비추는 것과 같은 것이다.

比丘立是念 前利後則勝 始得終必勝 逝不覩生死.
비 구 입 시 념 전 리 후 즉 승 시 득 종 필 승 서 불 도 생 사

비구는 이 생각이 세워지면 앞으로도 이롭고 뒤로도 곧 나아져 처음에 얻
으면 끝에도 반드시 나아져서 가더라도 생사를 보지 않는다.

【글자 뜻】 勝:나을 승. 逝:갈 서. 覩:볼 도.
【말의 뜻】 比丘立是念:비구가 이 생각이 세워짐. 前利後則勝:앞으로도 이
롭고 뒤로도 곧 나아짐. 始得終必勝:처음에 얻으면 끝이 반드시 나아
짐. 逝不覩生死:가더라도 생사를 보지 않음.

【뜻 풀이】 비구가 일단 호흡을 고르게 하는 법을 세워 노력하면, 앞이나 뒤
로 마음이 혼란하지 않고 항상 편안하다. 생사에 대하여 마음이 흔들리
지 않고 자기 자신을 지니고 갈 수 있어, 드디어 해탈을 얻게 될 것이다.

若見身所住 六更以爲最. 比丘常一心 便自知泥洹.
약 견 신 소 주 육 경 이 위 최 비 구 상 일 심 변 자 지 이 원

만일 몸이 사는 곳을 보려면 6경(六更—아침 6시경)을 써 최고로 삼는다.
비구는 항상 한 마음으로 하면 문득 스스로 열반을 안다.

【글자 뜻】 住:살 주. 更:고칠 경. 最:가장 최. 便:문득 변.

【말의 뜻】 若見身所住:만일 몸이 사는 곳을 봄. 六更以爲最:6경을 써 최
고로 삼음. 便自知泥洹:문득 스스로 열반을 알게 됨.

【뜻 풀이】 만일 몸이 살고 있는 곳을 보려면 여러 가지 생각들을 다스려 몸
의 주변을 살펴볼 만한 것이 없다. 이렇게 하면 비구는 스스로 열반이
가깝다는 것을 알게 될 것이다. 당장 죽음이 닥쳐와도 조금도 놀라지 않
고 비관하지 않고 태연히 몸을 지켜 나갈 수가 있는 것이다. 그 최후로
깨닫는 시간은 아침 6시경이 가장 좋을 것이다.

已有是諸念 自身常建行 若其不如是 終不得意行.
이 유 시 제 념 자 신 상 건 행 약 기 불 여 시 종 불 득 의 행

이미 이 여러 가지 생각이 있으면 자기 몸에 항상 행함을 세워 만일 그
이와 같지 않으면 마침내 마음 행함을 얻지 못한다.

【글자 뜻】 建:세울 건. 終:마침 종.

【말의 뜻】 已有是諸念:이미 이 모든 생각이 있음. 自身常建行:자기 몸에 항
상 행함을 세움. 若其不如是:만일 그 이와 같지 못함. 終不得意行:마
침내 마음 행함을 얻지 못함.

【뜻 풀이】 부처님이 말씀하신 설법을 듣고 이 모든 생각이 마음에 일어난
다면, 부처님을 외우고 생각하여 자기 몸에 항상 행함을 세우도록 마음
에 결심하라. 마침내 마음 행할 것을 세우지 못한다면 모든 부처님의 이
익을 얻지 못할 것이다.

是隨本行者 如是度愛勞 若能悟意念 知解一心樂.
시 수 본 행 자 여 시 도 애 로 약 능 오 의 념 지 해 일 심 락

　이 근본 행함에 따르는 사람은 이와 같이 하여 사랑의 수고로움을 제도할 수 있으나 만일 능히 마음의 생각을 깨닫는다면 한결같은 마음으로 즐거움을 알아 깨달을 것이다.

【글자 뜻】 隨:따를 수. 度:건널 도. 勞:수고로울 로. 悟:깨달을 오. 解: 깨달을 해.

【말의 뜻】 是隨本行者:이 근본 되는 행함에 따르는 사람. 如是度愛勞:이와 같이 하여 사랑의 수고로움을 제도함. 若能悟意念:만일 능히 마음의 생각을 깨달음. 知解一心樂:한결같은 마음으로 즐거움을 깨달아 알음.

【뜻 풀이】 마음에는 여러 가지 생각이 있으며, 그 근본 행함에 따르는 사람은 사랑의 굴레에서 벗어날 수 있다. 만일 능히 이 마음의 생각을 깨달을 수 있다면, 자기의 한결같은 마음의 즐거움을 깨달아 열반의 도를 깨닫게 될 것이다.

應時等行法 是度老死惱. 比丘悟意行 當令應是念.
응 시 등 행 법 시 도 노 사 뇌 비 구 오 의 행 당 령 응 시 념

　때에 응하여 한결같이 법을 행한다면 이것이 늙고 죽음의 고뇌를 제도한다. 비구가 깨달아서 마음을 행함은 마땅히 이 생각에 따르도록 해야 한다.

【글자 뜻】 應:응할 응. 等:같을 등. 惱:번뇌할 뇌. 悟:깨달을 오. 當:마

땅 당. 슈:하여금 령.

【말의 뜻】 應時等行法 是度老死惱:때에 응하여 한결같이 법을 행하면 이 것이 늙고 죽음의 고뇌를 제도함. 比丘悟意行:비구가 깨달아 마음을 행함. 當令應是念:마땅히 이 생각을 따르게 해야 함.

【뜻 풀이】 부처님의 설법을 때에 응하여 행한다면, 이것이 생사의 고뇌를 없애 준다. 비구들이 이 진리를 깨달아 마음을 행하는 것은 마땅히 이와 같은 생각에 따르도록 해야 한다. 오직 느긋한 마음으로서는 어찌 늙고 죽음을 이겨낼 수 있겠는가?

諸念生死棄 爲能作苦際. 常當聽微妙 自覺悟其意.
제 념 생 사 기 위 능 작 고 제　상 당 청 미 묘 자 각 오 기 의

모든 생각으로 생사를 버린다면 그것을 위하여 능히 괴로움 모음을 이룬 다. 항상 마땅히 미묘함을 듣고 스스로 그 마음을 깨달아야 한다.

【글자 뜻】 棄:버릴 기. 際:모을 제. 聽:들을 청. 微:적을 미. 妙:묘할 묘. 覺:깨달을 각.

【말의 뜻】 諸念生死棄:모든 생각으로 생사를 버림. 爲能作苦際:그것 때문 에 능히 괴로움 모음을 이룸. 常當聽微妙:항상 마땅히 미묘한 부처님 의 가르침을 들음. 自覺悟其意:스스로 그 마음을 깨달음.

【뜻 풀이】 여러 가지 생각으로 생사의 생각을 버린다면, 그것 때문에 고뇌 가 항상 몸에 붙어 다닌다. 그러므로 밤낮으로 정성껏 불경과 계율을 받 들어 지닌다면, 그것이 곤란하다는 사실을 크게 깨달아야 할 것이다.

能覺者爲賢 終始無所會. 以覺意能應 日夜務學行 當解甘露
능 각 자 위 현 종 시 무 소 회   이 각 의 능 응   일 야 무 학 행   당 해 감 로

要 令諸漏得盡.
요 영 제 루 득 진

능히 깨달은 사람은 현명하다고 하여 시종 만나는 바가 없다. 깨달은 마음으로써 능히 응하여 밤낮으로 배우고 행함에 힘쓴다면 마땅히 단 이슬이 필요함을 깨달아 모든 고뇌로 하여금 다 얻을 수 있게 한다.

【글자 뜻】覺:깨달을 각. 會:만날 회. 解:깨달을 해. 漏:고민 루.

【말의 뜻】能覺者爲賢 終始無所會:능히 깨달은 사람은 현명하다고 하여 시종 만나는 바가 없음. 以覺意能應 日夜務學行:마음을 깨달음으로써 능히 응하여 밤낮으로 배우고 행함에 힘씀. 當解甘露要 令諸漏得盡:마땅히 단 이슬이 필요함을 깨달아 모든 고뇌로 하여금 다 얻을 수 있게 함.

【뜻 풀이】능히 깨달은 사람을 현명한 사람이라고 하여 시종 고뇌를 당하는 일이 없다. 그는 마음을 깨달아 능히 응하여 밤낮으로 배우고 행함에 힘쓰기 때문에, 단 이슬이 필요함을 깨달아 모든 번민을 끊어 없애고 열반으로 가는 길을 깨달을 수 있는 것이다.

夫人得善利 乃來自歸佛. 是故當晝夜 常念佛法衆.
부 인 득 선 리 내 래 자 귀 불   시 고 당 주 야 상 념 불 법 중

대저 사람이 선한 이익을 얻으려 한다면 곧 와서 스스로 부처님에게 귀의하라. 이런 까닭으로 마땅히 밤낮으로 항상 불법의 모든 것을 외워야 한다.

【글자 뜻】 歸:돌아갈 귀. 晝:낮 주. 衆:여럿 중.

【말의 뜻】 夫人得善利 乃來自歸佛:대저 사람이 선한 이익을 얻으려면 곧 와서 스스로 부처님에게 귀의하라. 是故當晝夜 常念佛法衆:이런 까닭으로 마땅히 밤낮으로 항상 불법의 모든 것을 외움.

【뜻 풀이】 사람으로서 좋고 올바른 이익을 얻으려고 생각한다면, 곧 스스로 와서 부처님에게 귀의하라. 이런 까닭으로 밤낮의 구별 없이 불법의 모든 것인 삼보(부처님 · 법 · 중)를 외워야 한다. 염불하는 일은 곧 신앙인 것이다.

己知自覺意 是爲佛弟子. 常當晝夜念 佛與法及僧.
이 지 자 각 의 시 위 불 제 자   상 당 주 야 념 불 여 법 급 승

이미 스스로 마음을 깨달아 알면 이것을 부처님의 제자라 한다. 항상 마땅히 밤낮으로 부처님과 법과 중(僧)을 외우라.

【글자 뜻】 念:외울 념. 與:더불어 여. 僧:중 승.

【말의 뜻】 己知自覺意 是爲佛弟子:이미 스스로 마음을 깨달아 알면 이것을 부처님의 제자라고 함. 常當晝夜念 佛與法及僧:항상 마땅히 밤낮으로 부처님과 법과 중을 외우라.

【뜻 풀이】 이미 스스로 마음을 깨달아 알고 항상 부처님과 법과 중의 삼보를 외우고 열심히 행하면, 부처님을 뵙는 것과 마찬가지로, 곧 부처님의 제자가 되는 것이다.

念身念非常 念戒布施德 空不願無相 晝夜當念是.
염 신 념 비 상 염 계 보 시 덕 공 불 원 무 상 주 야 당 념 시

몸을 생각하고 항상 아님을 생각하고 계율과 보시와 덕을 생각하며 공(空)
과 원치 않음과 무상(無相)을 밤낮으로 마땅히 이것을 생각 하라.

【글자 뜻】空:빌 공. 願:원할 원. 相:모습 상.

【말의 뜻】念身念非常:몸을 생각하고 항상 아님을 생각함. 念戒布施德:계
율과 보시와 덕을 생각함. 空不願無相:만물은 다 공임을 생각하고 해
탈의 문인 불원을 생각하고 만물은 다 평등하다는 무상을 생각함. 晝夜
當念是:밤낮으로 마땅히 이것을 생각함.

【뜻 풀이】크게 깨달음을 얻어 몸이 항상 있는 것이 아님을 생각하고, 부처
님의 계율과 보시와 덕을 생각하며 밤낮으로 공(空)과 불원(不願)과 무
상(無相)을 깨달아야 한다. 즉 만물은 다 없어진다는 공을 생각하고, 만
물은 다 평등하다는 무상을 보아 차별이 없다는 것을 깨닫고, 탐욕의 생
각을 끊고 해탈의 문인 불원에 들어갈 것을 깨닫는다면, 열반의 경지에
나아갈 수가 있다.

제7 자인품(慈仁品)

> 慈仁品者 是謂大人 聖人所履德 普無量.
> 자인품자 시위대인 성인소리덕 보무량

자인품(慈仁品)이란 이 위대한 사람과 성인(聖人)이 밟는 바의 덕은 넓어서 한량이 없음을 말한다.

【글자 뜻】慈:사랑 자. 謂:이를 위. 履:밟을 리. 普:넓을 보. 量:한량 량.

【말의 뜻】大人聖人:위대한 사람과 성인. 所履德:밟는 바의 덕. 普無量:넓어서 한량이 없음.

【뜻 풀이】자인품이란 자비심이 있고 어진 덕이 있는 위대한 사람과 성인(聖人)이 밟으신 덕은 넓어서 한량이 없음을 말하고 있다.

> 爲仁不殺 常能攝身 是處不死 所適無患.
> 위인불살 상능섭신 시처불사 소적무환

인(仁)함을 행하여 죽이지 않고 항상 능히 몸을 다스리면 이것이 불사(不死)에 처하여 가는 곳마다 근심이 없다.

【글자 뜻】殺:죽일 살. 攝:다스릴 섭. 適:갈 적. 患:근심 환.

【말의 뜻】爲仁不殺 常能攝身:인을 행하여 죽이지 않고 항상 능히 몸을 잘 다스림. 是處不死 所適無患:이것이 불사에 처하여 가는 곳마다 근심이

없음.

【뜻 풀이】 인자한 마음이 있기 때문에 함부로 살생을 하지 않고, 항상 능
히 몸을 다스려 방탕한 생활에 빠지지 않는다. 엄연한 태도를 지니기 때
문에 생사(生死)를 초월하여 깨달음을 얻어, 가는 곳마다 근심이 없는
것이다.

不殺爲仁 愼言守心 是處不死 所適無患.
불 살 위 인 신 언 수 심 시 처 불 사 소 적 무 환

죽이지 않아 인을 행하고 말을 삼가서 마음을 지킨다면 이것이 불사에
처하여 가는 곳마다 근심이 없다.

【글자 뜻】 愼:삼갈 신.   守:지킬 수.
【말의 뜻】 不殺爲仁:살생하지 않아 인자함이 됨.   愼言守心:말을 삼가 마음
을 지킴.

【뜻 풀이】 함부로 살생을 하지 않을 뿐 아니라, 오히려 자비를 행하고 말
과 행동을 삼가 마음을 굳게 지키면, 이것이 불사의 경지에 이름을 깨닫
기 때문에, 어디를 가나 후환이 없는 것이다.

彼亂已整 守以慈仁 見怒能忍 是爲梵行.
피 난 이 정 수 이 자 인 견 노 능 인 시 위 범 행

저 혼란함을 이미 가지런히 하고 사랑하고 어짊으로써 지키어 성냄을 보

아도 능히 참는다면 이것을 깨끗한 행실이라고 한다.

【글자 뜻】 亂:어지러울 란. 整:가지런할 정. 忍:참을 인.

【말의 뜻】 彼亂已整:저 혼란함을 이미 가지런히 함. 守以慈仁:자비롭고 어
짊으로써 지킴. 見怒能忍 是爲梵行:성냄을 보고도 능히 참으면 이것을
깨끗한 행실이라고 함.

【뜻 풀이】 마음에 혼란이 일어나도 이것을 잘 가지런히 정리하고, 자비롭
고 어짊으로써 마음과 행동을 지킨다. 다른 사람의 성냄을 보아도 능히
참는다면, 이것을 높고도 깨끗한 행실이라고 말한다.

至誠安徐 口無麤言 不瞋彼所 是謂梵行.
지 성 안 서 구 무 추 언 불 진 피 소 시 위 범 행

지극한 정성으로 편안하고 느리게 하고 입으로 추한 말을 하지 않으며
저곳에 성내지 않음을 이것을 깨끗한 행실이라고 말한다.

【글자 뜻】 誠:정성 성. 徐:천천히 서. 麤:추할 추. 瞋:성낼 진. 梵:깨끗
할 범.

【말의 뜻】 至誠安徐:지성으로 편안하고 느리게 함. 口無麤言:입으로 추한
말을 하지 않음. 不瞋彼所:저곳에서 성내지 않음.

【뜻 풀이】 마음과 행동을 지성으로 삼가고, 입으로 난폭한 말을 하지 않으
며, 사람들에게 성내지 않는다. 이것을 깨끗한 부처님의 행동이라고 말
한다.

垂拱無爲 不害衆生 無所嬈惱 是應梵行.
수 공 무 위 불 해 중 생 무 소 요 뇌 시 응 범 행

손길을 드리어 마주잡아 하는 일이 없고 중생을 해치지 않으며 어지러이
번뇌하는 바가 없으면 이것은 마땅히 깨끗한 행실이다.

【글자 뜻】 垂:드릴 수. 拱:손잡을 공. 害:해할 해. 嬈:어지러울 요. 惱:
번뇌할 뇌. 應:마땅할 응.
【말의 뜻】 垂拱無爲:손길을 드리워 마주잡고 하는 일이 없음. 無所嬈惱:
어지러이 번뇌하는 바가 없음.

【뜻 풀이】 많은 것들을 죽여 생활하기보다는 차라리 손길을 마주잡고 하
는 일이 없고, 중생을 해치지 않는다. 어지러이 번뇌하지 않는다면 이
것을 깨끗한 부처님의 행동이라고 말할 수 있다.

常以慈哀 淨如佛敎 知足知止 是度生死.
상 이 자 애 정 여 불 교 지 족 지 지 시 도 생 사

항상 자비롭고 불쌍히 여김으로써 깨끗하기가 부처님의 가르침과 같고
만족함을 알고 그칠 줄을 안다면 이것은 생사를 제도하는 것이다.

【글자 뜻】 哀:불쌍히 여길 애. 淨:깨끗할 정. 止:그칠 지.
【말의 뜻】 常以慈哀 淨如佛敎:항상 자비롭고 불쌍히 여김으로써 깨끗하기
가 부처님의 가르침과 같음. 知足知止:만족함을 알아 그칠 줄을 앎. 是
度生死:이것은 생사를 제도함.

【뜻 풀이】 항상 다른 사람들을 사랑하여 불쌍히 여기는 마음을 가지고 살아가고, 깨끗하기가 부처님의 가르침과 같이 행한다. 탐욕이 없어 만족할 줄 알아 적당한 데서 그만둘 줄을 안다면, 인생에 있어서 생사를 초월하여 깨달은 사람이라고 말할 수 있다.

少欲好學 不惑於利 仁而不犯 世上所稱.
소 욕 호 학 불 혹 어 리 인 이 불 범 세 상 소 칭

욕심이 적어 배우기를 좋아하고 이익에 미혹되지 않으며 마음이 어질어 침범하지 않는 것을 세상이 칭찬하는 바이다.

【글자 뜻】 惑:미혹할 혹. 犯:침범할 범. 稱:칭찬할 칭.

【말의 뜻】 少欲好學:욕심이 적어 배우기를 좋아함. 不惑於利:이득에 미혹되지 않음. 仁而不犯:마음이 어질어 침범하지 않음. 世上所稱:세상이 칭찬하는 바임.

【뜻 풀이】 욕심이 적어 만족할 줄 알아 학문을 좋아하고 세상의 이득에 현혹되지 않으며, 인자한 마음이 있어 다른 사람들을 침범하지 않는다. 이런 사람을 세상 사람들은 훌륭한 사람이라고 칭찬할 것이다.

仁壽無犯 不興變快 人爲諍擾 慧以嘿安.
인 수 무 범 불 흥 변 쾌 인 위 쟁 요 혜 이 묵 안

인자하여 수함은 침범당하는 일이 없고 빨리 변함을 일으키지 않으며 사람들이 간하여 소란하게 할지라도 지혜는 잠잠함으로써 편안하다.

【글자 뜻】 壽:수할 수. 變:변할 변. 快:빠를 쾌. 諍:간할 쟁. 擾:소란할
　요. 嘿:잠잠할 묵.

【말의 뜻】 仁壽無犯:마음이 인자하여 수하는 사람은 침범당하지 않음. 不興
　變快:갑작스런 마음의 변화를 일으키지 않음. 人爲諍擾:사람들이 간하여
　소란하게 함. 慧以嘿安:지혜 있는 사람은 잠잠함으로써 마음이 편안함.

【뜻 풀이】 마음이 인자하여 장수하는 사람은 다른 사람으로부터 침범당하
　지 않고, 또 갑작스런 변화도 일으키지 않는다. 사람들이 여러 가지로
　간하여 소란을 피울지라도, 지혜 있는 사람은 잠잠하여 말하지 않으니
　마음이 편안하다.

普憂賢友 哀加衆生 常行慈心 所適者安.
보 우 현 우　애 가 중 생　상 행 자 심　소 적 자 안

　널리 현명한 친구들을 근심하고 불쌍히 여김을 중생에게 가하며 항상 인
자한 마음을 행하여 가는 곳의 사람들은 편안하다.

【글자 뜻】 憂:근심할 우. 適:갈 적.

【말의 뜻】 普憂賢友 哀加衆生:널리 현명한 친구들을 근심하고 불쌍히 여기
　는 마음을 중생에게 가함. 常行慈心:항상 인자한 마음을 행함. 所適者
　安:가는 곳의 사람들은 편안함.

【뜻 풀이】 널리 현명한 좋은 친구들을 소중히 여기고, 모든 중생에게 자비
　를 베풀며 이와 같이 자비를 행한다면, 그가 가는 곳의 사람들은 편안하
　게 생활할 수 있다.

仁儒不邪 安止無憂 上天衛之 智者樂慈.
인 유 불 사 안 지 무 우 상 천 위 지 지 자 낙 자

어진 선비로서 사악하지 않고 편안하게 그쳐서 근심이 없으면 위의 하늘
이 이를 지켜 주니 지혜 있는 사람은 인자함을 즐긴다.

【글자 뜻】 儒:선비 유. 衛:지킬 위. 慈:인자할 자.

【말의 뜻】 仁儒不邪:어진 선비로서 사악하지 않음. 安止無憂:편안함에 그
치어 근심이 없음. 上天衛之:위에 있는 하늘이 그를 지켜 줌. 智者樂
慈:지혜 있는 사람은 인자함을 즐김.

【뜻 풀이】 인자한 마음이 있어 사악한 길에 빠지지 않고, 만족할 줄 알아 편
안함에 그치어 근심이 없으면, 위에 있는 하늘이 그를 지켜 준다. 밝은
지혜가 있는 사람은 사람들에게 자비를 베푸는 일을 즐겁게 생각한다.

畫夜念慈 心無剋伐 不害衆生 是行無仇.
주 야 염 자 심 무 극 벌 불 해 중 생 시 행 무 구

밤낮으로 자비를 생각하고 마음에 억지로 따르게 함이 없으며 중생을 해
치지 않는다면 이와 같은 행실에는 원수가 없다.

【글자 뜻】 剋:이길 극. 伐:칠 벌. 仇:원수 구.

【말의 뜻】 畫夜念慈:밤낮으로 자비를 생각함. 心無剋伐:마음에 억지로 따
르게 함이 없음. 是行無仇:이와 같은 행실에는 원수가 없음.

【뜻 풀이】 밤낮으로 부처님이 말씀하신 자비를 생각하고, 억지로 따르게 하는 마음이 없으며 중생을 해치는 일이 없다. 이와 같이 올바른 행동을 하기 때문에, 본인의 마음도 편안하고 원수로 삼는 사람이 없게 된다.

不慈則殺 違戒言妄 過不與他 不觀衆生.
불 자 즉 살   위 계 언 망   과 불 여 타   불 관 중 생

마음이 자비롭지 못하면 곧 죽이고 계율을 어기면 말이 망령되며 잘못하여 다른 사람들에게 주지 않는다면 중생을 보지 못한다.

【글자 뜻】 違:어길 위. 妄:망령될 망. 過:허물 과. 與:줄 여. 觀:볼 관.
【말의 뜻】 不慈則殺:마음이 자비롭지 못하면 살생을 함. 違戒言妄:계율을 어기면 말이 망령됨. 過不與他:잘못하여 다른 사람들에게 보시를 하지 않음.

【뜻 풀이】 자비라는 근본적인 마음이 없으면 살생을 하게 되고, 계율을 어기면 말이 함부로 나온다. 어리석기 때문에 올바른 보시를 행하지 못하고, 중생을 불쌍히 여기는 마음이 없어 좋은 일을 실천하지 못한다.

酒致失志 爲放逸行 後墮惡道 無誠不眞.
주 치 실 지   위 방 일 행   후 타 악 도   무 성 불 진

술은 뜻을 잃게 만들고 방탕하고 안일한 행동을 하여 뒤에 악도에 떨어지게 하니 성실함이 없고 참되지 않다.

【글자 뜻】 志:뜻 지. 墮:떨어질 타. 誠:진실할 성.

【말의 뜻】 酒致失志 爲放逸行:술은 뜻을 잃게 만들고 방탕한 행동을 함. 無誠不眞:성실함이 없고 참되지 않음.

【뜻 풀이】 술은 본성을 잃게 만들고, 방탕하고 난잡한 행동을 하게 하며 뒤에 악도에 떨어진다. 술을 마시면 성실함도 없어지고 진실함도 없어져 버리는 것이다.

> 履仁行慈 博愛濟衆 有十一譽 福常隨身.
> 이 인 행 자 박 애 제 중 유 십 일 예 복 상 수 신

인을 밟고 자비를 행하고 널리 사랑하여 중생을 제도하면 열한 가지의 칭찬이 있고 복이 항상 몸을 따른다.

【글자 뜻】 履:밟을 리. 博:넓을 박. 濟:건널 제. 譽:기릴 예. 隨:따를 수.

【말의 뜻】 履仁行慈:어짊을 밟고 자비를 행함. 博愛濟衆:널리 사랑하여 중생을 구제함. 有十一譽:열한 가지의 칭찬이 있음. 福常隨身:복이 항상 몸을 따름.

【뜻 풀이】 어진 마음을 지니고 자비를 베풀어 모든 중생을 널리 제도해 나가면, 열한 가지의 이익이 있고, 복이 항상 몸을 따르게 되어, 복과 덕을 겸비하게 된다.

> 臥安覺安 不見惡夢 天護人愛 不毒不兵.
> 와 안 각 안 불 견 악 몽 천 호 인 애 불 독 불 병

누워 있어도 편안하고 깨어나도 편안하고 악한 꿈을 꾸지 않으며 하늘이 보호해 주고 사람들이 사랑해 주며 해독을 입지 않고 무기도 침범 하지 않는다.

【글자 뜻】 臥:누울 와.　覺:잠깰 각.　夢:꿈 몽.　護:보호할 호.　毒:해독 독.

【말의 뜻】 臥安覺安 不見惡夢:누워 있어도 편안하고 잠에서 깨어도 편안하고 악한 꿈을 꾸지 않음.　天護人愛:하늘이 보호하고 사람들이 사랑함.　不毒不兵:해독을 입지 않고 무기도 침범하지 않음.

【뜻 풀이】 앞에 나온 복이 항상 몸을 따르는 것 ①, 누워 있어도 편안하고 ②, 잠에서 깨어나도 편안하고 ③, 악한 꿈을 꾸지 않으며 ④, 하늘이 보호해 주고 ⑤, 사람들이 사랑해 주며 ⑥, 해독을 입지 않고 ⑦, 무기도 침범하지 않는다 ⑧.

水火不喪 在所得利 死昇梵天 是爲十一.
수 화 불 상　재 소 득 리　사 승 범 천　시 위 십 일

물과 불에도 잃지 않고 있는 곳에서 이익을 얻고 죽어서 범천(梵天)에 올라가니 이것을 열한 가지 이익이라고 한다.

【글자 뜻】 喪:잃을 상.　昇:오를 승.

【말의 뜻】 水火不喪:물과 불에도 잃지 않음.　在所得利:가는 곳마다 이익을 얻음.　死昇梵天:죽어서 범천에 올라감.

【뜻 풀이】 물과 불의 재난에도 몸을 잃지 않고 ⑨, 이르는 곳마다 이익을

받으며 ⑩, 죽은 뒤에 범천에 올라가니 ⑪, 이것을 열한 가지 이익이라고 한다.

若念慈心 無量不廢 生死漸薄 得利度世.
약 염 자 심 무 량 불 폐 생 사 점 박 득 리 도 세

만일 자비로운 마음을 생각하여 무한량으로 그만두지 않는다면 생사는 점점 엷어져서 이익을 얻고 세상을 제도한다.

【글자 뜻】廢:폐할 폐. 漸:점점 점. 薄:엷을 박.

【말의 뜻】念慈心:자비로운 마음을 생각하여 지님. 無量不廢:무한량으로 그만두지 않음. 生死漸薄:생사가 점점 엷어짐. 得利度世:이익을 얻고 세상을 제도함.

【뜻 풀이】자비를 베풀려고 마음에 생각하는 사람이 그것을 무한히 계속하여 그만두지 않는다면, 점차로 생사의 관념도 엷어져 번뇌하는 일이 없게 되며, 이득을 얻고 세상 사람들을 제도하여 구제 할 수 있는 것이다. 그리고 깨달음의 피안에 이를 수가 있는 것이다.

仁無亂志 慈最可行 愍傷衆生 此福無量.
인 무 난 지 자 최 가 행 민 상 중 생 차 복 무 량

어진 마음은 뜻을 혼란하게 함이 없어 자비는 가장 행해야 하거니와 중생을 상하게 할까 걱정한다면 이 복이 한량이 없다.

【글자 뜻】 亂:어지러울 란.　最:가장 최.　愍:불쌍히 여길 민.　傷:상할 상.

【말의 뜻】 仁無亂志:인자함은 뜻을 혼란시킴이 없음.　慈最可行:자비는 가장 행하여야 함.　愍傷衆生:중생을 상하게 할까 걱정함.

【뜻 풀이】 마음이 어질면 뜻을 혼란시키는 일이 없어 자비를 마음대로 행할 수 있으며, 중생을 상처 내는 일은 없을까 하고 항상 마음으로 생각한다면, 마음에 사악함이 일어날 여지가 없다. 오직 중생의 행복만을 빌기 때문에 내 몸에 오는 복은 한량이 없는 것이다.

假令盡壽命 懃事天下人 象馬以祠天 不如行一慈.
가 령 진 수 명　근 사 천 하 인　상 마 이 사 천　불 여 행 일 자

가령 수명이 다하여 힘써 천하의 사람들을 섬기고 코끼리와 말로써 하늘에 제사지낼지라도 한 가지 자비를 행함만 못하다.

【글자 뜻】 盡:다할 진.　懃:힘쓸 근.　祠:제사지낼 사.

【말의 뜻】 假令盡壽命 懃事天下人:가령 수명이 다하도록 힘써 천하의 사람들을 섬김.　象馬以祠天:코끼리와 말로써 하늘에 제사지냄.　不如行一慈:한 가지 자비를 행함만 못함.

【뜻 풀이】 설사 수명이 다하도록 천하 사람들을 섬기고, 코끼리나 말로 하늘에 제사지낼지라도, 한 가지 자비를 베풀어 중생을 구제하는 공덕에는 미치지 못한다. 자비를 베푸는 일이야말로 가장 소중한 것이다.

제8 언어품(言語品)

言語品者 所以戒口 發說談論 當用道理.
언어품자 소이계구 발설담론 당용도리

언어품(言語品)이란 입을 경계하는 방법이나 말을 시작함에나 담론함에 있어서 마땅히 도리를 써야 한다.

【글자 뜻】 戒:경계할 계. 發:발할 발. 談:말씀 담. 論:의논할 론.

【말의 뜻】 所以戒口:입을 경계하는 방법. 發說談論:말을 시작할 때나 담론함.

【뜻 풀이】 언어품에서는 입을 경계해야 할 것을 밝힌 것으로, 말을 함에 있어서나 담론을 행함에 있어서나, 올바른 도리를 사용해야지 사악한 일을 꾸며서는 안 된다. 말은 일단 입 밖에 나오면 엎질러진 물과 같으니, 깊이 생각하고 조심해서 말해야만 한다.

惡言罵詈 憍陵蔑人 興起是行 疾怨滋生.
악언매리 교능멸인 흥기시행 질원자생

악한 말로 꾸짖고 교만하고 업신여겨 사람을 멸시하여 이와 같은 행동을 일으키면 미워함과 원망이 점점 생긴다.

【글자 뜻】 罵:꾸짖을 매. 詈:꾸짖을 리. 憍:교만할 교. 陵:업신여길 릉.

蔑:멸시할 멸. 疾:미워할 질. 怨:원망 원. 滋:점점 자.

【말의 뜻】 惡言罵詈:악한 말로 꾸짖음. 憍陵蔑人:교만하고 업신여겨 사람
을 멸시함. 疾怨滋生:미움과 원망이 점점 생김.

【뜻 풀이】 악한 욕설로 사람을 꾸짖고 스스로 교만하고 업신여겨 사람을
멸시하는 행동을 하면, 미움과 원망이 점점 자라나게 되므로 조심하지
않으면 안 된다.

遜言順辭 尊敬於人 棄結忍惡 疾怨自滅.
손 언 순 사 존 경 어 인 기 결 인 악 질 원 자 멸

겸손한 말에는 말이 순하니 사람을 존경하여 맺음을 버리고 악함을 참으
면 미움과 원망은 스스로 없어진다.

【글자 뜻】 遜:겸손할 손. 辭:말씀 사. 尊:높일 존. 敬:공경할 경. 棄:버
릴 기. 結:맺을 결. 忍:참을 인. 滅:멸할 멸.

【말의 뜻】 遜言順辭:겸손한 말에는 말이 순함. 棄結忍惡:원한이 맺음을 버
리고 악한 말을 참음.

【뜻 풀이】 자신의 말이 겸손하면 상대방의 말도 순한 법이니, 마음을 온화
하게 하여 사람들을 존경하라. 원한이 맺힌 마음을 버리고 악한 감정을
참는다면, 미움과 원한은 다 스스로 없어져버릴 것이다.

夫士之生 斧在口中 所以斬身 由其惡言.
부 사 지 생 부 재 구 중 소 이 참 신 유 기 악 언

대저 선비가 태어남에 도끼가 입안에 있는 것과 같아서 몸을 베는 까닭은 그 악한 말을 하는데 말미암는다.

【글자 뜻】 斧:도끼 부. 斬:벨 참. 由:말미암을 유.

【말의 뜻】 斧在口中:도끼가 입안에 있음. 所以斬身:몸을 베 내는 까닭. 由其惡言:그 악한 말을 하는데 말미암음.

【뜻 풀이】 악한 욕설을 말함으로써 도끼로 자신의 몸을 베 내는 사람이 있지만, 이런 사람은 태어나면서부터 입안에 도끼를 가지고 있는 것과 같으며, 스스로 자신의 몸을 망쳐버리니 두려운 일이 아닐 수 없다.

諍爲少利 如掩失財 從彼致諍 令意向惡.
쟁 위 소 리 여 엄 실 재 종 피 치 쟁 영 의 향 악

적은 이익을 위하여 다투는 것은 재산 잃음을 가리는 것과 같아서 그를 따라 다툼을 이루어 마음으로 하여금 악으로 향하게 한다.

【글자 뜻】 諍:다툴 쟁. 掩:가릴 엄. 失:잃을 실.

【말의 뜻】 諍爲少利:적은 이익을 위하여 다툼. 如掩失財:재물 잃는 것을 가리는 것과 같음. 從彼致諍:그를 따라 다툼을 이룸. 令意向惡:마음으로 하여금 악을 향하게 함.

【뜻 풀이】 적은 이익을 위하여 다툰다는 것은 자기의 재물 잃어버린 것을 가리는 것과 같아서, 도리어 그를 따라 다투고서 마음을 악한 곳으로 나아가게 한다.

譽惡惡所譽 是二俱爲惡. 好以口僧鬪 是後皆無安.
예 악 악 소 예 시 이 구 위 악   호 이 구 승 투 시 후 개 무 안

악함을 칭찬하고 악함에 칭찬받는 바는 이는 둘 다 함께 악함이 된다. 입으로써 다투기를 좋아하면 이 뒤에 다 편안함이 없다.

【글자 뜻】 譽:기릴 예. 俱:함께 구. 僧:마음 편치 않을 승. 鬪:싸울 투.

【말의 뜻】 譽惡惡所譽:악함을 칭찬하고 악함에 칭찬받는 것. 是二俱爲惡: 이것은 둘 다 함께 악함이 됨. 好以口僧鬪:입으로써 싸우기를 좋아함. 是後皆無安:이것은 뒤에 다 편안함이 없음.

【뜻 풀이】 악한 사람을 칭찬하고 악한 사람에게 칭찬받는 것은, 이 두 가지가 모두 악함이 된다. 입으로 욕설을 퍼부어 다른 사람과 다투기를 좋아한다면, 이것은 뒤에까지도 안락한 생활을 하지 못한다.

無道墮惡道 自增地獄苦. 遠愚修忍意 念諦則無犯.
무 도 타 악 도 자 증 지 옥 고   원 우 수 인 의 염 체 즉 무 범

도가 없으면 악도에 떨어져서 스스로 지옥의 괴로움을 더한다. 어리석음을 멀리하고 참는 마음을 닦아 사체(四諦)를 생각하면 곧 악을 침범함이 없다.

【글자 뜻】 墮:떨어질 타. 增:더할 증. 愚:어리석을 우. 忍:참을 인. 諦: 밝힐 체. 犯:침범할 범.

【말의 뜻】 無道墮惡道:도가 없으면 악도지옥에 떨어짐. 自增地獄苦:스스

로 지옥의 괴로움을 더함. 遠愚修忍意:어리석음을 멀리하고 참는 마음을 닦음. 念諦則無犯:사체를 생각하면 곧 악을 침범함이 없음.

【뜻 풀이】만일 굳게 도를 지녀 지키지 않는다면 악도에 떨어져 스스로 지옥의 괴로움을 더한다. 어리석음을 멀리하고 스스로 현명하도록 참는 마음을 닦아 치르고, 사체(四諦)의 이치를 생각하면 곧 악함을 침범하는 일이 없다. 사체는 크게 깨달음을 설명하는 고(苦)—생노병사(生老病死)의 괴로움, 집(集)—육체와 재산에 대한 집착, 멸(滅)—괴로움을 없앤 안락한 경지, 도(道)—도를 지니고 수행함의 네 가지 진리.

從善得解脫 爲惡不得解. 善解者爲賢 是爲脫惡惱.
종 선 득 해 탈 위 악 불 득 해   선 해 자 위 현 시 위 탈 악 뇌

선함을 따르면 해탈을 얻고 악함을 행하면 깨달음을 얻지 못한다. 선함을 깨달은 사람을 현명하다고 하니 이것을 악한 번뇌에서 벗어난다고 한다.

【글자 뜻】解:깨달을 해. 脫:벗어날 탈. 惱:번뇌할 뇌.
【말의 뜻】從善得解脫:선함을 따르면 해탈을 얻음. 爲惡不得解:악함을 행하면 깨달음을 얻지 못함. 善解者爲賢:선함을 깨달은 사람을 현명하다고 함. 是爲脫惡惱:이것을 악한 번뇌에서 벗어난다고 함.

【뜻 풀이】선도를 지니고 이를 수행하면 해탈을 얻는다. 그러나 악함을 행하는 사람은 깨달음을 얻지 못한다. 선함을 깨달은 사람을 현명하다고 하고, 이것은 악한 번뇌에서 벗어나 깨끗함을 얻는 것을 말하는 것이다.

도는 철저하게 수행해야만 한다.

解自抱損意 不躁言得中. 義說如法說 是言柔軟甘.
해 자 포 손 의 불 조 언 득 중   의 설 여 법 설 시 언 유 연 감

스스로 손해되는 마음을 품고 있다는 것을 깨달아 조급하지 않게 말하면 가운데를 얻는다. 의로운 이야기와 법에 맞는 이야기는 이 말이 부드럽고 연하여 달다.

【글자 뜻】 抱:안을 포. 損:손해 될 손. 躁:조급할 조. 柔:부드러울 유.
軟:연할 연.

【말의 뜻】 解自抱損意:스스로 손해되는 마음을 품고 있다는 것을 깨달음.
不躁言得中:조급하지 않게 말하면 가운데를 얻음. 義說如法說:의로운 이야기나 법에 맞는 이야기. 是言柔軟甘:이런 말은 부드럽고 연하여 달음.

【뜻 풀이】 자기 마음속에 손해가 되는 악함을 품고 있다는 사실을 깨달으면, 부드럽게 말함으로써 그 중심을 얻을 수 있고, 의에 따라서 이야기함과 법에 맞게 이야기하는 것은, 그 말이 부드럽고 연해서 단 이슬과 같은 맛이 있다.

是以言語者 必使己無患 亦不尅衆人 是爲能善言.
시 이 언 어 자 필 사 기 무 환 역 불 극 중 인 시 위 능 선 언

이것으로써 말하는 사람은 반드시 자기로 하여금 근심이 없게 하며 또한

많은 사람들을 이기지 않아 이것을 능히 잘 말한다고 한다.

【글자 뜻】 患:근심 환. 尅:이길 극.

【말의 뜻】 是以言語者:이것으로써 말하는 사람. 必使己無患:반드시 자기로 하여금 근심이 없게 함. 不尅衆人:많은 사람들을 이기지 않음. 是爲能善言:이것을 능히 잘 말한다고 함.

【뜻 풀이】 이와 같이 말하는 사람은 자기에게 근심이 없도록 하고, 또 다른 사람들에게 교만하게 굴거나 멸시하지 않으므로, 이런 사람을 능히 말을 잘하는 사람이라고 말한다.

言使投意可 亦令得歡喜 不使至惡意 出言衆悉可.
언 사 투 의 가 역 령 득 환 희 불 사 지 악 의 출 언 중 실 가

말로서 마음의 옳음을 던지게 하고 또한 기쁨을 얻게 하여 악한 마음에 이르지 않게 하면 말을 함에 여러 사람들이 다 옳다고 한다.

【글자 뜻】 投:던질 투. 可:옳을 가. 歡:기쁠 환. 喜:기쁠 희. 悉:다 실.

【말의 뜻】 言使投意可:말로서 마음의 옳음을 던지게 함. 令得歡喜:기쁨을 얻게 함. 不使至惡意:악한 마음에 이르지 않게 함. 出言衆悉可:말을 함에 사람들이 다 옳다고 함.

【뜻 풀이】 말에 악한 마음이 들어 있지 않다면 사람들에게 기쁨을 안겨 주고, 사람들은 다 그의 말이 옳다고 말한다. 그러므로 항상 마음의 옳음을 밖으로 나타내도록 하고, 악한 마음이 깃들어 있지 않도록 조심해야 한다.

> 至誠甘露說 如法而無過 諦如義如法 是爲近道立.
> 지 성 감 로 설 여 법 이 무 과 체 여 의 여 법 시 위 근 도 립

지극히 성실하여 단 이슬과 같은 말은 법과 같아서 잘못이 없고 분명히 의와 같고 법과 같으면 이것을 도를 세움에 가깝다고 한다.

【글자 뜻】 誠:성실할 성. 過:허물 과. 諦:밝을 체.

【말의 뜻】 至誠甘露說:몹시 성실하여 단 이슬과 같은 말. 如法而無過:법과 같아서 잘못이 없음. 諦如義如法:분명히 의와 같고 법과 같음. 近道立: 도를 세움에 가까움.

【뜻 풀이】 몹시 성실하여 단 이슬과 같은 말은, 법을 믿고 지키기 때문에 잘못됨이 없고, 분명히 의에 따르고 법에 따르기 때문에, 도를 세워서 해탈을 얻음에 가깝다고 말하는 것이다.

> 說如佛言者 是吉得滅度 爲能作浩際 是謂言中上.
> 설 여 불 언 자 시 길 득 멸 도 위 능 작 호 제 시 위 언 중 상

말함에 부처님의 말씀과 같은 사람은 이는 길하여 멸도를 얻고 능히 호제 (浩際─피안)의 지음을 행하니 이것을 말 중에서 최고라고 말한다.

【글자 뜻】 浩:넓을 호. 際:즈음 제. 謂:이를 위.

【말의 뜻】 說如佛言者:부처님의 말씀과 같이 말하는 사람. 是吉得滅度:이는 길하여 멸도를 얻음. 爲能作浩際:능히 호제의 지음을 함. 言中上: 말 중에서 최고.

【뜻 풀이】 부처님이 말씀하신 불경과 법에 관한 것을 말하는 사람은, 길하
고 반드시 해탈하여 피안에 이르기 때문에, 말 중에서 최고라고 말 한
것이다. 어떤 일이나 독실한 신앙심을 가지고 하는 것이 제일이다. 신
앙이 없는 사람은 배에 키가 없고, 말에 굴레가 없고, 집에 대들보나 기
둥이 없는 것과 마찬가지이다.

제9 쌍요품(雙要品)

쌍요품(雙要品)이란 쌍쌍이 서로 밝히는 것이다. 선함과 악함에는 대가 있으니 의를 드는 것도 간단하지는 않다.

【글자 뜻】雙:쌍 쌍. 要:필요할 요. 兩:두 량. 對:대할 대. 擧:클 거. 單: 간단할 단.

【말의 뜻】兩兩相明:쌍쌍이 서로 밝힘. 善惡有對:선악에는 대가 있음. 擧 義不單:의를 거행하는 것도 간단하지 않음.

【뜻 풀이】쌍요품이란 사람의 행위에는 선함과 악함이 있으나 모두가 상대 적인 것이며, 이것은 하나의 마음에서 일어난다. 그러므로 마음을 올바 르게 하여 항상 마음과 몸을 올바르게 갖추어야 한다. 이것은 사람으로 서의 의무이기 때문에, 항상 마음에 간직할 필요가 있는 것이다.

心爲法本 心尊心使. 中心念惡 卽言卽行 罪苦自追 車轢于轍.
심 위 법 본 심 존 심 사   중 심 염 악 즉 언 즉 행 죄 고 자 추 거 력 우 철

마음은 법의 근본이 되니 마음은 존귀하며 마음을 부린다. 마음속에 악 함을 생각하여 곧 행동한다면 죄의 괴로움이 스스로 따르는 것으로 수레 가 바퀴를 따름과 같다.

【글자 뜻】 尊:높을 존. 使:부릴 사. 卽:곧 즉. 追:따를 추. 轢:따를 력.
轍:수레바퀴 철.

【말의 뜻】 心爲法本:마음은 법의 근본이 됨. 心尊心使:마음은 존귀하며
마음을 부림. 中心念惡 卽言卽行:마음속으로 악함을 생각하여 곧 말
하고 곧 행동함. 罪苦自追 車轢于轍:죄의 괴로움이 스스로 따르는 것
으로 수레가 바퀴를 따름과 같음.

【뜻 풀이】 이 세상의 삼라만상은 마음이 법의 근본이 되기 때문에, 마음은
존귀한 것이고 우리의 몸도 마음의 부림을 받는다. 그런데 만일 사람이
마음속으로 악함을 생각하고 있다면, 말이나 행동이 모두 악하기 때문
에 그 몸에 고뇌가 따르는 것이므로, 마치 수레가 바퀴를 따라가는 것과
같다.

> 心爲法本 心尊心使. 中心念善 卽言卽行 福樂自追 如影隨形.
> 심 위 법 본 심 존 심 사   중 심 염 선 즉 언 즉 행 복 락 자 추 여 영 수 형

마음은 법의 근본이 되니 마음은 존귀하며 마음을 부린다. 마음속에 선
함을 생각하여 곧 말하고 곧 행동한다면 복과 즐거움이 스스로 따르는 것
으로 그림자가 형체를 따름과 같다.

【글자 뜻】 影:그림자 영. 隨:따를 수. 形:형상 형.

【말의 뜻】 中心念善 卽言卽行:마음속으로 선함을 생각하여 곧 말하고 곧 행
동함. 福樂自追 如影隨形:복과 즐거움이 스스로 따르는 것으로 그림자
가 형체를 따름과 같음.

【뜻 풀이】 이 세상의 삼라만상은 마음이 근본이 되기 때문에, 마음은 존귀하고 우리의 몸도 마음의 부림을 받는다. 마음속으로 항상 선함을 생각하면 말하는 것이나 행동하는 것이 다 선하기 때문에, 복과 즐거움이 몸을 따르는 것으로, 그림자가 형체를 따르는 것과 같다. 사람에게는 무엇보다도 마음이 가장 소중한 것이다.

隨亂意行 拘愚入冥 自大無法 何解善言.
수 난 의 행 구 우 입 명 자 대 무 법 하 해 선 언

혼란한 마음에 따라 행동하고 어리석음에 잡혀 어둠으로 들어가서 스스로를 크다 하고 법이 없으면 어찌 선한 말을 깨달을 수 있으랴!

【글자 뜻】 亂:어지러울 란. 拘:잡을 구. 愚:어리석을 우. 冥:어두울 명.
【말의 뜻】 隨亂意行:혼란한 마음을 따라 행동함. 拘愚入冥:어리석음에 잡혀 어둠으로 들어감. 自大無法:스스로를 크다고 하여 법이 없음. 何解善言:어찌 선한 말을 깨달을 수 있으랴!

【뜻 풀이】 혼란된 마음으로 행동하고, 스스로 어리석어 사물의 이치에 어둡고, 자기 자신을 위대하게 생각하여 사람들을 멸시하고, 사물의 이치를 모르는 사람이 어찌 선한 도를 깨달을 수 있겠는가! 사람은 항상 겸손하게 말하고 행동해야 한다.

隨正意行 開解淸明 不爲妬嫉 敏達善言.
수 정 의 행 개 해 청 명 불 위 투 질 민 달 선 언

올바른 마음을 따라 행동하고 맑고 밝음을 열고 깨달아서 질투하지 않는다면 민첩하게 선한 말에 도달한다.

【글자 뜻】 開:열 개. 解:깨달을 해. 妬:시기할 투. 嫉:시기할 질. 敏:민첩할 민. 達:달할 달.

【말의 뜻】 開解淸明:맑고 밝음을 열어 깨달음. 不爲妬嫉:질투하지 않음. 敏達善言:민첩하게 선한 말에 도달함.

【뜻 풀이】 자기의 올바른 마음에 따라 행동하고, 사물의 도리를 맑고 밝게 깨달아 다른 사람에게 질투하지 않으며, 스스로 만족한 줄 안다면 선한 말이나 도를 빨리 깨달을 수 있다.

> 慍於怨者 未嘗無怨. 不慍自除 是道可宗.
> 온 어 원 자 미 상 무 원 　 불 온 자 제 시 도 가 종

원망하는 사람에게 성낸다면 일찍이 원망이 없는 것이 아니다. 성내지 않고서 스스로 제거하면 이것이 도를 근본으로 삼는다.

【글자 뜻】 慍:성낼 온. 怨:원망 원. 嘗:일찍이 상. 除:제할 제. 宗:근본 종.

【말의 뜻】 慍於怨者:원망하는 사람에게 성냄. 未嘗無怨:일찍이 원망이 없는 것이 아님. 不慍自除:성내지 않고서 스스로 제거함. 是道可宗:이것이 도를 근본으로 삼음.

【뜻 풀이】 원망에 대하여 성낸다면 이것은 원망을 원망으로 갚는 것이다.

그러나 원망에 대하여 성내지 말고 스스로 마음을 온화하게 갖는다면, 성내려는 감정은 저절로 없어지고 마음이 깨끗해진다. 이것이 바로 부처님의 마음인 것이다.

不好責彼 務自省身. 如有知此 永滅無患.
불 호 책 피 무 자 성 신　여 유 지 차 영 멸 무 환

그를 꾸짖기를 좋아하지 말고 힘써 스스로 몸을 반성하라. 만일 이것을 안다면 길이 멸하여 근심이 없으리라.

【글자 뜻】 責:꾸짖을 책. 省:반성할 성. 滅:멸할 멸.

【말의 뜻】 不好責彼 務自省身:그를 꾸짖기를 좋아하지 말고 힘써 스스로 몸을 반성함. 如有知此:만일 이것을 안다면. 永滅無患:영원히 없어져 근심이 없음.

【뜻 풀이】 다른 사람들을 책망하지 말고 자기 자신의 행동을 반성하도록 힘쓰라. 이것을 깨달아 안다면 영원히 고뇌에 시달리는 일은 없어질 것이다. 그러므로 항상 자기 자신의 마음과 행동을 반성해야 하는 것이다.

行見身淨 不攝諸根 飮食不節 慢墮怯弱 爲邪所制 如風靡草.
행 견 신 정 불 섭 제 근 음 식 부 절 만 타 겁 약 위 사 소 제 여 풍 미 초

행동함에 몸의 깨끗함을 보고서 모든 근원을 거두지 않고 음식을 줄여 먹지 않고 게을러서 겁 많고 약함에 떨어지면 사악함 때문에 억제 되는 것이 바람이 풀을 쓰러지게 함과 같다.

【글자 뜻】 淨:깨끗할 정. 攝:거둘 섭. 節:줄일 절. 慢:게으를 만. 怯:겁
낼 겁. 弱:약할 약. 邪:간사할 사. 制:억제할 제. 靡:쓰러질 미.

【말의 뜻】 行見身淨:행동함에 몸의 깨끗함을 봄. 不攝諸根:모든 근원을 거
두지 않음. 慢墮怯弱:게을러서 겁 많고 약함에 떨어짐. 爲邪所制 如風
靡草:사악함 때문에 억제되는 바가 바람이 풀을 쓰러지게 함과 같음.

【뜻 풀이】 선량한 행동은 선량한 마음에서 나온다. 그러므로 마음을 먼저
닦아야만 깨끗한 행동을 볼 수 있는 것이다. 그런데 탐욕과 방탕한 생활
에 빠져 자신을 무너지게 한다면, 마음과 행동이 비겁하고 나약하게 된
다. 사악함 때문에 억제되고 타락하여 드디어는 바람이 불면 쓰러지는
풀과 같이 되어, 사악한 길에 떨어지게 될 것이다. 그러므로 사람은 항
상 자기의 마음과 행동을 반성해야 하는 것이다.

觀身不淨 能攝諸根 食知節度 常樂精進 不爲邪動 如風大山.
관 신 부 정 능 섭 제 근 식 지 절 도 상 락 정 진 불 위 사 동 여 풍 대 산

몸의 깨끗하지 못함을 보고서 능히 모든 근원을 거두고 먹음에 절도를
알고 항상 정진하기를 즐긴다면 사악함 때문에 움직이지 않음이 큰 산에
바람이 부는 것과 같다.

【글자 뜻】 觀:볼 관. 精:깨끗할 정. 進:나아갈 진.

【말의 뜻】 觀身不淨:몸이 깨끗하지 못함을 봄. 能攝諸根:능히 모든 근원
을 거둠. 食知節度:먹음에 절도를 알음. 常樂精進:항상 정진하기를 즐
김. 不爲邪動 如風大山:사악함 때문에 움직이지 않는 것이 큰 산에 바
람이 부는 것과 같음.

【뜻 풀이】 자기의 행동이 깨끗하지 못함을 깨닫고서 방탕한 생활과 탐욕에
빠져 있던 마음을 거두고, 다섯 가지 근본(신근 · 진근 · 념근 · 정근 · 혜
근)을 잘 새긴다. 음식을 절도 있게 조절하여 먹고 열심히 정진하는 일
을 즐겨 나간다면, 바람이 큰 산에 부는 것처럼 사악한 마음을 능히 극
복하여 나아갈 수 있는 것이다. 우선 마음을 요지부동(搖之不動)으로 움
직이지 않게 하는 것이 중요하다.

不吐毒態 欲心馳聘 未能自調 不應法衣.
불 토 독 태 욕 심 치 빙 미 능 자 조 불 응 법 의

독 있는 태도를 토해내지 아니하되 욕심으로 달리게 하여 능히 스스로를
고르게 하지 못한다면 법의(가사)가 어울리지 않는다.

【글자 뜻】 吐:토할 토. 毒:독 독. 態:태도 태. 馳:달릴 치. 聘:달릴 빙.
調:고를 조. 應:응할 응.

【말의 뜻】 不吐毒態:독 있는 태도를 토하지 않음. 欲心馳聘:욕심으로 달
림. 未能自調:능히 스스로를 고르게 하지 못함. 不應法衣:법의가 어울
리지 않음.

【뜻 풀이】 마음속에 있는 번뇌에서 오는 독이 있는 태도는 겉으로 말하지
는 않지만, 오욕에 빠져 탐욕대로 행동하여 능히 자기 자신을 억제하지
못한다면, 이런 사람에게는 법의가 어울리지 않는다.

能吐毒態 戒意安靜 降心已調 此應法衣.
능 토 독 태 계 의 안 정 강 심 기 조 차 응 법 의

능히 독 있는 태도는 토해내되 마음으로 계율을 지키어 안정하여 마음을 내리고 몸을 닦으면 이것은 법의가 어울린다.

【글자 뜻】 戒:계율 계. 靜:고요 정. 降:내릴 강.

【말의 뜻】 戒意安靜:마음으로 계율을 지켜 안정함. 降心己調:마음을 내리고 몸을 다스림.

【뜻 풀이】 그러나 마음속에 있는 독이 있는 태도를 뿜어낼지라도, 계율을 지키어 마음을 안정한다. 마음을 내리고 자기 자신을 조절해 나가는 사람에게는 법의가 어울린다.

以眞爲僞 以僞爲眞 是爲邪計 不得眞利.
이 진 위 위 이 위 위 진 시 위 사 계 부 득 진 이

참됨으로써 거짓이라 하고 거짓됨으로써 참됨이라 한다면 이것은 사악한 계교가 되어 참다운 이익을 얻지 못한다.

【글자 뜻】 僞:거짓 위. 計:계교 계. 得:얻을 득.

【말의 뜻】 以眞爲僞 以僞爲眞:참다운 것을 거짓이라 하고 거짓된 것을 참다움이라 함. 是爲邪計 不得眞利:이것은 사악한 계교를 함이니 참다운 이익을 얻지 못함.

【뜻 풀이】 참다운 것을 거짓된 것이라고 말하고, 거짓된 것을 참다운 것이라고 말한다면, 이것은 사악한 계교를 꾸미는 것이니, 무슨 일이나 반대가 되어 진실한 것은 하나도 없고, 드디어는 참다운 이익을 얻지 못하게

된다. 이런 사람은 진정한 도에 이르지도 못하고 깨달음도 얻지 못한다.

知眞爲眞 見僞知僞 是爲正計 必得眞利.
지 진 위 진 견 위 지 위 시 위 정 계 필 득 진 이

참됨을 알아 참됨이라 하고 거짓을 보고 거짓임을 알면 이것은 올바른
계교가 되니 반드시 참다운 이익을 얻을 것이다.

【글자 뜻】 僞:거짓 위. 計:계교 계. 必:반드시 필.
【말의 뜻】 知眞爲眞:참됨을 알아 참됨이라고 함. 見僞知僞:거짓을 보고 거
짓이라 함. 必得眞利:반드시 참다운 이익을 얻음.

【뜻 풀이】 참됨과 거짓됨을 보고 참됨과 거짓됨을 충분히 분간할 수 있다
면, 이것은 올바른 판단으로서 반드시 참다운 이익을 얻을 수 있다. 그
리고 참다운 이치를 깨달아 피안에 이를 수 있다.

蓋屋不密 天雨則漏. 意不惟行 淫洪爲穿.
개 옥 불 밀 천 우 즉 루 의 불 유 행 음 일 위 천

지붕을 덮음에 빽빽하지 못하면 하늘에서 비가 오면 곧 샌다. 마음으로
이를 행하지 않으면 음탕한 마음이 구멍이 된다.

【글자 뜻】 蓋:엎을 개. 屋:지붕 옥. 密:빽빽할 밀. 漏:샐 루. 惟:이 유.
淫:음탕할 음. 洪:음탕할 일. 穿:구멍 천.
【말의 뜻】 蓋屋不密 天雨則漏:지붕을 덮음에 빽빽하지 못하면 하늘에서 비

오면 곧 샘. 意不惟行 淫泆爲穿:마음으로 이를 행하지 않으면 음탕한
마음이 구멍이 됨.

【뜻 풀이】 지붕을 거칠게 이으면 비가 오면 샌다. 이와 마찬가지로 마음을
굳게 지켜 행하지 않는다면, 욕정 때문에 마음이 꺾여 음탕한 즐거움에
빠지게 된다.

蓋量善密 雨則不漏. 攝意惟行 淫泆不生.
개 량 선 밀 우 즉 불 루   섭 의 유 행   음 일 불 생

지붕을 덮음에 잘 **빽빽**하게 하면 비가와도 새지 않는다. 마음을 거두어
이를 행하면 음탕한 마음이 생기지 않는다.

【글자 뜻】 善:잘할 선. 攝:거둘 섭.
【말의 뜻】 雨則不漏:비가와도 새지 않음. 攝意惟行 淫泆不生:마음을 거두
어 이를 행하면 음탕한 마음이 생기지 않음.

【뜻 풀이】 정성껏 지붕을 촘촘하게 이으면 비가 와도 새지 않는다. 이와 마
찬가지로 마음을 거두고서 수행한다면, 욕정 때문에 마음이 혼란되는
일이 없어 항상 깨끗하게 살 수 있다.

鄙夫染人 如近臭物. 漸迷習非 不覺成惡.
비 부 염 인 여 근 취 물   점 미 습 비   불 각 성 악

천한 사나이가 사람을 물들게 하는 것은 썩은 물건에 가까이 감과 같다.

점점 미혹하여 그른 것을 익혀 깨닫지 못하고서 악함을 이룬다.

【글자 뜻】 鄙:천할 비.　染:물들일 염.　臭:썩을 취.　漸:점점 점.　迷:미혹할 미.　習:익힐 습.　非:그를 비.

【말의 뜻】 鄙夫染人 如近臭物:천한 사나이가 사람을 물들게 하는 것은 썩은 물건에 가까이 감과 같음.　漸迷習非:점점 미혹되어 그른 것을 익힘.　不覺成惡:깨닫지 못하고서 악함을 이룸.

【뜻 풀이】 교양이 없는 어리석은 사람을 친구로 사귀는 것은 마치 썩은 물건에 가까이 다가감과 같다. 점점 미혹에 빠져 악함을 익혀 자신도 깨닫지 못하는 사이에 악함을 이루게 되는 것이다.

賢夫染人 如近香熏. 進智習善 行成潔芳.
현 부 염 인　여 근 향 훈　　진 지 습 선　행 성 결 방

현명한 사나이가 사람을 물들이는 것은 향기 나는 것에 가까이 감과 같다. 지혜에 나아가고 선함을 익혀 행하여 깨끗한 덕행을 이룬다.

【글자 뜻】 賢:어질 현.　香:향기 향.　熏:향기 훈.　進:나아갈 진.　智:지혜 지.　潔:깨끗할 결.　芳:덕스러울 방.

【말의 뜻】 如近香熏:향기 있는 물건에 가까이 감과 같음.　進智習善:지혜에 나아가고 선함을 익힘.　行成潔芳:행하여 깨끗한 덕성을 이룸.

【뜻 풀이】 현명한 사람과 사귀면 그의 인격에 감화되는 것이, 마치 향기 있는 물건에 가까이 다가감과 같다. 지혜에 나아가고 선함을 익히고 행하

여, 점점 인격이 높아지고 깨끗한 덕행을 이루게 된다.

造憂後憂 行惡兩憂 彼憂惟懼 見罪心懅.
조 우 후 우 행 악 양 우 피 우 유 구 견 죄 심 거

근심을 만들어 뒤에 근심하고 악함을 행하여 두 가지를 근심하니 그도 근심하고 이것을 두려워하여 죄를 보면 마음이 부끄러워진다.

【글자 뜻】造:지을 조. 憂:근심 우. 懼:두려워할 구. 懅:부끄러울 거.
【말의 뜻】造憂後憂 行惡兩憂:근심을 만들어 뒤에 근심하고 악을 행하여 두 가지를 근심함. 彼憂惟懼:그도 근심하고 이것을 두려워함. 見罪心懅:죄를 보면 마음이 부끄러워짐.

【뜻 풀이】도에 어긋나는 행동을 하여 뒤에 근심하고 악을 행하여 두 가지를 근심한다. 근심이 겹치는 것을 근심하고 두려워하며, 자신이 지은 죄를 보면 마음이 부끄러워진다. 사람은 선함을 버리고 악함에 빠지면 살아 있는 동안 비열하고 죽으면 지옥에 떨어진다.

造喜後喜 行善兩喜 彼喜惟歡 見福心安.
조 희 후 희 행 선 양 희 피 희 유 환 견 복 심 안

기쁨을 만들어 뒤에 기뻐하고 선함을 행하여 두 가지를 기뻐하니 그도 기뻐하고 이것을 기뻐하여 복을 보면 마음이 편안하다.

【글자 뜻】喜:기쁨 희. 歡:기쁠 환.

【말의 뜻】造喜後喜 行善兩喜:기쁨을 만들어 뒤에 기뻐하고 선함을 행하여 두 가지를 기뻐함. 見福心安:복을 보면 마음이 편안함.

【뜻 풀이】기쁨을 만들어 기뻐하고 선을 행하여 두 가지를 기뻐한다. 그도 기뻐하고 이것을 기뻐한다. 이 세상에서나 저승에서나 고뇌가 없기 때문에, 마음이 안락하고 복과 덕이 점점 많아지게 되는 것이다.

今悔後悔 爲惡兩悔 厥爲自殃 受罪熱惱.
금 회 후 회 위 악 양 회 궐 위 자 앙 수 죄 열 뇌

지금도 후회하고 뒤에도 후회하고 악을 행하여 두 가지를 후회하니 그 스스로 재앙을 만들어 죄를 받고 뜨겁게 번뇌한다.

【글자 뜻】悔:뉘우칠 회. 厥:그 궐. 殃:재앙 앙. 受:받을 수. 熱:더울 열.
【말의 뜻】今悔後悔 爲惡兩悔:지금도 후회하고 뒤에도 후회하고 악을 행하여 두 가지를 후회함. 厥爲自殃:그 스스로 재앙을 만듦. 受罪熱惱:죄를 알고 뜨겁게 번뇌함.

【뜻 풀이】후회할 만한 죄악을 행하고 있으면 자기의 죄업 때문에 늙어서 몹시 고뇌하고, 죽으면 죄를 받아 지옥에 떨어진다.

今歡後歡 爲善兩歡 厥爲自祐 受福悅豫.
금 환 후 환 위 선 양 환 궐 위 자 우 수 복 열 예

지금도 기뻐하고 뒤에도 기뻐하고 선을 행하여 두 가지를 기뻐하니 그

스스로 복을 행하면 복을 받고 기뻐한다.

【글자 뜻】 祐:복 우. 悅:기쁠 열. 豫:기쁠 예.

【말의 뜻】 厥爲自祐:그 스스로 복을 행함. 受福悅豫:복을 받고 기뻐함.

【뜻 풀이】 다른 사람을 기뻐하게 하고 자신도 선행을 하여 두 가지로 기뻐
하니, 스스로의 행복을 위하여 복을 받고 기쁨에 넘쳐 편안한 생활을 할
수 있다. 도리에 어긋나는 악행을 하면 평생 동안 고통과 고뇌를 받는
다.

> 巧言多求 放蕩無戒 懷婬怒癡 不惟止觀 聚如群牛 非佛弟子.
> 교 언 다 구 방 탕 무 계 회 음 노 치 불 유 지 관 취 여 군 우 비 불 제 자

교묘한 말을 많이 구하여 방탕하고 계율이 없고 음란함과 성냄과 어리
석음을 품어 지관(止觀)을 생각하지 않으면 모여들기가 소떼와 같을지라도
부처님의 제자가 아니다.

【글자 뜻】 巧:공교할 교. 懷:품을 회. 癡:어리석을 치. 惟:생각할 유. 聚:
모일 취. 群:무리 군.

【말의 뜻】 巧言多求:교묘한 말을 많이 구함. 放蕩無戒:방탕하고 계율이 없
음. 懷婬怒癡:음란함과 성냄과 어리석음을 품음. 不惟止觀:지관을 생
각하지 않음. 聚如群牛:모여들기가 소떼와 같음.

【뜻 풀이】 사람이 교묘한 말을 많이 하고 방탕한 생활을 하여 계율이 없고,
삼독(三毒―탐욕 · 성냄 · 어리석음)을 마음에 품고, 지관(止觀―망령된

생각들을 끊고 밝은 지혜로써 법을 조용히 보는 일)을 생각하지 않는다면, 마치 소떼가 모여들듯이 할지라도 마음에 아무런 제약이 없기 때문에, 부처님의 제자라고 말할 수가 없는 것이다.

時言少求 行道如法 除婬怒癡 覺正意解 見對不起 是佛弟子.
시 언 소 구 행 도 여 법 제 음 노 치 각 정 의 해 견 대 불 기 시 불 제 자

때로 말하여 적게 구할지라도 도를 행함이 법과 같고 음란함과 성냄과 어리석음을 제거하여 올바름을 깨달아 마음을 풀고 이득을 마주 보아도 일어나지 않는다면 이것이 부처님의 제자이다.

【글자 뜻】解:풀 해. 對:마주볼 대. 起:일어날 기.
【말의 뜻】覺正意解:올바름을 깨닫고 마음을 품음. 見對不起:이익을 마주 보아도 일어나지 않음.

【뜻 풀이】욕망은 있어도 적게 구하고, 욕심이 적어 만족함을 알고, 도를 행함이 법에 따라서 하고, 탐욕과 성냄과 어리석음의 삼독을 제거하여 미혹되지 않는다. 올바른 진리를 깨달아 마음을 정돈하고 이익이 앞에 와도 일어나지조차 않는다면, 이는 부처님의 제자인 것이다.

제10 방일품(放逸品)

방일품(放逸品)이란 계율을 인용하여 정을 경계하고 사악함을 막고 잃음을 살피어 도로써 현명함을 권한 것이다.

【글자 뜻】逸:편안 일. 引:끌 인. 律:계율 률. 情:정 정. 防:막을 방. 撿:살필 검. 勸:권할 권.

【말의 뜻】 引律戒情:계율을 인용하여 애정을 경계함. 防邪撿失:사악함을 막고 잃음을 살핌. 以道勸賢:도로써 현명함을 권함.

【뜻 풀이】 방일품에서는 계율로써 열반에 이르는 길로 삼아 애정에 빠지는 것을 경계하고, 사악함에 떨어지는 것을 막고 올바른 마음을 잃을 것을 살피며, 도에 정진하여 피안에 이르는 현명한 길을 권함에 있다.

戒爲甘露道 放逸爲死徑. 不貪則不死 失道爲自喪.
계 위 감 로 도 방 일 위 사 경 불 탐 즉 불 사 실 도 위 자 상

계율을 단 이슬의 도로 삼고 방일을 죽음의 지름길로 삼는다. 탐내지 않으면 곧 죽지 않고 도를 잃으면 스스로를 잃게 된다.

【글자 뜻】 甘:달 감. 露:이슬 로. 徑:지름 경. 貪:탐낼 탐. 失:잃을 실.

喪:잃을 상.

【말의 뜻】 戒爲甘露道:계율을 단 이슬의 도로 삼음. 放逸爲死徑:방일을 죽
음의 지름길로 삼음. 不貪則不死:탐내지 않으면 죽지 않음. 失道爲自
喪:도를 잃으면 스스로를 잃게 됨.

【뜻 풀이】 오욕에 사로잡히지 않고, 몸과 입과 마음의 삼업에서 악을 잘 막
아, 계율을 지켜 가는 것을 감로의 도로 삼고, 방일한 생활을 죽음의 지름
길로 삼는다. 탐욕에 빠지지 않으면 죽지 않고, 욕심을 적게 하여 만족함
을 알기 때문에 악함을 저지르지 않을 수 있다. 그러나 스스로 도를 잃는
사람은 결국 자기 자신을 멸망시킬 뿐이며, 죽어서 지옥에 떨어진다.

慧智守道勝 終不爲放逸 不貪致歡喜 從是得道樂.
혜 지 수 도 승 종 불 위 방 일 불 탐 치 환 희 종 시 득 도 락

지혜로 도의 뛰어남을 지키면 마침내 방일하지 않으며 탐내지 않으면 기
쁨을 이루어 이에 따라 도의 즐거움을 얻는다.

【글자 뜻】 勝:나을 승. 終:마침 종. 致:이룰 치.

【말의 뜻】 慧智守道勝:지혜로 도의 뛰어남을 지킴. 不貪致歡喜:탐내지 않
으면 기쁨을 이룸. 從是得道樂:이에 따라 도의 즐거움을 얻음.

【뜻 풀이】 지혜로써 이 뛰어난 도를 지켜 나가면 마침내 방일해지지 않는다.
법을 지키고 계율을 실천하여 방일한 마음을 억제하고 행동에 악함이 없
다면, 탐욕에서 벗어나 밝은 지혜를 얻어 다시없는 기쁨으로 도의 즐거
움을 얻을 수 있다.

常當惟念道 自强守正行. 健者得度世 吉祥無有上.
상 당 유 념 도 자 강 수 정 행   건 자 득 도 세 길 상 무 유 상

항상 마땅히 도를 생각하여 스스로 힘써 올바른 행동을 지키라. 건강한
사람은 세상을 제도함을 얻어 길하고 상서로움이 그 이상 가는 것이 없다.

【글자 뜻】 惟:생각할 유. 强:힘쓸 강. 祥:상서로울 상.

【말의 뜻】 常當惟念道:항상 마땅히 도를 생각함. 自强守正行:스스로 힘써
올바른 행동을 지킴. 健者得度世:건강한 사람은 세상 제도함을 얻음.
吉祥無有上:길하고 상서로움이 그 이상 가는 것이 없음.

【뜻 풀이】 항상 불경과 계율을 생각하여 스스로 힘써 올바른 행동을 지킨
다면, 건강한 사람은 훌륭히 세상을 제도하여 그 이상 없는 행복을 얻을
수 있는 것이다.

正念常興起 行淨惡易滅 自制以法壽 不犯善名增.
정 념 상 흥 기 행 정 악 이 멸 자 제 이 법 수 불 범 선 명 증

올바로 생각하여 항상 일으켜서 행함이 깨끗하면 악함을 없애는 것이 쉬
우니 스스로 자제하여 법으로써 기쁨으로 삼고 침범하지 않으면 좋은 이
름이 더한다.

【글자 뜻】 興:일 흥. 起:일어날 기. 易:쉬울 이. 滅:멸할 멸. 制:억제할
제. 犯:침범할 범. 增:더할 증.

【말의 뜻】 正念常興起 行淨惡易滅:올바로 생각하여 항상 일으켜서 행함이

깨끗하면 악을 없애기가 쉬움. 自制以法壽:스스로 자제하여 법으로써 기쁨으로 삼음. 不犯善名增:침범하지 않으면 좋은 이름이 더함.

【뜻 풀이】 사물을 올바로 생각하여 항상 발흥분기(發興奮起)하여 행동이 깨끗하면 악을 없애기가 쉬우니, 스스로 계율과 법을 지켜 기쁨으로 삼고 악을 침범하지 않으면 좋은 이름을 얻어 점점 널리 알려질 것이다.

發行不放逸 約以自調心 慧能作定明 不返冥淵中.
발 행 불 방 일 약 이 자 조 심 혜 능 작 정 명 불 반 명 연 중

행동을 일으켜 방일하지 않고 단속하여 써 스스로 마음을 닦아 지혜로 능히 선정(禪定)의 밝음을 이루면 어두운 연못 속에서 돌아오지 않는다.

【글자 뜻】 發:일으킬 발. 約:단속할 약. 調:닦을 조. 返:돌아올 반. 冥: 어두울 명. 淵:못 연.

【말의 뜻】 發行不放逸:행동을 일으켜 방일하지 않음. 約以自調心:단속하여 써 스스로 마음을 닦음. 慧能作定明:지혜로 능히 선정의 밝음을 행함. 不返冥淵中:어두운 연못 속에서 돌아오지 않음.

【뜻 풀이】 행동하여 방일한 일을 하지 않고 미리 단속하여 마음과 몸을 닦으며, 그의 지혜가 능히 세상의 밝은 등불이 되어 밝힌다면, 결코 고통과 번뇌로 더러워진 속세로 돌아가지 않을 것이다.

愚人意難解 貪亂好諍訟. 上智常重愼 護斯爲寶尊.
우 인 의 난 해 탐 난 호 쟁 송 상 지 상 중 신 호 사 위 보 존

어리석은 사람은 마음에 깨닫기가 어려워 탐내고 혼란하여 쟁송을 좋아
한다. 그러나 지혜 있는 사람은 항상 무겁고 신중하여 이것을 지켜 보배로
존귀하게 여긴다.

【글자 뜻】 亂:어지러울 란. 諍:다툴 쟁. 訟:송사 송. 護:지킬 호. 尊:높
을 존.

【말의 뜻】 愚人意難解:어리석은 사람은 마음에 깨닫기가 어려움. 貪亂好
諍訟:탐내고 혼란하여 남과 다투기를 좋아함. 上智常重愼:지혜 있는 사
람은 항상 정중하고 신중함. 護斯爲寶尊:이것을 지키어 보배의 존귀함
같이함.

【뜻 풀이】 어리석은 사람은 부처님의 깨달음을 얻기 어렵다. 탐욕이 많기
때문에 다른 사람과 다투기를 좋아한다. 그러나 밝은 지혜를 지닌 사람
은 항상 어떤 일에나 정중하고 신중하여, 자기를 억제하고 참는 것을 귀
중한 보배처럼 생각한다.

莫貪莫好諍. 亦莫嗜欲樂. 思心不放逸 可以獲大安.
막 탐 막 호 쟁 역 막 기 욕 락 사 심 불 방 일 가 이 획 대 안

탐내지 말고 다투기를 좋아하지 말라. 또한 욕심과 즐거움을 즐겨하지
말라. 마음에 생각하기를 방일하지 않는다면 가히 써 크게 편안함을 얻을
수 있다.

【글자 뜻】嗜:즐길 기. 獲:얻을 획.

【말의 뜻】莫貪莫好諍:탐내지 말고 다툼을 좋아하지 말라. 亦莫嗜欲樂:욕
심과 즐거움을 즐기지 말라. 思心不放逸:마음에 생각하기를 방일하지
않음. 可以獲大安:가히 써 크게 편안함을 얻음.

【뜻 풀이】마음을 지나치게 탐내지 말고, 다른 사람과 다투기를 좋아하지
말고, 마음을 부드럽게 하라. 또 욕심에 빠져 쾌락을 즐겨서도 안 된다.
마음에 방일과 악덕을 생각하지 않는다면 평생토록 크게 안락함을 얻어
인격이 완성될 것이다.

放逸如自禁 能却之爲賢. 已昇智慧閣 去危爲卽安 明智觀於
방일여자금 능각지위현   이승지혜각   거위위즉안   명지관어

愚 譬如山與地.
우 비여산여지

만일 방일함을 스스로 금하여 능히 물리침을 현명하다고 한다. 이미 지
혜의 누각에 오르면 위험을 버리고 곧 편안하게 되니 밝은 지혜로 어리석
음 보기를 비유하면 산과 땅 같이 하라.

【글자 뜻】禁:금할 금. 却:물리칠 각. 昇:오를 승. 閣:집 각. 危:위태할
위. 譬:비유할 비.

【말의 뜻】放逸如自禁 能却之爲賢:만일 방일함을 스스로 금하여 능히 물
리치면 현명하다고 함. 已昇智慧閣 去危爲卽安:이미 지혜의 누각에 오
르면 위험을 버리고 곧 편안하게 됨. 明智觀於愚 譬如山與地:밝은 지
혜로 어리석음 보기를 비유하면 산과 땅 같이 하라.

【뜻 풀이】 만일 스스로 금하여 방일하지 않고, 능히 방일을 물리치는 것을 현명한 사람이라고 한다. 이미 지혜의 전당에 오르면 위험에서 벗어나 몸과 마음이 편안하다. 그리하여 밝은 지혜로써 아직 삼독(탐욕·성냄·어리석음)으로 인하여 괴로워하는 어리석은 사람 보기를 멀리 있는 산과 땅을 내려다보는 것 같이 하라.

居亂而身正 彼爲獨覺悟. 是力過師子 棄惡爲大智.
거 난 이 신 정 피 위 독 각 오   시 력 과 사 자 기 악 위 대 지

혼란함에 있으면서도 몸을 바르게 하면 그 홀로 깨달았다고 한다. 이 힘은 사자를 능가하니 악함을 버리고 큰 지혜가 된다.

【글자 뜻】 亂:어지러울 란. 獨:홀로 독. 師:사자 사.
【말의 뜻】 居亂而身正:혼란함에 있으면서도 몸을 바르게 함. 彼爲獨覺悟: 그 홀로 깨달았다고 함. 是力過師子 棄惡爲大智:이 힘은 사자의 힘을 능가하니 악함을 버리고 큰 지혜가 됨.

【뜻 풀이】 설사 혼란함 속에 있으면서도 몸과 마음을 올바르게 하면, 이를 일러 그 홀로 깨달았다고 한다. 이와 같은 힘은 사자의 힘을 능가한다. 그러므로 능히 악을 버리고 큰 지혜를 지닌 사람이 될 수 있는 것이다.

睡眠重若山 癡冥爲所弊 安臥不計苦 是以常受胎.
수 면 중 약 산 치 명 위 소 폐 안 와 불 계 고 시 이 상 수 태

잠자는 것은 무겁기가 산과 같고 어리석어 어두움에 해치는 바가 되며 편

안히 누워서 괴로움을 헤아리지 못하니 이로써 항상 수태하게 된다.

【글자 뜻】睡:잠잘 수. 眠:잠잘 면. 冥:어두울 명. 弊:해칠 폐. 臥:누울
와. 計:헤아릴 계. 受:받을 수. 胎:아이 밸 태.

【말의 뜻】睡眠重若山:잠자는 것은 무겁기가 산과 같음. 癡冥爲所弊:어리
석어 어두움에 해치는 바가 됨. 安臥不計苦:편안히 누워서 괴로움을 헤
아리지 못함. 是以常受胎:이로써 항상 수태됨.

【뜻 풀이】언제나 하는 일이 없어 잠을 자면 산과 같이 무겁게 자고, 몹시
어리석어서 어두움에 해치는 바가 되어 방황한다. 편안히 누워서 날을
보내면서도 괴로움의 근본을 없앨 생각을 하지 않기 때문에, 항상 괴로
운 세상에 태어나 생사를 면치 못하게 된다.

不爲時自恣 能制漏得盡. 自恣魔得便 如師子搏鹿.
불 위 시 자 자 능 제 루 득 진 자 자 마 득 변 여 사 자 박 록

때로 스스로 방자함을 행하지 않고 능히 억제하면 고뇌가 다함을 얻게
된다. 스스로 방자하면 악마의 찾음을 얻어 사자가 사슴을 잡음과 같다.

【글자 뜻】恣:방자할 자. 制:억제할 제. 漏:고민 루. 魔:마귀 마. 便:찾
을 변. 搏:잡을 박. 鹿:사슴 록.

【말의 뜻】不爲時自恣:때때로 스스로 방자하지 않음. 能制漏得盡:능히 억
제하면 고뇌가 다함을 얻음. 自恣魔得便 如師子搏鹿:스스로 방자하면
악마의 찾음을 얻어 사자가 사슴을 잡음과 같음.

【뜻 풀이】 때때로 스스로 방자하지 않는다면, 능히 방자함을 억제하여 고뇌가 없어질 수도 있다. 그러나 스스로 방자하면 악마가 찾아오는 것이, 사자가 사슴을 잡음과 같게 된다.

能不自恣者 是爲戒比丘. 彼思正淨者 常當自護心.
능 불 자 자 자 시 위 계 비 구　피 사 정 정 자 상 당 자 호 심

능히 스스로 방자하지 않은 사람은 이를 계율을 지키는 비구라 한다. 저 올바르고 깨끗함을 생각하는 사람은 항상 마땅히 스스로 마음을 지킨다.

【글자 뜻】 淨:깨끗할 정. 護:지킬 호.
【말의 뜻】 能不自恣者 是爲戒比丘:능히 스스로 방자하지 않은 사람은 이를 계율을 지키는 비구라 함. 彼思正淨者 常當自護心:저 올바르고 깨끗함을 생각하는 사람은 항상 마땅히 스스로 마음을 지킴.

【뜻 풀이】 능히 스스로 방자하지 않은 것은 다섯 가지 욕심(눈·귀·코·입·몸)을 억제하기 때문에 계율을 지키는 비구라 한다. 스스로를 바르고 깨끗하기를 생각하는 사람은, 항상 당연히 자기 자신의 마음을 지키는 사람인 것이다.

比丘謹愼樂 放逸多憂愆 變諍小致大 積惡入火焰
비 구 근 신 락 방 일 다 우 건 변 쟁 소 치 대 적 악 입 화 염

비구는 삼감을 즐기고 방일은 근심이 많으며 다툼이 작은 것을 변하여 크게 이루어 악함을 쌓아 불길로 들어간다.

【글자 뜻】 謹:삼갈 근. 愼:삼갈 신. 憂:근심 우. 愆:생각할 건. 變:변할 변. 諍:다툴 쟁. 致:이룰 치. 焰:불꽃 염.

【말의 뜻】 比丘謹愼樂:비구는 삼가서 즐김. 放逸多憂愆:방일은 근심이 많음. 變諍小致大:다툼이 작은 것을 변하여 크게 이룸. 積惡入火焰:악을 쌓아 불길로 들어감.

【뜻 풀이】 비구는 방일한 것을 두려워하여 참다움 속에서 삼가며 살아, 만일 방일한 짓을 많이 하여 몸에 근심이 있을 때는 참됨을 행하는 것을 즐기며, 작은 다툼이 커질 것을 조심하고, 몸이 지옥의 활활 타는 불길 속으로 던져지지 않도록 항상 조심해서 살아야 한다.

守戒福致善 犯戒有懼心 能斷三界漏 此乃近泥洹.
수 계 복 치 선 범 계 유 구 심 능 단 삼 계 루 차 내 근 이 원

계율을 지키면 복이 선함을 이루고 계율을 범하여 두려운 마음이 있으면 능히 삼계(삼천세계—이 세상)의 고뇌를 끊으니 이것이 곧 열반에 가깝다.

【글자 뜻】 犯:범할 범. 懼:두려울 구. 漏:고뇌 루.

【말의 뜻】 守戒福致善:계율을 지키면 복이 선함을 이룸. 犯戒有懼心:계율을 범하여 두려운 마음이 있음. 能斷三界漏:능히 이 세상의 고뇌를 끊음. 此乃近泥洹:이것이 곧 열반에 가까움.

【뜻 풀이】 계율을 지켜 나가면 복이 좋은 일을 가져다준다. 그러나 계율을 침범하여 두려운 마음이 있으면, 능히 이 사바세계의 번뇌를 끊어버리라. 이렇게 하면 열반에 가까이 이를 수 있다.

若前放逸 後能自禁 是炤世間 念定其宜.
약 전 방 일 후 능 자 금 시 소 세 간 염 정 기 의

만일 먼저는 방일했을지라도 뒤에 능히 스스로 금하면 이것이 이 세상을
밝히어 정하고서 그 마땅함을 생각하라.

【글자 뜻】 禁:금할 금. 炤:밝힐 소. 宜:마땅 의.
【말의 뜻】 若前放逸 後能自禁:만일 먼저는 방일했더라도 뒤에 능히 그 방
일을 금함. 是炤世間 念定其宜:이것이 이 세상을 밝히니 마음을 정하
고서 그 마땅함을 생각함.

【뜻 풀이】 비록 전에는 방일한 행동이 있었을지라도, 뒤에 그 방일함을 끊
고 스스로 계율을 지키면, 이것이 이 세상의 등불이 되어 밝게 비출 것
이다. 마음에 결심하고서 그 등불이 되도록 힘써야 한다.

過失爲惡 追覆以善 是炤世間 念善其宜.
과 실 위 악 추 복 이 선 시 소 세 간 염 선 기 의

과실로 악을 행하였을지라도 추후로 선으로써 덮으면 이것이 이 세상을
밝히니 잘 그 마땅함을 생각하라.

【글자 뜻】 過:허물 과. 追:쫓을 추. 覆:덮을 복.
【말의 뜻】 過失爲惡:잘못하여 악을 행함. 追覆以善:뒤따라 선으로써 덮음.
念善其宜:잘 그 마땅함을 생각함.

【뜻 풀이】 잘못하여 악행을 했을지라도 추후로 좋은 일로써 그 악행을 덮는 사람은, 이 세상을 밝히는 등불이 된다. 그러므로 스스로 그 마땅함을 이루도록 마음에 생각해야 한다.

少壯捨家 盛修佛教 是炤世間 如月雲消.
소 장 사 가 성 수 불 교 시 소 세 간 여 월 운 소

어리고 젊어서 집을 버리고 성하게 부처님의 가르침을 닦으면 이것이 이 세상을 밝히니 달에서 구름이 사라짐과 같다.

【글자 뜻】 少:젊을 소. 壯:장할 장. 盛:성할 성. 消:사라질 소.
【말의 뜻】 少壯捨家 盛修佛教:어리고 젊어서 집을 버리고 성하게 부처님의 가르침을 닦음. 如月雲消:달에서 구름이 사라짐과 같음.

【뜻 풀이】 아직 젊었을 때 출가하여 열심히 부처님의 가르침을 닦는다면, 이것은 이 세상을 밝히는 등불이니, 달에 끼었던 구름이 사라지는 것과 같이, 세상 사람들도 그에게 모여 가르침을 들으려 한다.

人前爲惡 後止不犯 是沼世間 如月雲消.
인 전 위 악 후 지 불 범 시 소 세 간 여 월 운 소

사람들 앞에서 악을 행하였을지라도 뒤에 그치고 침범하지 않는다면 이것이 이 세상을 밝히니 달에서 구름이 사라지는 것과 같다.

【글자 뜻】 後:뒤 후. 沼:밝힐 소.

【말의 뜻】 人前爲惡:사람들 앞에서 악을 행함. 後止不犯:뒤에 그치고 악을 범하지 않음.

【뜻 풀이】 사람이 전에 사람들 앞에서 악을 행하였을지라도, 뒤에 후회하고 다시는 악을 범하지 않는다면, 그의 행위는 선하여서 세상을 밝히는 등불이 된다. 이것은 마치 구름이 흩어지고 밝은 달이 나타남과 같다.

> 生不施惱 死而不慼 是見道悍 應中勿憂.
> 생 불 시 뇌 사 이 불 척 시 견 도 한 응 중 물 우

살아서 베풀지 못한 번뇌를 죽을 때까지 근심하지 않는다면 이것은 도를 보는 것이 포악하니 가운데에 응하고 근심하지 말라.

【글자 뜻】 慼:근심할 척. 悍:포악할 한.

【말의 뜻】 生不施惱 死而不慼:살아서 보시하지 못한 번뇌를 죽을 때까지 근심하지 않음. 是見道悍:이것은 도를 봄이 포악함. 應中勿憂:마음속에 응하고 근심하지 말라.

【뜻 풀이】 살아 있는 동안에 보시를 하지 못한 마음의 고뇌를 죽을 때까지 근심하지 않는다면, 더욱 근심이 많을 것이다. 이런 사람은 참다운 도를 얻지 못하니, 차라리 두려워하는 마음을 지녀야 할 것이다.

> 斷濁黑法 學惟清白 度淵不反 棄猗行止 不復染樂 欲斷無憂.
> 단 탁 흑 법 학 유 청 백 도 연 불 반 기 의 행 지 불 부 염 락 욕 단 무 우

흐리고 검은 법을 끊고 오직 맑고 깨끗함을 배워 연못을 건너 돌아가지 말고 의지함을 버리고 행함을 그치고서 다시는 즐거움에 물들지 않으면 욕심을 끊어 근심이 없다.

【글자 뜻】濁:흐릴 탁. 黑:검을 흑. 度:건널 도. 淵:못 연. 反돌이킬 반. 猗:의지할 의. 復:다시 부. 染:물들 염.

【말의 뜻】斷濁黑法 學惟淸白:흐리고 검은 법을 끊고 오직 맑고 깨끗함을 배움. 度淵不反 棄猗行止:연못을 건너 돌아가지 말고 의지함을 버리고 행함을 그침. 不復染樂 欲斷無憂:다시는 즐거움에 물들지 않으면 욕심을 끊어 근심이 없음.

【뜻 풀이】흐림으로 더러워진 법은 끊어서 제거하고, 깨끗하고 맑은 법만을 배워 나간다. 깨끗한 가르침에 따라 다시는 미혹의 연못을 건너 돌아가지 말아야 한다. 비록 즐거움의 법이라 할지라도 그 즐거움을 다 버리고 다시는 물들지 않는다면, 탐욕을 제거하고 근심이 없어 열반에 가까이 갈 수 있다.

제11 심의품(心意品)

心意品者 說意精神 雖空無形 造作無竭.
심 위 품 자 설 의 정 신 수 공 무 형 조 작 무 갈

심의품(心意品)이란 마음과 정신이 비록 비어서 형체가 없다 할지라도 지어내면 다함이 없음을 말하고 있다.

【글자 뜻】空:빌 공. 造:지을 조. 竭:다할 갈.
【말의 뜻】意精神:마음과 정신. 雖空無形:비록 비어서 형체가 없음. 造作無竭:만들어내면 다함이 없음.

【뜻 풀이】이 심의품에서는 사람의 마음과 정신은 형체도 없고 색깔도 없지만, 형체가 없으면서도 사람들의 가슴과 머릿속에 있어, 그것이 사람을 선한 길로 인도하기도 하고 악한 길에 떨어지게도 한다. 그러나 사람에게 마음과 정신이 있기 때문에, 지혜와 감정과 마음의 세 가지를 만들어 내어, 선함과 악함의 여러 가지 과보(果報)를 가져오기 때문에, 이 마음과 정신을 소중히 다루어야 함을 말하고 있다.

意使作狗 難護難禁. 慧正其本 其明乃大.
의 사 작 구 난 호 난 금 혜 정 기 본 기 명 내 대

마음으로 하여금 개로 만든다면 지키기도 어렵고 금하기도 어렵다. 지혜로 그 근본을 바로잡으면 그 밝음이 곧 커진다.

【글자 뜻】狗:개 구. 護:지킬 호. 禁:금할 금.

【말의 뜻】意使作狗 難護難禁:마음으로 하여금 개로 만든다면 지키기도 어렵고 금하기도 어려움. 慧正其本 其明乃大:지혜로 그 근본을 바로 잡으면 그 밝음이 곧 커짐.

【뜻 풀이】사람의 마음을 개에게 넣어 내버려 두면 마음을 지키기도 어렵고 억제하기도 어렵다. 사람에게는 마음 위에 지혜가 있어 마음의 근본을 바로잡을 수 있다. 그 밝음이 등불이 되는 것이다. 그러나 마음만 가지고는 사람도 아무 일도 되지 않아 사람다운 행동을 할 수 없게 된다. 지혜는 사람의 감정을 억제함으로써 마음의 힘이 커짐을 깨달을 수 있는 것이다.

輕躁難持 唯欲是從. 制意爲善 自調則寧.
경 조 난 지 유 욕 시 종　제 의 위 선 자 조 즉 영

가볍고 조급하면 지니기 어려우니 오직 욕심만이 이에 따른다. 마음을 억제함을 선하다 하니 스스로 다스리면 곧 편안하다.

【글자 뜻】輕:가벼울 경. 躁:조급할 조. 唯:오직 유. 調:다스릴 조. 寧:편안할 영.

【말의 뜻】輕躁難持:가볍고 조급하면 마음은 지니기 어려움. 唯欲是從:오직 욕심만이 이를 따름. 制意爲善 自調則寧:마음을 억제함을 선하다고 하니 스스로 다스리면 곧 편안함.

【뜻 풀이】경솔하고 조급하게 행동하면 마음을 지니기가 어려우니, 오직

탐욕만이 이를 따라 일어나게 된다. 밝은 지혜로써 마음을 억제함을 선한 일이라 하고, 스스로 마음을 닦고 다스리면 탐욕에 빠지는 일이 없으므로 마음은 몹시 편안해진다.

意微難見 隨欲而行. 慧常自護 能守卽安.
의 미 난 견 수 욕 이 행. 혜 상 자 호 능 수 즉 안

마음은 미묘하여 보기 어려우니 욕심에 따라서 간다. 지혜는 항상 스스로 보호하니 능히 지키면 곧 편안하다.

【글자 뜻】 微:정묘할 미. 隨:따를 수. 護:보호할 호.

【말의 뜻】 意微難見 隨欲而行:마음은 미묘하여 보기 어려우니 욕심에 따라서 감. 慧常自護 能守卽安:지혜는 항상 스스로 마음을 보호하니 능히 지키면 곧 편안함.

【뜻 풀이】 마음은 미묘하여 보기가 어려우니 자기 욕심에 따라 움직인다. 그러나 지혜 있는 사람은 마음을 잘 억제하여 올바르게 활동시킨다. 마음을 잘 지키는 사람은 마음이 편안하여 행복을 얻을 수 있다.

獨行遠逝 覆藏無形. 損意近道 魔繫乃解.
독 행 원 서 복 장 무 형   손 의 근 도 마 계 내 해

홀로 행하여 멀리 갈지라도 덮고 감추어서 형체가 없다. 마음을 덜어 도에 가까이하면 악마의 얽어맴도 곧 풀린다.

【글자 뜻】 獨:홀로 독. 逝:갈 서. 覆:덮을 복. 藏:감출 장. 損:덜 손. 魔: 마귀 마. 繫:얽을 계. 解:풀 해.

【말의 뜻】 獨行遠逝 覆藏無形:홀로 행하여 멀리 가도 덮고 감추어져서 형체가 없음. 損意近道 魔繫乃解:마음을 덜어 도에 가까이하면 악마의 얽어맴도 곧 풀림.

【뜻 풀이】 사람의 마음은 안에 감추어져 있기 때문에 형체도 보이지 않고 빛깔조차 없다. 그러나 확실히 존재하고는 있기 때문에 마음을 그대로 내버려 두면 여기저기 방황하면서 탐욕만을 낸다. 그러나 밝은 지혜로써 마음을 억제하여 올바른 방향으로 나아가게 하여 도에 가까워지면, 악마의 방해도 곧 풀려 올바른 도에 들어가 피안에 이르게 된다.

心無住息 亦不知法 迷於世事 無有正智.
심 무 주 식 역 불 지 법 미 어 세 사 무 유 정 지

마음이 살고 쉴 곳이 없으면 또한 법을 알지 못하고 세상일에 미혹되어 올바른 지혜를 가지지 못한다.

【글자 뜻】 住:살 주. 息:쉴 식. 迷:미혹할 미.

【말의 뜻】 心無住息 亦不知法:마음이 살고 쉬지 못하면 또한 법을 알지 못함. 迷於世事 無有正智:세상일에 미혹되어 올바른 지혜를 가지지 못함.

【뜻 풀이】 마음이 완전히 자리 잡지 못하면 법을 알지 못한다. 사리사욕으로 세상일에 미혹되어 올바른 지혜를 평생 동안 얻지 못하면, 사람들로부터 바보 취급을 당하게 된다.

생각은 적당히 그치지 않으면 끊기지 않아 끝이 없다. 복이 능히 악을 그치게 함을 깨달은 사람은 현명하다고 한다. 부처님은 마음의 법이 비록 미묘하나 참됨이 아니라고 말씀하셨다.

【글자 뜻】 念:생각 념. 適:맞을 적. 絕:끊어질 절. 邊:갓 변. 遏:그칠 알.

【말의 뜻】 念無適止 不絕無邊:생각은 적당한 곳에서 그치지 않으면 끊어지지 않아 끝이 없음. 福能遏惡 覺者爲賢:복이 능히 악을 그치게 하는 것을 깨달은 사람을 현명하다고 함. 佛說心法 雖微非眞:부처님은 마음의 법이 비록 미묘하나 참됨이 아니라고 말씀하셨음.

【뜻 풀이】 적당한 곳에서 그칠 줄 모르는 것이 생각으로 움직이고, 정지할 줄 모르는 마음이 선으로 나아가고, 악을 그치게 하는 것을 깨달은 사람을 현명한 사람이라고 말한다. 복은 능히 악을 그치게 한다. 부처님께서는 마음의 법이 미묘하기는 하지만 참됨이 아니라고 말씀하셨다.

當覺逸意 莫隨放心. 見法最安 所願得成. 慧護微意 斷苦因緣.
당 각 일 의 막 수 방 심 견 법 최 안 소 원 득 성 혜 호 미 의 단 고 인 연

마땅히 편안한 마음을 깨달아야 하거니와 마음 놓음을 따르지 말라. 법을 보면 가장 편안하여 원하는 바를 이룰 수 있다. 지혜는 작은 마음을 지켜 고뇌의 인연을 끊는다.

【글자 뜻】 逸:편안 일. 放:놓을 방. 最:가장 최. 願:원할 원. 微:작을 미.
因:인할 인. 緣:인연 연.

【말의 뜻】 當覺逸意 莫隨放心:마땅히 편안한 마음을 깨달아 마음 놓음을
따르지 말라. 見法最安 所願得成:법을 보는 것이 가장 편안하여 원하
는 바를 이룰 수 있음. 慧護微意 斷苦因緣:지혜는 작은 마음을 지켜 괴
로움의 인연을 끊음.

【뜻 풀이】 자기가 악의 방향으로 나아가고 있음을 깨달으면 올바르다. 참
다운 법을 보고 이 법을 마음에 새기면 악을 저지르지 않고 그칠 수가
있다. 그때는 잘했다고 생각하여 안심하고 다른 소원도 이룰 수 있는 것
이다. 형체가 없는 마음을 지혜는 잘 알고 있어, 이것을 지켜 나가면 모
든 고뇌의 인연을 끊어버릴 수가 있다. 마음은 잠시도 놓아서는 안 되며
지혜의 힘으로 잘 지켜 나가야 한다.

有身不久 皆當歸土 形壞神去 寄住何貪.
유 신 불 구 개 당 귀 사 형 괴 신 거 기 주 하 탐

몸 있는 것이 오래지 않아 다 마땅히 땅으로 돌아간다. 형체가 무너지고
정신이 사라지면 붙어서 살 무엇을 탐내랴!

【글자 뜻】 久:오랠 구. 皆:다 개. 歸:돌아갈 귀. 壞:무너질 괴. 寄:부칠
기.

【말의 뜻】 有身不久 皆當歸土:몸 있는 것이 오래지 않아 다 마땅히 땅으로
돌아감. 形壞神去 寄住何貪:형체가 무너지고 정신이 사라지면 붙어서
살 그 무엇을 탐내랴!

【뜻 풀이】 설사 몸이 있을지라도 오래지 않아 늙고 병들어 죽게 되어, 다
  땅으로 돌아간다. 형체가 무너지고 정신이 사라지면 비록 부모와 형제
  가 있다고 한들, 어찌 탐내는 생각에 있을 수 있겠는가!

心豫造處 往來無端. 念多邪僻 自爲招惡.
심 예 조 처 왕 래 무 단   염 다 사 벽   자 위 초 악

  마음이 미리 만들어내는 곳은 가고 오는 것이 끝이 없다. 생각에 사악하
고 방탕함이 많으면 스스로를 위하여 악을 부른다.

【글자 뜻】 豫:미리 예. 造:지을 조. 往:갈 왕. 端:끝 단. 邪:간사할 사.
  僻:방탕할 벽. 招:부를 초.
【말의 뜻】 心豫造處 往來無端:마음이 미리 만들어내는 곳은 가고 오는 것
  이 끝이 없음. 念多邪僻 自爲招惡:생각에 사악하고 방탕함이 많으면 스
  스로를 위하여 악을 부름.

【뜻 풀이】 사람에게 원한을 맺거나 원망하는 것은 사람과 사람이 접촉하다
  보면 많이 일어나는 일이다. 사람이 사악하고 방탕한 일을 많이 생각하
  면, 남이 아닌 자신을 위하여 악을 저지르게 된다.

是意自造 非父母爲. 可勉向正. 爲福勿回.
시 의 자 조 비 부 모 위   가 면 향 정   위 복 물 회

  이것은 마음이 스스로 만들어내는 것이니 부모가 만들어내는 것이 아니
다. 올바름으로 나아가도록 힘쓰라. 복이 되어 돌아오는 일이 없다.

【글자 뜻】 勉:힘쓸 면. 回:돌 회.

【말의 뜻】 是意自造 非父母爲:이것은 마음이 스스로 만들어내는 것이니 부모가 만들어내는 것이 아님. 可勉向正 爲福勿回:올바른 길로 나아가도록 힘쓰라. 복이 되어 돌아오지 않음.

【뜻 풀이】 이것은 마음이 스스로 만들어내는 것이지 부모가 만들어내는 것이 아니다. 그리고 다른 사람이 만들어 준 것도 아니다. 그러므로 올바른 방향으로 나아가도록 마음을 쓰라. 행복이 몸에 들러붙어 떨어지지 말도록 하라.

藏六如龜 防意如城. 慧與魔戰 勝則無患.
장 육 여 구 방 의 여 성   혜 여 마 전 승 즉 무 환

여섯을 감추는 거북과 같이 마음 막기를 성과 같이 하라. 지혜가 악마와 더불어 싸워서 이기면 곧 근심이 없다.

【글자 뜻】 龜:거북 구. 防:막을 방. 城:성 성. 戰:싸울 전. 患:근심 환.

【말의 뜻】 藏六如龜 防意如城:여섯을 감추는 거북과 같이 마음 막기를 성과 같이 함. 慧與魔戰 勝則無患:지혜가 악마와 더불어 싸워서 이기면 곧 근심이 없음.

【뜻 풀이】 육근(눈·귀·코·입·몸·마음)을 내버려 두지 말고, 거북이 껍질로 몸을 지키는 것과 같이, 마음을 굳게 지녀 악을 막기를 성과 같이 한다. 지혜가 악마와 싸워서 이기면 고뇌와 근심은 없어질 것이다. 마음을 굳게 지켜 선에 나아가도록 힘쓰라.

제12 화향품(華香品)

화향품(華香品)이란 배움을 마땅히 행하여 꽃으로 인하여 열매를 보듯이 거짓으로 하여금 참됨으로 돌아오게 함을 밝힌 것이다.

【글자 뜻】 華:꽃 화. 香:향기 향. 因:인할 인. 實:열매 실. 僞:거짓 위. 反:돌아올 반.

【말의 뜻】 學當行:배움을 마땅히 행함. 因華見實:꽃으로 인하여 열매를 봄. 使僞反眞:거짓으로 하여금 참됨으로 돌이킴.

【뜻 풀이】 화향품에서는 꽃이 피면 열매를 맺는 것과 같이, 도를 배우면 마땅히 행하여, 거짓이 많은 생활을 바꾸어 참다운 생활로 들어가게 함을 밝히고 있다.

누가 능히 땅을 가려 경계함을 버리고 하늘을 취할까! 누가 법구를 풀어서 좋은 꽃을 고르는 것 같이 할 수 있을까!

【글자 뜻】 孰:누구 숙. 擇:가릴 택. 鑑:경계할 감. 誰:누구 수.

【말의 뜻】孰能擇地 捨鑑取天:누가 능히 땅을 가려 경계함을 버리고 하늘을 취할까! 誰說法句 如擇善華:누가 법구를 풀어서 좋은 꽃을 고르는 것 같이 할 수 있을까!

【뜻 풀이】 살 곳을 고름에 있어서 누가 능히 땅을 가려, 나쁜 곳을 버리고 천국을 취할 것인가! 좋은 꽃을 고르는 것과 같이 누가 법구를 풀 것인가!

學者擇地 捨鑑取天 善說法句 能採德華.
학 자 택 지 사 감 취 천 선 설 법 구 능 채 덕 화

배우는 사람은 땅을 가리되 경계함을 버리고 하늘을 취하며 잘 법구를 풀어서 능히 덕의 꽃을 따는 것과 같이 한다.

【글자 뜻】擇:가릴 택. 採:딸 채.
【말의 뜻】學者擇地 捨鑑取天:배우는 사람은 땅을 가리되 경계함을 버리고 하늘을 취함. 善說法句 能採德華:법구를 잘 풀어서 능히 덕의 꽃을 따는 것과 같음.

【뜻 풀이】 학문하는 사람은 살 곳을 고름에 있어서 삼악도(三惡道)를 버리고 천국(天國)을 취한다. 부처님의 높으신 가르침을 풀어, 그것을 듣고 수양하며 꽃 중에서도 덕의 꽃인 법화경(法華經)의 꽃을 취할 것이다.

知世坏喻 幻法忽有 斷魔華敷 不覩生死.
지 세 배 유 환 법 홀 유 단 마 화 부 불 도 생 사

세상을 질그릇의 비유로 아니 허깨비의 법이 홀연히 있고 악마의 꽃이
피어남을 끊으면 생사를 보지 않는다.

【글자 뜻】 坏:질그릇 배. 幻:허깨비 환. 忽:홀연 홀. 敷:필 부. 覩:볼 도.
【말의 뜻】 知世坏喻 幻法忽有:세상을 질그릇의 비유로 아니 허깨비의 법이
　　홀연히 있음. 斷魔華敷 不覩生死:악마의 꽃이 피어남을 끊으니 생사를
　　보지 않음.

【뜻 풀이】 이 세상을 비유해서 말하면 질그릇은 깨어지기를 잘한다. 그것
　　은 마치 허깨비와도 같고 생시와도 같은 것이어서, 빨리 악마의 방해를
　　끊어서 소멸해버리면 밝은 지혜의 빛이 나타나, 생사의 고해(苦海)에서
　　허덕이는 미혹은 없어진다.

見身如沫 幻法自然. 斷魔華敷 不覩生死.
견 신 여 말 환 법 자 연 단 마 화 부 부 도 생 사

몸을 보면 물거품과 같아서 허깨비의 법이 자연이다. 악마의 꽃이 피어
남을 끊으면 생사를 보지 않는다.

【글자 뜻】 沫:거품 말.
【말의 뜻】 見身如沫 幻法自然:몸을 보면 물거품과 같으니 허깨비의 법이 자
　　연임.

【뜻 풀이】 사람의 몸을 보면 물거품과 같으니 허깨비의 법이 자연이다. 그
러므로 악마의 방해를 끊어버리고 확고한 신념을 가지면, 생사의 고해
에 허덕이는 슬픔은 보지 않아도 된다. 물거품 같은 육체에 애착을 갖지
말고 언제 죽어도 좋다는 깨달음을 굳게 지니라.

身病則萎 若華零落 死命來至 如水湍驟.
신 병 즉 위 약 화 영 락 사 명 래 지 여 수 단 취

몸이 병들면 시드는 것은 꽃이 시들어 떨어짐과 같고 죽는 목숨이 이르
는 것은 물이 여울에서 빨리 흐름과 같다.

【글자 뜻】 病:병들 병. 萎:시들 위. 零:시들 령. 落:떨어질 락. 湍:여울
단. 驟:빠를 취.
【말의 뜻】 身病則萎 若華零落:몸이 병들면 시드는 것은 꽃이 시들어 떨어
짐과 같음. 死命來至 如水湍驟:죽는 목숨이 이르는 것은 물이 여울에
서 빨리 흐름과 같음.

【뜻 풀이】 몸에 병이 들면 꽃이 시들어 떨어지는 것과 같이 시들고, 여울
에서 물이 빨리 흐름과 같이, 결국에는 생명이 꺼진다는 것을 깨달으라.

貪欲無厭 消散人念 邪致之財 爲自侵欺.
탐 욕 무 염 소 산 인 념 사 치 지 재 위 자 침 기

탐욕은 싫증내는 일이 없고 꺼지고 흩어지는 사람은 사악하게 이르는 재
산을 생각하여 스스로 침범하여 속이는 일을 한다.

【글자 뜻】 厭:싫을 염. 消:꺼질 소. 散:흩어질 산. 侵:침범할 침. 欺:속일 기.

【말의 뜻】 貪欲無厭:탐욕은 싫증내는 일이 없음. 消散人念 邪致之財:꺼지고 흩어지는 사람은 사악하게 이르는 재산을 생각함. 爲自侵欺:스스로 침범하여 속이는 일을 함.

【뜻 풀이】 탐욕이 많아 싫증낼 줄 모르는 사람은 헛되이 마음이 가라앉지 않아, 미혹에 빠져 사악한 마음으로 재산 모으기를 생각하여, 드디어는 다른 사람들과 자기 자신까지도 악을 행하여 침범하고 속이게 되는 것이다.

如蜂集華 不嬈色香 但取味去 仁入聚然.
여 봉 집 화 불 요 색 향 단 취 미 거 인 입 취 연

벌들이 꽃에 모여들어 빛깔과 향기를 어지럽히지 않고 단지 맛만을 취하고 사라지는 것과 같이 어진 사람에게 모여드는 것도 그러하다.

【글자 뜻】 蜂:벌 봉. 集:모일 집. 嬈:어지러울 요. 但:다만 단. 味:맛 미. 聚:모일 취.

【말의 뜻】 如蜂集華 不嬈色香 但取味去:벌들이 꽃에 모여 빛깔과 향기는 어지럽히지 않고 다만 맛만을 취하고 사라짐과 같음. 仁入聚然:어진 사람에게 모여드는 것도 그러함.

【뜻 풀이】 꿀벌들이 꿀을 모으기 위하여 꽃에 모여들어, 그 꽃의 빛깔과 향기는 그대로 두고 꿀만을 취해 가지고 사라지는 것과 같이, 어진 사람도

사람들에게 설교는 하지만, 조금도 혼란시키지 않고서 교화하여 선도를
잘한다.

不務觀彼 作與不作 常自省身 知正不正.
불 무 관 피 작 여 불 작 상 자 성 신 지 정 부 정

그가 하는 것과 하지 않는 것을 보는 것을 힘쓰지 말고 항상 스스로 몸을
반성하여 올바르고 바르지 않은 것을 알라.

【글자 뜻】 觀:볼 관. 省:돌아볼 성.

【말의 뜻】 不務觀彼 作與不作:그가 하는 것과 하지 않는 것을 보는 것을 힘
쓰지 않음. 常自省身 知正不正:항상 스스로 몸을 반성하여 올바르고 바
르지 않은 것을 알라.

【뜻 풀이】 다른 사람들의 선하고 악함을 행하는지 어떤지를 보려고 힘쓰기
전에, 일상생활에서 항상 자기의 언어와 행동이 모두 법에 맞는지 어떤
지를 충분히 반성해 보아야 한다.

如可意華 色好無香 工語如是 不行無得.
여 가 의 화 색 호 무 향 공 어 여 시 불 행 무 득

옳은 마음의 꽃이 빛깔은 좋더라도 향기가 없는 것과 같이 공교로운 말
도 이와 같으니 행하지 않으면 얻음이 없다.

【글자 뜻】 好:좋을 호. 工:공교할 공.

【말의 뜻】如可意華 色好無香:옳은 마음의 꽃이 빛깔은 좋아도 향기가 없는 것과 같음. 工語如是 不行無得:공교로운 말도 이와 같으니 행하지 않으면 얻음이 없음.

【뜻 풀이】 말이 아무리 공교로워도 실행이 뒤따르지 않는 사람은, 비유하면 빛깔이 좋은 꽃이라도 향기가 없으면 부족함이 있는 것과 같다. 꽃이 아름답고 향기까지 있는 것과 같이, 아무리 공교로운 말도 실행하지 않는다면 아무 소득도 없다.

如可意華 色美且香 工語有行 必得其福.
여 가 의 화 색 미 차 향 공 어 유 행 필 득 기 복

옳은 마음의 꽃이 빛깔이 아름답고 또 향기가 있는 것과 같이 공교로운 말에 행함이 있으면 반드시 그 복을 얻는다.

【글자 뜻】 且:또 차.

【말의 뜻】如可意華 色美且香:옳은 마음의 꽃이 빛깔이 아름답고 또 향기가 있는 것과 같음. 工語有行 必得其福:공교로운 말에 행함이 있으면 반드시 그 복을 얻음.

【뜻 풀이】 만든 꽃과 같이 빛깔은 아름답지만 향기가 없으면 안 된다. 사람도 말이 공교롭더라도 실천력이 없으면 사람들로부터 존경을 받지 못한다. 말과 행동이 일치해야만 반드시 복을 얻게 된다.

多作寶花 結步搖綺 廣積德者 所生轉好.
다 작 보 화 결 보 요 기 광 적 덕 자 소 생 전 호

많이 보배로운 꽃을 만들어 묶으면 걸음을 움직일 때 비단이 되고 널리
덕을 쌓은 사람은 생기는 바가 좋게 구른다.

【글자 뜻】 搖:움직일 요. 綺:비단 기. 轉:구를 전.

【말의 뜻】 多作寶花 結步搖綺:많이 보배로운 꽃을 만들어 묶으면 걸음을 움
직일 때 비단이 됨. 廣積德者 所生轉好:널리 덕을 쌓은 사람은 생기는
바가 좋게 구름.

【뜻 풀이】 좋은 꽃을 많이 모아 만든 꽃다발이 아름다운 것처럼, 널리 덕
을 많이 쌓은 사람은 사람들에게 칭찬을 받고 복이 많을 것이다.

奇草芳花 不逆風熏 近道敷開 德人逼香.
기 초 방 화 불 역 풍 훈 근 도 부 개 덕 인 핍 향

기이한 풀과 꽃다운 꽃은 바람에 거슬리지 않고 향기롭고 도를 가까이하
여 열어 나가는 덕 있는 사람은 향기가 다가온다.

【글자 뜻】 奇:기이할 기. 芳:꽃다울 방. 熏:향기 훈. 敷:필 부. 逼:다가
올 핍.

【말의 뜻】 奇草芳花 不逆風熏:기이한 풀과 꽃다운 꽃은 바람에 거슬리지
않고 향기로움. 近道敷開 德人逼香:도를 가까이하여 열어 나가는 덕 있
는 사람은 향기가 다가옴.

【뜻 풀이】 진기한 풀이나 향기 있는 꽃은 바람이 불지 않아도 향기롭다. 덕이 있는 사람의 향기도 이르는 곳마다 그의 향기를 풍긴다. 덕이 있는 사람의 향기는 꽃의 향기보다도 더욱 향기롭다.

旃檀多香 靑蓮芳花 雖曰是眞 不如戒香.
전 단 다 향   청 련 방 화   수 왈 시 진   불 여 계 향

전단(旃檀)은 향기가 많고 푸른 연꽃은 향기로운 꽃이지만 비록 이것이 참이라고 말할지라도 계율의 향기만은 못하다.

【글자 뜻】 旃:전 전. 檀:박달나무 단. 眞:참 진.
【말의 뜻】 旃檀:인도의 식물로 향기가 높음. 靑蓮芳花:푸른 연꽃은 향기로운 꽃임. 雖曰是眞:비록 이것이 진실이라고 말할지라도. 不如戒香: 계율의 향기만은 못함.

【뜻 풀이】 비록 전단은 향기가 많고, 푸른 연꽃은 향기가 짙은 꽃으로, 사람들은 아름다운 꽃이라고 말하지만, 계율을 지녀 덕이 있는 사람의 향기에는 도저히 미치지 못한다.

華香氣微 不可謂眞. 持戒之香 到上殊勝.
화 향 기 미   불 가 위 진   지 계 지 향   도 상 수 승

꽃의 향기는 적어서 참됨이라고 말할 수 없다. 계율을 지니는 향기는 하늘에 이르러도 지나치게 낫다.

【글자 뜻】 微:적을 미. 殊:지날 수. 勝:나을 승.

【말의 뜻】 華香氣微 不可謂眞:꽃의 향기는 적어서 참됨이라고 말할 수 없음. 持戒之香 到上殊勝:계율을 지니는 향기는 하늘에 이르러도 지나치게 나음.

【뜻 풀이】 전단이나 푸른 연꽃은 아름답고 향기롭지만, 그 아름다움과 향기는 너무나 적다. 계율을 지닌 덕이 높은 사람의 향기는, 이 세상에서 뿐만 아니라 천상계(天上界)에 이른다 할지라도 더욱 향기롭다.

戒具成就 行無放逸 定意度脫 長離魔道.
계 구 성 취 행 무 방 일 정 의 도 탈 장 이 마 도

계율을 갖추어 성취시켜 행동에 방일함이 없고 마음을 정하여 건너가 벗어나면 영원히 악마의 도에서 떠난다.

【글자 뜻】 具:갖출 구. 就:이룰 취. 度:건널 도. 脫:벗을 탈. 離:떠날 리.

【말의 뜻】 戒具成就:계율을 갖추어 성취시킴. 行無放逸 定意度脫:행동에 방일함이 없고 마음을 정하여 건너가 벗어남. 長離魔道:영원히 악마의 도에서 떠남.

【뜻 풀이】 모든 계율과 덕을 성취시켜 행동에 방일함이 없고, 마음에 깨달음을 얻어 밝은 지혜로 스스로를 비추는 사람은, 영원히 악마의 도에서 떠나 행복해진다.

如作田溝 近于大道 中生蓮華 香潔可意 有生死然. 凡夫處邊
여 작 전 구　근 우 대 도　중 생 연 화　향 결 가 의　유 생 사 연　　범 부 처 변
慧者樂出 爲佛弟子.
혜 자 낙 출　위 불 제 자

밭에 도랑을 만들어 큰 길에 가까울지라도 가운데 연꽃이 생겨나 향기가
깨끗하여 마음에 아름다움과 같이 생사에도 그러함이 있다. 보통 사나이
가 거처하는 곳에 지혜로운 사람이 나옴을 즐기니 부처님의 제자가 된다.

【글자 뜻】 溝:도랑 구. 潔:깨끗할 결. 可:아름다울 가. 邊:갓 변.

【말의 뜻】 作田溝 近于大道:밭에 도랑을 만들어 큰 길에 가까이 함. 中生
蓮華 香潔可意:가운데 연꽃이 생겨나 향기가 깨끗하니 마음에 아름다
움. 有生死然:생사에도 그러함이 있음. 凡夫處邊:보통 사나이가 거처
하는 곳. 慧者樂出 爲佛弟子:지혜 있는 사람이 나옴을 즐기니 부처님
의 제자가 됨.

【뜻 풀이】 진흙 밭 가운데 큰 길에서 가까운 곳에 아름다운 연꽃이 피어,
향기가 깨끗하여 아름다움이 생겨나는 것과 같이, 사람들 속에서도 밝
은 지혜가 있는 사람은 어두운 세상에 태어나도, 지혜로써 사람들을 밝
게 비추기 때문에 나와서 부처님의 제자가 되는 것이다.

제13 우암품(愚闇品)

우암품(愚闇品)이란 장차 어두움을 열어 줌으로써 그러므로 그 태도를 베풀어 엿보아 밝히기를 바라는 것이다.

【글자 뜻】 闇:어두울 암. 矇:어두울 몽. 陳:베풀 진. 態:태도 태. 闚:엿
볼 규.

【말의 뜻】 愚闇:어리석고 어두움. 將以開矇:장차 어두움을 열어 줌으로써.
故陳其態 欲使闚明:그러므로 그 태도를 베풀어 엿보아 밝히기를 바람.

【뜻 풀이】 이 우암품에서는 어리석고 어두운 사람이, 어리석고 어두움에
방황하여 그 태도를 깨닫지 못하기 때문에, 그 지도하는 태도를 밝히려
고 하는 것이다.

잠자지 않으면 밤이 길고 피곤하고 게으르면 도가 길며 어리석으면 생사
가 기니 올바른 법을 알지 못하기 때문이다.

【글자 뜻】 寐:잘 매. 疲:피곤할 피. 倦:게으를 권.

【말의 뜻】 不寐夜長 疲倦道長:잠자지 않으면 밤이 길고 피곤하고 게으르면 도가 길음. 愚生死長 莫知正法:어리석으면 생사가 기니 정법을 알지 못하기 때문임.

【뜻 풀이】 참다운 도를 알지 못하는 사람에게는, 잠자지 않으면 밤이 길고 피곤하고 게으르면 도가 길며, 어리석은 사람에게는 인생의 하루가 길고 생사도 길어 권태롭다. 이것은 올바른 도를 이해하여 깨닫지 못하기 때문이다.

癡意常冥 逝如流川. 在一行彊 獨而無偶.
치 의 상 명   서 여 유 천   재 일 행 강   독 이 무 우

어리석은 마음은 항상 어두워 가는 것이 흐르는 개울과 같다. 혼자 있으면 행함이 강하고 홀로여서 짝이 없다.

【글자 뜻】 癡:어리석을 치. 冥:어두울 명. 逝:갈 서. 彊:강할 강. 偶:짝우.

【말의 뜻】 癡意常冥 逝如流川:어리석은 마음은 항상 어두워서 가는 것이 흐르는 냇물과 같음. 在一行彊 獨而無偶:혼자 있으면 행함이 강하고 홀로여서 짝이 없음.

【뜻 풀이】 어리석은 마음에 덮인 사람은 도리에 어둡고, 사람들과 함께 있으면 흐르는 냇물과 같이 밀려서 흘러간다. 혼자 있으면 행동이 강하고 홀로여서 상대할 사람이 없다.

愚人著數 憂戚久長. 與愚居苦 於我猶怨.
우인착수 우척구장 여우거고 어아유원

어리석은 사람은 수에 집착하여 근심과 슬픔이 오래고 길다. 어리석은
사람과 더불어 있으면 괴로워 나에게 있어서 오히려 원망한다.

【글자 뜻】 著:붙을 착. 戚:슬플 척. 怨:원망할 원.
【말의 뜻】 愚人著數 憂戚久長:어리석은 사람은 수에 집착하여 근심과 슬
   픔이 오래고 길음. 與愚居苦 於我猶怨:어리석은 사람과 함께 있으면 괴
   로워 나에게 오히려 원망함.

【뜻 풀이】 어리석고 어두운 사람은 수에 집착하여 근심과 슬픔이 한이 없
   다. 어리석은 사람과 함께 있는 것은 괴로움이 많아 오히려 자기 자신이
   원망을 품는다.

有子有財 愚惟汲汲. 我且非我 何憂子財.
유자유재 우유급급 아차비아 하우자재

아들이 있고 재산이 있어도 어리석은 사람은 오직 급하게 군다. 나는 또
내가 아니니 어찌 아들과 재산을 근심하리오.

【글자 뜻】 汲:급할 급. 憂:근심 우.
【말의 뜻】 有子有財 愚惟汲汲:아들이 있고 재산이 있어도 어리석은 사람은
   오직 급하게 굴음. 我且非我 何憂子財:나는 또한 내가 아니니 어찌 아
   들과 재산을 근심하리오.

【뜻 풀이】 우리들에게는 아들이 있고 재산이 있다고 생각하겠지만, 스스로
자기의 것이 아니란 참다운 법을 깨달은 사람에게 있어서 아들과 재산
에 어찌 집착할 수 있으랴! 깊이 깨달아야 한다. 이 세상의 물건은 먼지
하나라도 영원히 내 소유로 만들 수는 없는 것이다.

暑當止此 寒當止此. 愚多務慮 莫知來變.
서 당 지 차   한 당 지 차   우 다 무 려   막 지 내 변

더위는 마땅히 여기에 머물고 추위도 마땅히 여기에 머문다. 어리석은
사람은 많이 힘써 생각하되 변함이 오는 것을 알지 못한다.

【글자 뜻】 務:힘쓸 무. 慮:생각 려. 變:변할 변.
【말의 뜻】 暑當止此:더위는 마땅히 여기에 머물음. 愚多務慮 莫知來變:어
리석은 사람은 많이 힘써 생각하되 변함이 오는 것을 알지 못함.

【뜻 풀이】 더울 때는 더위에, 그리고 추울 때는 추위에 대한 마음을 씀으로
넘어가게 된다. 그런데 어리석은 사람은 지나치게 많은 것을 생각하여,
변화해 가는 상태에 대하여는 조금도 마음을 열어 알려고 하지 않는다.

愚曚愚極 自謂我智. 愚而勝智 是謂極愚.
우 몽 우 극   자 위 아 지   우 이 승 지   시 위 극 우

어리석고 어두운 사람은 어리석음이 다하면 스스로 나는 지혜롭다고 말
한다. 어리석어서 지혜를 이기는 것을 이것을 지극히 어리석다고 말한다.

【글자 뜻】極:다할 극. 극진할 극. 勝:이길 승.

【말의 뜻】愚矇愚極 自謂我智:어리석고 어두운 사람은 어리석음이 다하면 스스로 나는 지혜롭다고 말함. 愚而勝智 是謂極愚:어리석어서 지혜를 이기는 것을 이것을 지극히 어리석다고 말함.

【뜻 풀이】마음이 어리석고 어두운 사람은 어리석음이 다하면 스스로 말하기를 나는 지혜롭다고 한다. 너무 어리석어서 지혜를 이기는 사람을 지극히 어리석다고 말한다. 자기가 어리석은데도 나는 현명한 사람이라고 말하는 것은 바보 중에서도 큰 바보인 것이다.

頑闇近智 如瓢斟味 雖久狎習 猶不知法.
완 암 근 지 여 표 침 미 수 구 압 습 유 불 지 법

완고하고 어두우면서 지혜에 가까이하려 하는 것은 호리병박의 맛을 헤아림과 같아서 비록 오래도록 익숙하게 익힌다 할지라도 오히려 법을 알지 못한다.

【글자 뜻】頑:완고할 완. 瓢:호리병박 표. 斟:헤아릴 침. 味:맛 미. 狎:익숙할 압.

【말의 뜻】頑闇近智:완고하고 어두운 사람이 지혜에 가까이하려 함. 如瓢斟味:호리병박의 맛을 헤아림과 같음. 雖久狎習 猶不知法:비록 오래도록 익숙하게 익힐지라도 오히려 법을 알지 못함.

【뜻 풀이】완고하고 우둔한 사람이 진실한 것을 알려고 한다는 것은, 마치 호리병박의 속을 다 알려고 하는 것 같아서, 비록 오래도록 익숙하게 그

속과 향기를 익힐지라도, 오히려 법을 깨닫지 못하여 알지 못한다.

開達近智 如舌嘗味 雖須臾習 卽解道要.
개 달 근 지 여 설 상 미 수 수 유 습 즉 해 도 요

열어서 통달한 사람이 지혜를 가까이 하려 하는 것은 혀로 맛을 맛보는 것과 같아서 비록 잠깐 동안 익힐지라도 곧 도의 요체를 깨닫는다.

【글자 뜻】 舌:혀 설. 嘗:맛볼 상. 須:잠깐 수. 臾:잠깐 유. 要:모을 요.
【말의 뜻】 開達近智 如舌嘗味:열리고 통탈한 사람이 지혜에 가까이하려 함은 혀로 맛을 보는 것과 같음. 雖須臾習 卽解道要:비록 잠깐 동안 익힐지라도 곧 도의 진리를 깨달음.

【뜻 풀이】 머리가 열리고 통달한 지혜 있는 사람이 참다운 도를 가까이하는 것은, 혀로 맛을 보는 것과 같아서, 비록 잠시 동안 익힐지라도 곧 도의 참다움을 깨닫게 된다.

愚人施行 爲身招患 快心作惡 自致重殃.
우 인 시 행 위 신 소 환 쾌 심 작 악 자 치 중 앙

어리석은 사람이 행하는 베풂음은 몸을 위하여 근심을 부르니 유쾌한 마음으로 악을 지어서 스스로 무거운 재앙을 이룬다.

【글자 뜻】 招:부를 소. 快:쾌할 쾌. 殃:재앙 앙.
【말의 뜻】 愚人施行 爲身招患:어리석은 사람이 행하는 베풂음은 몸을 위하

여 근심을 부름. 快心作惡 自致重殃:유쾌한 마음으로 악을 지으니 스스로 무거운 재앙을 이룸.

【뜻 풀이】 어리석은 사람이 행동하는 것을 보면 스스로 근심을 불러들이는 일만을 한다. 이것은 자기 자신이 무서운 적인지를 모르고 악을 행하여, 스스로 고통과 고뇌에 빠지는 일이다.

行爲不善 退見悔悋 致涕流面 報由宿習.
행 위 불 선 퇴 견 회 린 치 체 류 면 보 유 숙 습

행실이 착하지 못함을 행하면 물러나서 후회함을 보아 눈물이 흐르는 얼굴을 이루니 갚음은 묵은 습관에 말미암는다.

【글자 뜻】 悔:후회할 회. 悋:후회할 린. 涕:눈물 체. 報:갚을 보. 宿:묵을 숙.

【말의 뜻】 行爲不善 退見悔悋:행실이 악을 행하면 물러나서 후회를 봄. 致涕流面 報由宿習:눈물 흐르는 얼굴을 이루니 갚음은 묵은 습관에 말미암음.

【뜻 풀이】 자기가 악함을 행하면 반드시 뒤에 후회를 하게 된다. 그리하여 얼굴에 눈물을 흘리거나 심한 고뇌에 빠지지만, 이것은 다 이루어진 습관으로 악을 행하기 때문이다.

行爲德善 進覩歡喜 應來受福 喜笑悅習.
행 위 덕 선 진 도 환 희 응 래 수 복 희 소 열 습

행실이 덕과 선함을 행하면 나아가서 기쁨을 보아 응하여 옴에 복을 받으니 기쁨과 웃음을 기꺼이 익혔기 때문이다.

【글자 뜻】覩:볼 도. 應:응할 응. 悅:기쁠 열.

【말의 뜻】行爲德善 進覩歡喜:행실이 덕과 선을 행하면 나아가 기쁨을 봄. 應來受福 喜笑悅習:응하여 옴에 복을 받으니 기쁨과 웃음을 기꺼이 익혔기 때문임.

【뜻 풀이】자기가 행한 행위가 덕과 선행을 하면 나아가서 복과 기쁨을 얻게 된다. 그 행실에 따라 복을 받게 되니, 이것은 다 사람들에게 기쁨과 웃음을 나누어 주는 습관 때문인 것이다.

過罪未熟 愚以恬淡 至其熟處 自受大罪.
과 죄 미 숙 우 이 염 담 지 기 숙 처 자 수 대 죄

허물과 죄가 익숙하지 않았으면 어리석은 사람은 편안함과 맑음으로써 하고 그 익숙한 곳에 다다르면 스스로 큰 죄를 받는다.

【글자 뜻】過:허물 과. 熟:익을 숙. 恬:편안할 염.

【말의 뜻】過罪未熟 愚以恬淡:허물과 죄가 아직 익지 않았으면 어리석은 사람은 편안함과 맑음으로써 함. 至其熟處 自受大罪:그 익숙한 곳에 다다르면 스스로 큰 죄를 받음.

【뜻 풀이】그 죄과가 아직 익숙하지 않아 결과가 나타나지 않을 때는, 어리석은 사람은 편안하여 몹시 무사태평하지만, 그 죄과가 효과를 나타

낼 만큼 익숙해지면 악을 범하여 큰 죄를 받게 된다.

愚所望處 不謂適苦. 臨墮厄地 乃知不善.
우 소 망 처 불 위 적 고   임 타 액 지 내 지 불 선

어리석은 사람이 소망하는 곳을 괴로움으로 간다고는 말하지 않는다. 재앙의 땅에 떨어짐에 임하여서야 곧 악함인 줄을 안다.

【글자 뜻】 適:갈 적. 臨:임할 임. 厄:재앙 액.

【말의 뜻】 愚所望處 不謂適苦:어리석은 사람이 바라는 곳을 괴로움으로 간다고는 말하지 않음. 臨墮厄地 乃知不善:재앙의 땅에 떨어짐에 임하여서야 곧 악한 것인 줄을 알음.

【뜻 풀이】 어리석은 사람은 자기가 바라는 곳이 고뇌로 가고 있다는 사실을 알지 못한다. 재앙에 떨어지고 나서야 비로소 자기의 행위가 죄악이었다는 것을 알게 된다.

愚惷作惡 不能自解 殃追自焚 罪成熾燃.
우 준 작 악 불 능 자 해   앙 추 자 분 죄 성 치 연

어리석은 사람은 악함을 짓되 능히 스스로 깨닫지를 못하며 재앙을 좇아 스스로를 불살라서 죄가 심하게 불탐을 이룬다.

【글자 뜻】 惷:어리석을 준. 殃:재앙 앙. 追:쫓을 추. 焚:불사를 분. 熾: 활활 탈 치. 燃:불사를 연.

【말의 뜻】愚懵作惡 不能自解:어리석은 사람은 악을 짓되 능히 스스로 깨닫지 못함. 殃追自焚 罪成熾燃:재앙을 따라 스스로를 불살라서 죄가 성하게 불탐을 이룸.

【뜻 풀이】몹시 어리석은 사람은 악을 쌓되 스스로 깨닫지를 못한다. 그리하여 죄가 쌓이고 또 쌓여서 자기 자신을 죄악 속에서 불태우게 된다.

愚好美食 月月滋甚 於十六分 未一思法.
우 호 미 식 월 월 자 심 어 십 육 분 미 일 사 법

어리석은 사람은 맛있는 음식을 좋아하여 다달이 점점 더 심해져도 16분에 있어서 하나도 법을 생각지 아니한다.

【글자 뜻】滋:점점 자. 甚:심할 심.

【말의 뜻】愚好美食 月月滋甚:어리석은 사람은 맛있는 음식을 좋아하여 다달이 점점 더 심하여짐. 於十六分 未一思法:16분의 1도 법을 생각지 않음.

【뜻 풀이】어리석은 사람은 맛있는 음식을 좋아하여 날이 지나고 달이 갈수록 점점 더 심하여지지만, 진실한 도에 정진할 생각이 없기 때문에 스스로 반성할 줄을 모른다.

愚生念慮 至終無利 自招刀杖 報有印章.
우 생 염 려 지 종 무 리 자 초 도 장 보 유 인 장

어리석은 사람은 생각을 함에 있어서 끝까지 이익 됨이 없고 스스로 칼과 몽둥이를 불러들여 갚음에 낙인이 있다.

【글자 뜻】 刀:칼 도. 杖:몽둥이 장. 印:도장 인.

【말의 뜻】 愚生念慮 至終無利:어리석은 사람은 생각함에 있어서 끝까지 이익 됨이 없음. 自招刀杖 報有印章:스스로 칼과 몽둥이를 불러들여 갚음에 낙인이 있음.

【뜻 풀이】 어리석은 사람은 모든 생각이 이익 됨이 하나도 없고, 악을 행하여 드디어는 자기 몸에 칼과 몽둥이를 불러들여, 매 맞고 칼에 베이더라도 깨닫지 못하기 때문에, 새삼스러이 울고 슬퍼할지라도 때는 이미 늦은 것이다.

觀處知其愚 不施而廣求 所墮無道智 往往有惡行.
관 처 지 기 우 불 시 이 광 구 소 타 무 도 지 왕 왕 유 악 행

곳을 보고 그 어리석음을 알지라도 베풀지 않고서 널리 구한다면 멀어지는 곳은 도의 지혜가 없어 가고 가도 악행만이 있다.

【글자 뜻】 觀:볼 관. 往:갈 왕.

【말의 뜻】 觀處知其愚:곳을 보고 그 어리석음을 알음. 不施而廣求:베풀지는 않고서 널리 구함. 所墮無道智:떨어지는 곳에 도의 지혜가 없음. 往往有惡行:가고 가도 악행만이 있음.

【뜻 풀이】 악을 행하고 있는 것을 보고 그 어리석음을 알고, 사람들에게 베

풀지는 않고서 탐욕을 내어 널리 구하려고만 한다. 그러므로 어디를 가나 현명한 사람은 없고, 가고 가도 악한 행실만이 있을 뿐이다.

遠道近欲者 爲食在學名. 貪猗家居故 多取供異姓.
원 도 근 욕 자 위 식 재 학 명   탐 의 가 거 고   다 취 공 이 성

도를 멀리하고 욕심을 가까이하는 사람은 먹는 것을 위주로 하고 배움은 이름만이 있다. 집에서 삶에 탐냄을 의지하기 때문에 많이 취하여 다른 성에게 제공한다.

【글자 뜻】 猗:의지할 의. 供:이바지할 공. 異:다를 이.

【말의 뜻】 遠道近欲者 爲食在學名:도를 멀리하고 욕심을 가까이하는 사람은 먹는 것을 위주로 하고 배움은 이름만이 있음. 貪猗家居故 多取供異姓:집에서 삶에 탐냄을 의지하기 때문에 많이 취하여 다른 성에게 제공함.

【뜻 풀이】 참다운 도를 멀리하고 탐욕을 가까이하는 사람은, 배움은 이름뿐이고 먹는 것을 위주로 삼는다. 먹는 욕망을 앞세우고, 이득만을 취하고, 명예를 바라고, 사람들의 위에 서려고 전념하기 때문에 아무리 많은 재산을 취할지라도, 실패하는 일이 많고 다른 성을 가진 사람들이 많아서 곤란하다.

學莫墮二望. 莫作家沙門. 貪家違聖敎 爲後自匱乏 此行與愚
학 막 타 이 망   막 작 가 사 문   탐 가 위 성 교   위 후 자 궤 핍   차 행 여 우
同 但令欲慢增.
동   단 령 욕 만 증

배울지라도 두 가지 욕망에 떨어지지 말라. 집에 있으면서 중이 되지 말라. 탐내는 집은 성스러운 가르침과는 어긋나서 뒤에 스스로 없고 떨어지게 된다. 이 행실은 어리석음과 더불어 한가지여서 단지 욕망과 거만함을 더하게 할 뿐이다.

【글자 뜻】 違:어긋날 위. 匱:없을 궤. 乏:떨어질 핍.

【말의 뜻】 學莫墮二望:배우더라도 두 가지 욕망에 떨어지지 말라. 莫作家沙門:집에 있으면서 중이 되지 말라. 貪家違聖敎 爲後自匱乏:탐내는 집은 부처님의 가르침에 어긋나 뒤에 스스로 없고 떨어지게 됨. 此行與愚同但令欲慢增:이와 같은 행실은 어리석음과 똑같아서 다만 욕망과 교만함을 더해 줄 뿐임.

【뜻 풀이】 명예와 이익을 위하여 학문의 길을 피하고 집에 살면서 탐내는 도인이 되어서는 안 된다. 탐욕에 집착하는 일은 부처님의 가르침에 어긋나서, 뒤에 스스로 지혜가 없어져서 어리석은 사람이 되어, 오직 욕망과 교만한 마음을 자라게 할 뿐이다.

利求之願異 求道意亦異. 是以有識者 出爲佛弟子 棄愛捨世
이 구 지 원 이 구 도 의 역 이   시 이 유 식 자 출 위 불 제 자 기 애 사 세

習 終不墮生死.
습 종 불 타 생 사

이익을 구하는 소원도 다르고 도의 마음을 구함도 또한 다르다. 이로써 앎이 있는 사람은 나가서 부처님의 제자가 되어 사람을 버리고 세상의 습관도 버려서 마침내 생사에 떨어지지 않는다.

【글자 뜻】 願:원할 원. 識:알 식. 捨:버릴 사.

【말의 뜻】 利求之願異 求道意亦異:이익을 구하는 소원도 다르고 도의 마음
    을 구함도 또한 다름. 是以有識者 出爲佛弟子:그러므로 앎이 있는 사람
    은 집을 나가 부처님의 제자가 됨. 棄愛捨世習 終不墮生死:사랑도 버
    리고 세상의 습관도 버려서 마침내 생사에 떨어지지 않음.

【뜻 풀이】 명예와 이익을 추구하는 길과 참다운 도를 깨달아 구하는 길은
    전혀 다른 것이기 때문에, 밝은 지혜가 있는 사람은 애착을 버리고 세상
    의 낡은 습관도 버리고서 출가하여 부처님의 제자가 되어, 길이 생사의
    괴로움에 떨어지지 않고 도를 깨달아 열반에 이르게 되는 것이다.

제14 명철품(明哲品)

明哲品者 擧智行者 修福進道 法爲明鏡.
명 철 품 자 거 지 행 자 수 복 진 도 법 위 명 경

명철품(明哲品)이란 지혜 있는 사람이 수행하는 사람의 복을 닦고 도로 나아가 법을 밝은 거울로 삼음을 둔 것이다.

【글자 뜻】 哲:밝을 철. 擧:들 거. 鏡:거울 경.

【말의 뜻】 修福進道 法爲明鏡:복을 닦고 도에 나아가 법을 밝은 거울로 삼음.

【뜻 풀이】 이 명철품에서는 지혜 있는 사람이 도를 수행하여 복을 닦고 도에 나아가, 법을 밝은 거울로 삼음을 든 것이다.

深觀善惡 心知畏忌 畏而不犯 終吉無憂. 故世有福 念思紹行
심 관 선 악 심 지 외 기 외 이 불 범 종 길 무 우 고 세 유 복 염 사 소 행
善致其願 福祿轉勝.
선 치 기 원 복 록 전 승

깊이 선악을 보고 마음에 두렵고 꺼림을 알아 두려워하여 침범하지 않으면 마침내 길하여 근심이 없다. 그러므로 세상에 복이 있으니 생각하고 생각하여 이어서 행하면 잘 그 소원을 이루어 복과 녹(祿)이 더욱 나아진다.

【글자 뜻】 畏:두려울 외. 忌:꺼릴 기. 紹:이을 소. 祿:녹 록. 轉:더욱 전.
勝:나을 승.

【말의 뜻】 深觀善惡 心知畏忌:깊이 선악을 보고 마음에 두려워하고 꺼림
을 알음. 畏而不犯 終吉無憂:두려워하여 악을 침범하지 않으면 마침내
길하여 근심이 없음. 故世有福 念思紹行:그러므로 세상에 복이 있으니
생각하고 생각하여 이어서 선을 행함. 善致其願 福祿轉勝:잘 그 소원
을 이루고 복과 녹이 더욱 나아짐.

【뜻 풀이】 이 세상의 선함과 악함을 깊이 살펴보고, 마음에 악행을 두려워
하고, 꺼려하여 악행을 범하지 않는다면, 마침내는 길함과 복이 돌아와
아무런 고뇌도 없게 된다. 그러므로 세상에 복이 있으니 깊이 생각하여
선행을 계속 행하면, 능히 자기 소원을 이루고 복과 길함이 점점 더 나
아진다.

信善作福 積行不厭. 信知陰德 久而必彰.
신 선 작 복 적 행 불 염   신 지 음 덕 구 이 필 창

믿음은 잘 복을 만들고 선행을 쌓으면 싫증나지 않는다. 남이 모르게 베
푸는 덕행을 믿고 알면 오래되면 반드시 나타나게 된다.

【글자 뜻】 積:쌓을 적. 厭:싫을 염. 陰:그늘 음. 彰:나타날 창.

【말의 뜻】 信善作福 積行不厭:믿음은 길한 복을 만들고 선행을 쌓으면 싫
증나지 않음. 信知陰德 久而必彰:남몰래 베푸는 덕행을 믿고 알면 오
래되면 반드시 나타남.

【뜻 풀이】 이 세상에는 선악의 두 가지 길이 있음을 깊이 깨닫고 선행을 쌓아 싫증내지 말라. 남들이 모르게 베푸는 덕행을 깊이 믿고 깨닫고 있기 때문에, 그 덕행이 오래되면 반드시 나타나 도와주는 사람들이 많게 된다.

常避無義 不親愚人. 思從賢友 押附上士.
상 피 무 의 불 친 우 인   사 종 현 우 압 부 상 사

항상 의가 없음을 피하고 어리석은 사람과 친하지 말라. 현명한 친구를 따르고 좋은 선비에게 눌러 붙을 것을 생각하라.

【글자 뜻】 避:피할 피. 押:누를 압. 附:붙을 부.

【말의 뜻】 常避無義 不親愚人:항상 불의를 피하고 어리석은 사람과 친하지 말라. 思從賢友 押附上士:현명한 벗을 따르고 훌륭한 선비에게 눌러 붙을 것을 생각하라.

【뜻 풀이】 항상 불의를 저지르는 사람이나 어리석은 사람을 사귀어 친하지 말라. 현명한 친구와 사귀어 따르고, 지혜 있고 뜻이 높은 사람과 사귀도록 힘쓰라.

喜法臥安 心悅意淸. 聖人演法 慧常樂行.
희 법 와 안 심 열 의 청   성 인 연 법 혜 상 낙 행

법을 기뻐하면 누워 있어도 편안하고 마음이 기뻐지고 뜻이 맑아진다. 성인은 법을 설명하시어 지혜로움을 항상 즐기어 행하셨다.

【글자 뜻】 喜:기쁠 희. 悅:기쁠 열. 演:설명할 연.

【말의 뜻】 喜法臥安 心悅意淸:법을 기뻐하면 누워 있어도 편안하고 마음이 기뻐지고 뜻이 맑아짐. 聖人演法 慧常樂行:부처님은 법을 설명하시고 지혜로움을 항상 즐기어 행하셨음.

【뜻 풀이】 현명한 사람은 부처님이 말씀하신 도를 말하고, 그 도를 즐겨 행하여 나간다. 법을 즐기는 사람은 잠을 자도 편안하고 마음이 기뻐지고 맑아진다. 부처님께서는 법을 말씀하시고 항상 지혜를 즐기고 행하셨다.

仁人智者 齋戒奉道 如星中月 照明世間.
인 인 지 자 재 계 봉 도 여 성 중 월 조 명 세 간

인자한 사람과 지혜 있는 사람은 목욕재계하고 도를 받들어 별들 속의 달과 같이 세상을 비추어 밝게 한다.

【글자 뜻】 齋:재계할 재. 照:비출 조.

【말의 뜻】 仁人智者 齋戒奉道:인자한 사람과 지혜 있는 사람은 목욕재계하고 도를 받듦. 如星中月 照明世間:별들 속의 달과 같이 세상을 비추어 밝힘.

【뜻 풀이】 자비심이 있고 지혜 있는 사람은 목욕재계하고 도를 받들어 정진하여, 마치 별들 속의 밝은 달과 같이, 이 세상 사람들을 비추어 밝힌다.

弓工調角 水人調船 材匠調木 智者調身.
궁 공 조 각 수 인 조 선 재 장 조 목 지 자 조 신

활을 만드는 공장인은 뿔을 다스리고 물가에 있는 사람은 배를 다스리며 목수는 나무를 다스리고 지혜 있는 사람은 몸을 다스린다.

【글자 뜻】 調:다스릴 조. 角:뿔 각. 船:배 선. 匠:장인 장.

【말의 뜻】 弓工調角:활을 만드는 공장인은 뿔을 다스림. 水人調船:물가에 사는 사람은 배를 다스림. 材匠調木:목수는 나무를 다스림. 智者調身: 지혜 있는 사람은 몸을 다스림.

【뜻 풀이】 활을 만드는 사람은 활 끝의 뿔을 잘 다스려야 하고, 배타는 사람은 배를 잘 다스려야 하며, 목수는 나무를 잘 다룰 줄 알아야 하지만, 밝은 지혜를 지닌 사람은 마음과 몸을 잘 다스려 나가야한다.

譬如厚石 風不能移 智者意重 毁譽不傾.
비 여 후 석 풍 불 능 이 지 자 의 중 훼 예 불 경

비유하면 두터운 돌이 바람에도 옮길 수 없는 것과 같이 지혜 있는 사람은 마음을 무겁게 하여 헐뜯거나 칭찬함에 기울어지지 않는다.

【글자 뜻】 厚:두터울 후. 移:옮길 이. 毁:휠 훼. 譽:기릴 예. 傾:기울어질 경.

【말의 뜻】 譬如厚石 風不能移:비유하면 두터운 돌이 바람에도 옮기지 못함과 같음. 智者意重 毁譽不傾:지혜 있는 사람은 마음이 무거워 헐뜯고

칭찬함에 기울어지지 않음.

【뜻 풀이】 바람이 큰 바위를 움직일 수 없는 것과 같이, 밝은 지혜를 지닌
사람은 마음이 무거워서, 다른 사람들을 헐뜯거나 칭찬하는 말에 흔들
리는 일이 없다.

譬如深淵 澄靜淸明 慧人聞道 心淨歡然.
비 여 심 연 징 정 청 명 혜 인 문 도 심 정 환 연

비유하면 깊은 연못이 맑고 고요하고 청명한 것과 같이 지혜 있는 사람
은 도를 들으면 마음이 깨끗하고 기뻐진다.

【글자 뜻】 淵:못 연. 澄:맑을 징. 靜:고요 정. 淨:깨끗할 정. 歡:기쁠 환.
【말의 뜻】 譬如深淵 澄靜淸明:비유하면 깊은 연못이 맑고 고요하고 청명한
것과 같음. 慧人聞道 心淨歡然:지혜 있는 사람은 도를 들으면 마음이
깨끗해지고 기뻐짐.

【뜻 풀이】 비유하면 깊은 연못이 맑고 고요하고 청명한 것과 같이, 밝은 지
혜를 지닌 사람은 도의 참다움을 들으면, 마음이 기뻐지고 고요하여 깨
끗해지는 심경이 된다.

大人體無欲 在所照然明. 雖或遭苦樂 不高現其智.
대 인 체 무 욕 재 소 조 연 명   수 혹 조 고 락 불 고 현 기 지

위대한 사람은 욕심 없음을 몸으로 삼아 있는 곳을 비추어 밝게 한다.

비록 혹시 괴로움과 즐거움을 만난다 할지라도 높이 그 지혜를 나타내지
않는다.

【글자 뜻】 體:몸 체. 遭:만날 조. 現:나타날 현.
【말의 뜻】 大人體無欲 在所照然明:위대한 사람은 욕심 없음을 몸으로 삼아
있는 곳을 비추어 밝게 함. 雖或遭苦樂 不高現其智:비록 혹시 괴로움
과 즐거움을 만날지라도 높이 그 지혜를 나타내지 않음.

【뜻 풀이】 대인군자(大人君子)는 욕심 없는 마음을 몸으로 삼아 그가 이르
는 곳을 비추어 밝게 한다. 또 그는 설사 괴로움이나 즐거움을 당할지라
도 결코 자기의 지혜를 높이 나타내는 일이 없다. 그만큼 그는 고결한
뜻을 지니고 있어 언제나 태연자약하다.

大賢無世事 不願子財國. 常守戒慧道 不貪邪富貴.
대 현 무 세 사 불 원 자 재 국   상 수 계 혜 도 불 탐 사 부 귀

크게 현명한 사람은 세상 일이 없고 아들과 재산과 나라를 원하지 않
는다. 항상 계율과 지혜와 도를 지키어 사악한 부와 귀를 탐내지 않는다.

【글자 뜻】 願:원할 원. 貪:탐낼 탐. 邪:사악할 사.
【말의 뜻】 大賢無世事 不願子財國:크게 현명한 사람은 세상 일이 없고 아
들과 재산과 나라를 원하지 않음. 常守戒慧道 不貪邪富貴:항상 계율과
지혜와 도를 지키어 사악한 부와 귀를 탐내지 않음.

【뜻 풀이】 정말로 현명한 사람은 세상의 속된 일에 별로 관계하지 않고, 아

들과 재산과 나라의 하나의 권력을 원하지 않는다. 항상 계율과 지혜와 도를 지키어 사악한 부귀와 영화를 탐내지 않는다. 이런 사람을 지혜가 많고 덕이 높은 사람이라고 말한다.

智人知動搖 譬如沙中樹. 朋友志未强 隨色染其素.
지 인 지 동 요 비 여 사 중 수   붕 우 지 미 강 수 색 염 기 소

지혜 있는 사람은 동요를 비유하면 모래 가운데 나무와 같음을 안다. 친구들에게 대하여 뜻이 강하지 아니하면 색깔에 따라서 그 바탕을 물들인다.

【글자 뜻】搖:흔들 요. 沙:모래 사. 樹:나무 수. 朋:벗 붕. 隨:따를 수. 染:물들 염. 素:바탕 소.

【말의 뜻】智人知動搖 譬如沙中樹:지혜 있는 사람은 동요함을 비유하면 모래 가운데 나무 같음을 알음. 朋友志未强 隨色染其素:친구들에게 대하여 뜻이 강하지 못하면 색깔에 따라서 그 바탕을 물들임.

【뜻 풀이】지혜가 밝은 사람은 이 세상의 동요함이 모래 가운데 나무와 같음을 깨달아 안다. 친구들에게 대하여 뜻이 견고하지 못한 사람은 그 빛깔에 물드는 것과 같이, 자기 자신도 알지 못하는 사이에 여러 가지 빛깔에 물든다는 사실을 알고 있다.

世皆沒淵 鮮剋度岸. 如或有人 欲度必奔.
세 개 몰 연 선 극 도 안   여 혹 유 인 욕 도 필 분

세상이 다 연못에 빠져 능히 언덕으로 건너가는 사람은 드물다. 만일 혹시 사람이 있어 건너가기를 바라 반드시 달린다.

【글자 뜻】 沒:빠질 몰.　鮮:드물 선.　剋:능할 극.　岸:언덕 안.　奔:달릴 분.

【말의 뜻】 世皆沒淵 鮮剋度岸:세상이 다 연못에 빠져 능히 언덕으로 건너가는 사람이 드물음.　如或有人 欲度必奔:만일 혹시 사람이 있어 건너고자 하면 반드시 달림.

【뜻 풀이】 이 세상의 대부분의 사람들은 미망의 연못에 빠져 있어 언덕으로 건너가는 사람은 드물다. 뜻이 견고하여 연못에 빠지지 않은 사람은 적으며, 급히 건너가려 하여 사람들은 달려가기 때문에 실패 한다.

誠貪道者 覽受正教. 此近彼岸 脫死爲上.
성 탐 도 자 남 수 정 교　차 근 피 안 탈 사 위 상

진실로 도를 탐내는 사람은 올바른 가르침을 보고 받는다. 이 피안에 가까이 가서 죽음을 벗어남이 최상이라 한다.

【글자 뜻】 誠:진실로 성.　覽:볼 람.　脫:벗을 탈.

【말의 뜻】 誠貪道者 覽受正教:진실로 도를 탐내는 사람은 올바른 가르침을 보고 받음.　此近彼岸 脫死爲上:이 피안에 가까이 가서 죽음을 벗어남이 최상이라 함.

【뜻 풀이】 진실로 도를 탐내는 사람은 부처님의 올바른 가르침을 보고 받아서, 피안의 가까이까지 가서 생사를 벗어나 깨달음의 피안까지 갈 수

있는 것이다.

斷五陰法 靜思智慧 不反入淵 棄猗其明 抑制情欲 絶樂無爲
단 오 음 법　정 사 지 혜　불 반 입 연　기 의 기 명　억 제 정 욕　절 락 무 위

能自拯濟 使意爲慧.
능 자 증 제　사 의 위 혜

오음(빛깔 · 소리 · 향기 · 맛 · 감촉의 욕망)의 법을 끊고 고요히 지혜를
생각하여 도리어 연못에 들어가 그 밝음을 버리고 의지하지 아니하여 정욕
을 억제하고 뛰어나게 무위를 즐기어 능히 스스로 구원하고 제도하여 마음
으로 하여금 지혜롭게 하라.

【글자 뜻】 反:도리어 반. 抑:누를 억.　絶:뛰어날 절. 拯:구원할 증.

【말의 뜻】 斷五陰法 靜思智慧:오음의 법을 끊고 고요히 지혜를 생각함.　不
反入淵 棄猗其明:도리어 연못에 들어가 그 밝음을 버리고 의지하지 않
음.　抑制情欲 絶樂無爲:정욕을 억제하고 뛰어나게 무위를 즐김.　能自
拯濟 使意爲慧:능히 스스로 구원하고 구제 하여 마음으로 하여금 지혜
롭게 함.

【뜻 풀이】 색(色) · 성(聲) · 향(香) · 미(味) · 촉감(觸感)의 오음의 욕망의 법
을 끊어버리고 고요히 지혜를 길러, 세속의 인간생활을 버리고 깨끗한
사람이 되어 출가하여 한가한 곳에서 홀로 고요한 경지를 즐기고, 세속
의 쾌락을 버리고 번뇌의 근심이 없는 생활로 들어갈 수 있다.

學取正智 意惟正道 一心受諦 不起爲樂 漏盡習除 是得度世.
학 취 정 지 의 유 정 도 일 심 수 체 불 기 위 락 누 진 습 제 시 득 도 세

배워서 올바른 지혜를 취하고 마음에 올바른 도를 생각하여 한 마음으로 진체(眞諦)를 받고 일으키지 않음을 즐거움으로 삼는다면 고뇌를 다하고 습관은 제거되어 이에 세상 건넘을 얻게 된다.

【글자 뜻】 取:취할 취. 惟:생각할 유. 諦:밝힐 체. 漏:고뇌 루.

【말의 뜻】 學取正智 意惟正道:배워서 올바른 지혜를 취하고 마음에 올바른 도를 생각함. 一心受諦 不起爲樂:한 마음으로 진체를 받아 일으키지 않음을 즐거움으로 삼음. 漏盡習除 是得度世:고뇌는 다하고 습관은 제거되어 이에 세상 건넘을 얻음.

【뜻 풀이】 배워서 올바른 지혜를 얻어 세상의 욕망을 벗어나고, 항상 올바른 도를 생각하여 모든 집착을 벗어난 생활을 마음으로 즐기며, 세속의 탐욕의 포로가 되지 말고, 마음이 안정되고 근심이 없으면 어떤 속세에서 살지라도, 속세를 벗어나 피안에 이를 수 있다.

제15 나한품(羅漢品)

羅漢品者 言眞人性 脫欲無著 心不渝變.
나 한 품 자 언 진 인 성 탈 욕 무 착 심 불 유 변

　나한품(羅漢品)이란 참다운 사람의 성품과 욕심을 벗어나고 집착함이 없
어 마음이 변하지 않음을 말한 것이다.

【글자 뜻】 羅:벌 라.　漢:사나이 한.　渝:변할 유.

【말의 뜻】 羅漢:아라한(阿羅漢)의 준말. 최상의 수행자로서 공덕을 갖춘 학
　　자. 眞人性:참다운 사람의 성품.　脫欲無著:욕심에서 벗어나고 집착함
　　이 없음.　心不渝變:마음이 변하지 않음.

【뜻 풀이】 이 나한품에서는 자기의 욕정을 억제하여 방탕하지 않고 탐욕을
　　떠나고 집착하는 일 없이, 마음이 동요하지 않고서 참다운 깨달음을 얻
　　은 사람의 성품을 보여 주고 있다.

去離憂患 脫於一切 縛結已解 冷而無煖.
거 리 우 환 탈 어 일 체 박 결 이 해 냉 이 무 난

　근심과 걱정을 버리고 떠나서 모든 것에서 벗어나고 묶고 맺음이 이미
풀리고 냉정하여 따뜻함이 없다.

【글자 뜻】 縛:묶을 박.　結:맺을 결.　冷:찰 냉.　煖:따뜻할 난.

【말의 뜻】 去離憂患:근심과 걱정을 버리고 떠남. 脫於一切:모든 것에서 벗어남. 縛結已解 冷而無煖:묶고 맺음이 이미 풀리고 냉정해져서 따뜻함이 없음.

【뜻 풀이】 모든 근심과 걱정을 버리고 떠나서 아무 것에도 사로잡히지 않는 깨달은 사람에게는, 아무런 마음을 잡히거나 고뇌가 없다.

> 心淨得念 無所貪樂 已度癡淵 如鴈棄池.
> 심 정 득 념 무 소 탐 락 이 도 치 연 여 안 기 지

마음이 깨끗하여 생각을 얻어 탐내고 즐길 것이 없으면 이미 어리석음의 연못을 건넘이 기러기가 연못을 버림과 같다.

【글자 뜻】 淵:못 연. 鴈:거러기 안. 池:못 지.
【말의 뜻】 心淨得念 無所貪樂:마음이 깨끗하여 생각을 얻어 탐내고 즐길 것이 없음. 已度癡淵 如鴈棄池:이미 어리석음의 연못을 건넘이 기러기가 연못을 버림과 같음.

【뜻 풀이】 마음이 깨끗하여 탐내고 즐길 것이 없고, 가정생활을 떠나는 사람은 마치 기러기가 연못을 버리고 떠나감과 같이, 악에 물든 생활에서 벗어날 수 있다.

> 量腹而食 無所藏積 心空無想 度衆行地.
> 양 복 이 식 무 소 장 적 심 공 무 상 도 중 행 지

배를 헤아려서 먹고 감추어 쌓을 곳이 없어 마음이 비고 생각이 없으면 여러 사람들이 행하는 땅을 건너리라.

【글자 뜻】 量:헤아릴 량. 腹:배 복. 藏:감출 장. 積:쌓을 적. 空:빌 공. 想:생각 상.

【말의 뜻】 量腹而食:배를 헤아려 먹음. 無所藏積:감추어 쌓을 곳이 없음. 心空無想:마음이 비고 생각이 없음. 度衆行地:중생이 행하는 땅을 건넘.

【뜻 풀이】 자기의 배를 헤아려서 음식을 적게 먹고, 재산을 쌓아 둘 곳이 없으니 마음은 텅 비고 욕망이 없다. 그러므로 중생이 수행하는 곳에 가더라도 다 제도할 수 있게 된다.

如空中鳥 遠逝無礙 世間習盡 不復仰食.
여 공 중 조 원 서 무 애 세 간 습 진 불 복 앙 식

공중의 새가 멀리 가도 방해함이 없는 것과 같이 세상의 습관이 다하면 다시 먹을 것을 쳐다보지 않는다.

【글자 뜻】 逝:갈 서. 礙:방해할 애. 仰:쳐다볼 앙.

【말의 뜻】 如空中鳥 遠逝無礙:공중의 새가 멀리 가도 방해함이 없는 것과 같음. 世間習盡 不復仰食:세상의 습관이 다하면 다시 먹을 것을 쳐다보지 않음.

【뜻 풀이】 세상의 기쁨과 즐거움을 억제하고 깨달음을 얻은 사람은, 마치

하늘을 나는 새와 같이 멀리 날아가서 먹을 것을 구할 일도 없고, 다시 악으로 물든 속세로 돌아가지도 않는다.

> 虛心無患 已到脫處. 譬如飛鳥 暫下輒逝.
> 허 심 무 환 이 도 탈 처   비 여 비 조 잠 하 첩 서

마음을 비워서 근심이 없으면 이미 벗어날 곳에 이른다. 비유하면 나는 새가 잠시 내렸다가 문득 가는 것과 같다.

【글자 뜻】 到:이를 도.   飛:날 비.   暫:잠깐 잠.   輒:문득 첩.

【말의 뜻】 虛心無患 已到脫處:마음을 비우고 근심이 없으면 이미 벗어날 곳에 이름.   譬如飛鳥 暫下輒逝:비유하면 나는 새가 잠깐 내렸다가 문 득 가는 것과 같음.

【뜻 풀이】 마음을 텅 비워서 아무 근심이 없으면 깨달음에 빨리 이른다. 비 유하면 하늘을 나는 새가 잠깐 동안 내려왔다가 곧 사라짐과 같이, 깨달 음의 피안에 도달할 수 있다.

> 制根從止 如馬調御. 捨憍慢習 爲天所敬.
> 제 근 종 지 여 마 조 어   사 교 만 습 위 천 소 경

뿌리를 억제하여 그침에 따르는 것은 말을 길들여 타는 것과 같다. 교만 한 습관을 버리면 하늘을 위하여 공경하는 바가 된다.

【글자 뜻】 制:억제할 제.   調:길들일 조.   御:말 탈 어.   憍:교만할 교.   慢:

교만할 만. 敬:공경할 경.

【말의 뜻】 制根從止 如馬調御:뿌리를 억제하여 그침에 따르는 것은 말을 길들여 타는 것과 같음. 捨憍慢習 爲天所敬:교만한 습관을 버리면 하늘을 위하여 공경하는 바가 됨.

【뜻 풀이】 욕정의 마음을 억제하여 그침에 따르는 것은, 말을 길들여 타는 것과 같이 하나의 습관이다. 교만한 것을 다 버리고 욕심이 없이 깨끗하여 깨달음의 경지에 이르면, 하늘도 그를 존경할 것이다.

不怒如地 不動如山 眞人無垢 生死世絶.
불 노 여 지 부 동 여 산 진 인 무 구 생 사 세 절

성내지 않음이 땅과 같고 움직이지 않음이 산과 같아서 참다운 사람이 때가 없으면 생사의 세상을 끊는다.

【글자 뜻】 怒:성낼 노. 垢:때 구. 絶:끊을 절.

【말의 뜻】 不怒如地 不動如山:성내지 않음이 땅과 같고 움직이지 않음이 산과 같음. 眞人無垢 生死世絶:참다운 사람이 때가 없으면 생사의 세상을 끊음.

【뜻 풀이】 대지(大地)와 같이 성내는 일이 없고, 큰 산과 같이 움직이는 일도 없다. 이것은 진실로 깨달은 사람이 욕심도 없고 더러움도 없어서, 생사의 세상을 끊어버리고 진리를 깨달은 모습과 같다. 이것이 인생에서 가장 필요한 일이다.

心已休息 言行亦正 從正解脫 寂然歸滅.
심 이 휴 식 언 행 역 정 종 정 해 탈 적 연 귀 멸

마음이 이미 휴식하고 말과 행동이 올바르고 올바른 해탈에 이르면 고요
하여 멸(滅)로 돌아간다.

【글자 뜻】休:쉴 휴. 息:쉴 식. 解:깨달을 해. 脫:벗을 탈. 寂:고요 적.
　滅:멸할 멸.

【말의 뜻】心已休息 言行亦正:마음이 이미 쉬고 말과 행동이 올바름. 從
　正解脫 寂然歸滅:올바른 해탈에 따르면 고요하여 멸로 돌아감.

【뜻 풀이】 이미 수행에 정진하여 해탈의 심경에서 쉬는 사람은, 말이나 행
　동이 올바르고 올바른 해탈에 도달하였기 때문에, 다른 사람과 비교하
　면 예의가 바르고 고요하여 열반에 들어가는 사람의 모습이다.

棄欲無著 缺三界障 望意已絕 是謂上人.
기 욕 무 착 결 삼 계 장 망 의 이 절 시 위 상 인

욕심을 버리고 집착함이 없고 삼계의 장애가 빠지며 바라는 마음을 이미
끊으면 이것은 상등의 사람이라고 말한다.

【글자 뜻】著:붙을 착. 缺:빠질 결. 障:막힐 장.

【말의 뜻】棄欲無著:욕심을 버리고 집착함이 없음. 缺三界障:삼계의 막힘
　이 빠짐. 望意已絕:바라는 마음을 이미 끊음.

【뜻 풀이】 탐욕을 버리고 아무 집착하는 마음이 없고, 삼계(욕계·색계·
무색계의 일)의 모든 장애도 없고, 모든 구속을 벗어나 유혹을 내칠 수
있는 사람이야말로, 가히 존경할 만한 상등의 사람인 것이다.

在聚若野 平地高岸 應眞所過 莫不蒙祐.
재 취 약 야 평 지 고 안 응 진 소 과 막 불 몽 우

마을에 있으나 혹은 들에 있으나 평지에 있으나 높은 언덕에 있으나 참
다움을 응하여 지나는 곳에 복을 받지 않음이 없다.

【글자 뜻】 聚:마을 취. 岸:언덕 안. 應:응할 응. 過:지날 과. 蒙:받을 몽.
祐:복 우.

【말의 뜻】 在聚若野 平地高岸:마을에 있으나 들에 있으나 평지에 있으나 높
은 언덕에 있으나. 應眞所過:참다움에 따라 지나가는 곳. 莫不蒙祐:복
을 받지 않음이 없음.

【뜻 풀이】 마을이거나 들판이거나, 평지이거나 높은 언덕이거나, 참다운
깨달음을 얻은 사람이 사는 곳은 행복을 받지 않은 곳이 없다.

彼樂空閑 衆人不能. 快哉無望 無所欲求.
피 락 공 한 중 인 불 능 쾌 재 무 망 무 소 욕 구

그가 비우고 한가함을 즐기는 것은 많은 사람들은 능히 하지 못한다. 유
쾌하다! 바라는 것이 없고 욕심을 구하는 바가 없도다!

【글자 뜻】 閑:한가 한. 快:쾌할 쾌.

【말의 뜻】 彼樂空閑 衆人不能:그가 비우고 한가함을 즐기는 것을 많은 사
람들은 능히 하지 못함. 快哉無望 無所欲求:유쾌하다! 바라는 것이 없
고 욕심내어 구하는 바가 없도다!

【뜻 풀이】 참다운 깨달음을 얻은 사람은 마음을 비우고 한가함을 즐기지
만, 많은 사람들은 그것을 하지 못한다. 그것은 세속 사람들이 즐기는
쾌락을 끊어버렸기 때문에, 그가 즐기는 인생은 안심하고 즐길 수 있으
며, 유쾌한 즐거움인 것이다.

제16 술천품(述千品)

술천품(述千品)이란 배우는 사람이 불경이 많아서 그만두지 못하는 것은 줄여서 밝힘만 못함을 보이고 있다.

【글자 뜻】 述:펼 술. 示:보일 시. 要:그만둘 요. 約:줄일 약.
【말의 뜻】 學者經 多而不要:배우는 사람이 불경이 많아서 그만두지 못함.
   不如約明:줄여서 밝힘만 못함.

【뜻 풀이】 이 술천품에서는 배우는 사람이 불경이 많아서 그 뜻을 올바르게 깨닫지 못할 때에는, 한 가지 분명한 구절이 있으면, 그 진리를 깨달아 밝힘만 못함을 보여 주고 있는 것이다.

비록 천 마디 말을 외울지라도 구절의 뜻이 올바르지 못하면 한 가지 요점을 듣고 마음을 멸함만 못하다.

【글자 뜻】 誦:외울 송. 義:뜻 의. 要:종요로울 요.
【말의 뜻】 雖誦千言 句義不正:비록 천 마디 말을 외울지라도 구절의 뜻이

올바르지 못함. 不如一要 聞可滅意:한 가지 요긴한 것을 듣고서 마음을 멸하는 것만 같지 못함.

【뜻 풀이】 비록 천 마디 말을 암송할 수 있을지라도, 그 구절이 뜻하는 바를 올바르게 깨닫지 못한다면, 단지 한 구절이라도 그 뜻에 맞는 말을 듣고서 깨달음을 얻는 것이 훨씬 낫다.

雖誦千言 不義何益. 不如一義 聞行可度.
수 송 천 언 불 의 하 익   불 여 일 의 문 행 하 도

비록 천 마디 말을 외울지라도 의가 아니라면 어찌 유익하리오. 한 가지 의라도 듣고 행하여 제도함만 같지 못하다.

【글자 뜻】 誦:외울 송. 益:유익할 익.
【말의 뜻】 不義何益:의가 아니면 어찌 유익하리오. 不如一義 聞行可度:한 가지 의라도 듣고 행하여 제도함만 못함.

【뜻 풀이】 불경이나 게(偈)나 송(頌)을 아무리 많이 암송할지라도, 그것이 의에 맞지 않으면 조금도 이익이 되지 못한다. 그러나 의에 맞는 게나 송을 한 가지라도 듣고 실천하면, 깨달음을 얻어 피안에 이를 수 있는 것이다.

雖多誦經 不解何益. 解一法句 行可得道.
수 다 송 경 불 해 하 익   해 일 법 구 행 가 득 도

비록 불경을 많이 외울지라도 깨닫지 못하면 어찌 유익하리오. 한 법구를 깨달아도 행하면 도를 얻을 수 있다.

【글자 뜻】 誦:외울 송.　解:깨달을 해.

【말의 뜻】 雖多誦經 不解何益:비록 불경을 많이 외울지라도 그 뜻을 깨닫지 못하면 어찌 유익하리오.　解一法句 行可得道:한 가지 법구를 깨달아도 그것을 행하면 도를 얻을 수 있음.

【뜻 풀이】 설사 불경을 많이 암송할지라도 그 뜻을 깨닫지 못한다면 어찌 유익함이 있으랴. 그러나 한 가지 법구라도 깊이 깨닫고 몸으로 실천하면, 도를 얻어 깨달은 사람이 될 수 있다.

千千爲敵 一夫勝之 未若自勝 爲戰中上.
천 천 위 적　일 부 승 지　미 약 자 승　위 전 중 상

천의 천을 적으로 삼아 한 사나이가 이길지라도 스스로를 이겨 싸움 중의 윗사람이 되는 것만 같지 못하다.

【글자 뜻】 敵:대적할 적.

【말의 뜻】 千千爲敵 一夫勝之:천의 천을 적으로 삼아 한 사나이가 이김.　未若自勝 爲戰中上:스스로를 이겨 싸움 중의 윗사람이 되는 것만 같지 못함.

【뜻 풀이】 혼자서 천 명을 적으로 삼아 천 번 싸워서 이길지라도, 자기 자신과 싸워서 이기지 못하면 승자 중의 승자라고는 말할 수 없다. 자기에

게 이긴다는 것은 몹시 어려운 일이다. 산속의 적보다도 마음속의 적이 더 무서운 법이다.

自勝最賢 故曰人雄. 護意調身 自損至終 雖曰尊天 神魔梵釋
자승최현 고왈인웅   호의조신 자손지종 수왈존천 신마범석
皆莫能勝 自勝之人.
개막능승 자승지인

스스로를 이기는 것은 가장 현명하다 하니 그러므로 뛰어난 사람이라고 말한다. 마음을 지키고 몸을 다스려 스스로를 덜어 끝까지 이르면 높은 하늘과 신과 악마와 범천(梵天)과 제석(帝釋)이라 말한다 할지라도 다 능히 스스로를 이긴 사람을 이기지는 못한다.

【글자 뜻】 雄:뛰어날 웅. 護:지킬 호. 調:다스릴 조. 尊:높을 존. 魔:악마 마. 釋:부처 석.

【말의 뜻】 自勝最賢 故曰人雄:스스로를 이긴 사람을 가장 현명하다 하니 그러므로 뛰어난 사람이라고 말함. 護意調身 自損至終:마음을 지키고 몸을 다스려 스스로를 덜어 끝까지 이름. 雖曰尊天 神魔梵釋:비록 높은 하늘과 신과 악마와 범천과 제석이라 할지라도. 皆莫能勝 自勝之人:다 능히 스스로를 이긴 사람은 이기지 못함.

【뜻 풀이】 자기 자신을 이기는 사람을 현명하다고 하니, 그러므로 사람 중에서도 뛰어난 사람이라고 말한다. 항상 마음을 지키고 몸을 다스려 욕심을 버리고 끝까지 간다면, 비록 범천과 제석과 신과 악마와 염라대왕이라 할지라도, 스스로를 이기고 깨달음을 얻은 사람에게는 이기지를

못한다.

月千反祠 終身不輟 不如須臾 一心念法. 一念道福 勝彼終身.
월 천 반 사 종 신 불 철 불 여 수 유 일 심 염 법   일 념 도 복 승 피 종 신

달에 천 번을 제사지내어 종신토록 그치지 않을지라도 잠시 동안 한 마음으로 법을 생각함만 같지 못하다. 한 마음으로 생각하는 도의 복은 그가 평생 동안 제사지냄보다 낫다.

【글자 뜻】 祠:제사지낼 사. 輟:그칠 철. 須:잠깐 수. 臾:잠깐 유. 勝:나을 승.

【말의 뜻】 月千反祠 終身不輟:달에게 천 번을 제사지내어 종신토록 그치지 않음. 不如須臾 一心念法:잠깐 동안 한 마음으로 법을 생각함만 같지 못함. 一念道福 勝彼終身:한 마음으로 생각하는 도의 복은 그가 평생 동안 제사지냄보다 나음.

【뜻 풀이】 달에게 천 번을 제사지내어 평생 동안 그치지 않고 할지라도, 잠시 동안 법을 생각하여 깨달음을 얻으면, 그가 평생 동안 제사지냄보다도 더 큰 도의 복을 받게 된다.

雖終百歲 奉事火祠 不如須臾 供養三尊. 一供養福 勝彼百年.
수 종 백 세 봉 사 화 사 불 여 수 유 공 양 삼 존   일 공 양 복 승 피 백 년

비록 백 살을 끝내어 불에게 제사를 받들어 섬길지라도 잠깐 동안 삼존(三尊)을 공양함만 같지 못하다. 한 번의 공양하는 복은 그의 백 년 보다

낫다.

【글자 뜻】 奉:받들 봉. 事:섬길 사. 供:바칠 공.

【말의 뜻】 雖終百歲 奉事火祠:비록 백 살을 끝내어 불에게 제사를 받들어
섬김. 不如須臾 供養三尊:잠깐 동안 삼존에게 공양함만 같지 못함. 一
供養福 勝彼百年:한 번 공양한 복은 그의 백 년 보다 나음.

【뜻 풀이】 불(佛)의 신(神)에게 백 년 동안 제사를 계속 지낼지라도, 잠깐
동안 삼존(석가여래 · 관세음보살 · 대세지보살)에게 공양을 바치는 것
만 못하다. 한 번의 공양이 가져다주는 복은 백 년 동안 화신(火神)에게
제사 지냄보다 낫다.

祭神以求福 從後觀其報 四分未望一 不如禮賢者.
제 신 이 구 복 종 후 관 기 보 사 분 미 망 일 불 여 예 현 자

신(神)에게 제사지내어 써 복을 구하여 뒤따라 그 보답을 볼지라도 4분
의 1도 바라지 못하니 현명한 사람을 예배하는 것만 못하다.

【글자 뜻】 祭:제사 제. 報:갚을 보. 禮:예도 례.

【말의 뜻】 祭神以求福:신에게 제사지내어 써 복을 구함. 從後觀其報:뒤따
라 그 보답을 봄. 四分未望一 不如禮賢者:4분의 1도 바라지 못하니 현
명한 사람을 예배하는 것만 못함.

【뜻 풀이】 신에게 제사지내어 여러 가지 제물을 바치지만, 뒤에 그 보답이
4분의 1도 바라지 못하는 경우가 있다. 그러므로 오히려 도를 깨달은 사

람에게 예배하는 것이 훨씬 낫다.

能善行禮節 常敬長老者 四福自然增 色力壽而安.
능 선 행 예 절 상 경 장 로 자 사 복 자 연 증 색 력 수 이 안

능히 잘 예절을 행하여 항상 장로(長老)를 공경하는 사람은 네 가지 복이
자연히 늘어나고 빛과 힘이 수하여 편안해진다.

【글자 뜻】 節:예절 절. 敬:공경 경. 增:더할 증.

【말의 뜻】 能善行禮節 常敬長老者:능히 잘 예절을 행하여 항상 장로를 공
경하는 사람. 四福自然增:네 가지 복이 자연히 늘어남. 色力壽而安:안
색과 힘이 수하고 편안함.

【뜻 풀이】 예절을 잘 지키어 도를 깨달은 사람을 공경하는 사람은, 네 가
지 복이 저절로 늘어난다. 즉 수명과 복과 아름다움과 힘이 늘어난다.

若人壽百歲 遠正不持戒 不如生一日 守戒正意禪.
약 인 수 백 세 원 정 불 지 계 불 여 생 일 일 수 계 정 의 선

만일 사람이 백 살을 수할지라도 올바름을 멀리하고 계율을 가지지 않는다
면 하루를 살지라도 계율을 지키고 마음을 바르게 하여 선(禪)함만 못하다.

【글자 뜻】 持:가질지. 禪:선할 선.

【말의 뜻】 若人壽百歲:만일 사람이 백 살을 수함. 遠正不持戒:올바름을 멀
리하고 계율을 가지지 않음. 不如生一日 守戒正意禪:하루를 살더라도

계율을 지키고 마음을 바르게 하고 선(禪)함만 못함.

【뜻 풀이】 악함을 쌓고 백 살을 살기보다는 단 하루를 살더라도 자기의 마음과 몸을 닦고, 욕망을 억제하고 덕을 닦으며 좌선(座禪)을 하는 사람의 하루의 생활에도 미치지 못한다.

若人壽百歲 邪僞無有智 不如生一日 一心學正智.
약 인 수 백 세 사 위 무 유 지 불 여 생 일 일 일 심 학 정 지

만일 사람이 백 살을 수할지라도 사악하고 거짓되고 지혜가 없으면 하루를 살더라도 한 마음으로 올바른 지혜를 배움만 못하다.

【글자 뜻】 邪:간사할 사. 僞:거짓 위.
【말의 뜻】 邪僞無有智:사악하고 거짓되고 지혜가 없음. 一心學正智:한 마음으로 올바른 지혜를 배움.

【뜻 풀이】 설사 사람이 백 살을 수한다 할지라도 그 생활이 악에 물들고 거짓되고 지혜가 없으면, 단 하루를 살더라도 올바른 반성이 있는 올바른 지혜를 배운 선량한 사람의 하루의 생활에도 미치지 못한다.

若人壽百歲 懈怠不精進 不如生一日 勉力行精進.
약 인 수 백 세 해 태 불 정 진 불 여 생 일 일 면 력 행 정 진

만일 사람이 백 살을 수할지라도 게을러서 정진하지 아니하면 하루를 살더라도 힘써 정진을 행함만 못하다.

【글자 뜻】 懈:게으를 해. 怠:게으를 태. 勉:힘쓸 면.

【말의 뜻】 懈怠不精進:게을러서 정진하지 않음. 勉力行精進:힘써 정신을 행함.

【뜻 풀이】 사람이 설사 백 살을 수한다 할지라도 게을러서 조금도 노력하지 않는다면, 차라리 하루를 살더라도 힘써 정진을 행하는 사람의 생활이 훨씬 낫다.

若人壽百歲 不知成敗事 不如生一日 見微知所忌.
약 인 수 백 세 불 지 성 패 사 불 여 생 일 일 견 미 지 소 기

만일 사람이 백 살을 수한다 할지라도 성공과 실패의 일을 알지 못한다면 하루를 살더라도 미묘함을 보고 꺼리는 바를 아는 것만 같지 못하다.

【글자 뜻】 敗:패할 패. 微:적을 미. 忌:꺼릴 기.

【말의 뜻】 不知成敗事:성공과 실패의 일을 알지 못함. 見微知所忌:미묘함을 보고 꺼리는 바를 알음.

【뜻 풀이】 설사 사람이 백 살을 살지라도 이 세상의 성공과 실패를 모른다면, 하루를 살더라도 인생의 미묘함을 보고 꺼리는 일을 확실히 아는 편이 가치가 있다.

若人壽百歲 不見甘露道 不如生一日 服行甘露味.
약 인 수 백 세 불 견 감 로 도 불 여 생 일 일 복 행 감 로 미

만일 사람이 백 살을 수한다 할지라도 단 이슬의 도를 보지 못하면 하루를 살더라도 단 이슬의 맛을 먹고 행함만 못하다.

【글자 뜻】 甘:달 감. 露:이슬 로. 服:먹을 복. 味:맛 미.
【말의 뜻】 不見甘露道:단 이슬의 도를 보지 못함. 服行甘露味:단 이슬의 맛을 먹고 행함.

【뜻 풀이】 설사 사람이 백 살까지 살지라도 그 생활이 지혜가 없고 방종한 어리석은 사람이라면, 하루를 살더라도 단 이슬의 맛을 먹고 행하는 편이 훨씬 낫다.

若人壽百歲 不知大道義 不如生一日 學推佛法要.
약 인 수 백 세 불 지 대 도 의 불 여 생 일 일 학 추 불 법 요

만일 사람이 백 살을 수할지라도 큰 도의 뜻을 알지 못하면 하루를 살더라도 불법(佛法)의 요체(要諦)를 미루어 배움만 못하다.

【글자 뜻】 推:밀 추. 要:종요로울 요.
【말의 뜻】 不知大道義:큰 도의 뜻을 알지 못함. 學推佛法要:불법의 요체를 미루어 배움.

【뜻 풀이】 설사 사람이 백 살을 수할지라도 부처님의 큰 도의 뜻을 모른다면, 하루를 살더라도 불법의 요체를 미루어 배움만 못하다.

제17 악행품(惡行品)

惡行品者 感切惡人 動有罪報 不行無患.
악 행 품 자 감 절 악 인 동 유 죄 복 불 행 무 환

　악행품(惡行品)이란 악한 사람에게 감화되어 간절하고 움직이면 죄의 갚음이 있으니 행하지 않으면 근심이 없다.

【글자 뜻】 感:감동할 감.　切:간절 절.　報:갚을 보.

【말의 뜻】 感切惡人:악한 사람에게 감화되어 간절함.　動有罪報:움직이면 죄의 갚음이 있음.　不行無患:행하지 않으면 근심이 없음.

【뜻 풀이】 악함을 예사로이 행하는 사람과 사귀면 차차로 감화되어 악행을 하게 된다. 그러므로 악행을 하는 사람과 접촉하지 않으면, 악한 일도 하지 않게 되고 근심도 없어진다.

見善不從 反隨惡心 求福不正 反樂邪婬.
견 선 불 종 반 수 악 심 구 복 부 정 반 락 사 음

　착함을 보고도 따르지 않으면 도리어 악한 마음에 따르게 된다. 복을 구하면서 올바르지 아니하면 도리어 사악하고 음란함을 즐기게 된다.

【글자 뜻】 從:좇을 종.　隨:따를 수.　邪:간사할 사.

【말의 뜻】 見善不從:착함을 보고도 따르지 않음.　反隨惡心:도리어 악한 마

음에 따르게 됨. 求福不正:복을 구하면서도 올바르지 못함. 反樂邪婬:
도리어 사악함과 음란함을 즐기게 됨.

【뜻 풀이】 악한 일을 보고 마음이 끌려 악을 저지르는 사람은, 착함을 보
고도 착함에 따르지 않는 사람이다. 복을 구하면서도 마음이 올바르지
않은 사람은, 악한 일에 마음이 끌려 사악하고 음탕한 생활에 빠지게 된
다. 작은 악함이 점점 커져서 강도와 살인까지 하게 된다.

凡人爲惡 不能自覺. 愚癡快意 令後鬱毒.
범 인 위 악 불 능 자 각   우 치 쾌 의   영 후 울 독

대저 사람이 악을 행하면 능히 스스로 깨닫지 못한다. 어리석어서 유쾌
한 마음이라면 뒤에 독이 쌓이게 된다.

【글자 뜻】 凡:무릇 범. 快:유쾌할 쾌. 鬱:쌓일 울.
【말의 뜻】 凡人爲惡 不能自覺:대저 사람이 악을 행하면 능히 스스로 깨닫
지를 못함. 愚癡快意 令後鬱毒:어리석어 마음이 유쾌하면 뒤에 독이 쌓
임.

【뜻 풀이】 사람이 악한 일을 하고서도 반성하거나 참회하지 않는다면, 마
음이 어리석어 도리어 악한 일에서 쾌감을 느끼게 되어, 드디어는 악함
이 쌓여 큰 악함을 이루게 되어, 반드시 천벌을 받게 된다.

殄人行虐 沈漸數數 快欲爲人 罪報自然.
흉 인 행 학   침 점 삭 삭   쾌 욕 위 인   죄 보 자 연

흉한 사람이 사나움을 행하여 점점 자주 가라앉거니와 유쾌한 욕심을 행하는 사람은 죄의 갚음이 자연이다.

【글자 뜻】 殟:흉할 흉. 虐:사나울 학. 沈:잠길 침. 漸:점점 점. 數:자주 삭.

【말의 뜻】 殟人行虐:흉한 사람이 사나움을 행함. 沈漸數數:점점 자주 가라앉음. 快欲爲人 罪報自然:유쾌한 욕심을 행하는 사람은 죄의 갚음을 받는 것이 자연임.

【뜻 풀이】 마음이 올바르지 못한 사람이 악을 버리지 못하고 계속 악한 일을 행하면, 그 죄에 대한 갚음을 받는 것은 자연의 이치이니, 그 처자도 재난을 받게 된다.

吉人行德 相隨積增 甘心爲之 福應自然.
길 인 행 덕 상 수 적 증 감 심 위 지 복 응 자 연

길한 사람은 덕을 행하여 서로 따르면서 쌓음을 더하니 단 마음으로 덕을 행하면 복이 응하는 것이 자연이다.

【글자 뜻】 積:쌓을 적. 增:더할 증. 應:응할 응.

【말의 뜻】 吉人行德 相隨積增:길한 사람은 덕을 행하여 서로 따르며 쌓음을 더함. 甘心爲之 福應自然:단 마음으로 덕을 행하면 복이 응하는 것이 자연임.

【뜻 풀이】 마음이 올바르고 덕이 있는 착한 사람이, 서로 따르면서 덕을 행

하여 점점 더 쌓아 나가, 즐거운 마음으로 덕을 행하고 거기에서 만족을 느끼고 즐겨 나간다면, 복을 받게 되는 것은 자연의 이치이다.

妖孽見福 其惡未熟. 至其惡熟 自受罪虐.
요 얼 견 복 기 악 미 숙 　 지 기 악 숙 자 수 죄 학

요괴가 복을 보는 것은 그 악함이 아직 익지 않았기 때문에다. 그 악함이 익음에 이르러서는 스스로 죄의 재앙을 받는다.

【글자 뜻】 妖:요괴 요. 孽:요괴 얼. 熟:익을 숙. 虐:재앙 학.

【말의 뜻】 妖孽見福 其惡未熟:요괴가 복을 보는 것은 그 악함이 아직 익지 않았기 때문임. 至其惡熟 自受罪虐:그 악함이 익음에 이르면 스스로 죄의 재앙을 받음.

【뜻 풀이】 죽여도 용서할 수 없는 죄를 범했을지라도 그 악함이 익지 않았을 때에는, 그 죄를 복으로 생각하는 일이 있다. 그러나 그 악함이 일단 익고 나면 스스로 그 죄의 대가를 받게 된다. 인과응보(因果應報)이기 때문에 좋은 연연을 맺으면 좋은 결과를 얻고, 악한 인연을 맺으면 악한 결과를 받게 되는 것이다.

貞祥見禍 其善未熟. 至其善熟 必受其福.
정 상 견 화 기 선 미 숙 　 지 기 선 숙 필 수 기 복

올바른 상서에도 재앙을 보는 것은 그 선함이 아직 익지 않았기 때문이다. 그 선함이 익음에 이르러서는 반드시 그 복을 받는다.

【글자 뜻】 貞:바를 정. 祥:상서 상. 禍:재앙 화.

【말의 뜻】 貞祥見禍 其善未熟:올바른 상서에서도 재앙을 보는 것은 그 착함이 아직 익지 않았기 때문임. 至其善熟 必受其福:그 착함이 익음에 이르면 반드시 그 복을 받음.

【뜻 풀이】 정당한 기쁨 속에서 재앙을 보는 것은 그 착함이 아직 익지 않았기 때문이다. 그 착함이 익으면 반드시 복이 찾아오게 된다.

擊人得擊 行怨得怨 罵人者罵 施怒得怒. 世人無聞 不知正法
격인득격 행원득원 매인자매　시노득노　세인무문 불지정법

生此壽少 何宜爲惡.
생차수소 하의위악

사람을 치면 침을 얻고 원망을 행하면 원망을 얻으며 사람을 꾸짖으면 꾸짖음을 얻고 성냄을 베풀면 성냄을 얻는다. 세상 사람들이 듣지 못하여 올바른 법을 알지 못하여 태어나도 이 수는 적으니 어찌 마땅히 악을 행하랴!

【글자 뜻】 擊:칠 격. 罵:꾸짖을 매. 宜:마땅 의.

【말의 뜻】 擊人得擊:사람을 치면 침을 얻음. 世人無聞 不知正法:세상 사람들이 듣지 못하여 정법을 알지 못함. 生此壽少 何宜爲惡:태어남에 이 수를 적게 하니 어찌 마땅히 악을 행하리오.

【뜻 풀이】 사람을 치면 때림을 당하고 원망하면 원망을 받는다. 남을 꾸짖으면 꾸짖음을 당하고 성냄을 베풀면 성냄을 당한다. 세상 사람들은 정

법을 듣지 못하였기 때문에 정법을 모른다. 태어남에 수가 적으니 어찌 마땅히 악을 행하랴! 사람의 생명은 짧기 때문에 올바르고 밝게 선행을 하여 좋은 보답을 받는 것이 행복하다.

莫輕小惡 以爲無殃. 水渧雖微 漸盈大器 凡罪充滿 從小積成.
막 경 소 악 이 위 무 앙   수 체 수 미 점 영 대 기 범 죄 충 만 종 소 적 성

작은 악을 가볍게 생각하여 써 재앙이 없다고 하지 말라. 물방울이 비록 작더라도 점점 큰 그릇에 차니 대저 죄가 충만한 것은 작음을 따라 쌓여 이루어진다.

【글자 뜻】 輕:가벼울 경. 殃:재앙 앙. 渧:물방울 체. 微:작을 미. 漸:점점 점. 盈:찰 영. 器:그릇 기. 充:채울 충. 積:쌓을 적.

【말의 뜻】 莫輕小惡 以爲無殃:작은 악함을 가벼이 여겨 써 재앙이 없다고 하지 말라. 水渧雖微 漸盈大器:물방울이 비록 작으나 점점 큰 그릇에 참. 凡罪充滿 從小積成:대저 죄가 충만함은 작음을 따라 쌓여 이루어짐.

【뜻 풀이】 작은 악을 가볍게 생각하여 재앙이 없다고 생각해서는 안 된다. 물방울은 비록 작을지라도 점점 쌓여 큰 그릇에 가득 참과 같이, 죄가 충만함도 작은 악함이 쌓이고 쌓여 드디어는 큰 죄를 범하게 된다.

莫輕小善 以爲無福. 水滴雖微 漸盈大器 凡福充滿 從纖纖積.
막 경 소 선 이 위 무 복   수 적 수 미 점 영 대 기 범 복 충 만 종 섬 섬 적

작은 착함을 가볍게 여겨 써 복이 없다고 하지 말라. 물방울이 비록 작더라도 점점 큰 그릇에 가득 차니 대저 복이 충만함은 가늘고 가늘음을 따라 쌓인다.

【글자 뜻】 滴:물방울 적. 纖:가늘 섬. 積:쌓을 적.

【말의 뜻】 莫輕小善 以爲無福:작은 선을 가볍게 여겨 써 복이 없다고 하지 말라. 凡福充滿 從纖纖積:대저 복이 충만한 것은 가늘고 가늘음을 따라 쌓임.

【뜻 풀이】 아무리 작은 선이라도 가볍게 생각하여 복이 오지 않는다고 생각하여 버려서는 안 된다. 마치 물방울이 비록 작을지라도 이윽고는 큰 그릇을 가득 채움과 같이, 이 세상의 복도 작은 선을 쌓아 나가면 큰 선과 복이 가득 차게 된다.

夫士爲行 好之與惡 各自爲身 終不敗亡.
부 사 위 행 호 지 여 오 각 자 위 신 종 불 패 망

대저 선비가 행동을 함에 있어서 좋아함과 싫어함과 각각 스스로 몸을 위한다면 마침내 패망하지 않는다.

【글자 뜻】 惡:싫어할 오. 敗:패할 패. 亡:망할 망.

【말의 뜻】 夫士爲行 好之與惡 各自爲身:대저 선비가 행동을 함에 있어서 좋아함과 싫어함을 각각 스스로 몸을 위함. 終不敗亡:마침내 패망하지 않음.

【뜻 풀이】 사람이 행동을 함에 있어서 그것을 좋아하고 싫어함을 자기 자신을 위해서 한다면, 몸을 망치는 일이 없다. 사람을 위해서 하는 것이 아니라 자기 자신을 위하는 것이니, 진지하게 선을 행하면 결코 자기 자신을 망치는 일은 없을 것이다.

好取之士 自以爲可. 沒取彼者 人亦沒之.
호 취 지 사 자 이 위 가   몰 취 피 자 인 역 몰 지

좋게 취하는 선비는 스스로 써 옳음을 행한다. 그를 빠뜨리고 취하는 사람은 자신도 역시 빠지게 한다.

【글자 뜻】 可:옳을 가. 沒:빠질 몰.
【말의 뜻】 好取之士 自以爲可:좋게 취하는 선비는 스스로 써 옳음을 행함. 沒取彼者 人亦沒之:그를 빠뜨리고 취하는 사람은 자신도 또한 빠지게 함.

【뜻 풀이】 선한 일과 악한 일이 일어났을 때, 좋아하여 선을 택하는 사람은 자기가 옳다고 생각하기 때문에 악한 일은 하지 않는다. 그것을 악이라고 생각하여 다른 사람을 빠뜨리고 취하는 사람은, 자신도 또한 악에 빠지게 된다.

惡不卽時 如搆牛乳. 罪在陰伺 如灰覆火.
악 불 즉 시 여 구 우 유   죄 재 음 사 여 회 복 화

악함은 곧 때가 아니니 마치 우유를 짜는 것과 같다. 죄가 그늘에 있어서

엿보는 것이 마치 재로 불을 덮는 것과 같다.

【글자 뜻】 卽:곧 즉. 搆:짤 구. 乳:젖 유. 陰:그늘 음. 伺:엿볼 사. 灰: 재 회. 覆:덮을 복.

【말의 뜻】 惡不卽時 如搆牛乳:악함은 곧 때가 아니니 마치 우유를 짬과 같음. 罪在陰伺 如灰覆火:죄는 그늘에 있어 엿보니 마치 재로 불을 덮음과 같음.

【뜻 풀이】 새로 짠 우유는 곧 썩지 않는 것과 같이, 악함도 곧 나타나지는 않는다. 마치 재로 불을 덮음과 같이, 악에 대한 보답은 곧 나타나지 않고 항상 그늘에 숨어 엿보고 있다. 어리석은 사람은 깨닫지 못하지만 언젠가는 악함이 나타나게 된다.

戱笑爲惡 以作身行 號泣受報 隨行罪至.
희 소 위 악 이 작 신 행 호 읍 수 보 수 행 죄 지

희롱하는 웃음은 악함이 되니 몸으로 행함을 지음으로써 부르짖어 울더라도 갚음을 받아 행함을 따라 죄가 이른다.

【글자 뜻】 戱:희롱할 희. 笑:웃음 소. 號:부르짖을 호. 泣:울 읍. 受:받을 수.

【말의 뜻】 戱笑爲惡:희롱하는 웃음은 악함이 됨. 號泣受報:부르짖어 울더라도 갚음을 받음. 隨行罪至:행함에 따라 죄가 이름.

【뜻 풀이】 자기가 직접 몸으로써 지은 죄라면 다른 사람을 조소해도 그 갚

음을 받는다. 죄는 악을 행함에 따라 그 갚음이 온다. 다른 사람에 대하여 자기는 옳다고 생각하고, 사람을 미워하거나 속이거나 욕을 하는 사람은 죽을 때 그 악함이 마음에 걸려 몹시 괴로워한다. 자기에게 그 갚음이 오지 않을 때에는 처자가 그 죄를 받는다.

作惡不覆 如兵所截. 牽往乃知 已墮惡行 後受苦報 如前所習.
작 악 불 복   여 병 소 절   견 왕 내 지   이 타 악 행   후 수 고 보   여 전 소 습

악함을 짓고서 덮지 않으면 병사에게 잘리는 것과 같다. 이끌어 가서 곧 알지라도 이미 악행에 떨어져 뒤에 괴로움의 갚음을 받는 것이 전에 익힌 바와 같다.

【글자 뜻】 兵:병사 병. 截:자를 절. 牽:이끌 견.

【말의 뜻】 作惡不覆 如兵所截:악을 짓고 덜지 않으면 병사에게 잘리는 것과 같음. 牽往乃知 已墮惡行:이끌어 가서 곧 알지라도 이미 악행에 떨어짐. 後受苦報 如前所習:뒤에 괴로운 갚음을 받는 것이 전에 익힌 바와 같음.

【뜻 풀이】 죄악을 행하고서 그 죄악을 덮지 않는 사람은 병사에게 잘리는 것과 같다. 그러므로 이미 악행에 떨어진 뒤에도 그 고뇌를 갚음으로 받기 때문에 고뇌에 시달리는 것도 무리가 아니다. 자업자득(自業自得)인 것이다.

如毒摩瘡 船入洄澓 惡行流衍 靡不傷剋.
여 독 마 창   선 입 회 복   악 행 유 연   미 불 상 극

독이 부스럼을 문질러서 배가 물을 거슬려 들어옴과 같이 악한 행실이 흘러서 넘치면 상처를 이기지 못한다.

【글자 뜻】毒:독 독. 摩:문지를 마. 瘡:부스럼 창. 洄:물 거스를 회. 澓: 물 거스를 복. 衍:넘칠 연. 靡:아닐 미. 尅:이길 극

【말의 뜻】如毒摩瘡 船入洄澓:독이 부스럼을 문질러 배가 물을 거슬러 들 어옴과 같음. 惡行流衍 靡不傷尅:악한 행실이 흐르고 넘쳐서 상처를 이 기지 못함.

【뜻 풀이】독이 온 몸의 종기를 침범함과 같이, 또 배가 물을 거슬려서 들 어옴과 같이, 악한 행실이 몸에 스며들면 상처가 썩어서 없어져 생명이 위태롭다. 악한 행실 때문에 온 몸이 상처 나서 썩게 된다.

加惡誣罔人 清白猶不汚 愚殃反自及 如塵逆風坌.
가 악 무 망 인 청 백 유 불 오 우 앙 반 자 급 여 진 역 풍 분

악함을 가하여 사람을 속일지라도 맑고 깨끗하면 오히려 더러워지지 않 는다. 어리석은 재앙이 도리어 스스로 미쳐 티끌이 바람에 거슬려 모임과 같다.

【글자 뜻】誣:속일 무. 罔:속일 망. 汚:더러울 오. 殃:재앙 앙. 塵:티끌 진. 逆:거스릴 역. 坌:모일 분.

【말의 뜻】加惡誣罔人 清白猶不汚:악함을 가하여 사람을 속일지라도 맑고 깨끗하면 오히려 더러워지지 않음. 愚殃反自及 如塵逆風坌:어리석은 재앙이 도리어 스스로 미쳐 티끌이 바람을 거슬려 모임과 같음.

【뜻 풀이】악함을 가하여 사람을 속일지라도 청렴결백(淸廉潔白)한 사람이
라면 그를 더럽히지 못한다. 그것은 마치 바람이 거슬려 불어서 티끌을
모으는 것 같이, 그의 몸을 더럽힐 수도 없다. 다른 사람에게 의식적으
로 악행을 하는 사람이 있거니와, 이런 사람은 죽어서 지옥에 떨어진다.

過失犯非惡 能追悔爲善 是明照世間 如日無雲噎.
과 실 범 비 악 능 추 회 위 선 시 명 조 세 간 여 일 무 운 열

잘못하여 그름과 악을 범할지라도 능히 뒤따라 후회하면 선이 된다. 이
것은 밝음이 세상을 비추어 마치 해에 구름이 없는 것과 같다.

【글자 뜻】過:허물 과. 非:그를 비. 追:쫓을 추. 悔:뉘우칠 회. 噎:구름
열.
【말의 뜻】過失犯非惡 能追悔爲善:잘못하여 그름과 악을 범했더라도 능히
뒤따라 후회하면 선함이 됨. 是明照世間 如日無雲噎:이것은 밝음으로
세상을 비추어 해에 구름이 없는 것과 같음.

【뜻 풀이】잘못하여 비행이나 악행을 범했을지라도 능히 추후로 후회하면
용서받게 된다. 이것은 태양에 구름이 없는 것처럼, 이 세상을 밝게 비
추는 사람이다.

夫士所以行 然後身自見. 爲善則得善 爲惡則得惡.
부 사 소 이 행 연 후 신 자 견 위 선 즉 득 선 위 악 즉 득 악

대저 선비가 행하는 까닭은 그런 뒤에 몸을 스스로 본다. 선을 행하면 선

을 얻고 악을 행하면 악을 얻는다.

【글자 뜻】 善:베풀 선.

【말의 뜻】 夫士所以行 然後身自見:대저 선비가 행하는 까닭은 그런 뒤에
　　몸을 스스로 봄.

【뜻 풀이】 사람은 선을 행하면 선에 대한 보답을 받고 악을 행하면 악에 대
　　한 보답을 받는다. 조상이 선을 쌓고 자비를 베풀어 사람들을 도와주었
　　으면 그 자손이 복을 받아 행복해진다. 그러므로 자손의 앞날을 위해서
　　는 선행과 자비를 베풀어야 한다.

有識墮胞胎 惡者入地獄 行善上昇天 無爲得泥洹.
유 식 타 포 태　악 자 입 지 옥　행 선 상 승 천　무 위 득 이 원

　　앎이 있으면 포태(胞胎)에 떨어지고 악하면 지옥에 들어가며 선을 행하
면 하늘에 올라가고 무위를 하면 이원(泥洹)을 얻는다.

【글자 뜻】 胞:태보 포. 胎:아이 밸 태. 昇:오를 승.

【말의 뜻】 有識墮胞胎:앎이 있으면 포태에 떨어짐. 惡者入地獄:악하면 지
　　옥에 들어 감. 行善上昇天:선을 행하면 하늘에 올라감. 無爲得泥洹:무
　　위를 하면 이원을 얻음.

【뜻 풀이】 어머니의 태내에 들어가면 육근(눈·귀·코·혀·몸·마음)이
　　이루어지고 이에 따라 육식(六識)이란 의식이 이루어진다. 이리하여 10
　　개월이 차면 탄생하게 된다. 악한 일을 하는 사람은 죽으면 지옥에 떨어

지고, 살아서 선을 많이 베푼 사람은 죽어서 천상계에 태어난다. 또 사는 동안에 훌륭한 인격을 닦으면 깨달음을 얻어 열반(泥洹)에 이름을 얻는다.

非空非海中 非隱山石間. 莫能於此處 避免宿惡殃.
비 공 비 해 중 비 은 산 석 간   막 능 어 차 처 피 면 숙 악 앙

하늘도 아니고 바다 속도 아니고 산의 바위 사이에 숨는 것도 아니다. 능히 이곳에서 묵은 악의 재앙을 피해 면하지 못한다.

【글자 뜻】 隱:숨을 은. 避:피할 피. 免:면할 면. 宿:묵을 숙. 殃:재앙 앙.
【말의 뜻】 非隱山石間:산의 바위 사이에 숨은 것도 아님. 莫能於此處 避免宿惡殃:능히 이곳에서 묵은 악의 재앙을 피하고 면하지 못함.

【뜻 풀이】 하늘 속으로 날아 사라지고 바다 속에 있을지라도, 또는 산속 바위 사이에 숨어 있을지라도, 이 사바세계에서 저지른 죄나 재앙은 면할 수가 없다.

衆生有苦惱 不得免老死 唯有仁智者 不念人非惡.
중 생 유 고 뇌 부 득 면 노 사 유 유 인 지 자 불 념 인 비 악

중생들은 고뇌가 있어 늙고 죽음 면함을 얻지 못하니 오직 어질고 지혜가 있는 사람만이 사람들의 그름과 악함을 생각하지 않는다.

【글자 뜻】 惱:번뇌할 뇌.

【말의 뜻】衆生有苦惱 不得免老死:중생들은 고뇌가 있어 늙고 죽음 면함을 얻지 못함. 唯有仁智者 不念人非惡:오직 어질고 지혜가 있는 사람만이 다른 사람의 그름과 악함을 생각지 않음.

【뜻 풀이】사람이 이 세상에서 범한 죄에 대하여는 여러 가지 죄의 갚음이 있어 어디로 도망쳐도 면하지 못한다. 이리하여 중생들은 여러 가지 고뇌가 많기 때문에 늙고 죽는 괴로움에서 벗어나지 못한다. 오직 인자하고 지혜가 있는 사람만이 그것을 용서해 주고 이해하고 도와주는 것이다. 이것이 부처님이고 중〔僧〕들이고 범지인 것이다.

제18 도장품(刀杖品)

刀杖品者 敎習慈仁 無行刀杖 賊害衆生.
도 장 품 자 교 습 자 인 무 행 도 장 적 해 중 생

　도장품(刀杖品)이란 자비와 인자함을 가르치고 익히면 칼이나 몽둥이를 행하여 중생을 해치는 일이 없다.

【글자 뜻】 刀:칼 도.　杖:몽둥이 장.　賊:해칠 적.

【말의 뜻】 敎習慈仁:자비와 인자함을 가르치고 익힘.　無行刀杖 賊害衆生: 칼과 몽둥이를 행하여 중생을 해침이 없음.

【뜻 풀이】 진심으로 마음속에서 자비와 인자함으로써 사람들을 가르치고 익히게 하여 지도한다면, 칼과 몽둥이를 휘둘러 중생을 무자비하게 해치는 악행을 할 수 없도록 이 도장품은 가르치고 있다.

一切皆懼死 莫不畏杖痛. 恕己可爲譬 勿殺勿行杖.
일 체 개 구 사 막 불 외 장 통　서 기 가 위 비 물 살 물 행 장

　모두가 다 죽음을 두려워하여 몽둥이의 아픔을 두려워하지 않음이 없다. 자기를 용서하여 가히 비유로 삼아 죽이지 말고 몽둥이를 행하지 말라.

【글자 뜻】 懼:두려울 구.　畏:두려울 외.　痛:아플 통.　恕:용서할 서.　殺: 죽일 살.

【말의 뜻】 一切皆懼死 莫不畏杖痛:모두가 다 죽음을 두려워하여 몽둥이의
  아픔을 두려워하지 않음이 없음. 恕己可爲譬:자기 용서함을 가히 비유
  로 삼음. 勿殺勿行杖:죽이지 말고 몽둥이를 행하지 말라.

【뜻 풀이】 어떤 사람이라도 죽음을 두려워하지 않는 사람은 없다. 이것을
  내 몸에 비유해서 말한다면 몽둥이로 맞는 아픔을 두려워하는 것이다.
  칼이나 몽둥이로 사람들을 상처내서는 안 된다. 부드럽게 대하라.

能常安群生 不加諸楚毒 現世不逢害 後世長安穩.
능 상 안 군 생 불 가 제 초 독 현 세 불 봉 해 후 세 장 안 온

능히 항상 떼 지어 삶에 편안하여 모든 종아리 친 독을 가하지 않는다
면 현세(現世)에서 해를 만나지 않고 후세(後世)에서 길이 안온할 것이다.

【글자 뜻】 群:무리 군. 楚:종아리 칠 초. 逢:만날 봉. 穩:편안할 온.
【말의 뜻】 能常安群生:능히 항상 떼 지어 삶에 편안함. 不加諸楚毒:모든
  종아리 친 독을 가하지 않음. 現世不逢害:현세에서 해를 만나지 않음.
  後世長安穩:후세에서 길이 편안함.

【뜻 풀이】 모든 생물에 해를 가하지 않는다면 현세에서는 해를 만나는 일
  이 없고 죽은 뒤에도 길이 편안할 것이다. 결코 삼악도(지옥·아귀·축
  생)에는 떨어지지 않을 것이다.

不當麤言 言當畏報. 惡往禍來 刀杖歸軀.
부 당 추 언 언 당 외 보 악 왕 화 래 도 장 귀 구

마땅히 거칠게 말하지 않는다. 말하자면 마땅히 갚음을 두려워해야 한
다. 악은 가고 재앙이 와서 칼과 몽둥이가 몸에 돌아온다.

【글자 뜻】 麤:거칠 추. 禍:재앙 화. 軀:몸 구.

【말의 뜻】 不當麤言 言當畏報:마땅히 거친 말을 아니 한다. 말하자면 마땅
　　히 갚음을 두려워함. 惡往禍來 刀杖歸軀:악은 가고 재앙은 와서 칼과
　　몽둥이가 몸으로 돌아옴.

【뜻 풀이】 사람들에게 거칠게 말하지 말라. 그러면 자기 몸으로 돌아올 것
　　을 두려워하라. 언제까지나 마음을 고치지 않고 행동한다면 악은 가버
　　리고 재앙이 찾아와서 자기 몸이 칼과 몽둥이의 해를 받게 된다. 항상
　　사람들에게 선을 베풀도록 힘써야 한다.

出言以善 如叩鐘磬 身無論議 度世則易.
출 언 이 선　여 고 종 경　신 무 논 의　도 세 즉 이

말을 함에 선으로써 하여 종과 경쇠를 두드림과 같이 몸에 논의가 없으
면 세상 건너기가 곧 쉽다.

【글자 뜻】 叩:두드릴 고. 磬:경쇠 경. 易:쉬울 이.

【말의 뜻】 出言以善:말을 함에 선으로써 함. 如叩鐘磬:종과 경쇠를 두드
　　림과 같음. 身無論議 度世則易:몸에 논의가 없으면 세상 건너기가 곧
　　쉬움.

【뜻 풀이】 사람들과 얘기하거나 말을 할 때 언제나 선의를 가지고 말하라.

마치 종이나 경쇠를 두드리면 고운 소리가 남과 같이, 말이 상냥하고 선
량하면 세상을 살아감에 있어 마음이 편안하여 깨달음의 피안에 도달한
사람이라고 말할 수 있다.

> 歐杖良善 妄讒無罪 其殃十倍 災迅無赦.
> 구 장 양 선 망 참 무 죄 기 앙 십 배 재 신 무 사

어질고 선함을 몽둥이로 때리고 망령되이 죄도 없음을 참소한다면 그 재
앙이 열 배가 되어 재앙이 빨라 용서가 없다.

【글자 뜻】 歐:때릴 구. 妄:망령될 망. 讒:참소할 참. 倍:갑절 배. 災:재
앙 재. 迅:빠를 신. 赦:용서할 사.
【말의 뜻】 歐杖良善:어질고 선함을 몽둥이로 때림. 妄讒無罪:망령되이 죄
가 없음을 참소함. 其殃十倍 災迅無赦:그 재앙이 열 배가 되어 재앙이
빨라 용서가 없음.

【뜻 풀이】 선량한 사람을 못살게 굴고 죄도 없는 사람을 참소하여 헐뜯는
다면, 그 죄가 열 배가 되어 빨리 보복을 받게 된다.

> 生受酷痛 形體毀折 自然惱病 失意恍惚.
> 생 수 혹 통 형 체 훼 절 자 연 뇌 병 실 의 황 홀

살아서 혹독한 고통을 받고 형체가 무너지고 꺾이어 자연히 고뇌의 병이
되어 뜻을 잃어 어두워진다.

【글자 뜻】 酷:혹독할 혹. 毀:헐 훼. 折:꺾을 절. 恍:어두울 황. 惚:어두
울 홀.

【말의 뜻】 生受酷痛 形體毀折:살아서 혹독한 고통을 받고 형체가 무너지고
꺾임. 自然惱病:자연히 고뇌의 병이 있음. 失意恍惚:뜻을 잃고 마음이
어두워짐.

【뜻 풀이】 ① 살아 있는 동안에 심한 고통을 받고, ② 몸이 무너지고 뼈가 부
러지고, ③ 고뇌의 병이 자연히 생기고, ④ 뜻을 잃어 마음이 어두워진다.

人所誣咎 或縣官厄 財産耗盡 親戚離別.
인 소 무 구 혹 현 관 액 재 산 모 진 친 척 이 별

사람에게 속이어 허물되는 바가 되고 혹은 현관(縣官)의 액이 있고 재산
을 다 소모하고 친척들과 이별한다.

【글자 뜻】 誣:속일 무. 咎:허물 구. 厄:액 액. 耗:소모할 모. 戚:겨레 척.

【말의 뜻】 人所誣咎:사람에게 속이어 허물되는 바가 있음. 或縣官厄:혹은
현관의 액이 있음. 財産耗盡:재산을 다 소모함. 親戚離別:친척들과 이
별함.

【뜻 풀이】 ⑤ 다른 사람에게 속임을 당하는 허물이 있고, ⑥ 관헌에게 액을
당하고, ⑦ 재산을 다 없애고, ⑧ 친척들과 헤어진다.

舍宅所有 災火焚燒 死入地獄. 如是爲十.
사 택 소 유 재 화 분 소 사 입 지 옥 여 시 위 십

집의 소유는 화재로 다 타고 죽어서 지옥으로 들어간다. 이와 같음을 열 가지라고 한다.

【글자 뜻】 舍:집 사. 宅:집 택. 災:재앙 재. 焚:사를 분. 燒:사를 소.

【말의 뜻】 舍宅所有 災火焚燒:집의 소유는 화재로 다 탐. 死入地獄:죽어서 지옥으로 들어감.

【뜻 풀이】 ⑨ 가옥의 재산은 화재로 다 타고, ⑩ 죽어서 지옥으로 들어간다. 이 열 가지 갚음은 누구나 알지 못하는 사이에 재난을 받게 되고, 자기가 지은 죄의 보답인 것이다.

雖倮剪髮 長服草衣 沐浴踞石 奈癡結何.
수 라 전 발 장 복 초 의 목 욕 거 석 내 치 결 하

비록 벌거벗고 머리를 깎고 길게 초의(草衣)를 입고 목욕하고 돌에 걸터앉았을지라도 어리석음의 결과를 어찌하리오.

【글자 뜻】 倮:벌거벗을 라. 剪:깎을 전. 服:입을 복. 沐:목욕할 목. 浴:목욕할 욕. 踞:걸터앉을 거. 奈:어찌 내.

【말의 뜻】 倮剪髮:벌거벗고 머리를 깎음. 長服草衣:길게 초의를 입음. 沐浴踞石:목욕하고 돌에 걸터앉음. 奈癡結何:어리석음의 결과를 어찌하리오.

【뜻 풀이】 맨몸으로 머리를 깎고, 길게 베옷을 입고, 목욕하고서 돌에 걸터앉았을지라도, 마음이 욕정을 누르지 못하는 사람은 깨끗해질 수가 없다.

不伐殺燒 亦不求勝 人愛天下 所適無怨.
불 벌 살 소 역 불 구 승 인 애 천 하 소 적 무 원

치고 죽이고 불태우지 않고 또 훌륭함을 구하지 않고 사람이 천하를 사
랑하면 가는 곳마다 원망이 없다.

【글자 뜻】 伐:칠 벌. 殺:죽일 살. 勝:훌륭할 승. 適:갈 적. 怨:원망 원.
【말의 뜻】 不伐殺燒:치거나 죽이거나 불태우지 않음. 亦不求勝:또한 훌륭
해지기를 구하지 않음. 人愛天下:사람이 천하를 사랑함. 所適無怨:가
는 곳마다 원망이 없음.

【뜻 풀이】 마음이 선량하여 사람을 치거나 죽이거나 불태우지 않고, 또 다
른 사람들보다 훌륭해지기를 구하지도 않는다. 자비로운 마음으로 이
세상의 모든 사람들을 사랑하면, 어디를 가나 사람들의 원망을 받지 않
게 된다.

世黨有人 能知慚愧 是名誘進 如策良馬.
세 당 유 인 능 지 참 괴 시 명 유 진 여 책 양 마

세상에 만일 사람이 있어 능히 부끄러움을 안다면 이를 이름하여 가르쳐
나아가서 좋은 말에 채찍질함과 같다.

【글자 뜻】 黨:만일 당. 慚:부끄러울 참. 愧:부끄러울 괴. 誘:가르칠 유.
策:채찍질할 책.
【말의 뜻】 世黨有人 能知慚愧:세상에 만일 사람이 있어 능히 부끄러움을

알음. 是名誘進 如策良馬:이를 이름하여 가르쳐 나아가서 좋은 말에 채
찍질함과 같음.

【뜻 풀이】 사람들의 아랫자리에 있으면서 능히 자신을 반성하고 부끄러움
을 알고, 잘 훈련된 좋은 말에 채찍질을 해도 성내지 않는 것처럼, 능히
가르치는 말을 잘 듣는다.

如策善馬 進道能遠 人有信戒 定意精進 受道慧成 便滅衆苦.
여 책 선 마 진 도 능 원 인 유 신 계 정 의 정 진 수 도 혜 성 변 멸 중 고

좋은 말에 채찍질을 하여 길을 능히 멀리 나아감과 같이 사람에게 믿음
과 계율과 선정(禪定)과 마음과 정진이 있다면 받음과 도와 지혜가 이루어
져 문득 중생의 고뇌를 멸한다.

【글자 뜻】 受:받을 수. 便:문득 변. 滅:멸할 멸.
【말의 뜻】 如策善馬 進道能遠:좋은 말을 채찍질하여 길을 능히 멀리 나아
감과 같음. 人有信戒 定意精進:사람이 믿음과 계율과 선정과 마음과 정
진이 있음. 受道慧成 便滅衆苦:받음과 도와 지혜가 이루어져 문득 중
생의 고뇌를 없애 줌.

【뜻 풀이】 좋은 말에 채찍질을 하여 능히 천리의 먼 길을 감과 같이, 사람
이 믿음과 계율을 지키고 선정으로 마음을 단련하고 지혜를 닦고 정진
에 힘쓴다면, 받음과 도와 지혜가 이루어져 사람들의 고뇌를 없애어 깨
닫게 해 줄 것이다.

> 自嚴以修法 滅損受淨行 杖不加群生 是沙門道人.
> 자 엄 이 수 법 멸 손 수 정 행 장 불 가 군 생 시 사 문 도 인

스스로 근엄하여 써 법을 닦고 멸하고 덜어서 깨끗한 행실을 받으며 지
팡이를 많은 사람에게 가하지 않는다면 이것이 사문과 도인이다.

【글자 뜻】 嚴:엄할 엄. 損:덜 손. 杖:지팡이 장. 群:무리 군.

【말의 뜻】 自嚴以修法:스스로 근엄하여 써 법을 닦음. 滅損受淨行:멸하고
덜어 깨끗한 행실을 닦음. 杖不加群生:지팡이를 많은 사람에게 가하지
않음.

【뜻 풀이】 스스로 근엄 자중하여 마음을 닦고 법을 닦아, 사람들과 다투지
않고 자비로운 마음을 가지고 사람들과 접촉하면, 다른 사람의 원망을
받지 않고 훌륭한 도인이 된다. 이것이 중이나 비구들이 갈 길이다.

> 無害於天下 終身不遇害 常慈於一切 孰能與爲怨.
> 무 해 어 천 하 종 신 불 우 해 상 자 어 일 체 숙 능 여 위 원

천하에 해함이 없으면 종신토록 해를 만나지 않고 항상 모두에게 자비로
우면 누가 능히 더불어 원망하리오.

【글자 뜻】 害:해할 해. 遇:만날 우. 切:모두 체. 孰:누구 숙. 與:더불어
여.

【말의 뜻】 無害於天下 終身不遇害:천하에 해함이 없으면 종신토록 해를 만
나지 않음. 常慈於一切 孰能與爲怨:항상 모두에게 자비로우면 누가 능

히 더불어 원망하리오.

【뜻 풀이】 사람이 이 세상에서 다른 사람들을 위하고 사회를 위하여 힘을
다하면, 평생 동안 사람들로부터 해를 당하는 일이 없다. 또 항상 많은
사람들에게 자비를 베풀면 누가 능히 그 사람을 원망하겠는가!

제19 노모품(老耗品)

老耗品者 誨人懃仂 不與命競 老悔何益.
노 모 품 자 회 인 근 륵 불 여 명 경 노 회 하 익

노모품(老耗品)이란 사람에게 권하여 목숨과 더불어 다투지 아니하면 늙어서 후회해도 무슨 이익이 있을지를 가르친 것이다.

【글자 뜻】 耗:다할 모. 誨:가르칠 회. 懃:권할 근. 仂:권할 륵. 競:다울 경. 悔:뉘우칠 회.
【말의 뜻】 人懃仂:사람에게 권함. 不與命競:목숨과 더불어 다투지 않음. 老悔何益:늙어서 후회해도 무엇이 유익한가.

【뜻 풀이】 이 노모품에서는 사람이 태어나고 늙고 죽는 것은 부득이한 일이다. 어물어물하다 보면 늙어서 죽어 산에 묻히게 된다. 그러므로 젊은 동안에 마음과 몸을 닦도록 힘쓰지 아니하면, 늙어서 후회한들 아무런 유익함이 없음을 가르치고 있다.

何喜何笑. 命常熾然 深蔽幽冥 不如求錠.
하 희 하 소 명 상 치 연 심 폐 유 명 불 여 구 정

무엇을 기뻐하고 무엇을 웃으리오. 목숨은 항상 불 때는 것 같아서 깊이 유명(幽冥)을 덮을지라도 촛대를 구함만 같지 못하다.

【글자 뜻】 熾:불 땔 치. 蔽:덮을 폐. 幽:그윽할 유. 冥:어두울 명. 錠:촛
대 정.

【말의 뜻】 命常熾然:목숨은 항상 불 때는 것 같음. 深蔽幽冥:깊이 유명을
덮음. 不如求疑:촛대를 구함만 같지 못함.

【뜻 풀이】 이 세상은 항상 업화(業火)에 불타고 있는데 무엇을 기뻐하고 무
엇을 웃을 것인가! 어둠에 덮여 있는 세상에 어찌 광명을 구하려 하지
않는 것인가!

見身形範 猗以爲安. 多想致病 豈知非眞.
견 신 형 범 의 이 위 안   다 상 치 병 기 지 비 진

몸의 형체를 보고 본보기로 하고 의지하여 써 편안함으로 삼는다. 많은
생각은 병을 이루니 어찌 참되지 않음을 알랴!

【글자 뜻】 範:본보기 범. 猗:의지할 의. 想:생각 상. 豈:어찌 기.

【말의 뜻】 見身形範 猗以爲安:몸의 형체를 보고 본보기로 하고 의지하여 써
편안함으로 삼음. 多想致病 豈知非眞:많은 생각은 병을 이루니 어찌 참
되지 않음을 알랴!

【뜻 풀이】 자기 몸의 형체를 보고, 약한 형상을 본보기로 하고, 거기에 의
지하여 편안함으로 삼는다. 생각이 많고 잡념이 많은 사람은 병에 걸리
기 쉽고, 이 가짜인 신체를 안고 진짜 자기로 생각하지만 이것은 참다운
도가 아니다.

老則色衰 病無光澤 皮緩肌縮 死命近促.
노 즉 색 쇠 병 무 광 택 피 완 기 축 사 명 근 촉

　늙으면 색깔이 쇠하고 병들면 광택이 없으며 살갗은 늘어나고 살은 오그
라들어 죽음의 목숨이 가까움을 재촉한다.

【글자 뜻】 衰:쇠할 쇠.　澤:윤택할 택.　緩:늘어질 완.　肌:살 기.　縮:오그
　　라들 축.　促:재촉할 촉.
【말의 뜻】 老則色衰 病無光澤:늙으면 색깔이 쇠하고 병들면 광택이 없음.
　　皮緩肌縮:살갗은 늘어나고 살은 오그라들음.　死命近促:죽음의 목숨이
　　가까움을 재촉함.

【뜻 풀이】 사람은 늙으면 안색이 쇠퇴하고 병들면 살갗의 광택이 없어진
　　다. 살갗은 늘어나고 살은 오그라들어 죽음이 가까워진다는 것을 재촉
　　하고 있는 것이다. 사람은 늙으면 이렇게 되는 것이 자연의 이치이다.

身死神徙 如御棄車. 肉消骨散 身何可怙.
신 사 신 사 여 어 기 거 육 소 골 산 신 하 가 호

　몸이 죽어 정신이 옮겨지면 버린 수레를 모는 것과 같다. 살은 꺼지고 뼈
는 흩어지니 몸을 어찌 믿을 수 있으랴!

【글자 뜻】 徙:옮길 사.　棄:버릴 기.　消:꺼질 소.　散:흩어질 산.　怙:믿을
　　호.
【말의 뜻】 身死神徙:몸이 죽어 정신이 옮겨짐.　如御棄車:버린 수레를 모는

것과 같음. 肉消骨散 身何可怙:살은 꺼지고 뼈는 흩어지니 몸을 어찌 믿을 수 있으랴!

【뜻 풀이】 몸이 죽어 정신이 흩어져버리면 버린 수레를 모는 것과 같아서, 백골이 되어 살은 떨어지고 뼈는 흩어지니 이것을 보고 사람들은 어떻게 생각할까? 인생의 무상함을 새삼스럽게 느낄 것이다. 몸을 어찌 믿을 수 있으랴!

身爲如城 骨幹肉塗. 生至老死 但藏恚慢.
신 위 여 성 골 간 육 도   생 지 노 사 단 장 에 만

몸은 성과 같다고 하여 뼈대와 살로 발라져 있다. 태어나서 늙고 죽음에 이르기까지 다만 성냄과 교만을 감출 뿐이다.

【글자 뜻】 幹:줄기 간. 塗:바를 도. 藏:감출 장. 恚:성낼 에. 慢:교만할 만.
【말의 뜻】 身爲如城 骨幹肉塗:몸은 성과 같다고 하여 뼈대와 살로 발라져 있음. 生至老死 但藏恚慢:태어나서 늙고 죽음에 이르기까지 다만 성냄과 교만함을 감추었을 뿐임.

【뜻 풀이】 몸은 성과 같은 것이어서 뼈가 결합되고 살과 피로 덮여 있는 가운데 생명이 있다. 태어나서 늙고 죽음에 이르기까지 거기에는 성냄과 교만이 깃들어 있다. 영원한 것은 하나도 없고 전부가 태어나고 죽음이 무상할 뿐이다.

老則形變 喻如故車. 法能除苦 宜以仂學.
노 즉 형 변 유 여 고 거 법 능 제 고 의 이 륵 학

늙으면 형체가 변하니 비유하면 헌 수레와 같다. 법은 능히 괴로움을 제
거하여 마땅히 써 힘써 배우라.

【글자 뜻】 變:변할 변. 喻:비유할 유. 故:예 고. 仂:힘쓸 륵.
【말의 뜻】 老則形變 喻如故車:늙으면 형체가 변하니 비유하면 헌 수레와
같음. 法能除苦 宜以仂學:법은 능히 괴로움을 제거 하니 마땅히 써 힘써
배우라.

【뜻 풀이】 사람은 늙으면 몸까지 변형되어 허리는 꼬부라지고 볼은 축 처
　　진다. 마치 헌 수레와 같아 아무 쓸모가 없다. 그러나 법을 닦고 도를 행
　　한 사람은 능히 고뇌를 제거하기 때문에, 마땅히 선을 닦고 수양한 사람
　　을 표본으로 삼아 힘써 배우고 수양해야 한다.

人之無聞 老若特牛. 但長肌肥 無有福慧.
인 지 무 문 노 약 특 우 단 장 기 비 무 유 복 혜

사람이 들음이 없으면 늙어서 수소와 같다. 다만 자라서 살이 쪄서 복과
지혜가 있음이 없다.

【글자 뜻】 特:수소 특. 長:자랄 장. 肥:살찔 비.
【말의 뜻】 人之無聞 老若特牛:사람이 들음이 없으면 늙어서 수소와 같음.
　　但長肌肥 無有福慧:다만 자라서 살이 쪄서 복과 지혜가 없음.

【뜻 풀이】 이 세상에서 참다운 도를 듣지 못한 사람은, 늙어서 수소와 같이 살이 뒤룩뒤룩 찔 뿐 복과 지혜도 없이 죽어간다.

生死無聊 往來艱難. 意猗貪身 生苦無端.
생 사 무 료 왕 래 간 난   의 의 탐 신   생 고 무 단

살고 죽음이 무료하여 가고 옴이 어렵다. 마음에 의지하여 몸을 탐내면 사는 괴로움이 끝이 없다.

【글자 뜻】 聊:즐거울 료. 艱:어려울 간. 端:끝 단.
【말의 뜻】 生死無聊 往來艱難:살고 죽음이 무료하여 가고 옴이 어려움. 意猗貪身 生苦無端:마음에 의지하여 몸을 탐내면 사는 괴로움이 끝이 없음.

【뜻 풀이】 깨달음이 없기 때문에 아무 하는 일 없이 인생을 무료하게 지내면, 미혹되기 때문에 생사의 괴로움을 버리지 못한다. 마음에 의지하고 몸을 탐내면 인생의 고뇌는 끝없이 계속될 것이다.

慧以見苦 是故棄身 滅意斷行 愛盡無生.
혜 이 견 고 시 고 기 신   멸 의 단 행   애 진 무 생

지혜로써 괴로움을 보면 이런 까닭으로 몸을 버리고 마음을 멸하고 행실을 끊어 사랑이 다하면 삶이 없다.

【글자 뜻】 棄:버릴 기. 斷:끊을 단. 盡:다할 진.

【말의 뜻】 慧以見苦 是故棄身:지혜로써 괴로움을 보면 이런 까닭으로 몸을 버림.　滅意斷行:마음을 멸하고 행실을 끊음.　愛盡無生:사랑이 다하면 삶이 없음.

【뜻 풀이】 사람이 지혜로써 인생을 바라보면 괴로움은 언제까지나 계속된다. 그러므로 몸을 버리면 괴로움이 없어지고, 그 원인이 되는 마음을 끊고 탐욕을 부리지 않는다. 고뇌와 근심의 근본은 번뇌이기 때문에 그것을 근본적으로 제거해야 한다.

不修梵行 又不富財 老如白鷺 守伺空地.
불 수 범 행　우 불 부 재　노 여 백 로　수 사 공 지

범행(梵行)을 닦지 않고 또 부자나 재산이 없다면 늙어서 백로가 빈 땅을 지키어 엿봄과 같다.

【글자 뜻】 鷺:해오라기 로.　伺:엿볼 사.

【말의 뜻】 不修梵行 又不富財:범행을 닦지 않고 또 부자나 재산이 없음.　老如白鷺 守伺空地:늙어서 백로가 빈 땅을 지키고 엿봄과 같음.

【뜻 풀이】 젊은 동안에 수행도 하지 않고, 재산도 모으지 못하고, 덕도 쌓지 못하면, 마치 백로가 빈 땅을 지킴과 같이, 늙어서 몸을 제대로 지키지 못한다.

旣不守戒 又不積財 老羸氣竭 思故何逮.
기 불 수 계　우 불 적 재　노 리 기 갈　사 고 하 체

이미 계율을 지키지 못하고 또 재산도 쌓지 못하여 늙고 여위고 기운이 다하여 옛날을 생각해도 어찌 미치리오.

【글자 뜻】既:이미 기. 積:쌓을 적. 羸:여윌 리. 竭:다할 갈. 逮:미칠 체.
【말의 뜻】既不守戒 又不積財:이미 계율을 지키지 않고 또 재산을 쌓지도 못함. 老羸氣竭:늙어 여위고 기운이 다함. 思故何逮:옛날을 생각한들 어찌 미치리오.

【뜻 풀이】부처님의 계율을 지키지 않고 또 재산도 쌓지 못하고, 늙어서 쇠잔하고 기운까지 다 없어진 뒤에, 젊은 시절을 생각한들 어찌 미칠 수 있겠는가?

老如秋葉 何穢鑑錄. 命疾脫至 亦用後悔.
노 여 추 엽 하 예 감 록   명 질 탈 지 역 용 후 회

늙으면 가을 잎과 같아서 어찌 더러워지고 변변치 않음을 보리오. 목숨은 빠르고 벗어남에 이르면 또한 뒤에 후회함을 쓰리오!

【글자 뜻】穢:더러울 예. 鑑:볼 감. 錄:변변찮을 록. 疾:빠를 질. 脫:벗을 탈. 悔:뉘우칠 회.
【말의 뜻】老如秋葉 何穢鑑錄:늙으면 가을 잎과 같아서 어찌 더러워지고 변변치 않음을 보리오. 命疾脫至 亦用後悔:목숨은 빠르고 벗어남에 이르면 또한 뒤에 후회함을 쓰리오.

【뜻 풀이】사람이 늙어지면 가을 나무의 잎과 같이 더러워지고, 벌레가 먹

어 모양이 변하고 힘이 다하여 보기 싫은 모양이 된다. 일찍 법을 마음에 닦으면 번뇌도 없고 생사(生死)의 근심도 벗어나, 후회함이 없는 인생을 보낼 수 있다.

命欲日夜盡 及時可懃力. 世間諦非常 莫惑墮冥中.
명 욕 일 야 진 급 시 가 근 력 세 간 체 비 상 막 혹 타 명 중

목숨이 밤낮으로 다하고자 하니 때에 미치면 힘써야 한다. 세상은 항상 아님을 밝히니 미혹되어 어둠 속에 떨어지지 말라.

【글자 뜻】 懃:힘쓸 근. 諦:밝힐 체. 冥:어두울 명.

【말의 뜻】 命欲日夜盡:목숨은 밤낮으로 다하고자 함. 及時可懃力:때에 미치면 힘써야 함. 世間諦非常:세상은 항상 아님을 밝힘. 莫惑墮冥中:미혹되어 어둠 속에 떨어지지 말라.

【뜻 풀이】 사람의 수명은 밤낮으로 다하고자 하여 잠시도 기다려 주지 않는다. 이때에 부지런히 힘써 법을 닦고 욕심을 억제하여 번뇌에서 벗어나도록 해야 한다. 이 세상의 만물은 누가 보아도 항상 있지를 못한다. 번뇌의 어둠 속에 떨어져 미혹해서는 안 된다.

當學燃意燈 自練求智慧. 離垢勿染汚 執燭觀道地.
당 학 연 의 등 자 련 구 지 혜 이 구 물 염 오 집 촉 관 도 지

마땅히 배워서 마음의 등불을 불사르고 스스로 수련하여 지혜를 구하라. 때를 떠나서 더러움에 물들지 말고 촛불을 잡고서 도의 땅을 보라.

【글자 뜻】 燃:불사를 연. 燈:등불 등. 練:익힐 련. 垢:때 구. 染:물들 염. 汚:더러울 오. 執:잡을 집. 燭:촛불 촉.

【말의 뜻】 當學燃意燈:마땅히 배워서 마음의 등불을 불사름. 自練求智慧: 스스로 수련하여 지혜를 구함. 離垢勿染汚:때를 떠나 더러움에 물들지 말음. 執燭觀道地:촛불을 잡고 도의 땅을 봄.

【뜻 풀이】 사람은 참다운 학문을 하여 올바른 도를 배우고, 마음에 등불을 켜서 항상 밝게 비추고, 스스로 수련하여 지혜를 갈고 탐구하라. 마음의 때를 버리고 번뇌의 오욕에 물들지 말고, 마음의 촛불을 켜서 유혹을 이기고 깨끗한 경지에 이르도록 노력하라. 그리고 해탈의 길을 굳게 잡도록 하라.

제20 애신품(愛身品)

愛身品者 所以勸學 終有益己 滅罪興福.
애 신 품 자 소 이 권 학 종 유 익 기 멸 죄 흥 복

애신품(愛身品)이란 배움을 권하는 까닭은 마침내 자기에게 이익이 있어 죄를 멸하고 복을 일으킨다.

【글자 뜻】勸:권할 권. 益:더할 익. 興:일 흥.

【말의 뜻】所以勸學:배움을 권하는 까닭. 終有益己:마침내 자기에게 이익이 있음. 滅罪興福:죄를 멸하고 복을 일으킴.

【뜻 풀이】이 애신품에서는 도를 깊이 배우고 법을 닦는 까닭은, 자기를 유익하게 하는 데 있으며, 죄를 소멸시키고 복을 일으키어 내 몸을 사랑하라는 것을 가르치고 있다.

自愛身者 愼護所守 悕望欲解 學正不寐.
자 애 신 자 신 호 소 수 희 망 욕 해 학 정 불 매

스스로의 몸을 사랑하는 사람은 삼가서 지킬 바를 지키고 원하고 바라서 깨닫고자 한다면 올바름을 배워서 쉬지 않아야 한다.

【글자 뜻】愼:삼갈 신. 護:지킬 호. 悕:원할 희. 寐:쉴 매.

【말의 뜻】自愛身者 愼護所守:스스로의 몸을 사랑하는 사람은 삼가서 지킬

바를 지킴. 憘望欲解 學正不寐:원하고 바라 깨닫고자 한다면 올바름을 배워 쉬지 않아야 함.

【뜻 풀이】 자기 몸을 진정으로 사랑하는 사람은 삼가서 지킬 것들은 반드시 지키고, 그리고 깨닫기를 원하고 바란다면 항상 참으면서 올바른 마음을 지켜 나가야 한다.

為身第一 常自勉學. 利乃誨人 不倦則智.
위 신 제 일 상 자 면 학   이 내 회 인 불 권 즉 지

몸을 제일로 삼고 항상 스스로 힘써 배우라. 곧 사람을 이롭게 하여 가르침을 게을리 하지 않으면 지혜롭다.

【글자 뜻】 勉:힘쓸 면. 誨:가르칠 회. 倦:게으를 권.
【말의 뜻】 為身第一 常自勉學:몸을 제일로 삼고 항상 스스로 배움에 힘쓰라. 利乃誨人 不倦則智:곧 사람을 이롭게 하여 가르침을 게을리 하지 않으면 지혜롭다.

【뜻 풀이】 장차 사람들을 가르치려 한다면 몸이 가장 소중하므로 자기 스스로 학문에 힘써야 한다. 사람들을 가르친다는 것은 나를 위한 일이라고 깊이 느끼고 생각하여, 조금도 게을리 하지 않고 노력하는 그런 사람이야말로 밝은 지혜를 지닌 사람이라고 말할 수 있다.

學先自正 然後正人. 調身入慧 必遷為上.
학 선 자 정 연 후 정 인   조 신 입 혜 필 천 위 상

배움은 먼저 스스로를 바르게 하고 그런 뒤에 사람을 바르게 하라. 몸을
닦고 지혜로 들어가 반드시 옮기어 최상으로 삼는다.

【글자 뜻】調:다스릴 조.   遷:옮길 천.

【말의 뜻】學先自正 然後正人:배움은 먼저 스스로를 바로하고 그런 뒤에
사람을 바르게 하라. 調身入慧:몸을 다스리고 지혜로 들어감. 必遷爲
上:반드시 옮기어 최상으로 삼음.

【뜻 풀이】자기의 마음과 몸을 다스리지 못한다면 다른 사람을 바로잡아줄
수가 없다. 우선 마음이 선량해야 자기 몸을 바로잡을 수 있는 것이다.
그와 같이 하면 어떤 소원이나 기도도 이루어질 수 있는 것이다.

身不能利 安能利人 心調體正 何願不至.
신 불 능 이 안 능 이 인 심 조 체 정 하 원 불 지

몸을 능히 이롭게 하지 못한다면 어찌 능히 사람을 이롭게 하리오. 마음
을 다스리고 몸을 바르게 하면 어떤 소원인들 이르지 못하랴!

【글자 뜻】安:어찌 안.   體:몸 체.   願:원할 원.

【말의 뜻】身不能利 安能利人:몸을 능히 이롭게 하지 못하면 어찌 능히 사
람을 이롭게 하리오. 心調體正 何願不至:마음을 다스리고 몸을 바르게
하면 어떤 소원인들 이르지 못하랴!

【뜻 풀이】자기 자신을 위하여 이롭게 하지 못한다면 어찌 다른 사람을 위
하여 이롭게 해줄 수 있겠는가? 올바른 마음과 몸을 지니고 있으면 어

떤 소원이라도 성취되어 부처님도 들어 주신다.

本我所造 後我自受. 爲惡自更 如剛鑽珠.
본 아 소 조 후 아 자 수   위 악 자 갱 여 강 찬 주

본래 내가 만드는 바를 뒤에 내가 스스로 받게 된다. 악을 행하고 스스로 다시 하는 것은 금강석으로 구슬을 자름과 같다.

【글자 뜻】造:지을 조. 更:다시 갱. 剛:굳셀 강. 鑽:자를 찬. 珠:구슬 주.

【말의 뜻】本我所造 後我自受:본래 내가 지은 바는 뒤에 내가 스스로 받음. 爲惡自更 如剛鑽珠:악을 행하고 스스로 다시 행하는 것은 금강석으로 구슬을 자름과 같음.

【뜻 풀이】자기가 행한 악행에 대하여는 뒤에 반드시 그 보답을 받는다. 그 죄의 보답은 피할 수가 없어서 금강석으로 다른 구슬을 자르는 것과 같이, 자기가 범한 죄악으로 자신을 자르게 된다. 이것을 인과응보(因果應報)라고 말한다. 선이나 악이거나 자기가 한 행위에 대한 보답은 자기에게로 돌아오게 되는 것이다.

人不持戒 滋蔓如藤. 逞情極欲 惡行日增.
인 불 지 계 자 만 여 등   정 정 극 욕 악 행 일 증

사람이 계율을 가지지 않는다면 점점 덩굴이 뻗어 등나무와 같다. 정을 다하고 욕심을 다하여 악행이 날로 더한다.

【글자 뜻】滋:점점 자. 蔓:덩굴 만. 藤:등나무 등. 逞:다할 정. 極:다할 극.

【말의 뜻】人不持戒 滋蔓如藤:사람이 계율을 가지지 않는다면 점점 덩굴이 뻗어 등나무와 같음. 逞情極欲 惡行日增:정을 다하고 욕심을 다하여 악행이 날로 더함.

【뜻 풀이】만일 사람이 계율을 굳게 지켜 나가지 않는다면, 마치 칡이나 등나무가 점점 더 얽으러지듯이, 악행이 날마다 더하고 자라나서 드디어는 죽어서 지옥에 떨어지고 말 것이다.

> 惡行危身 愚以爲易. 善最安身 愚以爲難.
> 악 행 위 신 우 이 위 이   선 최 안 신 우 이 위 난

악행은 몸을 위태롭게 하지만 어리석음을 써 쉽다고 한다. 선함은 가장 몸을 편안하게 하지만 어리석음은 써 어려움이 된다.

【글자 뜻】危:위태할 위. 易:쉬울 이. 難:어려울 난.

【말의 뜻】惡行危身 愚以爲易:악행은 몸을 위태롭게 하지만 어리석음은 써 쉽다고 함. 善最安身 愚以爲難:선함은 가장 몸을 편안하게 하지만 어리석음은 써 어려움이 됨.

【뜻 풀이】악행만을 하는 사람은 그 악행 때문에 몸을 위태롭게 한다. 어리석은 행동은 하기 쉽지만 선이나 복을 가져오지는 않는다. 선행은 몸을 편안하게 하는 길이다. 어리석은 사람은 악행을 하여 드디어는 지옥에 떨어지게 된다.

如眞人教 以道法身. 愚者疾之 見而爲惡. 行惡得惡 如種苦種.
여진인교 이도법신 우자질지 견이위악 행악득악 여종고종

참다운 사람의 가르침과 같이 도로써 몸의 법으로 하라. 어리석은 사람
은 이것을 미워하여 보고서 악이라고 한다. 악을 행하면 악을 얻고 괴로움
의 씨앗을 심는 것과 같다.

【글자 뜻】疾:미워할 질. 種:심을 종. 씨앗 종.

【말의 뜻】如眞人教 以道法身:참다운 사람의 가르침과 같이 도로써 몸의
법으로 함. 愚者疾之 見而爲惡:어리석은 사람은 이것을 미워하며 보고
서 악이라 함. 行惡得惡 如種苦種:악을 행하면 악을 얻는 것이 괴로움
의 씨앗을 심는 것과 같음.

【뜻 풀이】도를 얻은 참다운 사람의 가르침은 유익한데도 이 가르침을 미
워하고, 이것을 보고 악이라 하는 것은 마음이 어리석기 때문이다. 드
디어는 괴로움의 씨앗을 심어 악의 열매를 거두어 몸을 망치고 만다.

惡自受罪 善自受福 亦各須熟 彼不自代. 習善得善 亦如種甛.
악자수죄 선자수복 역각수숙 피불자대 습선득선 역여종첨

악함은 스스로 죄를 받고 선함은 스스로 복을 받는다. 또한 각각 모름지
기 익으면 그 스스로를 대신하지 않는다. 선을 익히면 선을 얻는 것이 또
한 단 것을 심음과 같다.

【글자 뜻】須:모름지기 수. 熟:익을 숙. 甛:달 첨.

【말의 뜻】惡自受罪 善自受福:악함은 스스로 죄를 받고 선함은 스스로 복을 받음. 亦各須熟 彼不自代:또한 각각 모름지기 익으면 그를 스스로 대신하지 않음. 習善得善 亦如種甛:선함을 익히면 선을 얻는 것이 또한 단 것을 심음과 같음.

【뜻 풀이】악을 행하면 죄를 받고 선을 행하면 복을 받는다. 선과 악을 잘 보아서 행해야 한다. 모두가 자기가 행하는 것으로 다른 사람이 대신해 주지 못한다. 선을 행하면 복을 받는 것이, 마치 단 참외를 심으면 단 맛을 얻는 것과 같다.

自利利人 益而不費. 欲知利身 戒聞爲最.
자 리 이 인   익 이 불 비   욕 지 이 신   계 문 위 최

스스로를 이롭게 하고 사람들을 이롭게 하면 유익하여 허비하지 않는다. 몸을 이롭게 하기를 알고자 하면 계율을 듣는 것이 제일이 된다.

【글자 뜻】費:허비할 비. 最:가장 최.
【말의 뜻】自利利人 益而不費:스스로를 이롭게 하고 사람들을 이롭게 하면 유익하여 허비하지 않음. 欲知利身 戒聞爲最:몸을 이롭게 함을 알고자 하면 계율을 듣는 것이 제일이 됨.

【뜻 풀이】자기도 이익을 얻고 다른 사람에게도 이익을 얻게 하면, 유익하여 허비함이 없다. 스스로 계율을 지키고 많이 들어 마음을 깨끗이 하여, 다른 사람들에게 이익을 주고자 하는 마음은 몹시 중요하다.

> 如有自憂 欲生天上 敬樂聞法 當念佛敎.
> 여 유 자 우 욕 생 천 상 경 낙 문 법 당 념 불 교

만일 스스로 근심이 있어 천상에 태어나기를 바라면 공경하고 즐기어 법을 듣고 마땅히 부처님의 가르침을 외워야 한다.

【글자 뜻】 憂:근심 우. 敬:공경 경. 念:외울 념.

【말의 뜻】 如有自憂 欲生天上:만일 스스로 근심이 있어 천상에 태어나기를 바람. 敬樂聞法 當念佛敎:공경하고 즐기어 법을 듣고 마땅히 부처님의 가르침을 외우라.

【뜻 풀이】 만일 자기의 고뇌를 버리고 죽은 뒤에 천상계에 태어나기를 바라거든, 공경하고 즐기어 법을 듣고 부처님의 가르침을 외워 마음에 새겨야 한다.

> 凡用必豫慮 勿以損所務. 如是意日修 事務不失時.
> 범 용 필 예 려 물 이 손 소 무 여 시 의 일 수 사 무 불 실 시

무릇 씀은 반드시 미리 생각하여 써 힘쓰는 바를 덜게 하지 말라. 이와 같이 마음을 날로 닦으면 일에 힘씀을 때를 잃지 않는다.

【글자 뜻】 豫:미리 예. 慮:생각할 려. 損:덜 손. 務:힘쓸 무.

【말의 뜻】 凡用必豫慮 勿以損所務:무릇 씀은 반드시 미리 생각하여 써 힘쓰는 바를 덜지 말라. 如是意日修 事務不失時:이와 같이 하여 마음을 날로 닦으면 일에 힘씀을 때를 잃지 않음.

【뜻 풀이】 자기가 힘써야 할 것을 미리 잘 생각하여 소홀히 하지 말고, 방일하지 말고 잘 생각하라. 날마다 힘 써야 할 것을 잘 생각하여 닦아 나간다면, 때를 낭비하지 않고 일을 잘 처리하는 사람이 될 것이다.

夫治事之士 能至終成利. 眞見身應行 如是得所欲.
부 치 사 지 사 능 지 종 성 이   진 견 신 응 행   여 시 득 소 욕

대저 일을 다스리는 선비는 능히 이르러 마침내 이득을 이룬다. 참으로 몸을 보고 행동에 응하여 이와 같이 하여 바라는 바를 얻는다.

【글자 뜻】 治:다스릴 치. 終:마침 종. 應:응할 응.
【말의 뜻】 夫治事之士 能至終成利:대저 일을 다스리는 선비는 능히 이르러 마침내 이득을 이룸. 眞見身應行 如是得所欲:참으로 몸을 보고 행동에 응하여 이와 같이 하여 바라는 바를 얻음.

【뜻 풀이】 진심으로 자신을 반성하여 진정으로 자기를 보고 참다운 행동을 한다면, 자기가 하려고 원하는 것은 무엇이나 이루어질 것이다. 또 사업을 함에 있어서는 사람들에게 사랑을 받고 신뢰를 얻어야 한다. 그리고 사람들 마음에 깊은 감명을 주어 사람들에게 이롭게 하려는 마음을 써야 한다. 사람이 너무 이기주의에 빠져 다른 사람들의 일은 생각하지 않고 독점하려 해도 하늘이 이를 용서치 않는다.

제21 세속품(世俗品)

世俗品者 說世幻夢. 當捨浮華 勉修道用.
세 속 품 자 설 세 환 몽　　당 사 부 화 면 수 도 용

세속품(世俗品)이란 세상은 허깨비와 꿈임을 설명한 것이다. 마땅히 들 뜬 영화를 버리고 힘써 도의 씀을 닦으라.

【글자 뜻】 幻:허깨비 환. 夢:꿈 몽. 浮:뜰 부. 華:영화로울 화. 勉:힘쓸 면.

【말의 뜻】 說世幻夢:세상은 허깨비와 꿈임을 설명함. 當捨浮華 勉修道用: 마땅히 들뜬 영화를 버리고 힘써 도의 씀을 닦으라.

【뜻 풀이】 이 세상은 꿈이나 허깨비와 같아서, 어느 하나도 영원히 존재하 는 것이 없고 물이 흘러감과 같다. 그러므로 탐욕과 성냄과 어리석음을 버리고 도를 구하여 깨달음의 피안(彼岸)에 도달하도록 정진해야 한다. 이 세속품에서는 이와 같은 가르침을 말하고 있다.

如車行道 捨平大途 從邪徑敗 生折軸憂. 離法如是 從非法增
여 거 행 도 사 평 대 도 종 사 경 패 생 절 축 우　 이 법 여 시　 종 비 법 증

愚守至死 亦有折患.
우 수 지 사 역 유 절 환

수레가 길을 감과 같아서 편편하고 큰 길을 버리고 사악한 지름길을 따

르면 실패하여 굴대가 꺾이는 근심이 생긴다. 법을 떠남도 이와 같으니 법
이 아님이 더함을 따라서 어리석음을 지키어 죽음에 이르니 또한 꺾일 근
심이 있다.

【글자 뜻】 車:수레 거. 途:길 도. 徑:지름길 경. 折:꺾일 절. 軸:굴대 축.
增:더할 증.

【말의 뜻】 如車行道:수레가 길을 감과 같음. 捨平大途 從邪徑敗:평평한 큰
길을 버리고 사악한 지름길을 따르면 실패함. 生折軸憂:굴대가 꺾이는
근심이 생김. 離法如是 從非法增:법을 떠남도 이와 같아서 법 아님이
더함을 따름. 愚守至死 亦有折患:어리석음을 지켜 죽음에 이르니 또한
꺾이는 근심이 있음.

【뜻 풀이】 예를 들면 수레가 길을 감에 있어서 평평하고 넓은 길을 버리고
서, 사악한 지름길로 간다면 수레는 굴대가 부러지고 말 것이다. 이와
마찬가지로 사람도 올바른 길을 가지 않고 사악한 길을 간다면, 드디어
는 타락해버리고 말 것이다. 사람이 올바르고 선한 길을 간다면 설사 큰
성공은 거두지 못할지라도, 훌륭한 덕이 있는 사람이라고 사람들이 존
경한다. 그런데 악한 길을 걸어간다면 자기를 해치고 사람들까지 해쳐,
괴로운 인생을 끝냈을 때는 인생의 패자가 되고 죽어서는 지옥에 떨어
지게 된다.

順行正道 勿隨邪業 行往臥安 世世無患.
순 행 정 도 물 수 사 업 행 주 와 안 세 세 무 환

올바른 길을 순하게 가서 사악한 업(業)에 따르지 않는다면 가거나 누웠

거나 편안하고 후세에도 근심이 없다.

【글자 뜻】 順:순할 순. 業:업 업. 臥:누울 와.

【말의 뜻】 順行正道 勿隨邪業:올바른 길을 순하게 가서 사악한 업을 따르지 말음. 行往臥安 世世無患:가거나 누웠거나 편안하고 후세까지도 근심이 없음.

【뜻 풀이】 올바른 길을 따라 행동하여 사악한 업에 따르지 않는다면, 길을 가거나 잠자거나 깨었거나 마음이 편안하고, 후세까지도 근심이 없을 것이다.

萬物如泡 意如野馬 居世若幻 奈何樂此.
만 물 여 포 의 여 야 마 거 세 약 환 내 하 낙 차

만물은 물거품과 같고 마음은 들의 말과 같으며 세상을 사는 것은 허깨비와 같으니 어찌 이것을 즐기리오.

【글자 뜻】 泡:물거품 포. 奈:어찌 내.

【말의 뜻】 萬物如泡:만물은 물거품과 같음. 意如野馬:마음은 들의 말과 같음. 居世若幻:세상을 사는 것은 허깨비와 같음. 奈何樂此:어찌 이것을 즐기리오.

【뜻 풀이】 이 세상의 모든 물건은 물위에 떠 있는 거품과 같고, 마음은 들판을 달리는 말과 같아 자유분방하며, 세상을 살아가는 것은 허깨비와 같다. 우리들이 받는 물질도 영원한 것은 하나도 없고 우리의 몸조차 죽

어 없어진다. 모든 유혹을 극복하고 지혜와 의지력과 인내력으로써 용감히 진실한 법에 살라.

若能斷此 伐其樹根 日夜如是 必至于定.
약 능 단 차　벌 기 수 근　일 야 여 시　필 지 우 정

능히 이것을 끊는 것을 그 나무의 뿌리를 자르는 것같이 하여 밤낮으로 이와 같이 하면 반드시 선정(禪定)에 이른다.

【글자 뜻】 若:같을 약.　伐:자를 벌.　根:뿌리 근.
【말의 뜻】 若能斷此 伐其樹根:능히 이것을 자르기를 그 나무뿌리를 자르는 것같이 함.　日夜如是 必至于定:밤낮으로 이와 같이 하면 반드시 선정에 이름.

【뜻 풀이】 물거품과 같고, 허깨비와 같고, 꿈과 같은 이 세상에서, 만일 오욕(五欲)을 억제할 수 있어 그 나무의 뿌리를 잘라냄과 같이 하고, 밤낮으로 정진에 노력한다면, 반드시 선정에 들어가 편안한 생활을 할 수 있다.

一施如信 如樂之人 或從惱意 以飯食衆 此輩日夜 不得定意.
일 시 여 신　여 락 지 인　혹 종 뇌 의　이 반 식 중　차 배 일 야　불 득 정 의

한 번 베풀면 믿음과 같고 즐거운 사람과 같으니 혹시 마음의 고뇌를 따라 써 무리에게 밥을 먹일지라도 이와 같은 것들을 밤낮으로 해도 마음의 안정을 얻지 못한다.

【글자 뜻】施:베풀 시. 惱:고뇌 뇌. 飯:밥 반. 食:먹을 식. 輩무리 배.

【말의 뜻】一施如信 如樂之人:한 번 베풀면 믿음과 같고 즐거운 사람과 같음. 或從惱意 以飯食衆:혹시 마음의 고뇌에 따라 써 우리에게 밥을 먹임. 此輩日夜 不得定意:이와 같은 일들을 밤낮으로 해도 마음의 안정을 얻지 못함.

【뜻 풀이】한 번이라도 보시를 행하면 그 복은 광대하여 이것을 즐기는 사람과 같다. 그러나 어리석은 사람은 그 뜻을 모르기 때문에, 어떤 특별한 은혜라도 받는 것이라고 생각하여 많은 사람들에게 밥을 먹게 한다. 이리하여 헝클어진 마음의 안정을 얻지 못하는 것이다.

世俗無眼 莫見道眞 如少見明 當養善意.
세 속 무 안 막 견 도 진 여 소 견 명 당 양 선 의

세상의 풍속은 눈이 없으면 도의 참다움을 보지 못한다. 만일 조금이라도 밝음을 본다면 마땅히 선한 마음을 기르라.

【글자 뜻】俗:풍속 속. 眼:눈 안. 養:기를 양.

【말의 뜻】世俗無眼 莫見道眞:세상 풍속은 눈이 없으면 도의 참다움을 보지 못함. 如小見明 當養善意:만일 조금이라도 밝음을 보거든 마땅히 마음을 선하게 기르다.

【뜻 풀이】세상의 풍속은 무식하여 글자를 알지 못한다면, 참다운 도를 알지 못한다. 만일 조금이라도 밝은 지혜를 원하거든 마음을 억제하고 마음이 선함을 기르라. 배움에 의하여 덕을 기르고, 옳고 그름을 판단하

는 힘과 의지력을 굳게 하여, 참으면서 인격을 닦아야만 한다.

如鴈將群 避羅高翔 明人導世 度脱邪衆.
여 안 장 군 피 라 고 상 명 인 도 세 도 탈 사 중

기러기가 무리를 이끌고 그물을 피하여 높이 남과 같으나 밝은 사람은 세
상을 인도하여 사악한 무리들을 제도하여 벗어나게 한다.

【글자 뜻】鴈:기러기 안. 將:이끌 장. 羅:그물 라. 翔:나를 상. 導:인도
할 도. 度:건널 도. 脱:벗어날 탈.
【말의 뜻】如鴈將群 避羅高翔:기러기가 무리를 이끌고 그물을 피하여 높
이 남과 같음. 明人導世 度脱邪衆:밝은 사람은 세상을 인도하여 사악
한 무리들을 제도하여 벗어나게 함.

【뜻 풀이】마치 기러기가 무리를 이끌고 그물을 피하여 높이 남과 같이, 밝
은 지혜를 지닌 사람은 세상을 인도하여 악에 물든 무리들을 잘 선도하
여, 사악함에서 벗어나 올바른 길을 걷게 한다.

世皆有死 三界無安. 諸天雖樂 福盡亦喪.
세 개 유 사 삼 계 무 안   제 천 수 락 복 진 역 상

세상은 다 죽음이 있고 삼계는 편안함이 없다. 모든 하늘이 비록 즐겁다
고 하지만 복이 다하면 또한 잃는다.

【글자 뜻】諸:모두 제. 喪:잃을 상.

【말의 뜻】 世皆有死 三界無安:세상은 다 죽음이 있고 삼계는 편안함이 없음. 諸天雖樂 福盡亦喪:모든 하늘이 비록 즐겁다 하나 복이 다하면 또한 잃음.

【뜻 풀이】 이 세상의 삼라만상(森羅萬象)은 다 죽음이 있고, 삼계(욕계·색계·무색계)는 편안함이 없다. 요컨대 삼계란 세 가지 미혹의 세계를 말하는 것이다. 모든 하늘에 즐거움이 있다고 하지만, 그 사람의 복이 다하면 모든 것을 잃게 된다.

> 觀諸世間 無生不終. 欲離生死 當行道眞.
> 관 제 세 간   무 생 부 종   욕 이 생 사   당 행 도 진

모든 세상을 보면 태어나서 끝나지 않음이 없다. 생사를 떠나기를 바라거든 마땅히 도의 참다움을 행하라.

【글자 뜻】 觀:볼 관. 終:마침 종. 離:떠날 리.
【말의 뜻】 觀諸世間 無生不終:모든 세상을 보면 태어나서 끝나지 않음이 없음. 欲離生死 當行道眞:생사를 떠나고자 하면 마땅히 도의 참다움을 행하라.

【뜻 풀이】 모든 세상의 만물을 보니 태어난 사람은 반드시 죽는다. 항상 태어나고 죽고 하여 잠시도 그대로 있지 못한다. 이 생사에서 벗어나기를 바란다면 참다운 도를 착실히 행하여 깊이 깨달음을 열어 나가고, 생사에 얽매어 고민하지 않고 이에서 벗어날 수 있다.

癡覆天下 貪令不見 邪疑却道 苦愚從是.
치 복 천 하 탐 령 불 견 사 의 각 도 고 우 종 시

어리석음이 온 천하를 덮어 탐냄을 보이지 않게 하고 사악한 의심은 도를 물리쳐서 괴로운 어리석음이 이를 따른다.

【글자 뜻】 癡:어리석을 치. 覆:덮을 복. 疑:의심할 의. 却:물리칠 각.

【말의 뜻】 癡覆天下 貪令不見:어리석음이 온 천하를 덮어 탐냄을 보이지 않게 함. 邪疑却道 苦愚從是:사악한 의심은 도를 물리쳐서 괴로운 어리석음이 이를 따름.

【뜻 풀이】 어리석은 사람으로 온 천하를 덮어버리면 세상은 괴로운 어리석음으로 가득차서, 사람들은 항상 마음의 어두움에 덮여 맑아질 때가 없다. 사람의 눈은 맹목(盲目)과 마찬가지여서 무지 때문에 참다운 도에 들어가지 못하고, 어리석은 사람은 이 사악한 도를 따라 지옥에 떨어진다.

一法脫過 謂妄語人 不免後世 靡惡不更.
일 법 탈 과 위 망 어 인 불 면 후 세 미 악 불 경

한 번 법을 벗어나 지나서 망령된 말을 이르는 사람은 후세를 면치 못하고 악함을 고치지 못한다.

【글자 뜻】 脫:벗을 탈. 謂:이를 위. 妄:망령될 망. 免:면할 면. 靡:없을 미. 更:고칠 경.

【말의 뜻】 一法脫過 謂妄語人:한 번 법을 벗어나 지나서 망령된 말을 하는

사람. 不免後世 靡惡不更:후세를 면치 못하고 악함을 고치지 못함.

【뜻 풀이】 한 번 법을 잘못 밟은 사람은 알지 못하는 일도 아는 체하여 망
령된 말을 함부로 하여, 후세의 일을 두려워하지 않고 어떤 악한 일도
함부로 하게 된다.

雖多積珍寶 嵩高至于天 如是滿世間 不如見道迹.
수 다 적 진 보 숭 고 지 우 천 여 시 만 세 간 불 여 견 도 적

비록 진귀한 보배를 많이 쌓아 높고 높아 하늘에 이르러 이와 같이 하여
세상에 가득 찬다 할지라도 도의 자취를 보는 것만 같지 못하다.

【글자 뜻】 積:쌓을 적. 珍:진기할 진. 嵩:높을 숭. 滿:가득할 만. 迹:자
취 적.
【말의 뜻】 多積珍寶:진기한 보물을 많이 쌓음. 嵩高至于天:높고 높아 하
늘에 이름. 如是滿世間:이와 같이 하여 세상에 가득 참. 不如見道迹:
도의 자취를 보는 것만 같지 못함.

【뜻 풀이】 진기한 보배를 하늘에 닿을 만큼 많이 쌓을지라도, 탐욕의 마음
을 버리지 않고 마음을 괴롭힌다면, 참다운 도를 열심히 닦는 것만 못하
다.

不善像如善 愛如似無愛 以苦爲樂像 狂夫爲所致.
불 선 상 여 선 애 여 사 무 애 이 고 위 락 상 광 부 위 소 취

착하지 못함의 형상은 착함과 같고 사랑은 사랑이 없는 것 같음과 같으며 괴로움으로써 즐거운 형상을 하는 것은 미친 사나이가 이루는 바라고 한다.

【글자 뜻】 像:형상 상. 似:같을 사. 狂:미칠 광.

【말의 뜻】 不善像如善:착하지 못한 형상은 착함과 같음. 愛如似無愛:사랑은 사랑이 없는 것 같음과 같음. 以苦爲樂像 狂夫爲所致:괴로움으로 써 즐거운 형상을 하는 것은 미친 사나이가 이루는 바라고 함.

【뜻 풀이】 착한 사람의 형상은 선한 모습과 같이 보이고, 공평무사한 큰 사랑은 사랑이 없는 모습과 같다. 괴로운 모습으로써 즐거운 형상을 짓는 사람이 있지만, 이것은 미친 사나이가 미친 체하는 어리석은 사람이 하는 짓이다.

제22 술불품(述佛品)

> 述佛品者 道佛神德 無不利度 明爲世則.
> 술 불 품 자 도 불 신 덕 무 불 리 도 명 위 세 칙

술불품(述佛品)이란 부처님의 신령한 덕은 이익으로 제도하지 않음이 없어 밝혀서 세상의 법칙이 됨을 말한다.

【글자 뜻】 述:펼 술. 道:말할 도. 神:신령할 신. 則:법칙 칙.

【말의 뜻】 佛神德:부처님의 신령한 덕. 無不利度:이익으로 제도하지 않음이 없음. 明爲世則:밝혀서 세상의 법칙이 됨.

【뜻 풀이】 이 술불품에서는 부처님의 신령스러운 덕이 광대무변한 힘을 지니고 있어서, 널리 중생을 이롭게 제도하고 밝은 지혜와 깊은 행위로, 이 세상의 법칙과 모범이 되심을 밝혀 말하고 있다.

> 己勝不受惡 一切勝世間 叡智廓無疆 開矇令入道.
> 이 승 불 수 악 일 체 승 세 간 예 지 곽 무 강 개 몽 영 입 도

이미 이겨서 악을 받아들이지 않고 모든 세상을 이기고 밝은 지혜는 커서 지경이 없어서 어두움을 열어 도로 들어가게 한다.

【글자 뜻】 叡:밝을 예. 廓:클 곽. 疆:지경 강. 矇:어두울 몽.

【말의 뜻】 己勝不受惡:이미 이겨서 악을 받아들이지 않음. 一切勝世間:모

든 세상을 이김. 叡智廓無疆:밝은 지혜는 커서 지경이 없음. 開曚令入
道:어두움을 열어서 도로 들어가게 함.

【뜻 풀이】 부처님께서는 모든 것을 알고 계시다. 삼라만상 무엇이나 알고
계시다. 그 뛰어나신 밝은 지혜는 실로 광대무변하여 한계가 없다. 어
둠을 열어 모든 중생들을 참다운 도로 들어가게 하신다.

決網無罣礙 愛盡無所積. 佛意深無極 未踐迹令踐.
결 망 무 괘 애 애 진 무 소 적   불 의 심 무 극 미 천 적 영 천

그물을 끊어 걸어 방해함이 없고 사랑이 다하여 쌓을 곳이 없다. 부처님
의 마음은 깊어서 다함이 없어 밟지 아니한 자취를 밟게 하신다.

【글자 뜻】 決:끊을 결. 網:그물 망. 罣:걸 괘. 礙:방해할 애. 極:다할 극.
踐:밟을 천. 迹:자취 적.
【말의 뜻】 決網無罣礙:그물을 끊어 걸어 방해함이 없음. 愛盡無所積:사랑
이 다하여 쌓을 곳이 없음. 佛意深無極:부처님의 마음은 깊어서 다함
이 없음. 未踐迹令踐:밟지 아니한 자취를 밟게 하심.

【뜻 풀이】 살아가는데 장애가 되는 그물을 끊어 번뇌를 끊어 없애고, 인류
와 새와 물고기와 곤충에 대한 사랑을 더욱 쌓으라. 부처님의 지혜와 사
랑은 실로 깊고 넓어서 보통 사람들이 알지 못한다. 욕심의 번뇌에 의하
여 미혹에서 미혹으로 전락해가는 중생들을 위하여, 생로병사(生老病
死)의 모습을 보게 하시고, 선도를 깨닫게 하시고, 생사를 초월하게 하
시는 것이다.

勇健立一心 出家日夜滅. 根斷無欲意 學正念淸明.
용 건 립 일 심 출 가 일 야 멸   근 단 무 욕 의   학 정 염 청 명

용감하고 굳세게 한 마음을 세워 출가하여 밤낮으로 멸하라. 뿌리를 끊어 욕심의 뜻을 없애고 올바름을 배워 생각이 맑고 밝아진다.

【글자 뜻】 勇:날랠 용. 健:굳셀 건. 斷:끊을 단.

【말의 뜻】 勇健立一心:용기 있고 굳세게 한 마음을 세움. 出家日夜滅:출가하여 밤낮으로 멸함. 根斷無欲意:뿌리를 끊어 욕심의 뜻을 없앰. 學正念淸明:올바름을 배워 생각이 맑고 밝아짐.

【뜻 풀이】 집에서 사는 번뇌를 버리고, 출가하여 밤낮으로 욕정과 고뇌를 끊어 없애고, 오욕은 정복하여 번뇌가 없다. 욕망이 없어 마음과 행실을 깨끗하게 하여 편안해지고, 올바른 지혜로 마음의 눈을 뜨게 하라.

見諦淨無穢 已度五道淵 佛出照世間 爲除衆憂苦.
견 체 정 무 예   이 도 오 도 연   불 출 조 세 간   위 제 중 우 고

참다움을 보고 깨끗이 하여 더러움이 없고 이미 오도의 연못을 건너서 부처님이 나오셔서 세상을 비추는 것은 모든 근심과 괴로움을 제거하시기 위해서이다.

【글자 뜻】 諦:참다울 체. 穢:더러울 예. 淵:못 연.

【말의 뜻】 見諦淨無穢:참다움을 보고 깨끗하여 더러움이 없음. 已度五道淵:이미 오도의 연못을 건넘. 佛出照世間:부처님이 나오셔서 세상을 비

춤. 爲除衆憂苦:모든 근심과 괴로움을 제거하기 위함.

【뜻 풀이】 참다운 도를 보고 깨달아 마음을 맑게 하고 몸에 모든 더러움을
없게 하신다. 이미 오도(지옥ㆍ아귀ㆍ축생ㆍ인간ㆍ천상), 즉 생사의 연
못을 건너신 부처님께서는 세상에 나오시어 모든 중생을 밝게 비추시었
다. 그것은 그들의 오는 근심과 고뇌를 제거하시기 위해서인 것이다.

得生人道難 生壽亦難得 世間有佛難 佛法難得聞.
득 생 인 도 난 생 수 역 난 득 세 간 유 불 난 불 법 난 득 문

인도에 태어나는 것을 얻기는 어렵고 수를 생기게 함도 또한 얻기 어려
우며 세상에 부처님이 계시기가 어렵고 부처님의 법을 듣는 것도 얻기 어
렵다.

【글자 뜻】 難:어려울 난. 壽:수할 수.
【말의 뜻】 得生人道難:인도에 태어나기를 얻기 어려움. 生壽亦難得:수를
생기게 함도 또한 얻기 어려움. 世間有佛難:세상에 부처님이 계시기가
어려움. 佛法難得聞:부처님의 법을 듣는 것도 얻기 어려움.

【뜻 풀이】 새나 짐승이나 곤충으로 태어나지 않고 사람으로 태어난다는 것
은 얻기 어려운 행운이다. 또 태어나서 수명을 오래 산다는 것도 얻기
어려운 일이다. 또 부처님과 같은 위대한 성자가 세상에 태어나시는 것
도 어려운 일이며, 그 부처님의 법을 듣는 것을 얻기는 몹시 어려운 일
이다.

我既無歸保 亦獨無伴侶 積一行得佛 自然通聖道.
아 기 무 귀 보 역 독 무 반 려 적 일 행 득 불 자 연 통 성 도

나는 이미 돌아가 쉼이 없고 또한 홀로여서 짝이 없으며 한 가지 수행을 쌓아 부처님을 얻으니 자연히 성도에 통한다.

【글자 뜻】 旣:이미 기. 保:쉴 보. 伴:짝 반. 侶:짝 려. 聖:거룩할 성.

【말의 뜻】 我旣無歸保:나는 이미 돌아가고 쉼이 없음. 亦獨無伴侶:또한 홀로여서 짝이 없음. 積一行得佛:한 가지 수행을 쌓아 부처님을 얻음. 自然通聖道:자연히 성도와 통함.

【뜻 풀이】 나는 부처님으로서 몸을 수양하기 위하여 돌아갈 곳도 없고 쉴 곳도 없다. 또 나는 나 혼자이어서 벗도 없다. 나 혼자서 수행하여 나 혼자서 해탈의 도에 나아가고 있으니, 이 도야말로 자연히 모든 부처님들의 깨끗한 도와 통하고 있다.

船師能渡水 精進爲橋梁. 人以種姓繫 度者爲健雄.
선 사 능 도 수 정 진 위 교 량 인 이 종 성 계 도 자 위 건 웅

배를 부리는 사람은 능히 물을 건너 정진함을 다리로 삼는다. 사람은 써 여러 가지 성에 얽매이지만 건너는 사람을 굳센 사나이라 한다.

【글자 뜻】 船:배 선. 橋:다리 교. 梁:다리 량. 繫:매일 계. 健굳셀 건. 雄:사나이 웅.

【말의 뜻】 船師能渡水:배를 부리는 사람은 능히 물을 건넘. 精進爲橋梁:

정진을 다리로 삼음. 人以種姓繫:사람은 써 여러 가지 성에 얽매임. 度
者爲健雄:건너는 사람을 굳센 사나이라 함.

【뜻 풀이】 배를 잘 부리는 사람은 능히 물을 건너서 노력하고 정진하여 사
람들을 건너게 하는 다리가 된다. 사람들은 대개 여러 가지 성에 얽매이
지만, 이 세상을 건너 살아남는 사람을 훌륭한 뛰어난 사람이라 한다.

壞惡度爲佛 止地爲梵志. 除饉爲學法 斷種爲弟子.
괴 악 도 위 불 지 지 지 위 범 지   제 근 위 학 법 단 종 위 제 자

파괴적인 악을 건네주는 것은 부처님이 하시고 땅에 머무르는 것을 범
지라 한다. 흉년을 제거하는 것은 법을 배움이 되고 씨앗을 끊어 제자로
삼는다.

【글자 뜻】 壞:무너질 괴. 止:머무를지. 饉:흉년들 근.
【말의 뜻】 壞惡度爲佛:파괴적인 악을 제도하는 것은 부처님이 하심. 止地
爲梵志:땅에 머무르는 것을 범지라 함. 除饉爲學法:흉년을 제거하는 것
은 법을 배움이 됨. 斷種爲弟子:씨앗을 끊어 제자로 삼음.

【뜻 풀이】 부처님의 가르침을 깨끗이 닦아 파괴적인 악을 행하는 사람을 제
도하실 수 있는 것은 부처님이시고, 그 땅에 머물러 수도승이 되는 것을
범지라 한다. 비구들은 법을 배우기 때문에 흉년을 참고 정진 노력하여
인생의 고뇌를 끊는 사람을 제자라 한다.

觀行忍第一 佛說泥洹最. 捨罪作沙門 無嬈害於彼.
관 행 인 제 일 불 설 이 원 최 사 죄 작 사 문 무 요 해 어 피

보고 행함에는 참는 것이 제일이고 부처님은 이원(泥洹)을 제일이라고 말씀하시며 죄를 버리고 사문(沙門)이 되면 그에게 어지럽게 해함이 없다.

【글자 뜻】 觀:볼 관. 最:가장 최. 嬈:어지러울 요.

【말의 뜻】 觀行忍第一:보고 행함에는 참는 것이 제일임. 佛說泥洹最:부처 님은 이원이 제일이라고 말씀하셨음. 捨罪作沙門 無嬈害於彼:죄를 버 리고 사문이 되면 그에게 어지럽게 해함이 없음.

【뜻 풀이】 한 마음으로 보고 수행함에 있어서는 인내가 가장 필요하며, 부 처님께서는 깨달음의 첫째는 이원(泥洹)이라고 말씀하셨다. 모든 인간 적인 죄악을 버리고 출가하여 비구가 되면, 그런 사람을 방해하고 번뇌 케 하는 것은 아무것도 없다.

不嬈亦不惱 如戒一切持 少食捨身貪 有行幽隱處 意諦以有
불 요 역 불 뇌 여 계 일 체 지 소 식 사 신 탐 유 행 유 은 처 의 체 이 유

黠 是能奉佛敎.
힐 시 능 봉 불 교

어지럽히지 않고 또한 고뇌하지 않고 계율과 같은 모든 것을 가져서 적 게 먹고 몸의 탐냄을 버리고 그윽하고 은밀한 곳에서 수행함이 있으며 마 음을 밝게 하여 써 지혜가 있으면 능히 부처님의 가르침을 받들 수 있다.

【글자 뜻】 幽:그윽할 유. 隱:숨을 은. 諦:밝힐 체. 黠:지혜 힐.

【말의 뜻】 不嬈亦不惱:어지럽히지 않고 또한 고뇌하지 않음. 如戒一切持: 계율과 같은 모든 것을 가짐. 少食捨身貪:적게 먹고 몸의 탐냄을 버림. 有行幽隱處:그윽하고 은밀한 곳에서 수행함이 있음. 意諦以有黠:마음 을 밝히고 써 지혜가 있음. 是能奉佛敎:능히 부처님의 가르침을 받들 음.

【뜻 풀이】 다른 사람을 헐뜯지 않고 수치를 주지 않으며 힘을 다하여 계율 을 지킨다. 모든 것을 갖고 있고, 법의 지시에 따라 몸을 수행하고, 욕 심이 적고 만족할 줄 안다. 지혜를 닦고 마음으로 깨달음을 얻어 인격수 양에 힘쓰는 사람을 부처님의 가르침을 받들 수 있는 사람이라고 한다.

諸惡莫作 諸善奉行 自淨其意 是諸佛敎.
제 악 막 작 제 선 봉 행 자 정 기 의 시 제 불 교

모든 악을 짓지 말고 모든 선을 받들어 행하며 스스로 그 마음을 깨끗하 게 하면 이것이 모든 부처님의 가르침이다.

【말의 뜻】 諸惡莫作 諸善奉行:모든 악을 짓지 말고 모든 선을 받들어 행함. 自淨其意 是諸佛敎:스스로 그 마음을 깨끗하게 하면 이것이 모든 부처 님의 가르침이다.

【뜻 풀이】 모든 악행을 하지 말고 모든 선행을 받들어 행하라. 자기 자신의 마음을 깨끗이 하면 이것이 모든 부처님의 가르침이다.

① 과거의 삼불(三佛)—비바시불(毘婆尸佛) · 시기불(尸棄佛) · 비사

부불(毘舍浮佛).

② 현재의 사불(四佛)—구류손불(拘留孫佛)·구나사모니불(拘那舍牟尼佛)·가세우불(加世于佛)·석가모니불(釋迦牟尼佛).

이 게문(偈文)은 비록 짧지만 석가세존(釋迦世尊)의 계율로서 몹시 중요하다. 게문이란 절이나 승려나 불경을 외운 끝에 부르는 글이다.

佛爲尊貴. 斷漏無婬 諸釋中雄. 一群從心 快哉福報 所願皆
불위존귀   단루무음   제석중웅   일군종심 쾌재복보 소원개

成. 敏於上寂 自致泥洹.
성   민어상적 자치이원

부처님은 존귀하시다. 번뇌를 끊고 음란함이 없고 모든 풀이 중에서 으뜸이다. 한 무리의 따르는 마음이 있으면 유쾌하도다. 복의 갚음이 있고 소원이 다 이루어진다. 으뜸가는 고요함에 민감하면 스스로 이원을 이룬다.

【글자 뜻】 漏:고민 루. 釋:풀 석. 群:무리 군. 快:쾌할 쾌. 願원할 원. 敏:민첩할 민. 寂:고요 적.

【말의 뜻】 佛爲尊貴:부처님은 존귀하심. 斷漏無婬:고뇌를 끊고 음란함이 없음. 諸擇中雄:모든 풀이 중에서 으뜸임. 一群從心:한 무리를 따르는 마음이 있음. 快哉福報 所願皆成:유쾌하도다. 복의 갚음이 있고 소원이 다 이루어짐. 敏於上寂 自致泥洹:으뜸가는 고요함에 민첩하면 스스로 이원을 이룸.

【뜻 풀이】 이 세상의 모든 것 중에서 부처님은 가장 존귀하시다. 번뇌를 끊어 없애고 음욕이 없고 완전히 맑고 깨끗하시기 때문에, 온 인류 중에서

도 가장 존귀한 분이다. 만일 사람들이 부처님에게 마음으로 따른다면, 행복의 갚음은 곧 이루어지고 모든 소원은 다 성취된다. 이리하여 고요한 곳에서 살면서 정진에 힘쓴다면, 누구나 저절로 깨달음의 경지에 이를 수 있는 것이다.

或多自歸 山川樹神 廟立圖像 祭祠求福.
혹 다 자 귀 산 천 수 신 묘 립 도 상 제 사 구 복

혹시 많이 스스로 산과 내와 나무의 신(神)으로 돌아가서 사당을 세우고 형상을 도모하고 제사를 지내 복을 구한다.

【글자 뜻】 樹:나무 수. 廟:사당 묘. 圖:도모할 도. 像:형상 상. 祠:제사 지낼 사.

【말의 뜻】 或多自歸 山川樹神:혹시 많이 스스로 산과 내와 나무의 신에게 돌아감. 廟立圖像:사당을 세우고 형상을 도모함. 祭祠求福:제사지내 어 복을 구함.

【뜻 풀이】 올바른 도를 구하지도 않고 계율을 지키지도 않으면서, 스스로 산이나 내나 나무의 신에게 빌거나, 사당을 세우고 형상을 세워 빌거나 하면, 올바른 법이나 참다운 도를 버려 아무런 복도 이익도 없을 것이 다.

┌───┐
自歸如是 非吉非上 彼不能來 度我衆苦.
자 귀 여 시 비 길 비 상 피 불 능 래 도 아 중 고
└───┘

스스로 돌아가 이와 같이 하면 길하지도 않고 최상도 아니니 능히 그가
와서 내가 많은 괴로움을 제도하지 못한다.

【글자 뜻】 彼:그 피.　度:제도 도.

【말의 뜻】 自歸如是 非吉非上:스스로 돌아가 이와 같이 하면 길하지도 않
　　고 최상도 아님.　彼不能來 度我衆苦:능히 그가 와서 내가 많은 괴로움
　　을 제도하지 못함.

【뜻 풀이】 이와 같이 스스로 돌아가서 믿는 일은 길하지도 않고 최상이 되
　　지도 못한다. 왜냐하면 그와 같은 신앙은 우상숭배(偶像崇拜)의 하나로,
　　마음의 고뇌를 제거하지 못하기 때문이다. 사리사욕(私利私慾)을 위한
　　신앙이나 우상숭배적인 방법에는 깊은 가르침은 없고, 무지하고 어리석
　　음이 빚어낸 믿음일 뿐으로, 복도 없고 이익도 없게 된다.

┌───┐
如有自歸 佛法聖衆 道德四諦 必見正慧.
여 유 자 귀 불 법 성 중 도 덕 사 체 필 견 정 혜
└───┘

만일 스스로 불법과 극락세계에 있는 모든 보살과 도덕의 사체로 돌아감
이 있다면 반드시 올바른 지혜를 볼 것이다.

【글자 뜻】 諦:깨달을 체.　慧:지혜 혜.

【말의 뜻】 如有自歸 佛法聖衆 道德四諦:만일 스스로 불법과 극락세계에 있

는 모든 보살과 도덕의 사체로 돌아감이 있음. 必見正慧:반드시 올바른 지혜를 봄.

【뜻 풀이】 부처님과 부처님의 가르침을 믿는 사람에게 있어, 불법과 극락세계의 모든 보살과 도덕률인 사체(고·집·멸·도)에 귀의하여 살아간다면, 반드시 올바른 지혜와 깨달음과 해탈을 보고 얻을 수 있을 것이다.

生死極苦. 從諦得度 度世八道 斯除衆苦.
생 사 극 고   종 체 득 도 도 세 팔 도 사 제 중 고

생사는 극진한 괴로움이다. 사체에 따라 제도를 얻어 세상을 제도하는 팔도는 이것이 모든 괴로움을 제거한다.

【글자 뜻】 極:극진할 극. 斯:이 사. 除:제할 제.
【말의 뜻】 生死極苦:생사는 극진한 괴로움임. 從諦得度:사체에 따라 제도를 얻음. 度世八道 斯除衆苦:세상을 제도하는 팔도는 이것이 모든 괴로움을 제거함.

【뜻 풀이】 사람의 생사는 극진한 괴로움이지만 사체에 따라 나가면 해탈을 얻어 제도를 얻을 수 있다. 팔도야말로 사체를 화해시켜 모든 고뇌를 제거할 수 있는 것이다.
　　팔도는 팔정도를 말하는 것으로 ① 정견—올바로 사체의 이치를 보는 일이고, ② 정사성—올바로 사체의 도리를 생각하는 일, ③ 정어—올바른 말을 하는 일, ④ 정업—올바르게 생활하는 일, ⑤ 정명—몸·입·마음의 삼업을 깨끗이 하여 올바르게 생활하는 일, ⑥ 정정진—도에 힘

써 노력하는 일, ⑦ 정념—올바른 도를 생각하여 사악한 생각이 없는 일, ⑧ 정정—미혹이 없는 깨끗한 깨달음을 얻는 일이다.

自歸三尊 最吉最上. 唯獨有是 度一切苦.
자 귀 삼 존 최 길 최 상   유 독 유 시 도 일 체 고

스스로 삼존에 돌아가니 가장 길하고 가장 으뜸이다. 오직 홀로 이것만이 있어 모든 괴로움을 제도한다.

【글자 뜻】 尊:높을 존. 最:으뜸 최.

【말의 뜻】 自歸三尊 最吉最上:스스로 삼존에게 귀의하니 가장 길하고 가장 으뜸이다. 唯獨有是 度一切苦:오직 홀로 이것만이 있어 모든 괴로움을 제도한다.

【뜻 풀이】 스스로 삼존(부처님 · 법 · 중)—(석가삼존은 석가여래 · 문수 · 보현)에 귀의하면 가장 길하고 가장 으뜸이어서, 오직 홀로 이것만이 있어 모든 고뇌를 제도한다.

士如中正 志道不慳 利哉斯人 自歸佛者.
사 여 중 정 지 도 불 간 이 재 사 인 자 귀 불 자

선비가 만일 가운데로 올바르고 도에 뜻을 두고 아끼지 않는다면 이롭다. 이 사람은 스스로 부처님에게로 귀의하는 사람이다.

【글자 뜻】 志:뜻 지. 慳:아낄 간. 斯:이 사.

【말의 뜻】 士如中正 志道不慳:선비가 만일 가운데로 올바르고 도에 뜻을
두고 아끼지 않음. 利哉斯人 自歸佛者:이롭다. 이 사람은 스스로 부처
님에게 귀의하는 사람임.

【뜻 풀이】 도를 닦으려고 하는 사람이 올바르고 도에 뜻을 두고 아끼지 않
고 수행에 나아간다면, 이 사람은 부처님에게 귀의하여 정진에 노력하
기 때문에 반드시 법의 보답을 받을 것이다.

明人難値 亦不比有. 其所生處 族親蒙慶.
명 인 난 치 역 불 비 유   기 소 생 처 족 친 몽 경

밝은 사람은 만나기 어려우니 또한 견줌이 있지 않다. 그가 태어나는 바
의 곳은 일가들도 경사를 받는다.

【글자 뜻】 値:만날 치. 比:견줄 비. 蒙:받을 몽. 慶:경사 경.
【말의 뜻】 明人難値 亦不比有:밝은 사람은 만나기 어려우니 또한 견줌이
있지 않음. 其所生處 族親蒙慶:그 태어나는 바의 곳은 일가들도 경사
를 받음.

【뜻 풀이】 지혜가 총명하고 깊이 깨달음을 얻은 사람은 좀처럼 세상에 태
어나지 않으니, 따라서 비교할 곳이 없다. 그런 사람이 태어나는 곳의
사람들은 그 은혜를 받아 행복하게 된다.

諸佛興快 說經道快 衆聚和快 和則常安.
제 불 흥 쾌 설 경 도 쾌 중 취 화 쾌 화 즉 상 안

모든 부처님이 일어나심은 유쾌하고 불경과 도를 말씀하심도 유쾌하며
우리가 모여 화합함도 유쾌하고 화합하면 항상 편안하다.

【글자 뜻】 興:일 흥. 快:유쾌할 쾌. 聚:모일 취.

【말의 뜻】 諸佛興快:모든 부처님이 일어나심은 유쾌함. 說經道快:불경과
도를 말씀하심도 유쾌함. 衆聚和快:많은 사람들이 모여 화합함도 유쾌
함. 和則常安:화합하면 항상 편안함.

【뜻 풀이】 모든 부처님이 세상에 태어나심도 기쁜 일이고, 그분들이 불경
과 도에 대하여 말씀하시는 것을 듣는 것도 기쁜 일이다. 많은 중들이
모여 화합한 것도 기쁜 일이고, 중들이 화합하면 항상 편안하고 행복하
다.

제23 안녕품(安寧品)

安寧品者 差次安危 去惡卽善 快而不墮.
안 녕 품 자 차 차 안 위 거 악 즉 선 쾌 이 불 타

안녕품(安寧品)이란 편안하고 위태함이 차례에 따라 다르니 악을 버리고
선에 나아가면 유쾌하여서 떨어지지 않는다.

【글자 뜻】 差:다를 차. 次:차례 차. 卽:나아갈 즉.
【말의 뜻】 差次安危:편안하고 위태함이 차례에 따라 다름. 去惡卽善:악을
버리고 선에 나감. 快而不墮:유쾌하여 떨어지지 않음.

【뜻 풀이】 이 안녕품에서는 위험한 일이라도 일어나지 않을까 근심하고,
원한의 마음을 가지지 않아 편안한 마음으로 악함을 제거하여, 악도에
떨어지지 않으면 마음이 편안함을 가르치고 있다.

我生已安 不慍於怨. 衆人有怨 我行無怨.
아 생 이 안 불 온 어 원 중 인 유 원 아 행 무 원

나의 삶이 이미 편안하니 원망해도 성내지 않는다. 많은 사람에게 원망
이 있어도 나는 원망 없음을 행하리라.

【글자 뜻】 慍:성낼 온. 怨:원망할 원.
【말의 뜻】 我生已安 不慍於怨:나의 삶이 이미 편안하니 원망해도 성내지

않음. 衆人有怨 我行無怨:모든 사람에게 원망이 있어도 나는 원망 없음을 행함.

【뜻 풀이】 나의 생활이 이미 안정되어 있으므로 다른 사람이 나를 원망해도 성내지 않는다. 많은 사람에게 원망을 받아도 나는 다른 사람을 원망하는 일이 없기 때문에 마음에 원망을 품고 있지 않다.

我生已安 不病於病. 衆人有病 我行無病.
아 생 이 안 불 병 어 병   중 인 유 병   아 행 무 병

나의 삶이 이미 편안하니 병을 병으로 여기지 않는다. 많은 사람에게 병이 있어도 나는 병 없음을 행하리라.

【글자 뜻】 已:이미 이.   病:병들을 병.
【말의 뜻】 不病於病:병을 병으로 여기지 않음. 衆人有病 我行無病:모든 사람은 병이 있으되 나는 병 없음을 행함.

【뜻 풀이】 나의 삶이 이미 편안하니 병들어도 근심이 없다. 많은 사람들은 병을 괴로워하여 근심하지만, 나는 근심이 없기 때문에 병들지 않는 생활을 하고 있다.

我生已安 不戚於憂. 衆人有憂 我行無憂.
아 생 이 안 불 척 어 우   중 인 유 우   아 행 무 우

나의 삶이 이미 편안하니 근심을 근심하지 않는다. 많은 사람에게 근심

이 있어도 나는 근심 없음을 행하리라.

【글자 뜻】 戚:근심할 척. 憂:근심 우.

【말의 뜻】 不戚於憂:근심을 근심하지 않음. 衆人有憂 我行無憂:많은 사람
　에게 근심이 있되 나는 근심 없음을 행함.

【뜻 풀이】 마음을 닦고 계율을 가지고 있기 때문에 나의 생활은 편안하여
　근심이 없다. 많은 사람들에게 근심과 고뇌가 있지만, 나는 욕심이 적
　어 만족함을 알기 때문에 몹시 편안하고 근심 없는 생활을 하고 있다.

> 我生已安 淸淨無爲. 以樂爲食 如光音天.
> 아 생 이 안 청 정 무 위 이 락 위 식 여 광 음 천

　나의 삶이 이미 편안하니 맑고 깨끗하여 하는 것이 없다. 즐거움으로써
먹는 것을 삼으니 빛과 소리가 하늘과 같다.

【글자 뜻】 淨:깨끗할 정. 光:빛 광. 音:소리 음.

【말의 뜻】 淸淨無爲:맑고 깨끗하여 하는 것이 없음. 以樂爲食 如光音天:
　즐거움으로써 먹는 것으로 삼으니 빛과 소리가 하늘과 같음.

【뜻 풀이】 나의 생활이 이미 편안하니 맑고 깨끗하기가 큰 강과 같이, 날
　마다의 생활을 즐겁게 보내고 있다. 즐거움으로써 몸을 기르니 빛과 소
　리가 천국처럼 즐겁고 아름답다.

我生已安 澹泊無事. 彌薪國火 安能燒我.
아 생 이 안 담 박 무 사 미 신 국 화 안 능 소 아

나의 삶이 이미 편안하니 마음이 맑아서 일이 없다. 두루 불태우는 섶의
나라의 불도 어찌 능히 나를 불사르랴!

【글자 뜻】 澹:맑을 담. 泊:맑을 박. 彌:멀 미. 薪:섶 신. 安:어찌 안. 燒:
불사를 소.

【말의 뜻】 澹泊無事:마음이 맑아 일이 없음. 彌薪國火 安能燒我:두루 불
사르는 섶의 나라의 불도 어찌 능히 나를 불사르랴!

【뜻 풀이】 나의 생활은 이미 안정되어 있어 내 마음을 사로잡을 어떤 일도
일어나지 않는다. 원망도 근심도 없고 번뇌의 불길이 나를 불태울 근심
도 없다.

勝則生怨 負則自鄙. 去勝負心 無爭自安.
승 즉 생 원 부 즉 자 비 거 승 부 심 무 쟁 자 안

이기면 원망이 생기고 지면 스스로가 천해진다. 승부의 마음을 버려서
다툼이 없으면 스스로 편안하다.

【글자 뜻】 負:질 부. 鄙:천할 비. 爭:다툴 쟁.

【말의 뜻】 勝則生怨 負則自鄙:이기면 원망이 생기고 지면 스스로가 천해
짐. 去勝負心 無爭自安:승부의 마음을 버려서 다툼이 없으면 스스로 편
안함.

【뜻 풀이】 내가 남에게 이기면 원망을 받고 지면 스스로가 천해져서 고민
한다. 그러나 승부를 초월한 사람이라면 아무 다툴 일이 없어 편안한 마
음으로 살아갈 수 있다.

熱無過婬 毒無過怒 苦無過身 樂無過滅.
열 무 과 음 독 무 과 노 고 무 과 신 낙 무 과 멸

뜨거움은 음란함을 더하는 것이 없고 독은 성냄을 더하는 것이 없으며 괴
로움은 몸을 더하는 것이 없고 즐거움은 멸함을 더하는 것이 없다.

【글자 뜻】 熱:더울 열. 過:지날 과. 毒:독 독.
【말의 뜻】 熱無過婬:뜨거움은 음란함을 더하는 것이 없음. 毒無過怒:독은
성냄을 더하는 것이 없음. 苦無過身:괴로움은 몸을 더하는 것이 없음.

【뜻 풀이】 음욕이 불타오르면 그 뜨거움은 밖에까지 나타나고, 성냄은 몸
에 해독을 끼치게 되며 탐욕을 냄으로써 괴로움은 더해 간다. 그러므로
음란함을 없애고, 성냄을 없애고, 괴로움을 없애어, 이에 철저함으로써
이원(泥洹)에 들어가 깨달음을 얻을 수 있다.

無樂小樂 小辯小慧 觀求大者 乃獲大安.
무 락 소 락 소 변 소 혜 관 구 대 자 내 획 대 안

즐거움을 없애어 작게 즐기고 작게 판별하고 작은 지혜를 지녀 큰 것을
보아서 구하는 사람은 곧 큰 편안함을 얻는다.

【글자 뜻】 辯:판별할 변. 獲:얻을 획.

【말의 뜻】 無樂小樂:즐거움을 없애어 작게 즐겨함. 小辯小慧:작게 판별하고 작은 지혜를 지님. 觀求大者 乃獲大安:큰 것을 보고 구하는 사람은 곧 큰 편안함을 얻음.

【뜻 풀이】 마음이 바라는 대로 행동하지 말고, 자기를 잘 억제하여 작은 욕심으로써 만족함을 알고, 밝은 지혜를 구하기에 힘쓴다면 해탈을 얻어 편안해질 수 있다.

我爲世尊. 長解無憂 正度三有 獨降衆魔.
아 위 세 존   장 해 무 우 정 도 삼 유 독 항 중 마

나는 세존이 되었다. 길이 근심 없음을 깨달아 바르게 삼유를 제도하고 홀로 모든 악마를 항복시켰다.

【글자 뜻】 解:깨달을 해. 降:항복할 항. 魔:마귀 마.

【말의 뜻】 我爲世尊:나는 세존이 됨. 長解無憂:길이 근심 없음을 깨달음. 正度三有:바르게 삼유를 제도함. 獨降衆魔:홀로 많은 악마를 항복시킴.

【뜻 풀이】 나는 모든 번뇌를 떠나 길이 근심이 없다. 삼유(욕계·색계·무색계)의 존재의 모두를 제도하여 생사를 번뇌하지 않는 사람이며, 홀로 모든 악마의 항복을 받은 사람이다. 그러므로 삼계의 세존이고 깨달은 사람이며, 세계의 성자인 것이다.

> 見聖人快 得依附快 得離愚人 爲善獨快.
> 견 성 인 쾌 득 의 부 쾌 득 이 우 인 위 선 독 쾌

　성인을 보면 유쾌하고 의지하여 가까이함을 얻음은 유쾌하며 어리석은
사람들을 떠남을 얻어 선을 행함은 홀로 유쾌하다.

【글자 뜻】依:의지할 의. 附:붙을 부.

【말의 뜻】見聖人快:성인을 보는 것은 유쾌함. 得依附快:그에게 의지하여
　가까이함을 얻음은 유쾌함. 得離愚人 爲善獨快:어리석은 사람들을 떠
　남을 얻어 선을 행함은 홀로 유쾌함.

【뜻 풀이】깨달음을 얻은 성인을 만난다는 것은 마음이 유쾌하고, 또 성인
　과 함께 있다는 것도 마음이 유쾌하다. 어리석은 사람들을 떠나 선을 행
　하면, 홀로 참다운 복과 즐거움을 얻어 마음이 유쾌하다.

> 守正道快 工說法快 與世無諍 戒具常快.
> 수 정 도 쾌 공 설 법 쾌 여 세 무 쟁 계 구 상 쾌

　올바른 도를 지키는 것은 유쾌하고 공교롭게 법을 풀이하는 것은 유쾌하
며 세상과 더불어 다툼이 없고 계율을 갖추면 항상 유쾌하다.

【글자 뜻】工:공교할 공. 諍:다툴 쟁. 具:갖출 구.

【말의 뜻】守正道快:올바른 도를 지키는 것은 유쾌함. 工說法快:공교롭게
　법을 풀이함은 유쾌함. 與世無諍:세상과 더불어 다툼이 없음. 戒具常
　快:계율을 갖추면 항상 유쾌함.

【뜻 풀이】 올바른 도를 지켜 그것을 널리 보급시키는 일은 마음이 유쾌하고, 공교롭게 법을 풀이함도 유쾌하다. 세상 사람들과 다투지 아니 하면 계율을 갖추어 항상 마음이 유쾌하다.

依賢居快 如親親會. 近仁智者 多聞高遠.
의 현 거 쾌 여 친 친 회   근 인 지 자 다 문 고 원

현명함에 의지하여 사는 것은 유쾌하여 가까운 사람들을 만남과 같다. 어질고 지혜 있는 사람을 가까이 하면 많이 들어서 높고 멀다.

【글자 뜻】 賢:현명할 현. 親:친할 친. 會:만날 회.
【말의 뜻】 依賢居快 如親親會:현명함에 의지하여 사는 것은 유쾌하여 가까운 사람을 만남과 같음. 近仁智者 多聞高遠:어질고 지혜 있는 사람을 가까이 하면 많이 들어서 높고 멀음.

【뜻 풀이】 현명한 사람과 함께 사는 것은 유쾌하여 가깝고 친한 사람과 단란하게 지내는 것과 같다. 자비심이 있고 밝은 지혜가 있는 사람을 가까이 하면, 올바른 것을 많이 들어 마음이 우아해지고 뜻이 높아진다.

壽命鮮少 而棄世多. 學當取要 令至老安.
수 명 선 소 이 기 세 다   학 당 취 요 영 지 노 안

수명은 드물고 적은데도 세상의 많은 사람들이 버린다. 배워서 마땅히 필요함을 취하여 늙음에 이르러서 편안하게 하라.

【글자 뜻】鮮:드물 선.　棄:버릴 기.　取:취할 취.

【말의 뜻】壽命鮮少 而棄世多:수명이 드물고 적은데도 세상의 많은 사람들이 버림.　學當取要 令至老安:배워서 마땅히 필요함을 취하여 늙음에 이르거든 편안하게 하라.

【뜻 풀이】사람의 수명은 짧고도 덧없는데도 세상 사람들은 억지로 자기 목숨을 버린다. 학문하여 가장 중요한 것을 취하고 삼가서 살면, 늙음에 이르러서 안락한 생활을 할 수 있다.

諸欲得甘露 棄欲滅諦快. 欲度生死苦 當服甘露味.
제 욕 득 감 로　기 욕 멸 체 쾌　욕 도 생 사 고　당 복 감 로 미

모든 단 이슬을 얻기를 바라거든 욕심을 버리고 밝음을 멸하고 유쾌 하라. 생사의 괴로움을 제도하기를 바라거든 마땅히 단 이슬의 맛을 먹으라.

【글자 뜻】甘:달 감.　露:이슬 로.　諦:밝을 체.　服:먹을 복.　味:맛 미.

【말의 뜻】諸欲得甘露 棄欲滅諦快:모든 단 이슬을 얻기를 바라거든 욕심을 버리고 밝음을 멸하면 유쾌함.　欲度生死苦 當服甘露味:생사의 괴로움을 제도하기를 바라거든 마땅히 단 이슬의 맛을 먹음.

【뜻 풀이】참다운 도에 들어가서 깨닫기를 바라거든, 오욕을 버리고 밝음을 멸하면 마음이 유쾌하다. 생사의 고뇌를 제도하기를 바라거든, 단 이슬의 맛을 먹어 진실한 법을 깨닫고 욕망의 세계를 억제하며 살아야 한다. 탐욕이야말로 몸을 망치는 근본이 된다.

제24 호희품(好喜品)

好喜品者 禁人多喜 能不貪欲 則無憂患.
호 희 품 자 금 인 다 희 능 불 탐 욕 즉 무 우 환

호희품(好喜品)이란 사람의 많은 기쁨을 금하여 능히 탐욕하지 않으면
곧 근심과 걱정이 없다.

【글자 뜻】好:좋을 호. 喜:기쁠 희. 禁:금할 금. 貪:탐낼 탐. 患:근심 환.
【말의 뜻】禁人多喜:사람의 많은 기쁨을 금함. 能不貪欲:능히 탐욕내지 않
음. 則無憂患:곧 근심과 걱정이 없음.

【뜻 풀이】이 호희품에서는 사람은 마음이 바라는 대로 쾌락을 구해서는 안
되며, 스스로 탐욕을 내는 일이 없으면 근심과 고뇌는 자연히 없어지게
됨을 가르치고 있다.

違道則自順 順道則自違. 捨義取所好 是爲順愛欲.
위 도 즉 자 순 순 도 즉 자 위   사 의 취 소 호 시 위 순 애 욕

도에 어긋나면 곧 스스로를 따르고 도에 따르면 곧 스스로에 어긋난다.
의를 버리고 좋아하는 것을 취함을 이것을 사랑과 욕심에 따른다고 한다.

【글자 뜻】違:어긋날 위. 順:따를 순. 捨:버릴 사.
【말의 뜻】違道則自順:도에 어긋나면 곧 스스로를 따름. 順道則自違:도에

따르면 곧 스스로에 어긋남. 捨義取所好:의를 버리고 좋아하는 것을 취함. 是爲順愛欲:이것을 사랑과 욕심을 따른다고 함.

【뜻 풀이】 참다운 도에 어긋나면 자기의 탐욕과 방탕함에 따르게 되고, 참다운 도를 지키어 따르면 자기의 탐욕과 방탕함에 어긋나게 된다. 의리와 인정을 버리고 자기가 좋은 대로 행동한다면, 이것을 탐욕과 애욕의 번뇌에 미혹된다고 한다.

不當趣所愛. 亦莫有不愛. 愛之不見憂 不愛見亦憂.
부 당 취 소 애   역 막 유 불 애   애 지 불 견 우 불 애 견 역 우

마땅히 사랑하는 곳에 나아가지 말라. 또한 사랑하지 않음을 있지 말라. 사랑하는 것을 보지 않음도 근심하고 사랑하지 않음을 보는 것도 또한 근심한다.

【글자 뜻】 趣:나아갈 취. 莫:말 막.
【말의 뜻】 不當趣所愛:마땅히 사랑하는 곳에 나아가지 말라. 亦莫有不愛: 또한 사랑하지 않음을 있지 말라. 愛之不見憂:사랑하는 것을 보지 않아 근심함.

【뜻 풀이】 다른 사람들을 사랑하거나 싫어해서는 안 된다. 사랑하는 사람을 만나지 않거나, 좋아하지 않는 사람을 만나는 것은 다 같이 근심거리가 된다. 자기의 욕정을 억제하고 올바른 길로 나아가지 않는다면 엉뚱한 결과가 벌어지게 된다.

> 是以莫造愛. 愛憎惡所由. 已除縛結者 無愛無所憎.
> 시 이 막 조 애   애 증 오 소 유   이 제 박 결 자   무 애 무 소 증

이로써 사랑을 만들지 말라. 사랑은 증오가 말미암는 곳이다. 이미 결박을 제거한 사람은 사랑도 없고 미워하는 바도 없다.

【글자 뜻】 造:지을 조. 憎:미워할 증. 惡:미워할 오. 縛:묶을 박. 結:맺을 결.

【말의 뜻】 是以莫造愛:이로써 사랑을 만들지 말라. 愛憎惡所由:사랑은 증오가 말미암는 곳임. 已除縛結者 無愛無所憎:이미 결박을 제거한 사람은 사랑도 없고 미워할 것도 없음.

【뜻 풀이】 애욕의 생각은 버려야만 한다. 미움이나 원망도 사랑하는 생각으로부터 시작되는 것이다. 그러므로 애욕을 제거해 버리면 자기 자신을 괴롭히는 것은 아무것도 없고, 자기를 구속하는 것도 하나도 없게 된다.

> 愛喜生憂 愛喜生畏. 無所愛喜 何憂何畏.
> 애 희 생 우 애 희 생 외   무 소 애 희 하 우 하 외

사랑의 기쁨은 근심을 낳고 사랑의 기쁨은 두려움을 낳는다. 사랑을 기뻐하는 바가 없으면 무엇을 근심하고 무엇을 두려워하랴!

【글자 뜻】 喜:기쁠 희. 畏:두려울 외.

【말의 뜻】 愛喜生憂 愛喜生畏:사랑의 기쁨은 근심을 낳고 사랑의 기쁨은

두려움을 낳음. 無所愛喜 何憂何畏:사랑의 기뻐하는 바를 없애면 무엇을 근심하고 무엇을 두려워하랴!

【뜻 풀이】 사람이 사람을 사랑하려고 생각하면 마음에 근심이 생기고, 사랑하는 기쁨을 마음에 지니면 두려움이 생긴다. 다른 사람을 사랑하거나 기뻐할 곳이 없으면, 근심하는 마음과 두려운 마음이 없어진다.

> 好樂生憂 好樂生畏. 無所好樂 何憂何畏.
> 호 락 생 우 호 락 생 외　무 소 호 락　하 우 하 외

좋아함과 즐거움은 근심을 낳고 좋아함과 즐거움은 두려움을 낳는다. 좋아하고 즐거운 바가 없으면 무엇을 근심하고 무엇을 두려워하랴!

【글자 뜻】 憂:근심 우.
【말의 뜻】 好樂生憂:좋아함과 즐거움은 근심을 낳음.

【뜻 풀이】 마음이 방종하여 원하는 대로 좋아하고 즐긴다면, 이야말로 근심과 두려움의 근본을 만든다. 이와 같은 마음을 버리고 없애면, 근심과 두려움은 자연히 없어지게 된다.

> 貪欲生憂 貪欲生畏. 解無貪欲 何憂何畏.
> 탐 욕 생 우 탐 욕 생 외　해 무 탐 욕　하 우 하 외

탐욕은 근심을 낳고 탐욕은 두려움을 낳는다. 깨달아 탐욕을 없애면 무엇을 근심하고 무엇을 두려워하랴!

【글자 뜻】 貪:탐낼 탐. 解:깨달을 해.

【말의 뜻】 貪欲生憂:탐욕은 근심을 낳음. 解無貪欲:깨달아서 탐욕을 없앰.

【뜻 풀이】 탐욕이 많고 강한 사람은 근심과 두려움을 크게 낳는다. 깨달아
서 마음에 탐욕이 없어지면 아무런 근심도 없고 두려움도 없어지게 된다.

貪法戒成 至誠知慚 行身近道 爲衆所愛.
탐 법 계 성 지 성 지 참 행 신 근 도 위 중 소 애

법을 탐내고 계율을 이루고 지극한 정성으로 부끄러움을 알며 몸으로 행
하여 도에 가까워지면 중생을 사랑하는 바가 된다.

【글자 뜻】 誠:정성 성. 慚:부끄러울 참.

【말의 뜻】 貪法戒成:법을 탐내고 계율을 이룸. 至誠知慚:지극한 정성으로
부끄러움을 앎. 行身近道:몸으로 행하여 도에 가까워 짐. 爲衆所愛:중
생의 사랑하는 바가 됨.

【뜻 풀이】 법을 탐내어 닦으면 계율도 자연히 성취되어, 사람이 지성으로
일관하기 때문에 부끄러움도 알게 된다. 자기 스스로 수행하여 올바른
도를 말하고 자기를 억제하여 방일하지 않으면, 많은 중생들로부터 그
의 덕을 사모하고 존경을 받게 된다.

欲態不出 思正乃語 心無貪愛 必截流度.
욕 태 불 출 사 정 내 어 심 무 탐 애 필 절 유 도

욕심의 태도를 내지 않고 올바름을 생각하여 곧 말하며 마음에 사랑을 탐냄이 없으면 반드시 흐름을 끊고 건너간다.

【글자 뜻】 態:태도 태. 截:끊을 절. 流:흐를 류.

【말의 뜻】 欲態不出:욕심의 태도를 내지 않음. 思正乃語:올바름을 생각하여 곧 말함. 心無貪愛 必截流度:마음에 사랑을 탐냄이 없으면 반드시 흐름을 끊고 건너감.

【뜻 풀이】 마음을 한결같이 하여 크게 깨달음에 이르도록 힘쓰고, 항상 올바른 말을 하고, 마음속에 탐욕이 없고, 애욕에 마음이 혼란되지 않는 사람은, 열반에 이르는 길에 나아가 흐름을 끊고 건너서 피안에 이르게 된다.

譬人久行 從遠吉還 親厚普安 歸來歡喜.
비 인 구 행 종 원 길 환 친 후 보 안 귀 래 환 희

비유하면 사람이 오래 가서 멀리로부터 길함에 돌아와 친하고 후함에 널리 편안하면 돌아옴에 기뻐하게 된다.

【글자 뜻】 譬:비유할 비. 久:오랠 구. 還:돌아올 환. 厚:두터울 후. 普:너를 보. 歡:기쁠 환.

【말의 뜻】 譬人久行 從遠吉還:비유하면 사람이 오래 가서 멀리로부터 길함에 돌아옴. 親厚普安 歸來歡喜:친하고 후함에 널리 편안하면 돌아옴에 기뻐하게 됨.

【뜻 풀이】 사람이 오랜 동안 멀리 여행하여 무사히 내 집에 돌아온다면, 친척이나 친구들이 다 기쁘게 환영할 것이다.

好行福者 從此到彼 自受福祚 如親來喜.
호 행 복 자 종 차 도 피 자 수 복 조 여 친 래 희

좋아하여 복을 행하는 사람은 여기로부터 저리로 이르러 스스로 복을 받음이 부모께서 오셔서 기뻐함과 같다.

【글자 뜻】 祚:복 조. 親:어버이 친.
【말의 뜻】 好行福者:좋아하여 복을 행하는 사람. 從此到彼:여기로부터 저 곳에 이름. 自受福祚 如親來喜:스스로 복을 받음이 부모께서 오셔서 기뻐함과 같음.

【뜻 풀이】 사람들을 위하여 은혜를 베풀어 복을 행하는 사람은 여기로부터 저곳에 이르러, 사람들에게 덕을 쌓기 위하여 이 세상의 고뇌는 버리고 저 안락한 곳에 이르러 복을 받고 있다.

起從聖教 禁制不善. 近道見愛 離道莫親.
기 종 성 교 금 제 불 선 근 도 견 애 이 도 막 친

일어나서 거룩한 불교에 따라 착하지 못함을 금하여 억제한다. 도에 가까우면 사랑을 보고 도를 떠나면 친함이 없다.

【글자 뜻】 起:일어날 기. 聖:거룩할 성. 禁:금할 금. 制:억제할 제. 離:

떠날 리.

【말의 뜻】 起從聖敎 禁制不善:일어나서 거룩한 불교에 따라서 악함을 금
하고 억제함.   近道見愛 離道莫親:도에 가까우면 사랑을 보고 도를 떠
나면 친함이 없음.

【뜻 풀이】 부처님의 가르침에 따라 악한 일을 하지 않도록 결심하고, 불교
에 가까이 가서 선을 행하면 사람들로부터 사랑을 받고, 도에서 멀리 떠
난 사람은 사람들로부터 친근하지 못하다.

近與不近 所住者異. 近道昇天 不近墮獄.
근 여 불 근 소 주 자 이   근 도 승 천 불 근 타 옥

가까움과 더불어 가깝지 않은 것은 사는 곳이 다르다. 도에 가까우면 하
늘로 올라가고 가깝지 않으면 지옥에 떨어진다.

【글자 뜻】 近:가까울 근. 住:살 주. 異:다를 이. 昇:오를 승. 墮:떨어질
타.

【말의 뜻】 近與不近 所住者異:가까움과 더불어 가깝지 않음은 사는 곳이
다름.   近道昇天 不近墮獄:도에 가까우면 하늘로 올라가고 가깝지 않으
면 지옥에 떨어짐.

【뜻 풀이】 도를 가까이하여 불교를 받드느냐 아니냐에 따라 받는 과보가
다르다. 도에 가까우면 하늘에 태어나고, 도에 가깝지 않으면 지옥에 떨
어진다.

제25 분노품(忿怒品)

忿怒品者 見瞋恚害 寬弘慈柔 天祐人愛.
분 노 품 자 견 진 에 해 관 홍 자 유 천 우 인 애

분노품(忿怒品)이란 성냄의 해됨을 보고 관대하고 광대하고 인자하고 부
드러우면 하늘이 돕고 사람들에게 사랑을 받는다.

【글자 뜻】忿:분할 분. 怒:성낼 노. 瞋:성낼 진. 恚:성낼 에. 寬:너그러
울 관. 弘:넓을 홍. 慈:인자할 자. 柔:부드러울 유. 祐:도울 우.
【말의 뜻】見瞋恚害:성냄의 해됨을 봄. 寬弘慈柔:관대하고 넓고 인자하고
부드러움. 天祐人愛:하늘이 돕고 사람들에게서 사랑을 받음.

【뜻 풀이】남을 원망하고 항상 마음에 분노를 지니고 있는 사람은 사람들
로부터 미움을 받는 해를 당한다. 이와 반대로 언제나 마음이 관대하고
넓고 인자하고 부드러운 사람은 절대로 웬만한 일로 성내지 않는다. 이
와 같이 온순하고 선량하게 사람을 대하는 사람은 하늘의 도움을 얻고,
또 사람들로부터 진심어린 사랑을 받게 마련인 것이다.

忿怒不見法 忿怒不知道. 能除忿怒者 福喜常隨身.
분 노 불 견 법 분 노 부 지 도 능 제 분 노 자 복 희 상 수 신

분노하면 법을 보지 못하고 분노하면 도리를 알지 못한다. 능히 분노를
제거하는 사람은 복과 기쁨이 항상 몸에 따라다닌다.

【글자 뜻】除:덜 제. 福:복 복. 喜:기쁠 희. 隨:다를 수.

【말의 뜻】不見法:불법을 보지 못함. 不知道:도리를 알지 못함. 能除忿怒者:능히 분노를 제거하는 사람. 福喜常隨身:복과 기쁨이 항상 몸을 따름.

【뜻 풀이】사람은 화가 나면 큰 소리를 지르고 사물의 도리를 분간하지 못하여 큰 손해를 당한다. 따라서 마음에 분노가 일어나면 다른 사람들을 해치고 자기 자신도 손해를 당하게 마련이다. 그러므로 능히 분노를 자제할 줄 아는 사람은 항상 여러 가지 복과 기쁨과 경사가 몸을 따르게 되는 것이다.

貪婬不見法 愚癡意亦然. 除婬去癡者 其福第一尊.
탐 음 불 견 법 우 치 의 역 연   제 음 거 치 자 기 복 제 일 존

탐내고 음탕하면 법을 보지 못하고 어리석고 미련한 마음도 또한 그러하다. 음탕함을 제거하고 어리석음을 버리는 사람은 그 복이 가장 높다.

【글자 뜻】貪:탐낼 탐. 婬:음탕할 음. 愚:어리석을 우. 癡:어리석을 치. 尊:높을 존.

【말의 뜻】貪婬:재물을 탐내고 음탕한 생활을 함. 愚癡意:어리석고 미련한 마음. 除婬去癡者:음탕한 생활을 제거하고 어리석은 마음을 버리는 사람. 其福第一尊:그 복이 가장 높음.

【뜻 풀이】사리사욕에 눈이 어두워 재물과 명예를 탐내고, 처자가 있는데도 생활이 방탕하여 음탕함에 빠져 있는 사람들은 참다운 도를 알지 못

한다. 또 몹시 어리석어 지혜가 없는 사람도 이와 마찬가지이다. 그러므로 음탕한 생활을 제거하고 지혜가 있어 어리석음을 버리는 사람은 그 복과 경사가 이 세상에서 가장 높은 것이다.

恚能自制 如止奔車 是爲善御 棄冥入明.
에 능 자 제　여 지 분 거　시 위 선 어　기 명 입 명

성냄을 능히 자제하여 마치 달리는 수레를 멈춤과 같이 하면 이것을 잘 제어(制御)함이 되어 어둠을 버리고 밝음으로 들어가게 된다.

【글자 뜻】制:금할 제. 止:그칠 지. 奔:달릴 분. 善:잘할 선. 御:부릴 어. 棄:버릴 기. 冥:어두울 명.

【말의 뜻】恚能自制:성냄을 능히 스스로 억제함. 止奔車:달리는 수레를 멈춤. 善御:수레를 잘 부림. 棄冥入明:어둠을 버리고 밝음으로 들어감.

【뜻 풀이】당신 자신이 항상 성을 잘 낸다는 것을 안다면 절대로 성내는 일이 없도록 하라. 이것은 마치 달리는 수레를 멈추게 하는 것과 같다. 이렇게 하면 이것이 곧 수레를 잘 부리는 것이 되어, 어리석고 어두운 생활을 버리고 밝은 지혜로 들어가게 되는 것이다.

忍辱勝恚 善勝不善. 勝者能施 至誠勝欺.
인 욕 승 에　선 승 불 선　승 자 능 시　지 성 승 기

욕됨을 참으면 성냄을 이기고 선함은 악함을 이기게 된다. 이긴 사람은

능히 베풀고 지극한 정성은 속임을 이긴다.

【글자 뜻】 忍:참을 인. 辱:욕될 욕. 施:베풀 시. 至:지극할 지. 이를 지.
    誠:정성 성. 欺:속일 기.

【말의 뜻】 忍辱勝恚:욕됨을 참으면 성냄을 이김. 善勝不善:선함은 악함을
    이김. 勝者能施:이긴 사람은 능히 사람들에게 많이 베풂. 至誠勝欺:지
    극한 정성은 속임수를 이김.

【뜻 풀이】 사람들이 비위를 거스르게 하거나, 또 아무리 불쾌한 사건이 일
    어나더라도 이것을 참으면 분노는 저절로 가라앉는다. 세상 이치란 선
    함은 항상 악함을 이기게 되어, 이긴 사람은 사람들에게 많이 베풀게 된
    다. 지극한 정성은 언제나 얄팍한 속임수를 이기게 마련인 것이다.

不欺不怒 意不多求. 如是三事 死則上天.
불 기 불 노 의 불 다 구   여 시 삼 사 사 즉 상 천

속이지 말고 성내지 말고 마음으로 많이 구하지 말라. 이와 같은 세 가지
일은 죽으면 곧 하늘로 올라가게 된다.

【글자 뜻】 多:많을 다. 求:구할 구. 死:죽을 사. 則:곧 즉.

【말의 뜻】 不欺不怒:속이지 말고 성내지 말라. 意不多求:마음에서 욕심이
    일어나 많이 구하지 않도록 하라. 如是三事:이와 같은 세 가지 일. 死
    則上天:죽으면 곧 천국으로 올라가게 된다.

【뜻 풀이】 다른 사람들을 속이지 말고 내 마음을 속이지 말라. 분한 일이

있더라도 성내지 말라. 이 세 가지 일을 잘 지키어 행하면 죽어서 극락 세계로 올라갈 수 있다.

常自攝身 慈心不殺 是生天上 到彼無憂.
상 자 섭 신 자 심 불 살 시 생 천 상 도 피 무 우

항상 스스로의 몸을 잘 다스려 자비로운 마음을 죽게 하지 않는다면 이는 곧 하늘 위에서 살고 거기에 이르러도 근심이 없다.

【글자 뜻】 攝:다스릴 섭. 殺:죽일 살. 到:이를 도. 彼:저 피. 憂:근심 우.
【말의 뜻】 攝身:자기 몸을 잘 다스림. 慈心不殺:자비로운 마음을 죽여 없애지 않음. 生天上:하늘 위에서 살음. 到彼無憂:그곳에 이르러도 근심이 없음

【뜻 풀이】 항상 자기 몸을 소중히 다스려 다섯 가지 욕심에 빠지지 않고 음탕한 생활을 하지 않는다. 살생하는 것을 삼가고 인자한 마음을 살려서 다른 사람들과 접촉하면 죽어서 하늘 위에서 살게 되고, 그곳에서도 생사에 대한 고뇌도 없어지고 아무 근심과 걱정이 없게 된다.

意常覺寤 明暮勤學 漏盡意解 可致泥洹.
의 상 각 오 명 모 근 학 누 진 의 해 가 치 이 원

마음을 항상 깊이 깨달아 밤낮으로 불교의 학문에 부지런히 힘쓰면 새어 나가는 것이 다하고 마음에 깨달아 가히 이원(泥洹)의 경지에 이르게 된다.

【글자 뜻】 覺:깨달을 각. 暮:저물 모. 勤:부지런할 근. 漏:샐 루. 盡:다할 진. 解:깨달을 해. 致:이룰 치. 泥:진흙 니. 洹:세차게 흐를 원.

【말의 뜻】 意常覺寤:마음으로 항상 깨달음이 있기를 바람. 明暮勤學:밤낮으로 배움에 부지런히 힘씀. 漏盡意解:욕심이 없어지고 마음에 깨달음을 얻음. 可致泥洹:가히 이원을 이룸.

【뜻 풀이】 마음으로 항상 깨달음 얻기를 바라 밤낮으로 불도를 배움에 힘쓰면, 욕심은 사라지고 마음에 참다운 도로 나가는 길을 깨달아 저절로 이원(泥洹)의 경지에 이르게 된다.

人相謗毀 自古至今. 旣毀多言 又毀訥忍 亦毀中和 世無不毀.
인상방훼 자고지금 기훼다언 우훼눌인 역훼중화 세무불훼

사람들이 서로 비방하고 헐뜯는 일은 예로부터 지금에 이르렀다. 이미 말 많은 것을 비난하고 또 말이 적고 참음을 비난하고 또한 치우치지 아니함을 비난하니 세상에 비난하지 않음이 없다.

【글자 뜻】 謗:헐뜯을 방. 毀:휠 훼. 訥:말 적을 눌. 忍:참을 인.

【말의 뜻】 人相謗毀:사람들이 서로 비방하고 헐뜯음. 毀多言:말이 많다고 헐뜯음. 毀訥忍:말이 적고 참는다고 헐뜯음. 毀中和:치우침이 없다고 헐뜯음.

【뜻 풀이】 세상 사람들이 서로 헐뜯는 것은 예로부터 오늘에 이르고 있다. 말이 많으면 말이 많다고 헐뜯고, 말이 적으면 말이 적다고 헐뜯고, 또 지나치거나 모자람이 없는 올바른 성정을 지닌 사람에게는 그렇다고 헐

뜯는다. 그러므로 세상에는 헐뜯지 않을 것이 하나도 없는 것이다. 사람들은 남을 칭찬하기는 고사하고, 이처럼 남을 헐뜯어 욕하는 사람만 많은 것이다.

欲意非聖 不能制中. 一毀一譽 但爲利名.
욕 의 비 성 불 능 제 중   일 훼 일 예   단 위 이 명

욕심내는 마음은 거룩하지 못하여 중도(中道)를 통제하지 못한다. 한 번 헐뜯고 한 번 칭찬함은 단지 이익과 명예를 위하여 할 뿐이다.

【글자 뜻】 聖:거룩할 성. 制:누를 제. 지을 제. 譽:기릴 예. 但:다만 단.

【말의 뜻】 欲意:욕심내는 마음. 不能制中:중도를 통제하지 못함. 但爲利名:단지 이익과 명예를 위하여 함.

【뜻 풀이】 사람은 사리사욕(私利私慾)이 앞서면 능히 중도를 걸어갈 수가 없다. 사람들이 남을 헐뜯고 칭찬하고 하는 것은, 오직 이익과 명예만을 위하여 할 뿐이다.

明智所譽 唯稱是賢. 慧人守戒 無所譏謗.
명 지 소 예 유 칭 시 현   혜 인 수 계 무 소 기 방

밝은 지혜는 칭찬하는 바가 되어 오직 이를 현명하다고 일컫는다. 지혜 있는 사람은 계율을 지키어 헐뜯을 곳이 없다.

【글자 뜻】 智:지혜 지. 唯:오직 유. 稱:일컬을 칭. 賢:어질 현. 慧:지혜

혜. 戒:계율 계. 譏:나무랄 기. 謗:헐뜯을 방.

【말의 뜻】明智所譽:밝은 지혜는 칭찬을 받음. 稱是賢:이를 현명하다고 일
컬음. 慧人守戒:지혜 있는 사람은 계율을 지킴. 無所譏謗:나무라고 헐
뜯을 데가 없음.

【뜻 풀이】 지혜가 밝고 원만한 인격을 지닌 사람은 세상 사람들이 칭찬하
는 바가 되며, 오직 그를 현명하다고 말한다. 지혜 있는 사람은 계율을
다 지켜서 그를 나무라고 헐뜯을 곳이 하나도 없다.

如羅漢淨 莫而誣謗 諸人咨嗟 梵釋所稱.
여 나 한 정 막 이 무 방 제 인 자 차 범 석 소 칭

나한(羅漢)과 같이 깨끗하면 헐뜯을 데가 없으며 모든 사람들도 감탄하
고 하늘도 칭찬하는 바가 된다.

【글자 뜻】 羅:늘어설 라. 淨:깨끗할 정. 誣:속일 무. 咨:감탄할 자. 嗟:
감탄할 차. 梵:깨끗할 범. 釋:석가 석. 풀 석. 稱:칭찬할 칭.

【말의 뜻】 如羅漢淨:나한과 같이 깨끗함. 나한은 아라한의 준말. 誣謗:헐
뜯음. 諸人咨嗟:모든 사람들도 감탄함. 梵釋:범천과 제석천. 하늘.

【뜻 풀이】 수행을 하는 아라한(阿羅漢)과 같이 마음과 행실이 깨끗하면 헐
뜯을 곳이 하나도 없다. 모든 세상 사람들도 감탄하고 부처님까지도 칭
찬하는 바가 된다.

常守愼身 以護瞋恚 除身惡行 進修德行.
상 수 신 신 이 호 진 에 제 신 악 행 진 수 덕 행

항상 몸을 삼가 지키어 써 성내는 것을 지키고 몸의 악행을 제거하여 나아가 덕행을 닦으라.

【글자 뜻】 愼:삼갈 신. 護:지킬 호. 瞋:성낼 진. 恚:성낼 에. 除:덜 제.

【말의 뜻】 常守愼身:항상 몸을 삼가 지킴. 護瞋恚:성냄을 지킴. 除身惡行:몸에서 악행을 제거함. 進修德行:나아가 덕행을 닦으라.

【뜻 풀이】 항상 마음과 행실을 삼가 다른 사람을 원망하거나 성내지 말라. 또 항상 행실에서 악행을 제거하고 정성껏 덕행을 닦으라.

常守愼言 以護瞋恚 除口惡言 誦習法言.
상 수 신 언 이 호 진 에 제 구 악 언 송 습 법 언

항상 말을 삼가고 지키어 써 성냄을 지키고 입으로 악한 말 하는 것을 제거하고 불경을 외우고 익히라.

【글자 뜻】 誦:외울 송. 習:익힐 습. 法:본받을 법.

【말의 뜻】 愼言:말을 삼감. 除口惡言:입으로 악한 말 하는 것을 제거함. 誦習法言:부처님의 본받을 말을 외우고 익히라.

【뜻 풀이】 항상 말을 삼가고 지키어 남을 원망하거나 성내는 일이 없게 하라. 또 입으로 악한 말 하는 것을 제거하고 불경을 열심히 외우고 익

히라.

常守愼心 以護瞋恚 除心惡念 思惟念道.
상 수 신 심   이 호 진 에   제 심 악 념   사 유 염 도

항상 마음을 삼가 지키어 써 성내지 않도록 하라. 또 마음에서 악한 생각
을 제거하고 생각에 잠기어 도를 외우라.

【글자 뜻】 念:생각 념. 惟:생각할 유. 念:외울 념.
【말의 뜻】 愼心:마음을 삼감. 除心惡念:마음에서 악한 생각을 제거함. 思
  惟念道:생각에 잠기어 도를 외우라.

【뜻 풀이】 언제나 마음을 삼가 지키어 써 성내지 않도록 하라. 또 마음에서
  악한 생각과 망령된 생각을 제거하고 심사숙고하여, 올바른 도를 마음
  으로 끌어들여 훌륭한 사람이 되도록 노력하라.

節身愼言 守攝其心. 捨恚行道. 忍辱最强.
절 신 신 언   수 섭 기 심   사 에 행 도   인 욕 최 강

몸을 절제하고 말을 삼가 그 마음을 잘 지키고 붙잡으라. 성냄을 버리고
도를 행하라. 욕됨을 참는 것이 가장 강한 사람이다.

【글자 뜻】 節:절제할 절. 攝:잡을 섭. 捨:버릴 사. 忍:참을 인. 辱:욕될
  욕.
【말의 뜻】 節身愼言:검소한 생활로 몸을 지키고 말을 삼가 함부로 떠들지

않음. 守攝其心:자기의 마음을 잘 지키어 붙잡음. 捨恚行道:성냄을 버리고 도를 행함. 忍辱最强:욕됨을 참는 것이 가장 강함.

【뜻 풀이】검소한 생활로 몸을 지키고 말을 삼가 함부로 떠들어대지 말라. 마음을 억제하여 성냄을 버리고 항상 온화한 태도로 올바른 도를 실천해 나가라. 그러면 이윽고 어떤 욕된 일도 능히 참을 수 있어 세상에서 가장 강하고 훌륭한 사람이 될 것이다.

> 捨恚離慢 避諸愛貪. 不著名色 無爲滅苦.
> 사 에 이 만 피 제 애 탐 불 착 명 색 무 위 멸 고

성냄을 버리고 거만함을 떠나고 모든 사랑과 탐냄을 피하라. 명예와 여색에 집착하지 아니하면 마음이 편안하여 괴로움이 없어진다.

【글자 뜻】離:떠날 리. 慢:거만할 만. 避:피할 피. 貪:탐낼 탐. 著:붙을 착. 滅:멸할 멸. 苦:괴로울 고.

【말의 뜻】離慢:거만함에서 떠나라. 避諸愛貪:모든 사랑과 탐냄을 피하라. 不著名色:명예와 여색에 집착하지 않음. 無爲滅苦:마음이 편안하여 괴로움이 없어짐.

【뜻 풀이】사람들은 조금만 해도 남을 원망하거나 성을 잘 낸다. 또 조금만 부귀해져도 거만하게 군다. 그러나 성내거나 거만해서는 안 된다. 또 모든 사랑과 탐냄을 버려야 한다. 이와 같이 하여 명예와 여색에 집착하지 말아야 마음은 절로 편안해지고 모든 괴로움은 없어진다.

일어나서 노여움을 풀고 음란한 생각이 일어나거든 스스로 금하라. 분명
하지 못한 근본을 버리면 이것이 다 편안함을 얻는 길이다.

【글자 뜻】 解:풀 해. 怒:성낼 노. 婬:음란할 음. 禁:금할 금. 健:근본 건.
斯:이 사. 皆:다 개.

【말의 뜻】 起而解怒:일어나서 노여움을 풀음. 婬生自禁:음란한 생각이 일
어나거든 스스로 금함. 捨不明健:분명하지 못한 근본을 버림. 斯皆得
安:이것이 다 안락함을 얻음.

【뜻 풀이】 마음에 노여움이 일어나거든 일어나서 그 노여움을 풀고, 마음
에 음란한 생각이 일어나거든 스스로 불타는 욕정을 억제하여 금한다.
분명치 못한 근본을 살펴보고 지혜의 밝은 빛을 비춰 단속하고 반성하
라. 이것이 다 마음의 고민을 없애고 안락함을 얻는 길이다.

瞋斷臥安 恚滅婬憂. 怒爲毒本 軟意梵志.
진 단 와 안　에 멸 음 우　　노 위 독 본　연 의 범 지

성냄을 끊으면 누웠어도 편안하니 성냄을 멸하고 음란함을 근심하라.
성냄은 해독의 근본이 되니 마음을 부드럽게 지니면 부처님의 뜻이 된다.

【글자 뜻】 瞋:성낼 진. 斷:끊을 단. 臥:누울 와. 滅:멸할 멸. 憂:근심할
우. 毒:독 독. 軟:부드러울 연.

【말의 뜻】瞋斷臥安:성냄을 끊으면 누워 있어도 편안함. 恚滅婬憂:성냄을 없애고 음란함을 근심함. 怒爲毒本:성냄은 해독의 근본이 됨. 軟意:마음을 부드럽게 함. 梵志:부처님의 뜻.

【뜻 풀이】성냄을 끊어 없애면 누워 있어도 마음이 편안하니, 성내고 음란함을 근심하는 마음을 뿌리 채 뽑아 버리라. 성냄은 마음을 해치는 해독의 근본이 되는 것이니, 마음을 부드럽게 지니고 불도에 부지런히 힘쓰면 부처님의 뜻이 된다.

言善得譽 斷爲無患. 同志相近 詐爲作惡. 後別餘恚 火自燒惱.
언 선 득 예 단 위 무 환   동 지 상 근 사 위 작 악   후 별 여 에 화 자 소 뇌

말이 선량하면 칭찬을 얻고 성냄을 끊어버리면 근심될 것이 없다. 뜻이 같으면 서로 가깝고 거짓을 하면 악을 저지르게 된다. 뒤에 헤어져도 나머지 성냄이 있으면 불은 스스로 번뇌를 불사르게 된다.

【글자 뜻】患:근심 환. 詐:거짓 사. 餘:남을 여. 燒:사를 소. 惱:괴로워할 뇌.

【말의 뜻】言善得譽:말이 착하면 칭찬을 받음. 斷爲無患:성냄을 끊으면 근심이 없음. 同志相近:뜻이 같으면 서로 가까워짐. 詐爲作惡:거짓되면 악을 저지르게 됨. 後別餘恚:뒤에 이별함에 나머지 성냄이 있음. 火自燒惱:불은 스스로의 번뇌를 불태움.

【뜻 풀이】사람은 말하는 것이 선하고 올바르면 다른 사람으로부터 칭찬을 받고, 성냄을 끊어 없애버리면 아무 근심될 것이 없다. 올바른 도를 닦

아 뜻이 같으면 서로 가까워지고, 마음에 거짓을 생각하면 악행을 저지르게 된다. 뒤에 이별함에 있어 나머지 성냄이 있으면, 그 성냄의 불길은 다른 사람이 아닌 바로 자신의 번뇌를 불태우게 된다.

不知慚愧 無戒有怒. 爲怒所牽 不厭有務. 有力近兵 無力近軟.
부 지 참 괴 무 계 유 노　위 노 소 견 불 염 유 모　유 력 근 병 무 력 근 연

부끄러움을 알지 못하면 계율이 없어 성냄이 있다. 성냄 때문에 끌려가는 바가 되어 싫지 않더라도 업신여김이 있게 된다. 힘이 있으면 병사에 가깝고 힘이 없으면 부드러움에 가깝다.

【글자 뜻】 慚:부끄러울 참. 愧:부끄러울 괴. 牽:끌 견. 厭:싫어할 염. 務:
업신여길 모. 힘쓸 무. 近:가까울 근.

【말의 뜻】 不知慚愧:부끄러움을 알지 못함. 無戒有怒:경계함이 없어 성냄
이 있음. 爲怒所牽:성내기 때문에 화에 끌리는 바가 됨. 不厭有務(불염
유모):사람들이 싫어하지 않더라도 업신여기는 것이 있음. 有力近兵:힘
이 있으면 군대에 가까움. 無力近軟:힘이 없으면 부드러움에 가까움.

【뜻 풀이】 부끄러움을 모르는 사람은 크게 성내고, 계율을 닦지 않는 사람
도 성냄이 있다. 성냄 때문에 성냄에 이끌리는 바가 되면 다른 사람들이
싫어하지 않더라도 업신여김을 받게 된다. 힘이 있으면 군대에 가까워
살상을 자행하게 되고, 힘이 없으면 부드러움을 지녀 부처님의 뜻을 지
닐 수 있게 된다.

夫忍爲上 宜常忍羸. 擧衆輕之 有力者忍.
부 인 위 상 의 상 인 영   거 중 경 지 유 력 자 인

대저 참음을 최상으로 삼거니와 마땅히 항상 약한 자에게 참으라. 일반
사람들은 다 참는 것을 가볍게 알지만 지혜의 힘이 있는 사람은 참는다.

【글자 뜻】 夫:대저 부. 남편 부. 忍:참을 인. 宜:마땅 의. 常:항상 상. 羸:
　　약할 영. 擧:들 거. 衆:무리 중. 輕:가벼울 경.

【말의 뜻】 忍爲上:참는 것을 최상으로 삼음. 常忍羸:항상 약한 사람에게
　　참고 자비를 베풂. 擧衆輕之:사람들은 다 참는 것을 가볍게 생각함.
　　有力者忍:지혜의 힘이 있는 사람은 참는다.

【뜻 풀이】 이 세상에서는 지혜가 많아 잘 참는 사람을 최상으로 삼는다. 그
　　러므로 마땅히 항상 나보다 약한 사람에게 자비를 베풀고 참고서 그들
　　을 돌봐야 하는 것이다. 세상 사람들은 다 참는 것을 가볍게 아는 사람
　　들이 많지만, 그러나 지혜의 힘이 많은 사람은 능히 인내력을 가지고 있
　　다.

夫忍爲上 宜常忍羸. 自我與彼 大畏有三 如知彼作 宜滅己中.
부 인 위 상 의 상 인 영   자 아 여 피 대 외 유 삼 여 지 피 작 의 멸 기 중

대저 참는 것을 최상으로 삼거니와 마땅히 항상 약한 사람에게 참으라.
나 자신과 그와 대외(大畏)의 세 가지가 있으니 만일 그를 위하여 일함인
줄 안다면 마땅히 자기 가운데 멸해야 한다.

【글자 뜻】 與:더불어 여. 彼:저 피. 畏:두려울 외. 作:일할 작. 己:몸 기.

【말의 뜻】 自我與彼:나와 그. 大畏:큰 두려움. 如知彼作:만일 그를 위하여 일하는 것인 줄 알음. 宜滅己中:마땅히 자기 가운데 멸함.

【뜻 풀이】 대저 참는 것이 최상이 되니 마땅히 항상 나보다 약한 사람에게 자비를 베풀고 참아서 그를 돌봐 주라. 나와 그와 대외(大畏)의 세 가지가 있으니, 만일 그것이 그를 위하고 나도 위하는 것인 줄을 안다면, 마땅히 자기 마음을 다스리는 것이 좋은 일이다.

> 俱兩行義 我爲彼敎 如知彼作 宜滅己中.
> 구 양 행 의 아 위 피 교 여 지 피 작 의 멸 기 중

함께 두 가지 의를 행함을 내가 그에게 가르침을 행할지라도 만일 그것이 그를 위하고 나를 위하여 하는 것인 줄을 안다면 마땅히 자기 안에서 성냄을 없애는 것이 좋다.

【글자 뜻】 俱:함께 구. 義:옳을 의. 敎:가르칠 교.

【말의 뜻】 俱兩行義:한꺼번에 두 가지 의를 행함. 我爲彼敎:내가 그에게 가르침을 행함.

【뜻 풀이】 참다운 도에 가까이 이르고 법에 근거를 두고서 인내하여 성내지 않는다. 내가 그를 위하여 가르친다면, 만일 이것이 그를 위하는 일도 되고 나를 위하는 일이 되며, 그것이 그에게서 나온 올바른 행위인 줄 안다면, 마땅히 자기 마음속에서 분노를 가라앉혀 없애야 한다.

善智勝愚 麤言惡說. 欲常勝者 於言宜默.
선지승우 추언악설 욕상승자 어언의묵

착한 지혜는 어리석음의 거친 말과 악한 말보다 낫다. 항상 이기기를 바라거든 말함에 있어서 마땅히 침묵하라.

【글자 뜻】 勝:나을 승. 이길 승. 愚:어리석을 우. 麤:거칠 추. 默잠잠할묵.

【말의 뜻】 善智勝:착한 지혜는 ~보다 낫다. 麤言惡說:거친 말과 악한 말. 欲常勝者:항상 이기기를 바람. 於言宜默:말함에 있어 마땅히 침묵하라.

【뜻 풀이】 착한 지혜와 인내력이 있는 사람은 선량하고 올바른 말만 하기 때문에, 어리석은 사람의 거친 말과 악한 말보다 낫다. 항상 어리석은 사람에게 이기기를 바라거든, 말을 삼가고 태도를 바르게 하여 마땅히 침묵을 지키라.

夫爲惡者 怒有怒報. 怒不報怒 勝彼鬪負.
부위악자 노유노보 노불보노 승피투부

대저 악을 행하는 사람은 성내면 성냄의 보복이 있다. 성내어도 성냄의 보복이 없다면 그와 싸워서 지는 것보다 낫다.

【글자 뜻】 怒:성낼 노. 報:갚을 보. 勝:나을 승. 彼:저 피. 鬪:싸울 투. 負:질 부.

【말의 뜻】 爲惡者:악을 행하는 사람. 怒有怒報:성내면 성냄에 대한 갚음
이 있음. 怒不報怒:성내도 성냄의 보복을 받지 않음. 勝彼鬪負:그와
싸워서 지는 것보다 낫다.

【뜻 풀이】 대저 사람에게서 성냄을 받고서도 성냄을 되돌려 보내지 않는
사람은 성낸 사람보다 나은 사람이다. 성냄에 대하여 성냄으로 보복하
는 사람은 선량하고 지혜가 많은 사람은 아닌 것이다.
　　조심성이 있고 마음이 큰 사람은 쓸데없는 일에 화를 내거나 하지 않
는다. 그러므로 우선 인격을 닦아야 하는 것이다.

제26 진구품(塵垢品)

> 塵垢品者 分別淸濁. 學當潔白 無行汚辱.
> 진구품자 분별청탁 학당결백 무행오욕

진구품(塵垢品)이란 맑고 흐림을 분별하는 일이다. 배우면 마땅히 청렴결백(淸廉潔白)하여 오욕(汚辱)을 행하는 일이 없다.

【글자 뜻】塵:티끌 진. 垢:때 구. 濁:흐릴 탁. 潔:깨끗할 결. 汚:더러울 오. 辱:욕될 욕.

【말의 뜻】分別淸濁:맑고 흐림을 분별함. 學當潔白:배우면 마땅히 마음과 행실이 깨끗하여짐. 無行汚辱:더럽고 욕됨을 행하지 않음.

【뜻 풀이】우선 맑고 흐림을 분별하여 아는 일이다. 학문을 하는 사람은 마음이 맑고 행동이 맑기 때문에, 속세의 티끌과 때에 오염되지 않는 법이다.

> 生無善行 死墮惡道. 往疾無間 到無資用.
> 생무선행 사타악도 왕질무간 도무자용

살아서 선행을 하지 않는다면 죽어서 악도(惡道—지옥)에 떨어진다. 가는 것이 빨라 시간이 없고 다다름에 소요되는 금품이 없을 것이다.

【글자 뜻】墮:떨어질 타. 往:갈 왕. 疾:빠를 질. 병 질. 資:재물 자.

【말의 뜻】 生無善行:살아서 착한 행실을 함이 없음.　死墮惡道:죽어서 악
도지옥에 떨어짐.　往疾無間:가는 것이 빨라 사이가 없음.　到無資用:이
르러도 노자도 없음.

【뜻 풀이】 사람으로 태어나서 살아 있는 동안 아무 선행도 한 것이 없다면,
당연히 죽어서 악도지옥에 떨어지게 될 것이다. 인생은 너무나 빨리 가
서 시간이 없고, 지옥에 이르러도 노자 한 푼 없다. 그러나 어떤 사람이
라도 마음만 먹는다면 얼마든지 선행과 자비를 베풀 수 있는 것이다.

當求智慧 以然意定. 去垢勿汚 可離苦形.
당 구 지 혜　이 연 의 정　　거 구 물 오　가 이 고 형

마땅히 지혜를 구하여 써 마음 정하기를 불태우라. 때를 버리고 더러워
지지 말아야 가히 괴로운 형체에서 떠날 수 있다.

【글자 뜻】 慧:지혜 혜.　然:불태울 연.　離:떠날 리.　苦:괴로울 고.　形:형
상 형.
【말의 뜻】 當求智慧:마땅히 지혜를 구함.　然意定:마음 정하기를 불태우라.
去垢勿汚:때를 버리고 더러움에 물들지 않음.　可離苦形:가히 괴로운 형
체에서 떠날 수 있음.

【뜻 풀이】 사람은 마땅히 깊은 지혜를 구하여 마음을 선정(禪定)에 불태우
면, 속세의 사리사욕(私利私慾)의 때를 버리고 더러움에 물들지 않게 되
기 때문에, 근심과 고뇌도 없어지고 훌륭한 경지로 마음이 나아갈 수 있
다.

慧人以漸 安徐稍進 洗除心垢 如工鍊金.
혜 인 이 점 안 서 초 진 세 제 심 구 여 공 연 금

지혜 있는 사람은 써 점차적으로 안정되고 서서히 차차 나아가 마음의 때
를 씻어 제거하는 것이 마치 공장이가 쇠를 단련하는 것과 같다.

【글자 뜻】 漸:점점 점. 徐:느릴 서. 稍:점점 초. 洗:씻을 세. 除:제할 제.
　　鍊:불릴 련.
【말의 뜻】 慧人以漸:지혜 있는 사람은 점차적으로 함. 安徐稍進:마음을 안
　　정하고 서서히 차차로 나아감. 洗除心垢:마음의 때를 씻어 제거해버림.
　　如工鍊金:마치 공장이가 쇠붙이를 단련하는 것과 같음.

【뜻 풀이】 지혜가 깊은 사람은 급히 서둘지 않고 마음을 안정시킨 다음 서
　　서히 점진적으로 나아가, 마치 제련공이 쇠붙이를 연마하듯이 자기 마
　　음의 때를 씻어버려, 드디어는 마음이 깨끗하게 된다.

惡生於心 還自壞形. 如鐵生垢 反食其身.
악 생 어 심 환 자 괴 형 여 철 생 구 반 사 기 신

악함이 마음에서 생기면 도리어 스스로 형체를 부순다. 마치 무쇠에 때
가 생기면 도리어 그 몸을 먹는 것과 같다.

【글자 뜻】 還:도리어 환. 壞:무너질 괴. 鐵:쇠 철. 反:도리어 반. 食:먹
　　을 사.
【말의 뜻】 惡生於心:악함이 마음에 생김. 還自壞形:도리어 스스로 자신의

형체를 부숨. 鐵生垢:쇠에 때가 생김. 쇠에 녹이 슬음. 反食其身:도리
어 그 몸을 먹어버림.

【뜻 풀이】 만일 악한 생각이 마음속에서 일어나면 도리어 저절로 자기 자
신의 형체를 손상시키게 된다. 마치 무쇠에 녹이 생기면 도리어 그 몸을
먹어버리는 것과 같이, 그 몸을 파괴하여 망하게 되는 것이다. 마음이
야말로 녹이 슬지 않도록 항상 노력하여 스스로 닦아야 하는 것이다.

不誦爲言垢 不勤爲家垢 不嚴爲色垢 放逸爲事垢.
불 송 위 언 구　불 근 위 가 구　불 엄 위 색 구　방 일 위 사 구

부처님의 말씀을 외우지 않으면 말의 때가 되고 부지런히 청소하지 않
으면 집안의 때가 되며 엄격하지 않으면 여색의 때가 되고 방탕하고 안일
하면 일의 때가 된다.

【글자 뜻】 誦:외울 송. 勤:부지런할 근. 嚴:엄할 엄. 放:놓을 방. 逸:편
안 일.
【말의 뜻】 不誦爲言垢:부처님의 말씀을 외우지 않으면 말에 때가 생김. 不
勤爲家垢:부지런히 청소하지 않으면 집안에 때가 생김. 不嚴爲色垢:마
음을 엄격하게 하지 않으면 여색의 때가 생김. 放逸爲事垢:방탕하고 안
일한 생활을 하면 하는 일에 때가 생김.

【뜻 풀이】 마음과 행실은 항상 자신이 닦아 때를 없애야 한다. 만일 부처
님의 말씀을 외우지 않는다면 말에 때가 생기게 되고, 부지런히 청소하
지 않는다면 온 집안이 때와 먼지투성이가 된다. 마음을 항상 엄격하게

다스리지 않는다면 여색의 때가 생기게 되고, 방탕하고 안일한 생활만을 즐기면 하는 일마다 때가 끼게 된다. 이렇게 되면 온통 때가 끼게 되어 점점 악에 물들게 되지 않을 수 없는 것이다.

慳爲惠施垢 不善爲行垢. 今世亦後世 惡法爲常垢.
간 위 혜 시 구　불 선 위 행 구　　금 세 역 후 세　악 법 위 상 구

인색하면 은혜를 베풂의 때가 되고 선하지 못함을 행하면 때가 된다. 지금 세상에나 또는 후세에나 악한 행실은 항상 때가 된다.

【글자 뜻】 慳:인색할 간.　惠:은혜 혜.　施:베풀 시.　常:항상 상.

【말의 뜻】 慳爲惠施垢:인색하면 은혜를 베풂에 있어 때가 됨.　不善爲行垢:악을 행하면 때가 됨.　惡法爲常垢:악한 행실은 항상 때가 됨.

【뜻 풀이】 지나치게 인색하면 은혜를 베풂에 있어 때가 되고, 악한 행실을 하면 때가 된다. 지금 세상이나 또는 후세에 있어서 악한 행실은 항상 때가 되어 남아 있다.

垢中之垢 莫甚於癡. 學當捨惡. 比丘無垢.
구 중 지 구　막 심 어 치　　학 당 사 악　　비 구 무 구

때 중에서도 가장 큰 때는 어리석음보다 심한 것은 없다. 배우는 이들이여 마땅히 악을 버리라. 비구(比丘)들이여 때를 없게 하라.

【글자 뜻】 甚:심할 심.　癡:어리석을 치.　捨:버릴 사.

【말의 뜻】 垢中之垢:때 중에서도 가장 큰 때.　莫甚於癡:어리석음보다 더 심한 것은 없다.　學當捨惡:배우는 사람들이여 마땅히 악을 버리라.　比丘無垢:불도를 닦는 비구들이여 때가 없게 하라.

【뜻 풀이】 이 세상에서 때 중에서 가장 더러운 때는 마음이 어리석은 것보다 더 심한 것은 없다. 부처님의 말씀을 배우는 사람들이여, 우선 마음에서 악함을 버리도록 하라. 또 부처님의 제자가 된 비구(比丘)들이여, 때를 깨끗이 닦아내어 깨끗한 마음이 되게 하라.

苟生無恥 如鳥長喙. 強顔耐辱 名曰穢生.
구 생 무 치　여 조 장 훼　　강 안 내 욕　명 왈 예 생

구차하게 살아 부끄러움을 모르니 마치 새의 긴 부리와 같다. 굳센 얼굴을 하고 욕됨을 참는 것을 이름하여 '더러운 생활'이라 말한다.

【글자 뜻】 苟:구차할 구.　恥:부끄러울 치.　喙:부리 훼.　耐:참을 내.　穢:더러울 예.

【말의 뜻】 苟生無恥:구차하게 살아 부끄러움을 모름.　如鳥長喙:마치 새의 긴 부리와 같음.　強顔耐辱:덕을 버린 굳센 얼굴로 욕됨을 참음.　名曰穢生:이름하여 '더러운 인생'이라 말한다.

【뜻 풀이】 이 세상에 구차하게 오래 살면서 부끄러움조차 모르니, 이는 마치 새의 긴 부리로 마구 먹이를 쪼아 먹는 것과 같다. 덕행을 버리고서 욕됨을 모르고 사니 살기는 편하지만, 이를 이름 붙여 '더러운 인생'이라고 말한다.

> 廉恥雖苦 義取淸白. 避辱不妄 名曰潔生.
> 염 치 수 고　의 취 청 백　피 욕 불 망　명 왈 결 생

마음이 청렴하고 부끄러움을 안다는 것은 비록 괴로운 일이라 할지라도 옳음은 청백(淸白)함을 취한다. 욕됨을 피하고 망령된 행동을 하지 않는 것을 이름하여 '깨끗한 인생'이라고 말한다.

【글자 뜻】 廉:청렴할 렴. 雖:비록 수. 取:취할 취. 避:피할 피. 妄:망령될 망. 潔:깨끗할 결.

【말의 뜻】 廉恥雖苦:마음이 청렴하고 부끄러움을 안다는 것이 비록 괴롭지만. 義取淸白:옳음은 항상 맑고 깨끗함을 취함. 避辱不妄:욕됨을 피하고 망령된 행동을 하지 않음. 名曰潔生:이름하여 '깨끗한 인생'이라 말함.

【뜻 풀이】 마음이 청렴하고 부끄러움을 아는 생활은 괴롭지만, 명예와 사리사욕을 버려 항상 마음이 청백하고, 항상 조심하여 치욕을 피하고 망령된 행동을 하지 않는 것을 이름하여 '깨끗한 인생'이라고 말한다.

> 愚人好殺 言無誠實 不與而取 好犯人婦 逞心犯戒 迷惑於酒.
> 우 인 호 살　언 무 성 실　불 여 이 취　호 범 인 부　영 심 범 계　미 혹 어 주
> 斯人世世 自掘身本.
> 사 인 세 세　자 굴 신 본

어리석은 사람은 살생(殺生)을 좋아하고 말에 성실성이 없으며 주지 않아도 취하고 남의 부인 침범하기를 좋아하며 마음을 늦추어 계율을 범하

고 술에 미혹되거니와 이런 사람은 이승에 있으면서 스스로 몸의 근본을
판다.

【글자 뜻】 愚:어리석을 우. 殺:죽일 살. 誠:정성 성. 與:줄 여. 婦:아내
부. 逞:늦출 령. 戒:경계 계. 迷:헤맬 미. 惑:미혹할 혹. 斯:이 사.
掘:팔 굴.

【말의 뜻】 愚人好殺:어리석은 사람은 살생하기를 좋아함. 言無誠實:말에
성실성이 없음. 不與而取:주지 않아도 억지로 뺏음. 好犯人婦:남의 아
내 침범하기를 좋아함. 逞心犯戒:마음을 늦추어 계율을 침범함. 迷惑
於酒:술에 미혹됨. 自掘身本:스스로 자기 무덤을 팜.

【뜻 풀이】 어리석은 사람일수록 살생을 좋아하고, 말에 성실성이 없어 거
짓말을 잘하며, 주지 않아도 억지로 뺏고, 도둑질을 좋아하고, 다른 사
람의 부인을 침범하기를 잘하며, 마음을 늦추어 계율을 지키지 않고 술
에 빠져 사람들로부터 미움을 받는다. 이와 같은 사람은 이 세상에서 살
고는 있지만 스스로 자기 무덤을 파는 것과 같다.

人如覺是 不當念惡. 愚近非法 久自燒沒.
인 여 각 시 부 당 염 악 우 근 비 법 구 자 소 몰

　사람이 만일 이것을 깨달았으면 마땅히 악함을 생각지 말라. 어리석은
사람은 법이 아닌데 가까이하여 영구히 스스로를 불태워 없앤다.

【글자 뜻】 覺:깨달을 각. 念:생각할 념. 久:오랠 구. 燒:불사를 소. 沒:
다할 몰.

【말의 뜻】人如覺是:사람이 만일 이것을 깨달음. 不當念惡:마땅히 악함을 생각지 말라. 愚近非法:어리석은 사람은 법도가 아닌데 가까움. 久自 燒沒:영구히 스스로를 불태워 없앰.

【뜻 풀이】 당신 자신의 무덤을 스스로 파고 있다는 사실을 깨달았으면 절 대로 마음에 악함을 생각지 말라. 이것이 올바른 길인 줄을 깊이 깨닫고 악한 길에서 빠져나와 당신의 몸을 괴롭히지 않도록 힘쓰라.

若信布施 欲揚名譽 會人虛飾 非入淨定.
약 신 보 시 욕 양 명 예 회 인 허 식 비 입 정 정

만일 믿음의 보시(布施)를 베풀어 명예를 드날리기를 바라 사람들의 허 식을 모으면 이는 깨끗한 선정에 들어가는 것이 아니다.

【글자 뜻】 布:베풀 보. 베 포. 施:베풀 시. 揚:날릴 양. 會:모을 회. 虛: 거짓 허. 飾:꾸밀 식. 淨:깨끗할 정.
【말의 뜻】 若信布施:만일 신앙의 입장에서 보시를 함. 欲揚名譽:명예를 드날리기를 바람. 會人虛飾:사람들의 허식을 모음. 非入淨定:참다운 선정(禪定)에 들어가지 못함.

【뜻 풀이】 사람이 만일 신앙의 입장에서 보시를 베풀어 명예를 올리기를 바라 사람들의 거짓 꾸밈을 모은다면, 자기 자신의 마음이 평정하지 못 하기 때문에, 이것은 참다운 선정(禪定)에 들어갈 수 없는 것이다.

一切斷欲 截意根原. 晝夜守一 必入定意.
일 체 단 욕 절 의 근 원 주 야 수 일 필 입 정 의

모든 욕심을 끊고 마음의 근원을 잘라내라. 밤낮으로 한 가지 도를 지키면 반드시 마음의 안정으로 들어갈 것이다.

【글자 뜻】 切:모두 체. 斷:끊을 단. 截:끊을 절.

【말의 뜻】 一切斷欲:모든 사리사욕을 끊음. 截意根原:마음의 근원을 잘라냄. 晝夜守一:밤낮으로 도 하나를 지킴. 必入定意:반드시 마음의 안정을 얻음.

【뜻 풀이】 모든 미망(迷妄)의 근원인 욕심을 끊어버리고 마음의 근원에서 솟구치는 사리사욕을 잘라버려라. 밤이나 낮이나 진리를 깨닫기 위하여 참다운 도를 지켜 나가면, 반드시 마음도 안정을 얻고 밝은 지혜가 되살아날 것이다.

著垢爲塵 從染塵漏. 不染不行 淨而離愚.
착 구 위 진 종 염 진 루 불 염 불 행 정 이 이 우

때에 붙는 것은 티끌이 되고 티끌에 물들음에 따르는 것을 번뇌한다고 한다. 물들지 않고 악행을 하지 않으면 깨끗하여 어리석음에서 떠나게 된다.

【글자 뜻】 著:붙을 착. 지을 저. 染:물들 염. 漏:샐 루. 離:떠날 리.

【말의 뜻】 著垢爲塵:때에 붙으면 티끌이 됨. 從染塵漏:티끌에 물들음에 따르는 것을 번뇌한다고 함. 不染不行:번뇌에 물들지 않고 악행을 하지

않음. 淨而離愚:몸과 마음이 깨끗하여 어리석음에서 떠남.

【뜻 풀이】 사리사욕에 붙어서 물드는 것을 티끌에 더러워진다고 말하고, 욕망에 물드는 것을 번뇌로 더러워진다고 한다. 번뇌에 물들지 않고 악한 행실을 하지 않는 사람은 마음과 몸이 깨끗하여져서 어리석음에서 떠나게 된다. 사람의 마음은 자칫하면 사리사욕과 악에 물들어 더러워지기 쉽기 때문에, 사람은 항상 마음을 밝게 비추어 마음과 몸을 깨끗하게 지녀 나가야 한다.

> 見彼自侵 常內自省 行漏自欺 漏盡無垢.
> 견 피 자 침 상 내 자 성 행 루 자 기 누 진 무 구

그가 스스로 침범하는 것을 보고 항상 안으로 스스로 번뇌를 행하여 스스로 속임이 있는가를 반성하면 번뇌는 다하고 때는 없어진다.

【글자 뜻】 彼:저 피. 侵:침노할 침. 省:살필 성. 欺:속일 기.
【말의 뜻】 見彼自侵:다른 사람이 스스로 악을 저지르는 것을 봄. 常內自省:항상 안으로 스스로 반성함. 行漏自欺:번뇌를 행하여 스스로를 속임. 漏盡無垢:번뇌는 다 없어지고 때도 없어짐.

【뜻 풀이】 사람은 항상 다른 사람들이 악한 일을 행하는 것을 보고 항상 스스로 마음속으로 반성한다. 사리사욕에 눈이 어두워 악한 일을 저질러 자신을 속이는 일이 없게 되면, 사리사욕은 다 없어지고 마음과 몸에 붙어 있던 때는 없어지게 되어, 마음과 몸이 깨끗해지게 된다.

火莫熱於婬 捷莫疾於怒 網莫密於癡 愛流駛乎河.

화 막 열 어 음 첩 막 질 어 노 망 막 밀 어 치 애 유 사 호 하

불길은 음탕함보다 더 뜨거운 것이 없고 빠르기로는 성냄보다 더 빠른 것이 없으며 그물은 어리석음보다 너 빽빽한 것이 없고 사랑의 흐름은 개울보다도 빠르다.

【글자 뜻】熱:더울 열. 捷:빠를 첩. 疾:빠를 질. 병 질. 網:그물 망. 密: 빽빽할 밀. 駛:빠를 사. 河:개울 하.

【말의 뜻】火莫熱於婬:불길은 음탕함보다 더 뜨거운 것이 없음. 捷莫疾於怒:빠르기로는 성냄보다 더 빠른 것이 없음. 網莫密於癡:그물은 어리석음보다 더 빽빽함이 없음. 愛流駛乎河:사랑의 흐름은 개울물보다도 더 빠름.

【뜻 풀이】음욕의 색정은 불길보다도 더 뜨겁게 사람의 마음을 불태우고, 빠르기로는 성내는 마음보다 더 빠른 것이 없으며, 어리석음은 그물코 보다도 더 촘촘하고, 사랑의 흐름은 개울물보다도 더 빠르다. 이상의 음탕한 마음과 성냄과 어리석어 물질에 얽매이는 것들을 마음에서 없애버려야만, 비로소 마음에서 근심과 걱정이 없어져 마음의 안정을 얻을 수 있게 되는 것이다.

虛空無轍迹 沙門無外意. 衆人盡樂惡 唯佛淨無穢.

허 공 무 철 적 사 문 무 외 의 중 인 진 낙 악 유 불 정 무 예

허공에 새의 자국이 없고 중〔僧〕들에게 외부의 뜻이 없다. 모든 사람들은

다 악함을 즐기는데 오직 부처님만이 깨끗하여 더러움이 없다.

【글자 뜻】 虛:빌 허. 轍:수레바퀴 철. 迹:자취 적. 唯:오직 유. 穢:더러
울 예.

【말의 뜻】 虛空無轍迹:허공에는 새의 자국이 나지 않음. 沙門無外意:중
〔僧〕들은 외형만으로 결정할 수 없음. 衆人盡樂惡:모든 사람들은 다 악
함을 즐김. 唯佛淨無穢:오직 부처님만이 깨끗하여 더러움이 없음.

【뜻 풀이】 허공에 새가 날아간 자국이 없는 것과 마찬가지로, 중〔僧〕들도
겉모습만 가지고 중〔僧〕이 되는 것이 아니라, 마음과 행실이 깨끗해야
한다. 모든 사람들은 다 사리사욕에 눈이 어두워 악함을 즐기고 있는데,
오직 부처님만이 청정무구(淸淨無垢)하고 진실하고 자비심이 있으며,
언제나 공명정대(公明正大)하다.

虛空無轍迹 沙門無外意. 世間皆無常 佛無我所有.
허 공 무 철 적 사 문 무 외 의   세 간 개 무 상 불 무 아 소 유

허공에 새가 날아간 자국이 없고 중〔僧〕들에게 외부의 뜻이 없다. 세상
만물은 다 항상 됨이 없지만 부처님만이 내 소유가 없다.

【글자 뜻】 世:인간 세. 皆:다 개. 常:항상 상.

【말의 뜻】 世間皆無常:세상의 만물은 다 항상 됨이 없음. 佛無我所有:부
처님만이 사람들의 소유가 되지 못함.

【뜻 풀이】 허공에 새가 날아간 자국이 없듯이 중〔僧〕들도 외형만으로 될 수

있는 것이 아니다. 세상의 만물은 다 영구불변(永久不變)한 것이 없건만, 오직 부처님만은 누구의 소유도 되지 않고 청정무구하고 진실하고 자비심이 있으며, 언제나 공명정대한 존재인 것이다.

제27 봉지품(奉持品)

奉持品者 解說道義 法貴德行 不用貪侈.
봉지품자 해설도의 법귀덕행 불용탐치

봉지품(奉持品)이란 도의(道義)를 해설한 것으로 법은 덕행을 귀중하게 여기고 탐냄과 사치를 쓰지 않는다.

【글자 뜻】奉:받들 봉. 持:가질 지. 解:풀 해. 說:말씀 설. 貪:탐낼 탐. 侈:사치 치.

【말의 뜻】解說道義:도의(道義)를 해설한 것임. 法貴德行:법은 덕행을 귀중히 여김. 不用貪侈:탐냄과 사치는 쓰지 않음.

【뜻 풀이】봉지품이란 참다운 도와 의리나 인정이 어떤 것인가를 해설하여, 법은 다른 사람들을 위하는 덕행을 귀중하게 생각하고, 사리사욕을 탐냄과 사치하고 방탕한 생활을 물리치는 것을 말한 것이다.

好經道者 不競於利 有利無利 無欲不惑. 常愍好學 正心以行
호경도자 불경어리 유리무리 무욕불혹 상민호학 정심이행
擁懷寶慧 是謂爲道.
옹회보혜 시위위도

불경의 도를 좋아하는 사람은 이익을 다투지 아니하고 이익이 있거나 이익이 없거나 욕심내지 않고 미혹되지 않는다. 항상 배우기 좋아함을 근심

하고 마음을 바르게 하여 써 행하며 보배로운 지혜를 안아 품거니와 이것
을 도를 행한다고 말한다.

【글자 뜻】 經:불경 경. 글 경. 競:다툴 경. 惑:미혹할 혹. 愍:근심할 민.
擁:안을 옹. 懷:품을 회. 寶:보배 보.

【말의 뜻】 好經道者:불경의 도를 좋아하는 사람. 不競於利:이익을 다투지
않음. 無欲不惑:욕심이 없기 때문에 미혹되지 않음. 常愍好學:항상 배
우기 좋아함을 근심함. 正心以行:마음을 바르게 하여 행동함. 擁懷寶
慧:보배로운 지혜를 안아 품음.

【뜻 풀이】 부처님이 말씀하신 불경을 좋아하고 따르는 사람은 이해관계를
다투지 아니하고, 이익이 있거나 손해가 되거나 욕심이 없기 때문에 미
혹되는 일도 없다. 선악을 잘 구별하기 때문에 항상 학문 좋아함을 근심
하고, 마음을 바르게 지녀 행동을 삼가며, 마음속에 보배로운 지혜를 언
제나 지니고 있다. 이런 사람을 도를 행한다고 말한다.

所謂智者 不必辯言 無恐無懼 守善爲智.
소 위 지 자 불 필 변 언 무 공 무 구 수 선 위 지

소위 지혜 있는 사람이란 반드시 말을 잘하지 못하고 두려워함이 없고
두려움이 없으며 선함을 지킴을 지혜롭다고 한다.

【글자 뜻】 辯:말 잘할 변. 恐:두려울 공. 懼:두려울 구.

【말의 뜻】 不必辯言:반드시 말을 잘하지 못함. 無恐無懼:두려워함이 없고
두려움이 없음. 守善爲智:착한 마음을 지킴을 지혜롭다고 한다.

【뜻 풀이】 지혜 있는 사람은 반드시 말을 교묘하게 잘하지는 못한다. 어떤 일이나 참아 모든 사람에게 미움을 나타내지 않아 두려움이 없으며, 당당하게 착함을 잘 지켜 나가는 사람을 지혜 있는 사람이라고 말한다.

奉持法者 不以多言 雖素少聞 身依法行 守道不忌 可謂奉法.
봉 지 법 자 불 이 다 언 수 소 소 문 신 의 법 행 수 도 불 기 가 위 봉 법

　법을 받들어 가지는 사람은 많은 말로써 하지 않고 비록 본디 적게 들어도 몸은 법에 의하여 행하며 도를 지켜 싫어하지 않는 것을 법을 받든다고 말한다.

【글자 뜻】 素:본디 소. 聞:들을 문. 依:의지할 의. 忌:꺼릴 기.
【말의 뜻】 奉持法者:법을 받들어 지니는 사람. 不以多言:말을 많이 하지 않음. 雖素少聞:비록 본디 적게 들음. 身依法行:몸은 법에 의하여 실행함. 守道不忌:도를 지키어 싫어하지 않음. 可謂奉法:법을 받든다고 말함.

【뜻 풀이】 법을 받들어 지니는 사람은 말을 많이 하거나 공교롭게 말하지 않는다. 비록 많이 듣지 않더라도 몸으로 법에 따라 실천하며, 도를 잘 지키어 싫어하지 않는 사람을 참다운 법을 받들어 지닌 사람이라고 말할 수 있다.

所謂老者 不必年耆. 形熟髮白 憃愚而已.
소 위 노 자 불 필 년 기   형 숙 발 백 준 우 이 이

소위 늙은 사람이란 반드시 나이를 먹어서가 아니다. 형체가 물러지고 머리가 백발이 되는 것은 어리석음일 뿐인 것이다.

【글자 뜻】耆:늙을 기. 熟:무를 숙. 익을 숙. 髮:터럭 발. 憃:어리석을 준.

【말의 뜻】不必年耆:반드시 나이를 먹어서가 아님. 形熟髮白:형체가 물러지고 머리가 백발이 됨. 憃愚而已:어리석음일 뿐임.

【뜻 풀이】소위 나이를 먹어 형체가 우글쭈글하고 머리털이 백발이라고 해서 장로(長老)라고 말할 수는 없다. 나이를 먹었어도 지혜가 있고 도를 알지 못한다면, 장로의 자격이 없고 어리석다고 밖에 말할 수 있다.

謂懷諦法 順調慈仁 明遠清潔 是爲長老.
위 회 체 법 순 조 자 인 명 원 청 결 시 위 장 로

법을 자세히 알아 지니고 순조롭고 자비롭고 어질며 밝고 멀고 깨끗한 것을 말하여 이를 장로라고 한다.

【글자 뜻】懷:품을 회. 諦:자세히 알 체. 調:고루 조. 慈:사랑 자. 潔:깨끗할 결.

【말의 뜻】懷諦法:법을 자세히 알아 마음에 지님. 順調慈仁:순조롭고 자비롭고 어짊. 明遠清潔:밝고 멀고 깨끗함.

【뜻 풀이】부처님이 말씀하신 참다운 도를 굳게 믿어 마음에 지닌다. 마음에 순조롭고 자비심과 어짊을 지니고 있으며, 덕행이 높고 밝고 멀며 항

상 의를 존중하여 마음과 몸을 깨끗이 하면, 이를 장로라고 불러도 될 것이다.

所謂端政 非色如花. 慳嫉虛飾 言行有違.
소 위 단 정 비 색 여 화   간 질 허 식 언 행 유 위

소위 단정하고 엄격하다는 것은 여자가 꽃과 같음을 말하는 것이 아니다. 인색하고 미워하며 거짓 꾸미면 말과 행실에 어긋남이 있다.

【글자 뜻】端:단정할 단. 政:엄할 정. 정사 정. 慳:아낄 간. 嫉:미워할 질.
    虛:거짓 허. 飾:꾸밀 식. 違:어긋날 위.
【말의 뜻】端政:단정하고 엄격함. 非色如花:여자가 꽃과 같음이 아님. 慳
    嫉虛飾:인색하고 남을 미워하고 거짓 꾸밈. 言行有違:말과 행동에 어
    긋남이 있음.

【뜻 풀이】모양과 태도가 꽃처럼 아름답지 않더라도, 재물에 인색하고 남
    을 미워하고 거짓으로 꾸며서 말한다면, 마음과 행동이 단정하고 엄격
    한 것이 아니라, 다른 사람들로부터 존경을 받지 못한다. 마음과 행동
    이 훌륭한 사람은 결코 악한 일을 범하지 않는 법이다.

謂能捨惡 根原已斷 慧而無恚 是謂端政.
위 능 사 악 근 원 이 단 혜 이 무 에 시 위 단 정

능히 악함을 버리고 악의 근원인 사리사욕을 이미 끊고 지혜롭고 성내지 않는 것을 일러 이것을 단정하고 엄격하다고 말한다.

【글자 뜻】捨:버릴 사.　斷:끊을 단.　慧:지혜 혜.　恚:성낼 에.

【말의 뜻】謂能捨惡:능히 악함을 버림.　根原已斷:악의 근원인 사리사욕을
　이미 끊음.　慧而無恚:지혜로우면서도 성내지 않음.

【뜻 풀이】능히 악함을 마음에서 버리고 악의 근원인 사리사욕을 끊어서
　없애버리며, 지혜롭고 총명하면서도 마음속에서 성내지 않는 사람을,
　단정하고 엄격한 사람, 온화한 사람, 존경할 수 있는 사람이라고 말한
　다. 사람은 마음의 수양이 제일 중요한 것이다.

所謂沙門 非必除髮. 妄語貪取 有欲如凡.
소 위 사 문　비 필 제 발　망 어 탐 취　유 욕 여 범

　소위 사문(沙門—중〔僧〕들)이란 반드시 머리를 깎는 것이 아니다. 망령된
말과 탐내어 취하여 욕심이 있으면 평범한 사람과 마찬가지이다.

【글자 뜻】除:제할 제.　妄:망령될 망.　貪:탐낼 탐.　凡:평범할 범.

【말의 뜻】非必除髮:반드시 머리를 깎아야 하는 것이 아님.　妄語貪取:함
　부로 망령된 말을 하고 탐내어 재물을 취함.　有欲如凡:욕심이 있으면
　평범한 사람.

【뜻 풀이】머리를 깎아 모양은 중〔僧〕들이지만, 마음이 올바르지 못하여 망
　령된 말을 함부로 지껄이고 탐내어 재물을 취한다면, 어찌 중〔僧〕들이라
　말할 수 있으랴! 욕심이 생기면 결국 평범한 일반 사람들과 똑같아지는
　것이다.

> 謂能止惡 恢廓弘道 息心滅意 是爲沙門.
> 위 능 지 악 회 곽 홍 도 식 심 멸 의 시 위 사 문

능히 악함을 그치고 넓은 성에 있거나 큰 길에 나가거나 마음을 그치고 뜻을 멸하는 것을 일러 이것을 사문(沙門—중(僧))이라고 한다.

【글자 뜻】 恢:넓을 회. 廓:성 곽. 弘:클 홍. 息:그칠 식. 滅멸할 멸.

【말의 뜻】 能止惡:능히 악함을 그침. 恢廓:넓은 성. 弘道:큰 길. 息心滅意:마음에 욕정이 없고 뜻에 악한 생각이 없음.

【뜻 풀이】 정진하여 악함을 그쳐 마음을 깨끗하게 하고, 넓은 성에 있거나 큰 길에 나가거나 마음에서 욕정을 없애고, 뜻에서 악한 생각을 없애버리는 것을 일러, 이것을 사문(沙門—중(僧))이라고 한다.

> 所謂比丘 非時乞食. 邪行婬彼 稱名而已.
> 소 위 비 구 비 시 걸 식 사 행 음 피 칭 명 이 이

소위 비구(比丘)란 때때로 먹을 것을 비는 것이 아니다. 간사하게 행동하여 남의 부인에게 음란한 짓을 하면 이름만이 비구(比丘)라고 일컬어질 뿐이다.

【글자 뜻】 乞:빌 걸. 邪:간사할 사. 稱:일컬을 칭.

【말의 뜻】 比丘:불교에 귀의한 사람. 非時乞食:때때로 먹을 것을 구걸하는 것이 아님. 邪行婬彼:사악하게 행동하여 남의 부인에게 음란한 짓을 함. 稱名而已:이름만이 비구라고 일컬어질 뿐임.

【뜻 풀이】 소위 비구란 사람들에게 보시(布施)를 받고 먹을 것을 구걸하는
　　것이 아니다. 만일 행동이 사악하여 다른 사람의 부인에게 음란한 행위
　　를 한다면, 이는 이름만 비구일 뿐이고 진정한 비구는 아니다.

謂捨罪福 淨修梵行 慧能破惡 是爲比丘.
위 사 죄 복　정 수 범 행　혜 능 파 악　시 위 비 구

　죄와 복을 버리고 깨끗하게 불도를 닦아 지혜로써 능히 악함을 쳐부수는
것을 일러 이를 비구라 한다.

【글자 뜻】 淨:깨끗할 정.　梵:깨끗할 범.　破:파할 파.
【말의 뜻】 捨罪福:죄와 복을 버림.　淨修梵行:깨끗하게 불도를 수행함.　慧
　　能破惡:지혜로써 능히 악함을 부숨.

【뜻 풀이】 죄이거나 복이거나 모든 보답을 버리고 속세를 떠나 깨끗하고
　　맑게 불도를 수행하기에 힘쓰는 사람은, 밝은 지혜로써 능히 악함을 쳐
　　부수는 것을 일러, 이것을 비구라고 한다.

所謂仁明 非口不言. 用心不淨 外順而已.
소 위 인 명　비 구 불 언　용 심 부 정　외 순 이 이

　소위 마음이 인자하고 지혜가 밝다는 것은 입으로 말을 못하는 것이 아
니다. 마음을 씀이 깨끗하지 못하면 밖으로 순종할 뿐인 것이다.

【글자 뜻】 非:아닐 비.　順:순할 순.

【말의 뜻】 仁明:마음이 어질고 지혜가 밝음.　非口不言:입으로 말하지 못하는 것이 아님.　用心不淨:마음을 씀이 깨끗하지 못함.

【뜻 풀이】 아무리 고요한 곳에서 혼자 살지라도, 어리석고 몽매하면 마음이 어질지 못하고 지혜가 밝지 못하다. 마음은 사리사욕에 어둡고 행실이 악함에서 벗어나지 못하여, 마음의 눈이 열리지 않아 크게 깨닫지 못한다. 이러고서야 겉으로만 비구일 뿐이지, 진정한 비구는 되지 못하는 것이다.

謂心無爲 內行淸虛 此彼寂滅 是爲仁明.
위 심 무 위　내 행 청 허　차 피 적 멸　시 위 인 명

마음으로 함이 없고 안으로 맑고 허함을 행하여 서로 다섯 가지 욕심을 끊어버리는 것을 일러 이것을 마음이 어질고 지혜가 밝다고 한다.

【글자 뜻】 淸:맑을 청.　虛:빌 허.　寂:고요 적.
【말의 뜻】 心無爲:마음으로 하지 않음.　內行淸虛:마음속으로 맑고 빔을 행함.　此彼:서로.　寂滅:저절로 없어지게 함.

【뜻 풀이】 선함을 택하고 악함을 버려 마음속을 맑고 비게 하여, 서로 사리사욕을 저절로 없어지게 하는 것을 일러, 이것을 마음이 어질고 지혜가 밝다고 하는 것이다.

所謂有道 非救一物. 普濟天下 無害爲道.
소 위 유 도　비 구 일 물　보 제 천 하　무 해 위 도

소위 도가 있다는 것은 한 가지 물건을 구제하는 것이 아니다. 널리 천하를 구제하여 해됨이 없는 것을 도라 한다.

【글자 뜻】 救:구원할 구. 普:너를 보. 濟:구제할 제. 害:해될 해.

【말의 뜻】 有道:도가 있다는 것. 非救一物:한 가지 사물을 구원하는 것이 아님. 普濟天下:널리 천하를 구제함. 無害爲道:해됨이 없음을 도라 함.

【뜻 풀이】 소위 진정으로 도가 있다 함은 한가지 물건만을 구원할 뿐 아니라, 널리 천하의 삼라만상(森羅萬象)을 구제하는 일이다. 자비로운 마음을 지니고 모든 사물을 대하면 해되는 것이 하나도 없으니, 이것을 도가 있다고 말한다.

> 戒衆不言 我行多誠 得定意者 要由閉損. 意解求安 莫習凡人.
> 계 중 불 언 아 행 다 성 득 정 의 자 요 유 폐 손 의 해 구 안 막 습 범 인
> 使結未盡 莫能得脫.
> 사 결 미 진 막 능 득 탈

계율이 많은 것을 말하지 않음은 내가 진실로 많은 것을 행하기 때문이니 뜻의 정함을 얻은 사람은 반드시 가리고 손해됨을 따른다. 마음에 깨달아 안정을 구하려거든 보통사람에게서 배우지 말라. 결말이 아직 다하지 않았는데 능히 해탈(解脫)을 얻지 못한다.

【글자 뜻】 戒:계율 계. 衆:많을 중. 誠:진실로 성. 要:반드시 요. 由:말미암을 유. 閉:가릴 폐. 解:깨달을 해. 結:맺을 결. 盡:다할 진. 脫:

벗어날 탈.

【말의 뜻】 戒衆不言:계율이 많은 것을 말하지 않음. 我行多誠:내가 진실로 많은 것을 행함. 得定意者:뜻의 정함을 얻은 사람. 要由閉損:반드시 가리고 손해됨으로 말미암음. 意解求安:마음에 깨달아 안정됨을 구함. 莫習凡人:보통사람들에게서 배우지 말라. 使結未盡:끝맺음이 아직 다하지 않음. 莫能得脫:능히 근심에서 벗어남을 얻지 못함.

【뜻 풀이】 많은 계율을 말없이 유지하여 한가한 곳에서 홀로 지낸다 할지라도, 마음은 누구나 알지 못하기 때문에 사리사욕을 탐내는 마음을 끊어버리지 않는다면, 해탈의 깨달음은 얻을 수 없는 것이다. 마음으로부터 진리를 깨달아 마음의 안정을 얻으려 한다면, 세속의 평범한 사람들로부터 배워서는 안 된다. 마음의 깨달음을 얻기도 전에 다시 원래의 사리사욕에 얽매이게 되므로, 능히 해탈을 얻을 수 없는 것이다.

제28 도행품(道行品)

도행품(道行品)이란 대요와 도탈(度脫)의 도를 잘 설명하여 이것을 지극
히 묘한 것으로 삼는다.

【글자 뜻】 旨:아름다울 지. 度:중 될 도. 極 지극할 극. 妙:묘할 묘.
【말의 뜻】 道行品:도를 행하는 품목. 大要:부처님의 대략의 도. 度脫:제
　　도해탈(濟度解脫)의 준말. 중생을 제도하여 괴로움에서 벗어나게 하는
　　일. 極妙:지극히 오묘한 도.

【뜻 풀이】 도행품이란 불도의 대략과, 어떻게 하면 중생들을 제도하여 괴
　　로움에서 벗어나게 할 수 있는가를 설명한 것으로, 이것을 지극히 오묘
　　한 도라고 한다.

팔정(八正)은 최상의 도요 사체(四諦)는 불교 유포의 자취가 된다. 음란
하지 않음은 행실의 높은 것이고 연등(燃燈)을 베풀면 반드시 눈이 뜨여짐
을 얻는다.

【글자 뜻】 直:곧을 직. 最:가장 최. 諦:이치 체. 迹:자취 적. 尊:높을 존.
施:베풀 시. 燈:등 등. 眼:눈 안.

【말의 뜻】 八直:팔정과 같음. 불교에서는 정견(正見)·정사유(正思惟)·정
어(正語)·정업(正業)·정명(正命)·정정진(正精進)·정념(正念)·정정
(正定)을 팔정이라 함. 四諦:불교에서는 고체(苦諦)·집체(集諦)·멸체
(滅諦)·도체(道諦)의 변하지 않는 진리를 말함. 法迹:불교가 유포된 자
취. 施燈必得眼:연등을 베풀면 반드시 눈의 뜨임을 얻음.

【뜻 풀이】 부처님이 말씀하신 도 중에서도 팔정이 최고의 도이고, 사체는
도 중에서도 진리이다. 여자에게 음란한 행동을 하지 않음은 존귀한 행
실이고, 부처님에게 등불을 밝히면 반드시 지혜를 얻어 눈을 뜨게 되어,
마음에 크게 깨달음을 얻을 수 있게 된다.

是道復無畏 見淨乃度世. 此能壞魔兵 力行滅邪苦.
시 도 부 무 외　견 정 내 도 세　차 능 괴 마 병　역 행 멸 사 고

이 도는 다시 두려워할 것이 없으니 깨끗함을 보면 곧 세상을 도탈(度
脫)시킬 수 있다. 이것은 능히 마병(魔兵)을 무너뜨려 힘써 행하면 간사함
과 괴로움이 없어진다.

【글자 뜻】 復:다시 부. 畏:두려울 외. 壞:무너질 괴. 魔:마귀 마. 力:힘
쓸 역. 邪:간사할 사.

【말의 뜻】 是道復無畏:이 도는 다시 두려워할 것이 없음. 見淨乃度世:깨
끗함을 보면 곧 중생을 제도할 수 있음. 此能壞魔兵:이것은 능히 마음
을 방해하는 장애물을 무너뜨림. 力行滅邪苦:힘써 불도를 수행하면 모

든 간사함과 괴로움이 다 없어짐.

【뜻 풀이】 이 수행의 도는 마음에 두려움을 느끼지 않으며, 청정(淸淨)함
을 보기만 하면 곧 세상 사람들을 괴로움에서 구제할 수 있다. 이 도를
힘써 수행하면 여러 가지 간사한 마음과 괴로움은 물론이고, 수행을 방
해하는 모든 것이 없어져, 능히 도의 밝은 깨달음을 얻을 수 있게 된다.

我已開正道 爲大現異明. 已聞當自行. 行乃解邪縛.
아 이 개 정 도 위 대 현 이 명   이 문 당 자 행   행 내 해 사 박

나는 이미 올바른 도를 열어 크게 다른 광명이 나타나도록 행하고 있다.
이미 들었거든 마땅히 스스로 행하라. 행하면 곧 간사한 결박이 풀릴 것
이다.

【글자 뜻】 現:나타날 현. 異:다를 이. 聞:들을 문. 解:풀 해. 縛:묶을 박.
【말의 뜻】 我已開正道:나는 이미 올바른 도를 열었음. 爲大現異明:크게 다
른 광명이 나타나도록 행함. 已聞當自行:이미 들었거든 마땅히 스스로
행하라. 行乃解邪縛:행하면 곧 모든 간사한 속박이 풀림.

【뜻 풀이】 나는 이미 이 도를 시작하여, 크게 다른 광명이 나타나기를 기
다리고 있는 것이다. 이미 들어서 알았거든 이 도를 수행하기에 힘쓰라.
힘써 수행하면 여러 가지 고뇌에서 벗어날 수 있는 것이다.

生死非常空 能觀見爲慧. 欲離一切苦 但當勤行道.
생 사 비 상 공 능 관 견 위 혜   욕 이 일 체 고 단 당 근 행 도

살고 죽는 것은 비상하게 헛된 것이니 잘 보고서 지혜를 행하라. 모든 괴로움에서 떠나기를 바라거든 다만 마땅히 힘써 도를 행하라.

【글자 뜻】 空:빌 공. 觀:볼 관. 離:떠날 리. 切:모두 체. 但:다만 단. 勤: 힘쓸 근.

【말의 뜻】 生死非常空:살고 죽는 것은 몹시 헛된 것임. 能觀見爲慧:잘 보고서 지혜를 행함. 欲離一切苦:모든 괴로움에서 떠나기를 바람. 但當勤行道:다만 마땅히 힘써 도를 행하라.

【뜻 풀이】 이 세상의 모든 괴로움은 죽고 사는 것으로부터 시작된다. 이 모든 헛된 마음을 달관하여 깨닫는 것을 지혜를 얻었다고 한다. 그리고 모든 괴로움으로부터 벗어나기를 바라거든, 오직 도를 깨닫고 도를 수행하라.

起時當卽起 莫如愚覆淵. 與墮與瞻聚 計罷不進道.
기 시 당 즉 기 막 여 우 복 연   여 타 여 첨 취 계 파 불 진 도

일어날 때는 마땅히 곧 일어나서 어리석음의 연못을 덮지 말라. 함께 떨어지고 함께 보고 모이는 것도 헤아려 그만두면 도에 나아가지 못한다.

【글자 뜻】 起:일어날 기. 覆:덮을 복. 淵:못 연. 墮:떨어질 타. 瞻:볼 첨. 聚:모일 취. 羅:파할 파.

【말의 뜻】 起時當卽起:일어날 때는 마땅히 곧 일어남. 莫如愚覆淵:어리석음의 연못을 덮지 말라. 與墮與瞻聚:함께 악도에 떨어지고 함께 보고 모임. 計罷不進道:헤아려 그만두면 도에 나아가지 못함.

【뜻 풀이】 사람에게는 때가 중요하다. 일어날 때는 곧 일어나 도를 수행하지 않으면 안 된다. 어리석음의 연못을 덮지 말라. 어물어물하다 보면 나이를 먹고 기운이 쇠하여 도를 깨달아도 수행할 힘이 없어, 도에 나아가 보지도 못하고 어두움 속을 헤매다가 악도지옥에 떨어지고 만다.

念應念則正 念不應則邪. 慧而不起邪 思正道乃成.
염 응 념 즉 정 염 불 응 즉 사   혜 이 불 기 사 사 정 도 내 성

생각에 따르면 생각이 곧 올바르게 되고 생각에 따르지 않으면 곧 간사해진다. 지혜로워서 간사함을 일으키지 아니하고 올바름을 생각하면 도는 곧 이루어진다.

【글자 뜻】 應:응할 응. 思:생각 사. 乃:이에 내.
【말의 뜻】 念應念則正:생각에 따르면 생각이 올바르게 됨. 念不應則邪:생각에 따르지 않으면 간사해짐. 慧而不起邪:지혜로워서 간사함을 일으키지 않음. 思正道乃成:올바름을 생각하면 도는 곧 이루어짐.

【뜻 풀이】 열심히 생각하여 올바르게 되면 지혜를 얻고, 열심히 생각하지 않으면 사악한 생각이 일어난다. 사람이 지혜에 밝아 사악한 생각을 일으키지 아니하고, 항상 올바른 도리를 생각하면 도는 저절로 이루어진다.

愼言守意念 身不善不行 如是三行除 佛說是得道.
신 언 수 의 념 신 불 선 불 행 여 시 삼 행 제 불 설 시 득 도

말을 삼가고 마음의 뜻을 지키고 몸으로 악한 행실을 하지 않아 이와 같은 세 가지 행실을 다스리면 부처님은 이 도를 얻었다고 말씀하셨다.

【글자 뜻】 愼:삼갈 신. 守:지킬 수. 除:다스릴 제. 說:말씀 설.

【말의 뜻】 愼言守意念: 말을 삼가고 마음의 뜻을 지킴. 身不善不行:몸으로 악함을 행하지 않음. 如是三行除:이와 같은 세 가지 행실을 다스림. 佛說是得道:부처님은 이 도를 얻었다고 말씀하심.

【뜻 풀이】 말을 삼가 하고, 마음을 닦아 지키고, 몸으로 악을 행하지 말아야 한다. 이 신(身)·구(口)·의(意)의 세 가지 행실을 잘 다스리는 것을, 부처님은 도를 얻은 것이라고 말씀하셨다.

斷樹無伐本 根在猶復生. 除根乃無樹 比丘得泥洹.
단 수 무 벌 본 근 재 유 부 생　　제 근 내 무 수　비 구 득 이 원

나무를 끊어 근본을 치는 일이 없다면 뿌리가 있어 오리려 다시 살아남과 같다. 뿌리를 제거하면 곧 나무가 없고 비구는 진창을 얻게 된다.

【글자 뜻】 斷:자를 단. 樹:나무 수. 伐:칠 벌. 根:뿌리 근. 猶:오히려 유. 復:다시 부. 除:제한 제. 泥:진창 니. 洹:진창 원.

【말의 뜻】 斷樹無伐本:나무를 자르되 근본을 치지 않음. 根在猶復生:뿌리가 있으므로 오히려 다시 살아남. 除根乃無樹:뿌리를 제거하면 곧 나무가 없음. 比丘得泥洹:비구는 진창을 얻을 뿐임.

【뜻 풀이】 나무를 자르되 그 근본인 뿌리를 해치치 않는다면, 뿌리가 있으

므로 다시 살아날 수 있다. 그러나 뿌리를 근본적으로 잘라 내버린다면 곧 나무가 없는 것이니, 비구는 사리사욕의 뿌리인 번뇌를 끊어버렸기 때문에, 도를 닦아 열반에 이를 수 있는 것이다.

不能斷樹 親戚相戀 貪意自縛 如犢慕乳.
불 능 단 수 친 척 상 련 탐 의 자 박 여 독 모 유

능히 나무를 자르지 못한다면 친척들을 서로 그리워하는 것 같아서 탐내는 마음이 스스로를 묶어 송아지가 젖을 그리워하는 것 같다.

【글자 뜻】 親:친할 친. 戚:겨레 척. 戀:그리워할 연. 犢:송아지 독. 慕: 그리워할 모. 乳:젖 유.

【말의 뜻】 親戚相戀:친척을 서로 그리워함. 貪意自縛:탐내는 마음이 스스로를 묶음. 如犢慕乳:마치 송아지가 젖을 그리워함과 같음.

【뜻 풀이】 나무의 뿌리를 끊어 내버리지 못한다면, 마치 식구들을 서로 그리워하는 것 같아서, 사리사욕의 탐내는 마음이 자기 자신을 묶어서, 마치 송아지가 어미 소의 젖을 그리워하는 것과 같다.

能斷意本 生死無彊. 是爲近道 疾得泥洹.
능 단 의 본 생 사 무 강 시 위 근 도 질 득 이 원

능히 마음의 근본을 끊고 삶과 죽음에 힘쓰지 말라. 이것을 도에 가깝다고 하며 빨리 해탈을 얻을 수 있다.

【글자 뜻】彊:힘쓸 강. 疾:빠를 질.

【말의 뜻】能斷意本:능히 마음의 근본을 끊음. 生死無彊:삶과 죽음에 힘
쓰지 말라. 疾得泥洹:빨리 해탈을 얻을 수 있음.

【뜻 풀이】능히 고민의 근본인 사리사욕을 끊어버리고, 생사에 대한 애착
심을 초월하여 담담한 심정이 되면, 생사의 고해에서 벗어나 도에 가까
이 이르렀음을 깨닫게 될 것이다.

貪淫致老 瞋恚致病 愚癡致死 除三得道.
탐 음 치 노 진 에 치 병 우 치 치 사 제 삼 득 도

음란함을 탐내면 늙음에 이르게 하고 성냄은 병에 이르게 하고 어리석
음은 죽음에 이르게 하거니와 이 세 가지를 제거해야 도를 얻을 수 있다.

【글자 뜻】致:이를 치. 除:제할 제.

【말의 뜻】貪淫致老:음란한 생활을 탐내면 늙음을 불러들임. 瞋恚致病:성
내는 것은 병을 불러들임. 愚癡致死:어리석음은 죽음을 불러들임. 除
三得道:이 세 가지를 제거해야 도를 얻을 수 있음.

【뜻 풀이】마음으로부터 음탕한 생활을 탐내면 갑자기 늙어지고, 지나치게
성내면 병이 생기고, 너무 어리석어 남을 질투하고 미워하면 빨리 죽는
다. 그러므로 이 세 가지 장애물을 제거해야 도를 얻어 해탈할 수 있는
것이다.

> 釋前解後 脫中度彼 一切念滅 無復老死.
> 석 전 해 후 탈 중 도 피 일 체 염 멸 무 부 노 사

앞을 풀고 뒤를 풀고 가운데를 벗어나 피안(彼岸)에 건너가면 모든 생각
이 없어져 다시는 늙고 죽음이 없다.

【글자 뜻】 釋:풀 석. 解:풀 해. 脫:벗어날 탈. 度:건널 도. 彼저 피.

【말의 뜻】 釋前解後:앞을 풀고 뒤도 풀음. 脫中度彼:가운데를 벗어나 피
안에 건너감. 一切念滅:모든 생각이 다 없어짐. 無復老死:다시는 늙고
죽음이 없음.

【뜻 풀이】 탐욕과 성냄과 어리석음의 세 가지 독을 근본적으로 끊어버리고
피안에 건너가 마음이 청정무구(淸淨無垢) 해지면, 자연히 망령된 생각
이나 사악한 생각이 모두 없어져, 생사의 고해에서 벗어나 해탈할 수 있
다.

> 人營妻子 不觀病法 死命卒至 如水湍驟.
> 인 영 처 자 불 관 병 법 사 명 졸 지 여 수 단 취

사람은 처자를 기르는 동안에는 병 같은 것은 돌아보지도 않는다. 목숨
의 죽음이 갑자기 이르러야 마치 홍수의 빠름과 같다.

【글자 뜻】 營:경영할 영. 觀:볼 관. 卒:갑자기 졸. 湍:소용돌이 단. 驟:
빠를 취.

【말의 뜻】 人營妻子:사람이 아내와 자식들을 먹여 살림. 不觀病法:병 같

은 것은 돌보지 않음. 死命卒至:죽음이 갑자기 닥쳐옴. 如水湍驟:마치
홍수와 같이 빠름.

【뜻 풀이】 인간이 아내와 자식들을 먹여 살리는 동안에는 병 같은 것은 별
로 염두에도 두지 않는다. 어물어물하는 동안에 갑자기 죽음이 닥쳐온
다. 마치 홍수가 지나가듯이 목숨을 잃고 마는 것이다.

父子不救 餘親何望. 命盡怙親 如盲守燈.
부 자 불 구 여 친 하 망   명 진 호 친 여 맹 수 등

아버지도 아들도 구원하지 못하니 나머지 친척에게 무엇을 바랄 것인
가. 목숨이 끝나고 친척을 의지한다는 것은 마치 소경이 등불을 지키는 것
과 같다.

【글자 뜻】 餘:남을 여. 望:바랄 망. 怙:믿을 호. 盲:소경 맹. 燈:등불 등.
【말의 뜻】 父子不救:아버지나 아들도 구원하지 못함. 餘親何望:나머지 친
척들에게서 무엇을 바라겠는가. 命盡怙親:목숨이 끝나고 식구들을 믿
는 것. 如盲守燈:마치 소경이 등불을 지키는 것과 같음.

【뜻 풀이】 식구 중에서 가장 가까운 아버지나 아들도 나를 죽음에서 구원
하지 못하니, 나머지 다른 친척들에게서 무엇을 바라겠는가. 목숨이 끝
나고 식구들을 믿는다는 것은 마치 소경이 등불을 지키는 것과 같아서,
아무런 도움도 되지 못한다.

> 慧解是意 可修經戒 勤行度世 一切除苦.
> 혜 해 시 의 가 수 경 계 근 행 도 세 일 체 제 고

  지혜는 이와 같은 뜻을 풀어 불경의 계율을 닦고 힘써 행하여 세상 사람
들을 제도하고 모든 괴로움을 제거할 수 있다.

【글자 뜻】 經:불경 경. 戒:계율 계. 度:건널 도.

【말의 뜻】 慧解是意:지혜는 앞에서 말한 뜻을 잘 이해함. 修經戒:불경의
  계율을 닦게 함. 勤行度世:힘써 행하여 세상 사람들을 구제하게 함. 一
  切除苦:모든 괴로움과 번뇌를 제거해 줌.

【뜻 풀이】 밝은 지혜가 있는 사람은 앞에서 말한 뜻을 잘 이해하여, 불경
  의 계율을 부지런히 수행하고 힘써 행한다. 세상 사람들을 널리 구제하
  고 모든 괴로움과 번뇌를 제거하여, 능히 열반에 이를 수 있게 한다.

> 遠離諸淵 如風却雲. 已滅思想 是爲知見.
> 원 리 제 연 여 풍 각 운   이 멸 사 상 시 위 지 견

  모든 욕심의 연못을 멀리 떠나는 일은 마치 바람이 구름을 물리침과 같
다. 이미 모든 생각들을 없애버리면 이것을 지혜를 보았다고 한다.

【글자 뜻】 遠:멀 원. 諸:모두 제. 却:물리칠 각. 想:생각 상.

【말의 뜻】 遠離諸淵:사리사욕의 근원인 마음의 연못에서 멀리 떨어짐. 如
  風却雲:마치 바람이 구름을 물리침과 같음. 已滅思想:이미 여러 가지
  탐욕의 생각들을 없애버림. 是爲知見:이것을 지혜를 보았다고 함.

【뜻 풀이】 사람은 죽기 전에 여러 가지 죄과에서 떠나 사랑의 굴레에서 멀리 떠나는 것이, 마치 바람이 구름을 불러 물리침과 같이 깨끗해진다. 이미 여러 가지 관계나 생각을 없애버리면, 이것을 밝은 지혜를 얻었다고 하는 것이다.

智爲世長 惔樂無爲 知受正教 生死得盡.
지 위 세 장 담 락 무 위 지 수 정 교 생 사 득 진

지혜를 세상의 으뜸으로 삼고 즐거움을 걱정하여 하는 일이 없으면 부처님의 올바른 가르침 받는 것을 알아 생사의 다함을 얻게 된다.

【글자 뜻】 長:으뜸 장.　惔:근심할 담.　受:받을 수.
【말의 뜻】 智爲世長:지혜를 이 세상의 으뜸으로 삼음.　惔樂無爲:즐거움을 근심하여 하는 일이 없음.　知受正教:부처님의 올바른 가르침을 받는 것을 알음.　生死得盡:생사가 다함을 얻음.

【뜻 풀이】 밝은 지혜를 이 세상의 으뜸으로 삼아 마음이 즐거움에 빠지지 않는다. 깊이 인생을 깨달아 부처님의 올바른 가르침을 받는다는 것을 깨닫는 사람이야말로, 생사에 구애되지 않고 크게 깨달음을 얻은 것이다.

知衆行空 是爲慧見. 罷厭世苦 從是道除.
지 중 행 공 시 위 혜 견　　피 염 세 고 종 시 도 제

모든 행실은 헛된 것인 줄 안다면 이것을 지혜를 보았다고 한다. 세상의 괴로움을 고달파하고 싫어하는 것은 이 부처님의 도에 따르면 제거된다.

【글자 뜻】 慧:지혜 혜. 罷:고달플 피. 厭:싫어할 염.

【말의 뜻】 知衆行空:인간의 모든 행동이 헛된 것인 줄을 앎. 是爲慧見:
이것을 지혜를 보았다고 함. 罷厭世苦:이 세상의 고뇌를 고달파하고 싫
어함. 從是道除:이 부처님의 도에 따르면 제거됨.

【뜻 풀이】 사람들은 이 세상에 사는 동안 여러 가지로 많은 행동을 하지만,
그 모든 행동은 헛된 것이어서 무에 가깝다. 밝은 지혜를 지닌 사람은
그와 같은 실상을 알기 때문에, 세상의 모든 고뇌에서 벗어나 올바른 깨
달음을 얻을 수 있는 것이다.

> 知衆行苦 是爲慧見. 罷厭世苦 從是道除.
> 지 중 행 고 시 위 혜 견   피 염 세 고 종 시 도 제

　여러 가지 행실이 괴로움인 줄을 안다면 이것을 지혜를 보았다고 한다.
세상의 고뇌를 고달파하고 싫어한다면 이 부처님의 도에 따르면 제거된다.

【글자 뜻】 慧:지혜 혜. 罷:고달플 피.

【말의 뜻】 知衆行苦:여러 가지 행동이 괴로움이란 것을 알음.

【뜻 풀이】 세상의 모든 행동은 괴로움을 낳는 근본이란 것을 알면, 이것을
밝은 지혜를 얻었다고 한다. 그러므로 밝은 지혜를 지닌 사람은 부처님
의 도에 따라 사물을 바라보기 때문에, 이 세상의 고뇌에서 벗어날 수
있는 것이다.

衆行非身 是爲慧見. 罷厭世苦 從是道除.

중 행 비 신 시 위 혜 견   피 염 세 고 종 시 도 제

여러 가지 행동은 몸이 아니니 이것을 지혜를 보았다고 한다. 세상의 고
뇌를 고달파하고 싫어한다면 이 부처님의 도에 따르면 제거된다.

【글자 뜻】 身:몸 신. 慧:지혜 혜. 罷:고달플 피.

【말의 뜻】 衆行非身:여러 가지 행동은 몸이 아님.

【뜻 풀이】 우리들 인생에서는 모든 것이 변천무상(變遷無常)하지만, 부처
님의 세계는 변함이 없고 언제나 한결같다. 그러므로 이 세상의 모든 행
동은 변화무쌍하기 마련이다. 그러나 밝은 지혜를 지닌 사람은 이와 같
은 사실을 깨닫기 때문에, 생사를 초월하고 모든 고뇌에서 벗어날 수 있
는 것이다.

吾語汝法 愛箭爲射 宜以自勗 受如來言.

오 어 여 법 애 전 위 사 의 이 자 욱 수 여 래 언

내 그대에게 법을 말하노니 사랑의 화살에 쏘는 바가 되면 마땅히 써 스
스로 힘써 석가여래(釋迦如來)의 말을 받으라.

【글자 뜻】 汝:그대 여. 箭:화살 전. 射:쏠 사. 勗:힘쓸 욱. 受받을 수.

【말의 뜻】 吾語汝法:내 그대에게 법을 말함. 愛箭爲射:사랑의 화살에 쏘
는 바가 됨. 宜以自勗:마땅히 써 스스로 힘씀. 受如來言:석가여래의
말을 받음.

【뜻 풀이】 부처님은 일찍이 그대들에게 법문을 말씀하셨다. 흰 새 깃의 화살을 맞았다고 생각하고 부처님의 말씀을 믿고 정진해 나가면, 모든 고뇌에서 벗어나 도를 깨닫고 도를 수행할 수 있을 것이다.

吾爲都以滅 往來生死盡. 非一情以解 所演爲道眼.
오 위 도 이 멸 왕 래 생 사 진   비 일 정 이 해 소 연 위 도 안

나는 모두를 써 멸하여 생사를 왕래하는 일을 끝내기로 하였다. 한 가지 정 때문에 써 해탈하는 것이 아니라 행하는 바는 도안(道眼) 때문이다.

【글자 뜻】 都:모두 도. 往:갈 왕. 演:행할 연.
【말의 뜻】 吾爲都以滅:나는 모든 것을 써 멸함. 往來生死盡:다시는 생사를 오고 가지 않음. 非一情以解:한 가지 정 때문에 써 해탈하는 것이 아님. 所演爲道眼:행하는 바는 도안 때문임.

【뜻 풀이】 부처님께서는 모든 고뇌를 다 없애시고 다시는 생사의 세계를 왕래하시는 일이 없다. 부처님의 깨달음은 당신 한 사람을 위한 것이 아니라, 정을 지닌 모든 사람들을 제도하기 위한 것이기 때문에, 어떻게 하든 그들로 하여금 도를 깨닫고 부처님이 될 수 있게 하고자 하심이다. 여기에는 도안을 가지고 열심히 정진해야 하는 것이다. 도안이란 부처님의 참다운 법을 말씀하실 때의 그 눈이고 모습이다.

駛流澍于海 潘水漾疾滿. 故爲智者說 可趣服甘露.
사 류 주 우 해 반 수 양 질 만   고 위 지 자 설 가 취 복 감 로

달리는 흐름이 바다로 흘러들어 소용돌이 물이 출렁거려 빨리 가득 참과
같다. 그러므로 지혜 있는 사람은 그대들을 위하여 설법하여 나아가 단 이
슬을 먹으라고 하는 것이다.

【글자 뜻】 駛:달릴 사. 澍:흘러들 주. 潘:소용돌이 반. 漾:출렁거릴 양.
疾:빠를 질. 滿:가득할 만. 趣:나아갈 취. 服:먹을 복. 露:이슬 로.
【말의 뜻】 駛流澍于海:달리는 흐름이 바다로 흘러들음. 潘水漾疾滿:소용
돌이치는 물이 출렁거려 빨리 가득 참. 故爲智者說:그러므로 그대들을
위하여 지혜 있는 사람은 설법을 함. 可趣服甘露:나아가 빨리 단 이슬
을 먹으라고 함.

【뜻 풀이】 많은 개울과 강의 물들이 바다로 흘러들어 물이 잠시 사이에 바
다에 가득 차는 것과 같이, 밝은 지혜를 지닌 사람은 그대들을 위하여
설법을 한다. 빨리 가서 단 이슬을 먹고 깨달음을 얻어 열반으로 가라고
한다.

前未聞法輪 轉爲哀衆生. 於是奉事者 禮之度三有.
전 미 문 법 륜 전 위 애 중 생   어 시 봉 사 자 예 지 도 삼 유

앞서 아직 법륜(法輪)을 듣지 못하였으면 변전하여 중생이 불쌍하기 때
문이다. 여기에서 불사를 받드는 사람은 이를 예우하여 삼유(三有—욕계·
색계·무색계)를 제도해야 한다.

【글자 뜻】 輪:바퀴 륜. 轉:구를 전. 哀:불쌍할 애. 禮:예우할 례.
【말의 뜻】 前未聞法輪:전에 아직 부처님의 가르침을 듣지 않음. 부처님의

힘은 산도 평탄하게 만들 수 있다고 함. 轉爲哀衆生:변전하여 중생들이 불쌍하기 때문임. 奉事者:불사를 받드는 사람들. 度三有:삼유를 제도함. 삼유는 욕계·색계·무색계.

【뜻 풀이】 부처님이 아직 듣지 못한 도를 법륜으로 설법하신 것은 모든 중생을 불쌍하게 생각하셨기 때문으로, 중생들은 고뇌의 바다에 빠져 있는 것이다. 그러므로 부처님의 도를 받들고 있는 사람들은 삼유에 빠져 있는 중생들을 제도하여 열반으로 들어가게 해야 한다.

三念可念善. 三亦難不善. 從念而有行 滅之爲正斷.
삼 념 가 념 선   삼 역 난 불 선   종 념 이 유 행   멸 지 위 정 단

세 가지 생각 중에서도 선함을 생각하라. 세 가지가 역시 어려우면 악함이다. 생각에 따라서 행동이 있으니 이것을 멸하는 것을 올바른 정단(正斷)이라 한다.

【글자 뜻】 難:어려울 난. 從:좇을 종. 斷:끊을 단.
【말의 뜻】 三念可念善:삼유의 생각 중에서도 착함을 생각함. 三亦難不善: 선함을 생각하지 않으면 악함이 됨. 從念而有行:생각함에 따라서 행동이 있음. 滅之爲正斷:그 생각을 끊어버림을 올바른 정단이라 함.

【뜻 풀이】 삼유를 말씀하신 부처님의 법륜은 진정한 도이니, 항상 어렵더라도 선함을 생각하라. 선함을 생각하지 않으면 곧 악함이 되지만, 악함을 없애고 착한 생각이 일어나게 하는 것을 올바른 끊음이라고 한다. 이렇게 해야 도를 얻을 수 있다.

三定爲轉念. 棄猗行無量. 得三三窟除 解結可應念.
삼 정 위 전 념　기 의 행 무 량　득 삼 삼 굴 제　해 결 가 응 념

삼유를 정하고 생각에 선함을 굴리면 의지함을 버린 행동은 한량이 없다. 세 가지(탐욕·성냄·어리석음)를 얻어 세 가지 굴을 제거하라. 맺음을 풀고 생각에 응하여 따르라.

【글자 뜻】 轉:굴릴 전. 棄:버릴 기. 猗:의지할 의. 量:한량 량. 窟:굴 굴.
結:맺을 결.

【말의 뜻】 三定爲轉念:욕계·색계·무색계의 삼유를 정하고 착한 생각 굴림을 행함. 棄猗行無量:의지할 것을 버린 행동은 한량이 없음. 得三三窟除:탐욕·성냄·어리석음의 세 가지를 없애는 방법을 얻어 세 가지 굴을 제거함. 解結可應念:맺음을 풀고서 생각에 따르라.

【뜻 풀이】 욕계·색계·무색계의 삼유를 정해 놓고 착한 생각을 굴리면, 사리사욕을 버린 선한 행동이 한량이 없게 된다. 탐욕과 성냄과 어리석음 세 가지에서 벗어나는 길을 얻어 세 가지 해독의 굴을 틀어막으면, 자연히 진정한 도에 이르게 된다.

知以戒禁惡 思惟慧樂念. 已知世成敗 息意一切解.
지 이 계 금 악　사 유 혜 락 념　이 지 세 성 패　식 의 일 체 해

계율로써 악함의 금함을 알고 지혜를 생각하여 생각을 즐겁게 하라. 이미 세상의 성공과 실패를 알면 마음을 그치고 모두를 풀어버리라.

【글자 뜻】 禁:금할 금.　惟:생각할 유.　敗:패할 패.　息:쉴 식.

【말의 뜻】 知以戒禁惡:계율로써 악함을 금하는 것을 알라.　思惟慧樂念:지
혜를 생각하여 생각을 즐겁게 함.　已知世成敗:이미 세상의 성공과 실
패를 알음.　息意一切解:마음을 쉬고서 모두를 해탈하라.

【뜻 풀이】 부처님의 계율로써 모든 악함을 금하여 덕행을 닦고, 항상 밝은
지혜를 생각하여 언제나 생각을 즐겁게 지니라. 선함과 악함의 구별을
분명히 하여 욕망에 따르지 말고, 성내지 말고, 방탕한 마음을 억제해
나가면, 드디어는 세상의 고뇌에서 벗어나게 될 것이다.

제29 광연품(廣衍品)

광연품(廣衍品)이란 무릇 선함과 악함은 작은 것이 쌓이면 크게 이루어 증거는 장구(章句)에 응함을 말한다.

【글자 뜻】 廣:넓을 광. 衍:번질 연. 積:쌓일 적. 致:이룰 치. 證:증거 증. 章:글장 장. 句:글귀 구.

【말의 뜻】 廣衍:널리 번짐. 積小致大:작은 것이 쌓이면 큰 것을 이룸. 證應章句:증거는 각 장구에 응함.

【뜻 풀이】 작은 악함도 계속 범하면 쌓이고 쌓여 큰 악함이 되기 때문에, 아무리 작은 악함이라도 행하지 말도록 주의해야 할 것이다. 그 대신한 행동을 얼마든지 하도록 노력해야 한다.

施安雖小 其報彌大 慧從小施 受見景福.
시안수소 기보미대 혜종소시 수견경복

안락함을 베풀면 비록 작을지라도 그 보답은 점점 커지고 지혜는 작은 베풂에 따라 밝은 복을 받게 된다.

【글자 뜻】 施:베풀 시. 報:갚을 보. 彌:점점 미. 受:받을 수. 景:밝을 경.

【말의 뜻】施安雖小:자기 몸을 위해 방탕과 쾌락을 베푸는 것이 아무리 작아도.　其報彌大:그 보답은 점점 커짐.　慧從小施:밝은 지혜로 작은 베풂에 따름.　受見景福:밝은 복을 받아 보게 됨.

【뜻 풀이】 마음 가는대로 방탕한 생활과 쾌락에 빠진다면 악의 보답이 점점 커진다. 그러므로 방탕한 생활과 쾌락을 없애고 밝은 지혜로 작은 보시(布施)라도 한다면, 드디어는 밝은 복을 받아 안락을 얻게 된다.

施勞於人 而欲望祐 殃咎歸身 自遘廣怨.
시 로 어 인 이 욕 망 우 앙 구 귀 신 자 구 광 원

　수고로움을 남에게 베풀어 요행을 바라고자 한다면 재앙과 허물이 몸으로 돌아와 스스로 넓은 원한을 만나게 된다.

【글자 뜻】勞:수고로울 로.　祐:요행 우.　殃:재앙 앙.　咎:허물 구.　遘:만날 구.　怨:원망 원.

【말의 뜻】施勞於人:수고를 남에게 베풂.　欲望祐:요행을 바라고자 함.　殃咎歸身:재앙과 허물이 자기 몸에 돌아옴.　自遘廣怨:스스로 사람들에게서 넓은 원망을 받게 됨.

【뜻 풀이】 남들에게 괴로운 일을 많이 시켜 자기만은 요행을 얻으려고 바란다면, 오히려 재앙과 미움이 자기 몸으로 돌아와, 사람들로부터 원망과 증오를 면치 못할 것이다.

已爲多事 非事亦造 伎樂放逸 惡習日增.
이 위 다 사 비 사 역 조 기 악 방 일 악 습 일 증

이미 많은 일을 하여 그른 일을 또 만들어 기생과 음악에 방탕하고 안일
한 사람은 악한 습관이 날로 더한다.

【글자 뜻】 非:그를 비. 造:지을 조. 伎:기생 기. 樂:음악 악. 放:방탕할
방. 逸:편안할 일. 習:습관 습. 增:더할 증.

【말의 뜻】 已爲多事:이미 많은 일들을 함부로 함. 非事亦造:그른 일을 또
만듦. 伎樂放逸:기생과 음악에 방탕하고 안일한 생활. 惡習日增:악한
습관이 날이 갈수록 더해 간다.

【뜻 풀이】 많은 일들을 함부로 하고 그른 일을 만들어내는 사람은 정도를
걷지 않는 사람으로, 기생과 노래와 춤에 빠져 방탕하고 안일하다. 사
리사욕에 빠져 밤낮을 보내는 사람은 악한 일이 날로 더하고 달로 쌓이
게 된다. 이와 같은 사람은 악도지옥에 떨어지게 된다.

精進惟行 習是捨非 修身自覺 是爲正習.
정 진 유 행 습 시 사 비 수 신 자 각 시 위 정 습

정진(精進)을 오직 행하여 옳음을 익히고 그름을 버려 몸을 닦아 스스로
깨닫는 것 이것을 올바른 습관이라 한다.

【글자 뜻】 惟:오직 유. 是:옳을 시. 捨:버릴 사. 非:그를 비.

【말의 뜻】 精進惟行:오직 정진을 행함. 習是捨非:옳은 것을 익히고 그른

것을 버림. 修身自覺:몸을 닦아 스스로 깨달음. 是爲正習:이것을 올바른 습관이라 함.

【뜻 풀이】 마음에 혼란이 없이 열심히 정진을 행하여, 선하고 옳은 일을 익히고 그리고 악한 일을 행하지 않는다. 마음과 몸을 잘 수행하여 올바른 깨달음을 얻어, 올바른 길을 가는 사람은 경사와 복이 날로 더해갈 것이다.

> 旣自解慧 又多學問 漸進普廣 油酥投水.
> 기 자 해 혜 우 다 학 문 점 진 보 광 유 수 투 수

이미 스스로 지혜를 깨닫고 또 학문을 많이 하면 점점 선함에 나아가고 널리 덕행이 번지는 것이 마치 기름을 물에 던지는 것과 같다.

【글자 뜻】 解:깨달을 해. 漸:점점 점. 普:넓을 보. 油:기름 유. 酥:우유 수. 投:던질 투.

【말의 뜻】 旣自解慧:이미 스스로 지혜를 깨달음. 漸進普廣:점점 선함에 나아가고 널리 덕행이 번짐. 油酥投水:기름을 물에 던짐과 같음.

【뜻 풀이】 열심히 정진하여 스스로 마음과 몸의 지혜를 깨닫고, 또 학문을 많이 익혀 가면 점점 선함에 나아가게 된다. 널리 덕행이 번지는 것이 마치 기름을 물에 던진 것과 같이 점점 번져, 사람들에게서 존경을 받게 된다.

自無慧意 不好學問 凝縮狹小 酪酥投水.
자 무 혜 의 불 호 학 문 응 축 협 소 락 수 투 수

스스로 지혜로운 마음이 없고 학문을 좋아하지 않는다면 엉키고 줄어들음이 좁고 작아 마치 우유로 만든 식품을 물에 던지는 것과 같다.

【글자 뜻】凝:엉길 응. 縮:줄어들 축. 狹:좁을 협. 酪:젖소 락. 酥:연유 수.

【말의 뜻】自無慧意:스스로 지혜로운 마음이 없음. 凝縮狹小:엉키고 줄어들고 좁고 작음. 酪酥投水:우유로 만든 식품을 물에 던짐과 같음.

【뜻 풀이】자신이 밝은 지혜를 깨달을 생각을 하지 않고, 또 학문을 좋아하지 않는다면, 학문이나 지혜나 선한 마음이나 덕행이 점점 줄어들고 작아져서, 마치 소나 양의 젖으로 만든 식품을 물에 던짐과 같이, 줄어들고 작아질 것이다.

近道名顯 如高山雪 遠道闇昧 如夜發箭.
근 도 명 현 여 고 산 설 원 도 암 매 여 야 발 전

도에 가까우면 이름이 나타나 높은 산의 눈과 같고 도에서 멀면 어둡고 어리석어 밤에 화살을 쏘는 것과 같다.

【글자 뜻】顯:나타날 현. 闇:어두울 암. 昧:어두울 매. 發:쏠 발. 箭:화살 전.

【말의 뜻】近道名顯:도에 가까우면 이름이 드러남. 如高山雪:마치 높은 산

의 눈과 같음. 遠道闇昧:도에서 멀면 어둡고 어리석음. 如夜發箭:마치
밤에 화살을 쏘는 것 같음.

【뜻 풀이】 올바른 도를 걸어가는 사람은 높은 산의 흰 눈과 같이 명성이 나
타나게 되고, 도를 외면하고 걸어가는 사람은 밤에 쏜 화살과 같이 사람
들을 해치고, 사람들로부터 미워함을 받게 된다.

爲佛弟子 常寤自覺 晝夜念佛 惟法思衆.
위 불 제 자 상 오 자 각 주 야 염 불 유 법 사 중

부처님의 제자가 되어서는 항상 깨어 스스로 깨닫고 밤낮으로 부처님을
외우고 법을 생각하고 대중을 생각한다.

【글자 뜻】 寤:잠깰 오. 晝:낮 주. 念:외울 념. 惟:생각할 유.
【말의 뜻】 爲佛弟子:부처님의 제자가 됨. 常寤自覺:항상 맑은 정신으로 스
스로 깨달음. 晝夜念佛:밤낮으로 부처님을 외우고 예배함. 惟法思衆:
법을 생각하고 대중을 생각함.

【뜻 풀이】 부처님의 제자가 되어 마음으로부터 부처님에게 귀의하려는 사
람은, 항상 맑은 정신으로 마음에 깨달음을 얻고 밤낮으로 부처님을 외
우고 예배한다. 오직 법을 생각하여 그리워하고, 도를 깨닫지 못한 일
반 대중을 생각하여 제도해야 한다.

爲佛弟子 當寤自覺 日暮思禪 樂觀一心.
위 불 제 자 당 오 자 각 일 모 사 선 낙 관 일 심

부처님의 제자가 되어서는 마땅히 깨어 스스로 깨닫고 날이 저물면 선(禪)을 생각하고 즐겁게 한 마음으로 보아야 한다.

【글자 뜻】當:마땅 당. 暮:저물 모. 禪:선할 선. 觀:볼 관.

【말의 뜻】當寤自覺:마땅히 맑은 정신으로 스스로 깨달음. 日暮思禪:날이 저물면 선할 것을 생각함. 선은 마음을 가라앉히고 진리를 보는 일. 樂觀一心:즐겁게 한 가지 마음으로 모든 사물을 바라봄.

【뜻 풀이】부처님에게 귀의하여 제자가 되었으면 마땅히 맑은 정신으로 스스로 진리를 깨달아야 한다. 날이 저물면 마음을 한 곳에 멈추고, 조용히 생각에 잠기고 자비로운 마음을 길러야 한다. 또 불법에 귀의한 것을 기쁘게 생각하고, 불도에 종사하게 된 것을 밤낮으로 사모하고, 합장하여 아침저녁으로 부처님에게 예배하라.

人當有念意 每食知自少 則是痛欲薄 節消而保壽.
인 당 유 념 의 매 식 지 자 소 즉 시 통 욕 박 절 소 이 보 수

사람은 마땅히 외움을 마음에 두어 식사할 때마다 스스로 적게 함을 안다면 곧 이것이 아픔과 욕심을 엷게 하여 소비를 절제하여 수명을 길게 보전할 수 있다.

【글자 뜻】念:외울 념. 每:매양 매. 痛:아플 통. 薄:엷을 박. 節:존절할 절. 消:쓸 소. 保:보전할 보.

【말의 뜻】人當有念意:사람은 마땅히 기도하여 외우는 마음이 있어야함. 每食知自少:식사할 때마다 스스로 분량을 적게 먹음을 알음. 痛欲薄:

고통과 욕심이 엷어짐. 節消而保壽:소비를 절약하고 수명을 오래 보전함.

【뜻 풀이】 사람은 마땅히 부처님에게 기도하고 부처님을 외우려는 마음이 있어야 한다. 식사할 때마다 항상 감사의 기도를 드리고 분량을 적게 먹어야 함을 안다면, 이것이 고통과 욕심을 적게 해 주고, 소비를 절약하여 수명을 오래 보전할 수 있다.

學難捨罪難 居在家亦難 會止同利難 艱難無過有. 比丘乞求
학 난 사 죄 난 거 재 가 역 난 회 지 동 리 난 간 난 무 과 유   비 구 걸 구

難 何可不自勉. 精進得自然 後無欲於人.
난 하 가 불 자 면 정 진 득 자 연 후 무 욕 어 인

학문은 어렵고 죄악을 버리기도 어려우며 집에서 사는 것도 또한 어렵다. 함께 살면서 이익을 같게 하기도 어렵고 가난한 생활에서는 있음에 지나는 것이 없다. 비구들이 나가 구걸하기도 어려우니 어찌 스스로 힘쓰지 않겠는가? 정진하면 얻는 것이 자연이니 뒤에 사람들에게 바랄 것이 없다.

【글자 뜻】 難:어려울 난. 居:살 거. 會:모일 회. 艱:어려울 간. 過:지날 과. 乞:빌 걸. 勉:힘쓸 면.

【말의 뜻】 學難捨罪難:학문하기도 어렵고 죄악을 버리기도 어려움. 居在家亦難:집에서 살기도 또한 어려움. 會止同利難:함께 살면서 이익을 같게 하기도 어려움. 艱難無過有:간구하고 어려운 생활에서는 재산이 있는 것보다 지나는 것이 없음. 比丘乞求難:비구들이 나가 구걸하기도 어려움. 何可不自勉:어찌 가히 스스로 힘쓰지 않을 것인가? 精進得自然:

정진하면 자연을 얻음. 後無欲於人:뒤에 사람들에게 바랄 것이 없음.

【뜻 풀이】 학문하는 일도 어렵고, 죄악을 버리기도 어려우며, 집에서 산다
는 것도 역시 어렵다. 함께 살며 이익을 같게 나누기도 어려우니, 가난
한 생활에서는 재물이 있는 것보다 지나는 것은 없다.

비구들이 밖에 나가 구걸하기도 어려우니, 어찌 스스로 힘쓰지 않을
수 있으랴! 정진을 열심히 하면 자연을 얻어먹을 것이 그 속에 있지만,
먹는 것으로는 그 속에 불법이나 구도의 정신이 없다. 그러나 열심히
정진하여 진정한 도를 생각하고 정법에 의해서 살려고 결심하면, 각자
의 노력에 따라 훌륭히 독립해서 살아갈 수 있으니, 사람들에게서 바
랄 것이 없게 된다.

有信則戒成 從戒多致寶 亦從得諧偶 在所見供養.
유 신 즉 계 성 종 계 다 치 보 역 종 득 해 우 재 소 견 공 양

믿음이 있으면 계율이 이루어지고 계율에 따르면 많은 보배를 이룰 수
있으며 또한 계율에 따르면 어울리는 무리를 얻어 있는 곳에서 공양을 받
는다.

【글자 뜻】 致:이룰 치. 諧:어울릴 해. 偶:무리 우. 供:바칠 공.
【말의 뜻】 有信則戒成:믿음이 두터우면 계율이 이루어짐. 從戒多致寶:계
율에 따르면 많은 보물을 얻게 됨. 亦從得諧偶:또한 계율에 따르면 많
은 어울리는 무리를 얻게 됨. 在所見供養:있는 곳에서 공양을 받게 됨.

【뜻 풀이】 신앙심이 두터운 사람은 자연히 계율이 이루어지고, 계율을 지

키면 많은 보물을 얻게 된다. 그리고 많은 사람들로부터 훌륭한 사람이라고 존경을 받게 된다. 이리하여 그는 도처에서 공양도 받고 존경도 받는다.

一坐一處臥 一行無放恣 守一以正身 心樂居樹間.
일 좌 일 처 와 일 행 무 방 자 수 일 이 정 신 심 락 거 수 간

한 자리에 앉거나 한 곳에 눕거나 한 가지 행동에도 방자함이 없고 하나를 지키어 써 몸을 바르게 하면 마음은 즐겁고 나무들 사이에서 살 수 있다.

【글자 뜻】 坐:앉을 좌. 臥:누울 와. 放:방자할 방. 恣:방자할 자. 樹:나무 수.

【말의 뜻】 一坐一處臥:한 자리에 앉거나 한 곳에 눕거나. 一行無放恣:한 가지 행실에도 방자함이 없음. 守一以正身:한 가지 도를 지키어 써 몸을 바르게 함. 心樂居樹間:마음은 즐겁고 나무 사이에서 사는 것과 같음.

【뜻 풀이】 깨어 있거나 자고 있거나 마음과 몸을 옳게 지키어, 말과 행동을 삼가 일치시키면, 숲속에 있거나 거리에 나서거나 사리사욕을 끊어 없애버려, 아무 근심도 없이 당당하게 바르고 밝고 깨끗하게 살아갈 수 있다.

제30 지옥품(地獄品)

> 地獄品者 道泥梨事 作惡受惡 罪牽不置.
> 지 옥 품 자 도 니 리 사 작 악 수 악 죄 견 불 치

지옥품(地獄品)이란 지옥에 대한 일을 말하여 악행을 지으면 악함을 받아 죄는 이끌어 두지 않는다.

【글자 뜻】獄:감옥 옥. 道:이를 도. 泥:진흙 니. 梨:배 리. 受받을 수. 牽:이끌 견. 置:둘 치.

【말의 뜻】道泥梨事:지옥에 관한 일을 말함. 作惡受惡:이승에서 악함을 저질렀으면 저승에서 악에 대한 보답을 받음. 罪牽不置:죄는 그대로 놔두지 않음.

【뜻 풀이】지옥이란 지하에 있는 감옥으로 괴로움이 극심한 세계이다. 이승에서 악함을 저지른 사람은 사후에 그 보복을 받는 곳으로, 여기에서는 죄악을 그대로 놔두지 않는다.

다음에 8대 지옥을 열거해 두겠다.

① 무간지옥(無間地獄)—고통을 받는 것이 쉴 사이가 없는 지옥.

② 극열지옥(極熱地獄)—사람들의 몸에서 사나운 불길이 나와 서로 타 죽는 지옥.

③ 염열지옥(炎熱地獄)—불이 몸에 붙어 다녀 불에 타서 견디지 못하는 지옥.

④ 대규지옥(大叫地獄)—심한 고통에 쫓겨 큰소리로 외치는 지옥.

⑤ 호읍지옥(號泣地獄)—무서운 괴로움에 쫓겨 슬피 외치는 지옥.

⑥ 중합지옥(衆合地獄)—많은 괴로움이 한데 모여 심한 고통에 쫓기는 지옥.

⑦ 흑승지옥(黑繩地獄)—손발을 검은 밧줄로 묶고 뒤에 손발을 잘라내는 지옥.

⑧ 등활지옥(等活地獄)—모든 괴로움이 몸을 쫓고 죽은 자가 살아나는 지옥.

이상의 8대 지옥에는 다시 16개의 작은 지옥이 따른다.

妄語地獄近 作之言不作 二罪後俱受 是行自牽往.
망 어 지 옥 근　작 지 언 불 작　이 죄 후 구 수　시 행 자 견 왕

망령된 말은 지옥에 가까우니 이것을 만들고서 만들지 않았다고 말한다면 두 가지 죄를 뒤에 함께 받거니와 이것을 행하고서 스스로 끌고 간다.

【글자 뜻】 妄:망령될 망. 作:지을 작. 俱:함께 구.

【말의 뜻】 妄語地獄近:망령된 말은 지옥에 가까움. 作之言不作:망령된 말을 만들어내고서 만들지 않았다고 말함. 二罪後俱受:두 가지 죄를 뒤에 함께 받음. 是行自牽往:이것을 행하고서 스스로 끌고 감.

【뜻 풀이】 거짓말을 만들어내면 지옥에 가깝지만, 거짓말을 만들어내고서 만들지 않았다고 잡아떼는 자는 뒤에 두 가지 죄를 받아 지옥으로 가게 될 것이다. 거짓말을 한다는 것은 도둑질의 시작이니, 그런 사람은 절대로 성공하지 못한다.

法衣在其身 爲惡不自禁. 苟沒惡行者 終則墮地獄.
법 의 재 기 신 위 악 불 자 금 구 몰 악 행 자 종 즉 타 지 옥

법의(法衣)를 그 몸에 입고서 악행을 하여 스스로 금하지 않는다. 구차하게 악행에 빠지는 자는 마침내는 지옥에 떨어진다.

【글자 뜻】禁:금할 금. 苟:구차할 구. 沒:빠질 몰. 終:마침내 종. 墮:떨어질 타.

【말의 뜻】法衣在其身:중〔僧〕의 옷을 그 몸에 입음. 爲惡不自禁:악을 행하여 스스로 금하지 못함. 苟沒惡行者:구차하게 악행에 빠지는 사람. 終則墮地獄:마침내는 지옥에 떨어짐.

【뜻 풀이】법의를 입고 어깨에 가사를 걸쳐 어엿한 중〔僧〕의 모습을 갖추고 있을지라도, 죄악을 행하여 스스로 금하지 못하는 사람이 있다. 이와 같이 계율을 지키지 못하고 악행에 빠져 있는 사람은 그 악업(惡業) 때문에 지옥에 떨어지게 된다. 그러나 아무리 큰 죄라도 진심으로 뉘우쳐 참회하면 풀끝의 이슬같이 사라지고, 아무리 작은 죄라도 참회하지 않는다면 그대로 남는다.

無戒受供養 理豈不自損. 死噉燒鐵丸 然熱劇火炭.
무 계 수 공 양 이 기 불 자 손 사 담 소 철 환 연 열 극 화 탄

계율을 지키지 않고서 공양을 받는다면 그 이치가 어찌 스스로를 손해되게 하지 않으랴! 죽어서 불태운 쇠의 방울을 먹음과 같아서 더구나 뜨거운 불탄 숯보다도 더욱 심하다.

【글자 뜻】 理:이치 리. 豈:어찌 기. 噉:먹을 담. 燒:불사를 소. 鐵:쇠 철.
丸:둥글 환. 熱:더울 열. 劇:심한 극. 炭:숯 탄.

【말의 뜻】 無戒受供養:계율을 지키지 않으면서 공양을 받음. 理豈不自損:
그 이치가 어찌 자신을 손해 되게 하지 않으랴! 死噉燒鐵丸:죽어서 끓
는 무쇠의 방울을 먹는 것 같음. 然熱劇火炭:더구나 뜨겁기가 불붙은
숯을 먹는 것보다 더 심함.

【뜻 풀이】 마음과 몸으로 계율을 지키지 않고서 사람들로부터 보시를 받는
다면, 어찌 자신을 해치지 않으랴! 죽어서 뜨거운 무쇠의 방울을 먹는
것과 같으며, 그 뜨거움이 불붙은 숯보다도 더욱 심하다. 수도승은 크
게 반성해야 할 것이다.

放逸有四事. 好犯他人婦 臥險非福利 毁三婬泆四.
방 일 유 사 사   호 범 타 인 부   와 험 비 복 리   훼 삼 음 일 사

방탕하고 안일하면 네 가지 일이 있다. 다른 사람의 아내를 침범하기 좋
아하고 험난한 데 누워 있으며 복과 이익도 없으니 헐뜯음은 셋이고 음탕
함은 넷이다.

【글자 뜻】 犯:침범할 범. 險:험할 험. 毁:헐 훼. 泆:음탕할 일.

【말의 뜻】 放逸有四事:방탕하고 안일하면 네 가지 죄과가 있음. 好犯他人
婦:남의 아내를 즐겨 침범함. 臥險:편안하게 잠자지 못함. 非福利:복
과 이익이 없음. 毁三婬泆四:남을 헐뜯으면 세 가지 죄가 있고 음탕하
면 네 가지 죄가 있음.

【뜻 풀이】 스스로 자제하는 마음이 없어 방탕하고 안일한 생활을 하면, 네 가지 죄과가 있다. 즉 ① 다른 사람들로부터 비난을 받고, ② 밤에 편안히 잠자지 못하고, ③ 남을 해치기 때문에 복과 이익이 없고, ④ 드디어는 지옥에 떨어진다. 최근에는 성의 해방이라고 하여 남녀 간의 교제가 문란하거니와, 이것은 정말로 우려할 현상이다. 남을 헐뜯어 말하면 ①, ③, ④의 세 가지 죄가 있고, 음탕한 생활을 하면 네 가지 죄가 된다.

不福利墮惡 畏惡畏樂寡 王法重罰加 身死入地獄.
불 복 리 타 악 외 악 외 낙 과 왕 법 중 벌 가 신 사 입 지 옥

복과 이익이 없다고 하여 죄악에 떨어지면 악함이 두렵고 즐거움 적음이 두렵고 나라의 법이 무거운 벌을 가하며 몸이 죽어서 지옥에 떨어진다.

【글자 뜻】 寡:적을 과. 罰:벌할 벌. 加:더할 가.

【말의 뜻】 不福利墮惡:복과 이익이 없다고 악에 떨어짐. 畏惡畏樂寡:악함을 범하는 것이 두렵고 즐거움 적음이 두려움. 王法重罰加:나라의 법이 무거운 벌을 가함. 身死入地獄:몸이 죽어서 지옥에 들어감.

【뜻 풀이】 행복과 이익이 없어 인생에 기쁨과 즐거움이 적어 죄악에 떨어진다면, 이는 악행을 범하기가 두렵고, 즐거움 적은 것이 두렵고, 더구나 국가의 법률이 무거운 벌을 가하게 되고, 죽어서는 지옥에 떨어지게 된다. 어찌 이런 생활에 기쁨이 있고 행복을 느낄 수 있겠는가?

> 譬如拔菅草 執緩則傷手. 學戒不禁制 獄錄乃自賊.
> 비 여 발 관 초 집 완 즉 상 수 학 계 불 금 제 옥 록 내 자 적

비유하면 마치 띠 풀을 뽑는 것과 같아 잡는 것을 느슨하게 하면 손을
상한다. 계율을 배워 금하고 절제하지 않는다면 지옥의 장부가 곧 스스로
를 해진다.

【글자 뜻】 譬:비유할 비. 拔:뽑을 발. 菅:띠 풀 관. 執:잡을 집. 緩:느슨
할 완. 傷:상할 상. 禁:금할 금. 制:절제할 제. 錄:기록할 록. 賊:해
칠 적.

【말의 뜻】 譬如拔菅草:비유하면 띠 풀을 뽑는 것과 같음. 執緩則傷手:느
슨하게 잡으면 손을 상함. 學戒不禁制:계율을 배워 행동을 금하고 절
제 하지 않음. 獄錄:지옥의 염라대왕이 가지고 있는 장부. 自賊:자신
을 해침.

【뜻 풀이】 비유해서 말하면 띠 풀을 뽑는 것과 같아, 느슨하게 잡고 뽑으
면 손이 상하게 된다. 그러므로 계율을 배워 마음과 행동을 삼가 금하고
절제하지 않는다면, 지옥의 장부에 기록되어 자신이 지옥에 떨어지게
된다. 이것은 마치 자기 자신이 지옥으로 들어가는 것과 같은 것이다.

> 人行爲慢墮 不能除衆勞 梵行有玷缺 終不受大福.
> 인 행 위 만 타 불 능 제 중 로 범 행 유 점 결 종 불 수 대 복

사람의 행동이 게으르게 되어 능히 여러 사람의 수고로움을 제거하지 못
하고 부처님의 가르침을 행함에 잘못하고 결점이 있으면 마침내 큰 복을

받지 못한다.

【글자 뜻】 慢:게으를 만. 墮:게으를 타. 除:제할 제. 勞:수고할 로. 梵:
　부처 범. 玷:잘못할 점. 缺:이지러질 결.

【말의 뜻】 人行爲慢墮:사람의 행동이 게으르게 됨. 不能除衆勞:능히 여러
　사람의 노고를 제거하지 못함. 梵行有玷缺:부처님의 가르침을 행함에
　잘못과 결점이 있음. 終不受大福:마침내 큰 복을 받지 못함.

【뜻 풀이】 사람은 좋은 일을 하기 위해서 이 세상을 사는 것이다. 그런데
　천성이 게으르고 행동 또한 게을러지면, 많은 사람들의 노고를 제거하지
　도 못하고, 또 부처님의 가르침을 충분히 실천하지도 못하게 된다. 이리
　하여 드디어 큰 복을 받지 못하고 인생을 서글프게 살다 가는 것이다.

常行所當行 自持必令强. 遠離諸外道 莫習爲塵垢.
상 행 소 당 행　자 지 필 영 강　　원 리 제 외 도　막 습 위 진 구

　항상 마땅히 행해야 할 것을 행하여 스스로를 가지고 반드시 군세게 행하
라. 여러 가지 외도에서 멀리 떠나서 티끌과 때가 됨을 배우지 말라.

【글자 뜻】 持:가질지. 令:하여금 령. 强:군셀 강. 離:떠날 리.

【말의 뜻】 常行所當行:항상 마땅히 행해야 할 것을 행함. 自持必令强:스
　스로의 마음을 가지고 반드시 군세게 행하라. 遠離諸外道:여러 가지 외
　도에서 멀리 떠남. 莫習爲塵垢:행동에 티끌과 때가 됨을 배우지 말라.

【뜻 풀이】 언제나 해야 할 올바른 일을 행하고, 마음을 굳게 정하고 강한

열의와 의욕을 가지고 실천하라. 여러 가지 외도에서 되도록 멀리 떠나 부처님이 가르치신 법을 마음에 깊이 간직하고 힘써 행하여, 마음과 몸에 티끌과 때가 묻지 않도록 힘써야 한다.

爲所不當爲 然後致鬱毒. 行善常吉順 所適無悔悋.
위 소 부 당 위 연 후 치 울 독   행 선 상 길 순 소 적 무 회 린

마땅히 하지 말아야 할 것을 행하면 그런 뒤에 답답한 독을 이루게 된다. 선함을 행하면 항상 길하고 순조로워 가는 곳마다 후회함이 없다.

【글자 뜻】 致:이룰 치. 鬱:답답할 울. 適:갈 적. 悔:뉘우칠 회. 悋:뉘우칠 린.

【말의 뜻】 爲所不當爲:마땅히 하지 말아야 할 것을 행함. 然後致鬱毒:그런 뒤에는 답답한 독을 이룸. 行善常吉順:선함을 행하면 항상 길하고 순조로움. 所適無悔悋:가는 곳마다 후회가 없음.

【뜻 풀이】 사람은 해서는 안 될 죄악을 저지르면 뒤에 마음이 우울하고 후회하는 마음에 사로잡히게 된다. 그러므로 선행을 하면 언제나 경사가 있고 어떤 일이나 순조롭게 풀려 나가, 가는 곳마다 후회하는 마음이 없이 인생에 보람을 느끼게 된다.

其於衆惡行 欲作若已作 是苦不可解. 罪近難得避.
기 어 중 악 행 욕 작 약 이 작 시 고 불 가 해   죄 근 난 득 피

그 여러 가지 악행에 있어서는 하려고 마음먹거나 만일 이미 하였으면 그

괴로움은 풀릴 수가 없다. 죄는 가까워서 피하기가 어렵다.

【글자 뜻】 衆:무리 중. 苦:괴로울 고. 解:풀 해. 避:피할 피.

【말의 뜻】 其於衆惡行:그 여러 가지 악행에 있어서. 欲作若己作:악행을 하려고 마음먹었거나 만일 이미 악행을 하였으면. 是苦不可解:이 고민은 풀 수가 없음. 罪近難得避:죄는 가까워서 피하기가 어렵다.

【뜻 풀이】 이 세상에서 여러 가지 악한 행위를 하려고 생각했거나, 혹은 이미 악행을 저질렀을 때의 고민은 도저히 풀 수가 없어, 그 뒤로 악한 보복을 받게 된다. 그러므로 깊이 생각하여 우선 마음을 선량하게 지니고, 또 행동도 선량한 행동을 하도록 노력해야 한다.

妄證求敗 行己不正 怨譖良人 以枉治士 罪縛斯人 自投于坑.
망 증 구 패　행 이 부 정　원 참 양 인　이 왕 치 사　죄 박 사 인　자 투 우 갱

망령되이 깨달아 실패를 구하여 행동이 이미 올바르지 못하다면 선량한 사람을 원망하고 속이어 굽힘으로써 선비를 다스리니 죄가 이 사람을 묶고 스스로를 지옥에 던지게 된다.

【글자 뜻】 妄:망령될 망. 證:깨달을 증. 怨:원망할 원. 譖:속일 참. 枉:굽힐 왕. 縛:묶을 박. 斯:이 사. 投:던질 투. 坑:굴 갱.

【말의 뜻】 妄證求敗:망령되이 깨달아 실패를 구함. 行己不正:행동이 이미 올바르지 못함. 怨譖良人:선량한 사람을 원망하고 속임. 以枉治士:굽힘으로써 선비를 다스림. 罪縛斯人:죄가 이 사람을 묶음. 自投于坑:스스로를 지옥에 던짐.

【뜻 풀이】 마음속에 탐욕과 성냄과 어리석음의 세 가지 독기가 가득 차 있으면 자연히 행동도 악행을 저지르게 된다. 거짓 깨달음이 있는 것처럼 나타내어 부처님을 헐뜯어 말하고, 자기 자신을 위대한 인물로 보여 사람들로부터 존경을 받으려 한다는 것은 가당치도 않은 짓이다. 죄는 도리어 이런 사람에게로 쏠려, 자기 자신의 죄 때문에 지옥으로 떨어지게 되는 것이다.

如備邊城 中外牢固 自守其心 非法不生. 行缺致憂 令墮地獄.
여비변성 중외뢰고 자수기심 비법불생 행결치우 영타지옥

변방의 성을 지키는데 안과 밖의 감옥을 굳게 함과 같이 스스로 자기 마음을 지키어 법이 아니면 살지 말아야 한다. 행동이 옳지 못하면 근심이 이르고 지옥으로 떨어지게 한다.

【글자 뜻】 備:수비할 비. 邊:변방 변. 牢:감옥 뢰. 固:굳을 고. 缺:빠질 결.

【말의 뜻】 備邊城:변방의 성을 수비함. 中外牢固:안과 밖의 감옥을 튼튼히 함. 自守其心:스스로 자기 마음을 지킴. 非法不生:법이 아니면 살지 못함. 行缺致憂:행동이 악함을 저지르면 근심이 이름. 令墮地獄:지옥에 떨어지게 함.

【뜻 풀이】 국가에서 안과 밖을 견고하게 수비함과 같이, 자기 마음은 스스로가 굳게 지키어 악한 행동은 절대로 해서는 안 된다. 만일 행동이 악함을 저지르면 근심이 생기고, 그 죄 때문에 지옥으로 떨어지게 되는 것이다.

可羞不羞 非羞反羞 生爲邪見 死墮地獄.
가 수 불 수 비 수 반 수 생 위 사 견 사 타 지 옥

부끄러워해야 할 것을 부끄러워하지 않고 부끄러워하지 않을 것을 도리어 부끄러워한다면 살아서는 간사한 소견이 되고 죽어서는 지옥에 떨어진다.

【글자 뜻】 羞:부끄러워할 수. 反:도리어 반. 邪:간사할 사.

【말의 뜻】 可羞不羞:부끄러워해야 할 것은 부끄러워하지 않음. 非羞反羞: 부끄러워하지 말아야 할 것은 도리어 부끄러워함. 生爲邪見:살아서는 간사한 소견이 됨. 死墮地獄:죽어서는 지옥에 떨어짐.

【뜻 풀이】 마음과 행동이 바르고 부끄러워하지 말아야 할 것을 부끄러워하고, 마음과 행동이 옳지 않아 부끄러워하지 말아야 할 것을 부끄러워한다면, 이런 사람이야말로 이 세상에 살 때는 사람들로부터 미움을 받고, 죽어서 저승에 가면 지옥에 떨어지게 된다.

可畏不畏 非畏反畏 信向邪見 死墮地獄.
가 외 불 외 비 외 반 외 신 향 사 견 사 타 지 옥

두려워해야 할 것은 두려워하지 않고 두려워하지 말아야 할 것은 도리어 두려워한다면 간사한 소견을 믿고 나아가 죽어서는 지옥에 떨어진다.

【글자 뜻】 畏:두려워할 외. 信:믿을 신. 向:향할 향.

【말의 뜻】 信向邪見:간사한 생각을 믿고 그대로 나아감.

【뜻 풀이】 마음이 옳고 행동이 옳아 두려워해야 할 것은 두려워하지 않고, 마음이 비뚤고 행동이 비뚤어 두려워하지 말아야 할 것은 도리어 두려워한다면, 간사한 생각을 믿고 그대로 나아가 죽어서는 지옥에 떨어지게 된다.

可避不避 可就不就 翫習邪見 死墮地獄.
가 피 불 피 가 취 불 취 완 습 사 견 사 타 지 옥

피해야 할 것은 피하지 않고 나아가야 할 것에 나아가지 않는다면 간사한 생각을 탐내고 익히어 죽어서는 지옥에 떨어진다.

【글자 뜻】 避:피할 피. 就:나아갈 취. 翫:탐낼 완.
【말의 뜻】 可避不避:피해야 할 것은 피하지 않음. 可就不就:나아가야 할 것에는 나아가지 않음. 翫習邪見:간사한 생각을 탐내고 익힘.

【뜻 풀이】 도둑질이나 악한 행실과 같이 피해야 할 것은 피하지 않고, 마음을 선량하게 지니고 행동이 올바르게 해야 함과 같이 마땅히 나아가야 할 일에 나아가지 않는다면, 간사한 생각에 따라 탐욕과 방탕한 생활을 하게 되어, 죽으면 지옥에 떨어지게 된다.

可近則近 可遠則遠 恒守正見 死墮善道.
가 근 즉 근 가 원 즉 원 항 수 정 견 사 타 선 도

가까이해야 할 일은 곧 가까이하고 멀리해야 할 일은 곧 멀리한다면 항상 올바른 생각을 지키어 죽어서는 선도(善道)에 떨어진다.

【글자 뜻】 近:가까울 근. 遠:멀 원. 恒:항상 항.

【말의 뜻】 可近則近:가까이해야 할 것은 가까이함. 可遠則遠:멀리해야 할 것은 멀리함. 恒守正見:항상 올바른 생각을 지킴. 死墮善道:죽어서 극락세계로 들어감.

【뜻 풀이】 마음이 착하고 행실이 올바르게 해서 가까이해야 할 것은 가까이하고, 멀리해야 할 일은 멀리한다면, 항상 밝은 지혜를 지니고 마음이나 행동이나 올바르기 때문에, 죽어서 극락세계로 들어가게 된다.

제31 상유품(象喩品)

象喩品者 教人正身 爲善得善 福報快焉.
상 유 품 자 교 인 정 신 위 선 득 선 복 보 쾌 언

상유품(象喩品)이란 사람들에게 몸을 올바르게 하여 선함을 행하면 선함을 얻고 복의 갚음을 유쾌하게 받음을 가르친 것이다.

【글자 뜻】 象:코끼리 상. 喩:비유할 유. 報:갚을 보. 快:상쾌할 쾌.
【말의 뜻】 教人正身:사람들에게 몸을 올바르게 함을 가르침. 爲善得善:착함을 행하면 착함을 얻음. 福報快焉:복의 갚음을 상쾌하게 받음.

【뜻 풀이】 여기에서는 사람이 마음을 선량하고 행동을 올바르게 함으로써 사람들에게 선함으로써 인도하여, 선한 행동을 하면 복의 보답을 받는다는 것을, 코끼리를 비유로 하여 가르치신 것이다.

我如象鬪 不恐中箭 常以誠信 度無戒人.
아 여 상 투 불 공 중 전 상 이 성 신 도 무 계 인

나는 코끼리가 싸울 때 화살에 맞는 것을 두려워하지 않음과 같이 항상 정성어린 믿음으로써 계율이 없는 사람들을 제도하려 한다.

【글자 뜻】 鬪:싸울 투. 恐:두려워할 공. 中:맞을 중. 箭:화살 전. 度:건널 도.

【말의 뜻】 象鬪:코끼리가 싸움. 不恐中箭:화살에 맞는 것을 두려워하지 않음. 常以誠信:항상 정성어린 믿음으로써. 度無戒人:계율이 없는 사람들을 구제함.

【뜻 풀이】 코끼리들이 싸울 때 화살에 맞는 것을 두려워하지 않는 것처럼, 나는 이 세상에 태어나서 원한과 질투와 시기가 많은 이 세상에 용감히 몸을 일으켜서, 사람들의 헐뜯음이나 욕을 두려워하지 않고, 성실한 신념을 가지고 교양도 없고 계율을 행하지 않는 사람들을 인도하여, 선한 길을 가도록 구제하려는 것이다.

譬象調正 可中王乘 調爲尊人 乃受誠信.
비 상 조 정   가 중 왕 승   조 위 존 인   내 수 성 신

비유하면 올바르게 길들인 코끼리는 왕(王)이 타기에 알맞은 것처럼 헐뜯음을 참아 존귀한 사람이 되어 곧 진실한 신임을 받는다.

【글자 뜻】 調:길들일 조. 尊:높을 존. 誠:진실로 성.
【말의 뜻】 譬象調正:비유하면 코끼리를 바르게 길들임. 可中王乘:왕이 타기에 알맞음. 調爲尊人:자신을 길들여 존귀한 사람이 됨. 乃受誠信:곧 진실한 신임을 받음.

【뜻 풀이】 비유하여 말하면 잘 가르쳐 올바르게 길들인 코끼리야말로 왕이 타기에 알맞은 것처럼, 사람도 사람들로부터 헐뜯음을 잘 참아내는 사람이야말로, 존귀한 사람이 되어 많은 사람들로부터 존경을 받게 된다.

> 雖爲常調 如彼新馳 亦最善象 不如自調.
> 수 위 상 조 여 피 신 치 역 최 선 상 불 여 자 조

비록 항상 길들인 코끼리라 할지라도 저 새로 달리고 또한 최선의 코끼리 같은 것은 스스로 길들이는 것만 못하다.

【글자 뜻】 雖:비록 수. 馳:달릴 치. 最:가장 최.
【말의 뜻】 雖爲常調:비록 코끼리를 항상 길들인다 할지라도. 彼新馳:저 새로 달림. 最善象:가장 좋은 코끼리. 不如自調:스스로 길들임만 못함.

【뜻 풀이】 비록 항상 훈련하여 길들인 코끼리라 할지라도, 새롭게 달려 나가고 타기에 가장 좋은 코끼리라 할지라도, 최후에는 자기 자신이 직접 길들인 코끼리가 최고이다. 자기 자신이 직접 길들이고 훈련시킨 코끼리가 다루기 좋은 것처럼, 사람도 역시 자기가 직접 잘 지도하고 가르쳐 인도한 사람이 다루기 좋으니, 교육의 지도가 얼마나 중요하다는 것을 알 수 있을 것이다.

> 彼不能適 人所不至 唯自調者 能到調方.
> 피 불 능 적 인 소 불 지 유 자 조 자 능 도 조 방

저 사람들이 이르지 못하는 곳에는 갈 수가 없으니 오직 스스로를 길들이는 사람은 능히 알맞은 방법에 이른다.

【글자 뜻】 適:갈 적. 唯:오직 유. 到:이를 도. 調:맞을 조.
【말의 뜻】 彼不能適 人所不至:저 사람들이 이르지 못하는 곳에는 갈 수 없

음. 唯自調者:오직 스스로 길들이는 사람. 能到調方:능히 알맞은 방법에 이르게 됨.

【뜻 풀이】 사람은 사람들이 가지 않는 곳에는 좀처럼 가지 않게 마련이어서, 사람들이 이르지 못하는 깨달음의 경지에는 여간해서 도달하기 어렵다. 그러나 자기 자신이 자기를 충분히 길들이고 밝은 지혜를 발동시키는 사람은, 보통사람들이 이르지 못하는 깨달음의 세계에 이를 수 있는 것이다. 역시 정진에 노력하고 밝은 지혜와 굳은 의지가 필요한 것이다.

> 如象名財守 猛害難禁制 繫絆不與食 而猶暴逸象.
> 여 상 명 재 수 맹 해 난 금 제 계 반 불 여 식 이 유 폭 일 상

재물을 지킨다고 이름붙이는 코끼리 같은 것도 사납게 해쳐 금하여 부리기 어렵다. 잡아매면 주는 밥도 먹지 아니하여 오히려 사납게 달아나는 코끼리와 같다.

【글자 뜻】 財:재물 재. 猛:사나울 맹. 害:해칠 해. 制:부릴 제. 繫:얽을 계. 絆:맬 반. 暴:사나울 폭. 逸:달아날 일.
【말의 뜻】 如象名財守:재물을 지킨다고 이름붙이는 코끼리와 같은 것. 猛害難禁制:사납게 해쳐 금하여 부리기 어려움. 繫絆不與食:잡아매면 주는 밥도 먹지 않음. 猶暴逸象:사납게 달아나는 코끼리와 같음.

【뜻 풀이】 저 재물을 지킨다는 코끼리는 성격이 사납고 거칠어 이것을 길들이려고 잡아매면, 원래 제가 살던 숲속이 그리워서 밥을 주어도 먹지 않는다. 그러나 사람은 아무리 성격이 거친 사람이라도 잘 길들이고 가

르쳐 나가면, 틀림없이 선량한 사람이 될 수 있으니, 교육이야말로 가
장 중요한 것이다.

沒在惡行者 恒以貪自繫 其象不知厭 故數入胞胎.
몰 재 악 행 자 항 이 탐 자 계 기 상 불 지 염 고 삭 입 포 태

악행에 빠져 있는 사람은 항상 탐냄으로써 스스로를 얽어매어 그 코끼리
가 싫어할 줄 모르는 것 같아 그러므로 자주 포태(胞胎)로 들어간다.

【글자 뜻】沒:빠질 몰. 恒:항상 항. 貪:탐낼 탐. 厭:싫어할 염. 數:자주
삭. 胞:태 포. 胎:아이 밸 태.
【말의 뜻】沒在惡行者:악행에 빠져 있는 사람. 恒以貪自繫:항상 탐냄으로
써 자신을 얽어맴. 其象不知厭:저 코끼리가 싫어함을 모름. 故數入胞
胎:그러므로 자주 포태로 들어감.

【뜻 풀이】악한 행실에 빠져 있는 사람은 항상 탐욕 때문에 자신을 얽어매
고 있다. 음란한 행동을 하여 마치 싫어할 줄 모르는 코끼리와 같이 단
지 인생을 즐기고 있을 뿐이다. 그들에게는 사명도 없고 의의도 없는 인
생을 헛되게 보내고 있는 것이다.

本意爲純行 及常行所安. 悉捨降伏結 如鉤制象調.
본 의 위 순 행 급 상 행 소 안   실 사 항 복 결 여 구 제 상 조

본래의 마음으로 착한 행동을 하며 그리고 항상 편안한 바를 행하라. 다
버리고서 얽힘을 항복한다면 갈고리로 코끼리를 억제하여 길들임과 같다.

【글자 뜻】 純:착할 순. 悉:다 실. 捨:버릴 사. 降:항복할 항. 結:얽힐 결.
　　鉤:갈고리 구.

【말의 뜻】 本意爲純行:본마음으로 선행을 함. 常行所安:항상 마음이 편안
　　한 바를 행함. 悉捨降伏結:다 버리고서 얽힘을 항복함. 如鉤制象調:갈
　　고리로 코끼리를 제압하여 길들임과 같음.

【뜻 풀이】 진정한 자기의 마음에 따라 올바른 선행을 하고 항상 마음이 편
　　안한 곳을 얻어, 탐욕의 악한 생각과 망령된 생각을 버리고 악마를 항복
　　시키면, 마치 갈고리로 코끼리를 제압하여 길들이는 것과 같이, 내 마
　　음도 완전히 길들일 수가 있는 것이다.

樂道不放逸 能常自護心 是爲拔身苦 如象出于坎.
낙 도 불 방 일　능 상 자 호 심　시 위 발 신 고　여 상 출 우 감

　　도를 즐기고 방탕하여 안일한 생활을 하지 않고 능히 항상 스스로의 마
음을 보호하면 이것을 몸의 괴로움을 빼내버린다고 하니 마치 코끼리가 구
덩이에서 나옴과 같다.

【글자 뜻】 護:보호할 호. 拔:뺄 발. 坎:구덩이 감.

【말의 뜻】 樂道不放逸:도를 즐기어 방탕하고 안일한 생활을 하지 않음. 常
　　自護心:항상 스스로의 마음을 보호함. 是爲拔身苦:이것을 몸의 괴로움
　　을 빼내버린다고 함. 如象出于坎:마치 코끼리가 구덩이에서 나옴과 같
　　음.

【뜻 풀이】 사람들은 언제나 내 몸 때문에 자기를 상처내고, 또 다른 사람들

에게도 상처를 안겨 주고 있다. 진정한 도를 깨달아 즐기고, 마음에서 방탕함과 안일함을 몰아내어 항상 자기의 마음을 보호한다면, 몸의 괴로움에서 빠져나올 수 있다. 구덩이 속에서 몸부림치던 코끼리가 겨우 구덩이에서 빠져나온 것처럼, 그 몸이 악도 속에서 빠져나올 수 있는 것이다.

若得賢能伴 俱行行善悍 能伏諸所聞 至到不失意.
약 득 현 능 반 구 행 행 선 한 능 복 제 소 문 지 도 불 실 의

만일 능히 현명한 사람의 짝함을 얻어 함께 행하여 착하고 굳셈을 행하고 능히 여러 가지 소문을 굴복시키면 드디어 뜻을 잃지 않는다.

【글자 뜻】 賢:어질 현. 伴:짝 반. 俱:함께 구. 悍:굳셀 한. 伏:굴복할 복.
到:이를 도.

【말의 뜻】 若得賢能伴:만일 능히 어진 사람을 짝하여 얻음. 俱行行善悍:
함께 실천하여 선함과 굳셈을 행함. 能伏諸所聞:능히 여러 가지 소문
을 굴복시킴. 至到不失意:드디어 뜻을 잃지 않음.

【뜻 풀이】 만일 이 세상에서 진실로 좋은 친구를 얻어 함께 선행을 굳세게
실천해 나아갈 수 있어, 능히 여러 가지 문제들을 처리해 나간다면, 자
기의 뜻을 잃지 않고서도 자기가 바라는 일을 성취할 수 있을 것이다.

不得賢能伴 俱行行惡悍 廣斷王邑里 寧獨不爲惡.
불 득 현 능 반 구 행 행 악 한 광 단 왕 읍 리 영 독 불 위 악

능히 현명한 사람의 짝함을 얻지 못하여 함께 실천하여 악함을 굳세게

행한다면 왕(王)이 넓은 읍리(邑里)를 끊고 떠남과 같이 차라리 홀로 악함을 행하지 못한다.

【글자 뜻】 斷:끊을 단. 寧:차라리 영. 獨:홀로 독.

【말의 뜻】 不得賢能伴:능히 현명한 사람의 짝함을 얻지 못함. 俱行行惡悍: 함께 행하여 악함을 굳세게 행함. 廣斷王邑里:왕(王)이 넓은 땅을 버리고 떠남. 寧獨不爲惡:차라리 혼자서 악함을 행하지 못함.

【뜻 풀이】 이 세상에서 진실한 좋은 친구가 없다면, 왕(王)이 점령한 넓은 땅을 버리고 떠남과 같이, 악한 친구들을 사귀어 함께 악행을 저지르게 된다. 그보다는 차라리 악한 친구들을 피하고 스스로 몸을 바르게 하여 지켜 나가야 할 것이다.

寧獨行爲善 不與愚爲侶 獨而不爲惡 如象驚自護.
영 독 행 위 선 불 여 우 위 려 독 이 불 위 악 여 상 경 자 호

차라리 홀로 행하여 선행을 하여 어리석은 사람과 더불어 벗하지 말라. 혼자서 악함을 행하지 않으면 코끼리가 놀라 스스로를 보호함과 같다.

【글자 뜻】 與:더불어 여. 愚:어리석을 우. 侶:벗 려. 驚:놀랄 경.

【말의 뜻】 寧獨行爲善:차라리 홀로 행하여 선행을 함. 不與愚爲侶:어리석은 사람과 더불어 벗하지 말라. 獨而不爲惡:혼자서 악함을 행하지 않음. 如象驚自護:코끼리가 놀라 스스로를 보호함과 같음.

【뜻 풀이】 좋은 친구가 없다면 차라리 혼자서 선행을 하고, 어리석고 악한

사람과는 친구로 사귀지 않는 것이 현명하다. 코끼리가 놀라면 자신을 보호함과 같이, 혼자서도 얼마든지 죄악을 저지르지 않고서 살아갈 수 있는 것이다.

生而有利安 伴軟和爲安 命盡爲福安 衆惡不犯安.
생 이 유 리 안 반 연 화 위 안 명 진 위 복 안 중 악 불 범 안

태어나서 이득이 있으면 편안하고 친구는 부드럽고 화합하면 편안하다 하며 목숨이 다함에 복을 행하면 편안하고 여러 가지 악함을 범하지 않으면 편안하다.

【글자 뜻】 軟:부드러울 연. 和:화할 화. 盡:다할 진. 衆:여러 중. 犯:범할 범.

【말의 뜻】 生而有利安:태어남에 재산이 있으면 편안함. 伴軟和爲安:친구는 부드럽고 화합한 것을 편안하다 함. 命盡爲福安:목숨이 다함에 좋을 일을 많이 하였으면 편안함. 衆惡不犯安:여러 가지 악함을 범하지 않았으면 편안함.

【뜻 풀이】 사람이 이 세상에 태어남에 우선 재산이 많으면 안락하다. 친구도 부드럽고 서로를 생각해 주는 좋은 친구는 사귀어도 좋다. 죽는 날까지 아무런 죄악도 범하지 않고 좋은 일을 많이 했으면 마음이 편안하고 즐거우며, 여러 가지 악행을 저지르지 않았으면 마음이 편안하고 존귀하게 인생을 사는 것이다.

> 人家有母樂 有父斯亦樂 世有沙門樂 天下有道樂.
> 인 가 유 모 락 유 부 사 역 락 세 유 사 문 락 천 하 유 도 락

　사람의 집에 어머니가 계시면 즐겁고 아버지까지 계시면 이 또한 즐겁다. 세상에 중(僧)들이 있다는 것은 즐겁고 천하에 도가 있으면 즐겁다.

【글자 뜻】 斯:이 사.　亦:또 역.

【말의 뜻】 人家有母樂:사람의 집에 어머니가 계시면 즐거움.　世有沙門樂: 세상에 중(僧)들이 있는 것은 즐거움.

【뜻 풀이】 부모가 살아 계시면 집에 돌아가도 마음이 훈훈하여 즐겁고 마음이 편안하다. 여기에 천하에 올바른 도가 있으면 즐겁고, 더구나 부처님의 말씀을 전하는 중(僧)들까지 있으면 한층 더 즐거운 일이다.

> 持戒終老安 信正所正善 智慧最安身 不犯惡最安.
> 지 계 종 노 안 신 정 소 정 선 지 혜 최 안 신 불 범 악 최 안

　계율을 가졌으면 마침내 늙어도 편안하고 올바름을 믿어 올바른 것은 좋고 지혜는 가장 몸을 편안하게 하고 악함을 범하지 않는 것이 가장 편안하다.

【글자 뜻】 持:가질 지.　善:좋을 선.　最:가장 최.

【말의 뜻】 持戒終老安:계율을 가졌으면 마침내 늙어도 편안함.　信正所正善:올바름을 믿고 올바르다는 것은 좋은 일임.　智慧最安身:지혜는 가장 몸을 편안하게 함.　不犯惡最安:악함을 저지르지 않는 것이 가장 편

안함.

【뜻 풀이】 사람이 이 세상에서 계율로 몸을 지키면 비록 늙어도 마음이 편
안하고, 올바른 장소에 선행을 하여 공덕을 베풀면 좋은 일이다. 밝은
지혜는 몸과 마음을 편안하게 하고, 선행을 하고 악행을 저지르지 않는
것이 몸과 마음이 가장 편한 길이다.

如馬調軟 隨意所如 信戒精進 定法要具 明行成立 忍和意定.
여 마 조 연 수 의 소 여 신 계 정 진 정 법 요 구 명 행 성 립 인 화 의 정

말을 부드럽게 길들임과 같이 하여 마음이 가는 곳을 따라 믿음과 계율
과 정진과 정법(定法)이 반드시 갖추어지면 밝은 행실이 이루어져 서게 되
고 참고 화합하여 마음이 정하여진다.

【글자 뜻】 軟:길들일 연. 隨:따를 수. 如:갈 여. 要:반드시 요. 具:갖출
구.
【말의 뜻】 如馬調軟:말을 부드럽게 길들임과 같이 함. 隨意所如:마음이 가
는 곳에 따름. 信戒精進 定法要具:믿음과 계율과 정진과 정법이 반드시
다 갖추어짐. 明行成立:밝은 행실이 성립됨. 忍和意定:참고 화합하여
마음이 정하여짐.

【뜻 풀이】 말과 같은 짐승조차도 잘 길들이면 마음에 따라 움직인다. 사람
의 마음도 이와 같이 길들여 믿음이 성실하고 계율을 확고하게 지킨다.
정신적인 노력을 굳게 하고 선(禪)을 행하면, 밝은 지혜가 생기어 선한
행실이 이루어지고, 참고 온화한 마음이 자리 잡아 해탈의 경지에 도달

하게 되는 것이다.

是斷諸苦 隨意所如 從是往定 如馬調御 斷恚無漏 是受天樂.
시 단 제 고 수 의 소 여 종 시 왕 정 여 마 조 어 단 에 무 루 시 수 천 락

이 모든 괴로움을 끊으면 마음이 가는 곳에 따르게 된다. 이것에 따라 선정(禪定)에 가면 마치 말을 길들여 타는 것과 같이 성냄을 끊고 번뇌를 없애면 이것이 하늘의 즐거움을 받는다.

【글자 뜻】 往:갈 왕.　御:말 탈 어.　漏:번뇌 루.

【말의 뜻】 是斷諸苦:이 모든 괴로움을 끊음.　從是往定:이에 따라 선정(禪定)에 들어감.　如馬調御:말을 길들여 타는 것과 같음.　斷恚無漏:성냄을 끊고 번뇌를 없앰.　是受天樂:이것이 하늘의 즐거움을 받음.

【뜻 풀이】 모든 고뇌의 근본을 끊어버리면 마음에 좌우되지 않고 탐욕이 일어나지 않아, 마음과 몸을 깨끗이 하여 선(禪)에 들어갈 수 있다. 마치 말을 길들여 타는 것과 같이, 성냄을 끊어버리고 모든 번뇌를 없애면 인생은 편안하고 즐겁다. 죽어서는 극락세계에 가서 즐거움을 받을 수 있는 것이다.

不自放恣 從是多寤. 羸馬比良 棄惡爲賢.
불 자 방 자 종 시 다 오　이 마 비 량 기 악 위 현

스스로 방자하지 않으면 이에 따라 많은 것을 깨닫게 된다. 사나운 말을 좋은 말에 비교하여 악함을 버림을 현명하다고 한다.

【글자 뜻】 恣:방자할 자. 寤:깨달을 오. 羸:사나울 리. 比:견줄 비. 棄:
버릴 기.

【말의 뜻】 不自放恣:스스로 방자하지 않음. 從是多寤:이에 따라 많은 것
을 깨달음. 羸馬比良:사나운 말을 좋은 말에 비교함. 棄惡爲賢:악함을
버림을 현명하다고 한다.

【뜻 풀이】 자기 스스로 마음을 단속하고 도를 닦아 방자하지 않으면, 여기
에서 많은 깨달음을 얻게 된다. 사나운 말과 좋은 말을 비교하여, 좋은
말을 가지는 것과 같이, 악함을 버리고 정진하는 사람을 현명하다고 말
한다.

제32 애욕품(愛欲品)

애욕품(愛欲品)이란 천하게 음란함과 은혜와 사랑으로 하여 세상 사람들
은 이것 때문에 재앙과 해를 많이 일으킨다.

【글자 뜻】 賤:천할 천. 恩:은혜 은. 盛:성할 성. 災:재앙 재.
【말의 뜻】 賤婬恩愛:천한 음란함과 은혜와 사랑. 世人爲此 盛生災害:세상
　사람들은 이것 때문에 많은 재앙과 해됨을 일으킴.

【뜻 풀이】 세상의 많은 사람들은 천한 음욕과 은혜와 사랑에 얽매이기 때
　문에, 여러 가지 재앙을 받고 근심과 번뇌와 혼란을 일으켜 망해간다.
　이와 같은 악에서 빨리 벗어나는 길을 가르치는 것이 이 애욕품의 주안
　점이다.

心放在婬行 欲愛增枝條 分布生熾盛 超躍貪果猴.
심 방 재 음 행 욕 애 증 지 조 분 포 생 치 성 초 약 탐 과 후

마음을 음란한 행동에 놓아버리면 음욕의 사랑은 가지들을 늘려 분포
를 일으켜 치열하게 성해져서 지나치게 날뛰어 과일을 탐내는 원숭이와
같다.

【글자 뜻】 放:놓을 방. 增:더할 증. 枝:가지 지. 條:가지 조. 布:펼 포.
熾:성할 치. 盛:성향 성. 超:넘을 초. 躍:뛸 약. 猴:원숭이 후.

【말의 뜻】 心放在婬行:마음을 음란한 행동에 놓아 있음. 欲愛增枝條:음욕
의 사랑은 가지들을 늘림. 分布生熾盛:그 욕정이 분포하여 더욱 성해
짐. 超躍貪果猴:지나치게 날뛰는 것이 마치 나무의 열매를 탐내는 원
숭이와 같음.

【뜻 풀이】 마음을 음란한 행동에만 써서 억제할 줄 모르는 사람은 숲속에
서 가지들이 번성하는 것과 같이, 음란한 쪽으로만 마음이 쏠리게 된다.
이리하여 마치 숲속의 원숭이가 나무의 열매를 탐내어 돌아다니듯이,
음란한 행동에 미쳐 돌아다니게 되는 것이다.

> 以爲愛忍苦 貪欲著世間 憂患日夜長 莚如蔓草生.
> 이 위 애 인 고 탐 욕 착 세 간 우 환 일 야 장 연 여 만 초 생

　사랑을 참는 것을 괴롭다고 함으로써 탐내고 욕심내어 세상에 집착한다
면 근심과 걱정이 밤낮으로 자라나서 뻗어남이 덩굴풀이 생겨남과 같다.

【글자 뜻】 忍:참을 인. 著:붙을 착. 憂:근심 우. 患:근심 환. 長:자랄 장.
莚:뻗을 연. 蔓:덩굴 만.

【말의 뜻】 以爲愛忍苦:사랑을 참는 것을 괴롭다고 함으로써. 貪欲著世間:
탐내는 욕심으로 세상에 집착함. 憂患日夜長:근심과 걱정이 밤낮으로
자람. 莚如蔓草生:뻗어나감이 덩굴풀이 생기는 것과 같음.

【뜻 풀이】 독이 많은 이 애욕에 포로가 되어, 조금도 참을 수가 없다는 사

람은 그대로 내버려 두면, 마치 덩굴풀이 무성하게 자라는 것과 같이 근심과 고뇌가 밤낮으로 더하여, 드디어는 죄악을 짓고 죽어서는 지옥에 떨어지게 된다.

人爲恩愛惑 不能捨情欲 如是憂愛多 潺潺盈于池. 夫所以憂
인 위 은 애 혹　불 능 사 정 욕　여 시 우 애 다　잔 잔 영 우 지　부 소 이 우
悲 世間苦非一 但爲緣愛有 離愛則無憂.
비　세 간 고 비 일　단 위 연 애 유　이 애 즉 무 우

사람은 은혜와 사랑 때문에 미혹되어 정욕을 버리지를 못한다. 이와 같이 근심과 사랑이 많으면 졸졸 흐르는 물이 연못을 가득 채운다.

대저 근심하고 슬퍼하여 이 세상의 괴로움이 하나가 아닌 까닭은 단지 사랑이 있는 인연 때문이니 사랑을 떠나면 곧 근심은 없어진다.

【글자 뜻】惑:미혹할 혹. 捨:버릴 사. 潺:졸졸 흐를 잔. 盈:찰 영. 池:못 지. 悲:슬플 비. 緣:인연 연. 離:떠날 리.

【말의 뜻】人爲恩愛惑:사람은 은혜와 사랑 때문에 미혹됨. 不能捨情欲:정욕을 버리지 못함. 如是憂愛多:이와 같이 근심과 사랑이 많음. 潺潺盈于池:졸졸 흐르는 물이 연못을 채움. 夫所以憂悲 世間苦非一:대저 근심하고 슬퍼하여 이 세상에 괴로움이 하나가 아닌 까닭. 但爲緣愛有:단지 사랑이 있는 인연 때문임. 離愛則無憂:사랑을 떠나면 곧 근심은 없어짐.

【뜻 풀이】부부 사이에 일어나는 여러 가지 문제나, 부모와 자녀 사이에 일어나는 의견의 대립 등은 애욕과 애정이 개재되어 있기 때문이다. 애욕

과 음욕을 제거함에 있어서는 마땅히 용기와 인내와 강한 의지력이 필요하다는 것은 누구나가 다 아는 사실이지만, 단지 졸졸 흐르는 물이 연못을 가득 채우는 것처럼, 애정과 음욕은 자연히 마음속에서 우러나오게 되는 것이다.

만일 이 음욕을 끊어버린다면 사람의 마음에는 근심이 없어지고 마음이 깨끗해질 수 있는 것이다.

> 已意安棄憂 無愛何有世. 不憂不染求 不愛焉得安.
> 이 의 안 기 우 무 애 하 유 세   불 우 불 염 구 불 애 언 득 안

이미 마음을 편안하게 하고 근심을 버리라. 사랑이 없다면 어찌 세상이 있겠는가? 근심하지 않고 물들어 구하지 않고 사랑하지 않는다면 어찌 편안함을 얻으랴.

【글자 뜻】 染:물들 염. 焉:어찌 언.

【말의 뜻】 已意安棄憂:이미 마음을 편안하게 하고 근심을 버림. 無愛何有世:사랑이 없다면 어찌 세상이 있으랴! 不憂不染求 不愛焉得安:근심하지 않고 물들어 구하지 않고 사랑이 없다면 어찌 편안함을 얻을 수 있으랴!

【뜻 풀이】 인간은 은혜와 사랑과 욕정 때문에 괴로움과 번뇌가 많다. 그러므로 이것들을 깨끗이 끊어버리면 마음이 편안하고 근심이 없어진다.

사랑이 없다면 이 세상을 어떻게 살겠는가 하고 생각하겠지만, 이미 그것을 끊어버리면 근심이 없어 마음이 편안하다. 어떤 탐욕도 마음을 물들게 할 수 없기 때문에, 어떤 세상에서도 편안히 살아갈 수 있

는 것이다.

有憂以死時 爲致親屬多. 涉憂之長塗 愛苦常墮危.
유 우 이 사 시   위 치 친 속 다   섭 우 지 장 도   애 고 상 타 위

근심이 있음으로써 죽을 때에는 그 때문에 친척이 많음을 이룬다. 근심을 건너는 긴 길에 괴로움을 사랑하면 항상 위험에 떨어진다.

【글자 뜻】 致:이룰 치. 屬:붙일 속. 涉:건널 섭. 塗:길 도.

【말의 뜻】 有憂以死時 爲致親屬多:근심이 있음으로써 죽을 때에는 그 때문에 친척이 많음을 이룬다. 涉憂之長塗:근심을 건너는 긴 길. 愛苦常墮危:괴로움을 사랑하면 항상 위험에 떨어짐.

【뜻 풀이】 애욕을 끊어버리지 못하고 세상을 살아가면, 그 임종의 때가 되어도 근심과 걱정이 많다. 괴로움에 시달려 여자를 두고는 죽을 수 없다고 생각하여 미련이 남지만, 죽어서는 지옥에 떨어질 것이다.

爲道行者 不與欲會 先誅愛本 無所植根 勿如刈葦 令心復生.
위 도 행 자   불 여 욕 회   선 주 애 본   무 소 식 근   물 여 예 위   영 심 부 생

도를 행하는 수행자는 욕심과 더불어 만나지 못하여 먼저 사랑의 근본을 베어내어 뿌리를 심는 바가 없고 갈대를 베어냄과 같이 하여 마음에 다시 살아나게 하는 일이 없다.

【글자 뜻】 會:만날 회. 誅:벨 주. 植:심을 식. 刈:벨 예. 葦:갈대 위.

【말의 뜻】爲道行者:도를 행하여 수행하는 사람. 不與欲會:욕심과 더불어
　　만나지 않음. 先誅愛本:먼저 사랑의 근본을 베어냄. 無所植根:뿌리를
　　심는 일이 없음. 勿如刈葦 令心復生:갈대를 베어냄 같이 하여 마음에
　　다시 살아나지 못하게 함.

【뜻 풀이】도를 배워 생활에 실행하는 사람은 욕심 때문에 미혹되는 일이
　　없다. 우선 사랑의 근본을 뿌리까지 뽑아버려 갈대를 베어내듯이, 마음
　　에 다시는 자라나지 못하게 하기 때문에, 죽어서 열반에 이르게 된다.

如樹根深固 雖截猶復生 愛意不盡除 輒當還受苦.
여 수 근 심 고 수 절 유 부 생 애 의 불 진 제 첩 당 환 수 고

　　나무의 뿌리가 깊고 튼튼하면 비록 끊어낼지라도 오히려 다시 살아남
　과 같이 사랑하는 마음을 다 제거하지 못하면 문득 마땅히 도리어 괴로움
　을 받는다.

【글자 뜻】深:깊을 심. 固:굳을 고. 截:끊을 절. 盡:다할 진. 輒:문득 첩.
　　還:도리어 환.
【말의 뜻】如樹根深固 雖截猶復生:나무의 뿌리가 깊고 튼튼하면 비록 잘라
　　내도 오히려 다시 살아남과 같음. 愛意不盡除:사랑하는 마음을 다 제거
　　하지 못함. 輒當還受苦:문득 마땅히 도리어 괴로움을 받음.

【뜻 풀이】나무의 뿌리가 깊고 튼튼하면 그것을 뿌리 채 파내어 죽이지 아
　　니하면, 다시 가지를 뻗고 새싹이 돋아나는 것처럼, 사랑하는 마음을 뿌
　　리까지 제거하지 않는다면, 그 마음이 다시 자라나 괴로움을 받게 되는

것이다.

猿猴得離樹 得脫復趣樹. 衆人亦如是 出獄復入獄.
원 후 득 이 수 득 탈 부 취 수   중 인 역 여 시 출 옥 부 입 옥

원숭이가 나무를 떠난다 할지라도 벗어남을 얻어 다시 나무로 돌아간
다. 많은 사람들도 또한 이와 같아서 감옥을 나오면 다시 감옥으로 들어
간다.

【글자 뜻】 猿:원숭이 원. 猴:원숭이 후. 脫:벗어날 탈. 趣:달려갈 취. 獄:
감옥 옥.

【말의 뜻】 猿猴得離樹:원숭이가 나무를 떠남을 얻음. 得脫復趣樹:벗어남
을 얻어 다시 나무로 달려감. 衆人亦如是:많은 사람들도 역시 이와 같
음. 出獄復入獄:감옥에서 나오면 다시 감옥으로 들어감.

【뜻 풀이】 원숭이는 일단 나무를 떠날지라도, 오히려 나무가 그리워 떠나
지 못하는 것처럼, 많은 사람들은 애욕에서 한때 떠날지라도, 오히려 애
욕을 잊지 못하여 음란한 행동을 하게 되는 것이다.

貪意爲常流 習與憍慢幷 思想猗婬欲 自覆無所見.
탐 의 위 상 류 습 여 교 만 병 사 상 의 음 욕 자 복 무 소 견

탐내는 마음은 항상 흐름이 되니 익힘과 교만과 아울러 생각은 음욕에
의하여 스스로 엎어져서 보는 바가 없다.

【글자 뜻】 貪:탐낼 탐. 流:흐를 류. 習:익힐 습. 憍:교만할 교. 慢:교만
할 만. 幷:아울러 병. 猗:의지할 의. 婬:음란할 음. 覆:엎어질 복.

【말의 뜻】 貪意爲常流:탐내는 마음은 항상 흐름이 됨. 習與憍慢幷 思想猗
婬欲:익힘과 교만과 아울러 생각은 음욕에 의하여. 自覆無所見:스스로
엎어져 보는 바가 없음.

【뜻 풀이】 음란한 욕심으로 마음이 움직여 이것을 탐내는 욕정은 항상 마
음속에서 흐름이 되어 흐르니, 정서는 혼란되고 행실은 무너져 음욕의
포로가 된다. 이 번뇌 때문에 몸이 허물어지고 올바른 마음까지 엎어져
버리기 때문에, 보는 바의 법도 올바로 받아들이지 못하고, 항상 마음
에 고뇌가 끊이지 않으니, 하잘 것 없는 인생이 되어 버리고 만다.

一切意流衍 愛結如葛藤. 唯慧分別見 能斷意根原.
일체의유연 애결여갈등 유혜분별견 능단의근원

모든 마음은 흘러서 넘쳐 사랑의 결합은 갈등과 같다. 오직 지혜만이 이
를 분별하여 보아 능히 마음의 근원을 끊을 수 있다.

【글자 뜻】 衍:넘칠 연. 結:맺을 결. 葛:칡 갈. 藤:등나무 등.

【말의 뜻】 一切意流衍:모든 마음은 흘러서 넘침. 愛結如葛藤:사랑의 결합
은 칡과 등나무와 같음. 唯慧分別見:오직 지혜만이 이를 분별하여 봄.
能斷意根原:능히 마음의 근원을 끊을 수 있음.

【뜻 풀이】 사람들의 모든 마음과 감정은 흐르는 냇물처럼 끊기지 않는다.
애욕이 성한 모습은 칡이나 등나무와 같이 번성한다. 오직 지혜의 힘과

의지력만이 이를 잘 분별하여 그 마음에서 애욕의 정을 뿌리 채 끊어버릴 수 있으니, 다시는 번뇌를 받지 않을 것이다.

夫從愛潤澤 思想爲滋蔓 愛欲深無底 老死是用增.
부 종 애 윤 택 사 상 위 자 만 애 욕 심 무 저 노 사 시 용 증

대저 사랑의 윤택함에 따르면 생각은 우거져 덩굴이 되니 애욕은 깊어서 밑이 없어서 늙어 죽을 때까지 이것은 써서 더한다.

【글자 뜻】 潤:윤택할 윤. 澤:택할 택. 滋:우거질 자. 蔓:덩굴 만. 底:밑 저. 增:더할 증.

【말의 뜻】 從愛潤澤:사랑의 윤택함에 따름. 思想爲滋蔓:생각은 우거져 덩굴이 됨. 愛欲深無底:애욕은 깊어서 밑이 없음. 老死是用增:늙어 죽을 때까지 이것을 써서 더함.

【뜻 풀이】 사람들의 애욕은 한이 없어 이 생각을 내버려 두면 무성한 덩굴과 같이 한없이 뻗는다. 애욕의 정은 깊어서 밑이 없는 강과 같아서 늙어서 죽을 때까지 점점 증가할 뿐이다. 그러므로 이와 같은 생각을 제거하지 않는다면, 마음에 생사를 초월한 깨달음을 얻지 못한다.

所生枝不絕 但用食貪欲 養怨盆丘塚 愚人常汲汲.
소 생 지 불 절 단 용 식 탐 욕 양 원 익 구 총 우 인 상 급 급

생겨난 가지는 끊임이 없어 단지 써 탐욕을 먹으면 원망을 길러 무덤을 더할 뿐이니 어리석은 사람은 항상 이에 급급하다.

【글자 뜻】枝:가지 지. 絕:끊을 절. 養:기를 양. 丘:무덤 구. 塚:무덤 총.
汲:당길 급.

【말의 뜻】所生枝不絕:생긴 가지는 끊이지 않음. 但用食貪欲:단지 써 탐
욕을 먹음. 養怨益丘塚:원망을 길러 무덤을 더함. 愚人常汲汲:어리석
은 사람은 항상 이에 급급함.

【뜻 풀이】애욕의 가지는 자라나기만 할 뿐이어서 마치 탐욕을 먹고 사는
아귀(餓鬼)와 같아서, 원망을 길러 무덤가에 나무를 무성하게 한다. 어
리석은 사람은 애욕의 포로가 되어 이에 급급하여 나날을 보내는 것이
다.

雖獄有鉤鍱 慧人不謂牢. 愚見妻子息 染著愛甚牢.
수 옥 유 구 섭 혜 인 불 위 뢰   우 견 처 자 식 염 착 애 심 뢰

비록 감옥에 쇠고랑과 자물통이 있다 할지라도 지혜 있는 사람은 견고하
다고 말하지 않는다. 어리석은 사람이 아내와 자식을 보고 물들어 집착하
는 사랑은 몹시 견고하다.

【글자 뜻】鉤:쇠고랑 구. 鍱:자물쇠 섭. 牢:굳을 뢰. 染:물들 염. 著:붙
을 착.

【말의 뜻】雖獄有鉤鍱:비록 감옥에 쇠고랑과 자물통이 있다 할지라도. 慧
人不謂牢:지혜 있는 사람은 견고하다고 말하지 않음. 愚見妻子息:어리
석은 사람이 아내와 자식을 봄. 染著愛甚牢:물들어 집착하는 사랑이 몹
시 견고함.

【뜻 풀이】 감옥에 쇠고랑과 자물통이 있다 할지라도, 지혜 있는 사람은 견고한 곳이라고 말하지 않는다. 그러나 어리석은 사람이 아내와 자식들을 보고, 그들에 대한 자질구레한 애정은 몹시 견고한 것이다.

慧說愛爲獄 深固難得出. 是故當斷棄. 不視欲能安.
혜 설 애 위 옥 심 고 난 득 출 시 고 당 단 기 불 시 욕 능 안

지혜는 사랑을 말하여 감옥이라 하니 깊고 견고하여 나옴을 얻기 어렵다고 한다. 이런 까닭으로 마땅히 끊어서 내버리라. 애욕을 보지 않으면 능히 편안하다.

【글자 뜻】 深:깊을 심. 固:군을 고. 視:볼 시.
【말의 뜻】 慧說愛爲獄:지혜는 사랑을 감옥이라고 말함. 深固難得出:깊고 견고하여 빠져나옴을 얻기 어려움. 當斷棄:마땅히 잘라서 내버림. 不視欲能安:애욕을 보지 않으면 능히 편안함.

【뜻 풀이】 밝은 지혜를 지닌 사람은 사랑의 관계를 감옥이라고 말한다. 사랑은 깊고 견고하여 그 감옥에서 빠져나오기가 어렵기 때문이다. 이 관계를 끊어버리고 포기해버린다면, 사람은 자유롭게 되고 고뇌는 없어져 애욕으로부터 해방되기 때문이다.

見色心迷惑 不惟觀無常 愚以爲美善 安知其非眞.
견 색 심 미 혹 불 유 관 무 상 우 이 위 미 선 안 지 기 비 진

여색을 보고 마음에 미혹(迷惑)하여 생각하기를 무상(無常)이라고 보지

않는다고 하거니와 어리석은 사람은 써 아름답고 선하다고 하니 어찌 그 참다움이 아님을 알 수 있으랴!

【글자 뜻】 迷:미혹할 미.　惑:혹할 혹.　惟:생각할 유.　觀:볼 관.　安:어찌 안.

【말의 뜻】 見色心迷惑:여색을 보고 마음에 미혹함.　不惟觀無常:생각하여 무상이라고 보지 않음.　愚以爲美善:어리석은 사람은 써 아름답고 선하다고 함.　安知其非眞:어찌 그 진실이 아님을 알 수 있으랴!

【뜻 풀이】 어리석은 사람은 아름다운 여인을 보면 그 마음에 미혹을 느끼지만, 이것이 무상임을 깨닫지 못하고 아름답고 착한 모습이라고만 생각한다. 여자도 나이가 들면 주름투성이가 되고 몸도 약해지고 윤기도 없어지지만, 어리석은 사람은 거기에 마음을 쓰고 번민한다. 애욕은 사람을 미혹시키는 악마이니 이것을 빨리 깨달아 알라!

以婬樂自裹 譬如蠶作繭. 智者能斷棄 不盱除衆若.
이 음 락 자 과　비 여 잠 작 견　지 자 능 단 기　불 혜 제 중 고

　음란한 즐거움으로써 스스로를 싸는 것은 비유하면 누에가 고치를 만드는 것과 같다. 지혜 있는 사람은 능히 이를 끊어버려 돌아보지 않고 모든 괴로움을 제거한다.

【글자 뜻】 裹:쌀 과.　蠶:누에 잠.　繭:고치 견.　盱:돌아볼 혜.

【말의 뜻】 以婬樂自裹:음란한 즐거움으로써 스스로를 쌈.　譬如蠶作繭:비유하면 누에가 고치를 만드는 것과 같음.　智者能斷棄:지혜 있는 사람

은 능히 이를 끊어버림. 不盼除衆若:돌아보지 않고서 모든 괴로움을 제
거함.

【뜻 풀이】 세상 사람들이 색욕의 노예가 되는 것은, 마치 누에가 고치를 만
들어 자신의 몸을 싸는 것과 같다. 그러나 밝은 지혜를 지닌 사람은 이
고뇌에서 벗어나기 위하여 욕정을 근본적으로 끊어버리고, 깨달음을 얻
어 많은 사람들의 고뇌까지도 제거해 준다. 악에 물들지 말고 마음과 행
동을 선하게 하라.

心念放逸者 見婬以爲淨 恩愛意盛增 從是造獄牢.
심 염 방 일 자 견 음 이 위 정 은 애 의 성 증 종 시 조 옥 뢰

마음으로 방탕과 안일을 생각하는 사람은 음란함을 보고 써 깨끗하다 하
니 은혜와 사랑의 마음이 성하게 더하여 이에 따라 감옥을 만든다.

【글자 뜻】 淨:깨끗할 정. 盛:성할 성. 造:지을 조. 牢:감옥 뢰.
【말의 뜻】 心念放逸者:마음으로 방탕함과 안일함을 생각하는 사람. 見婬
以爲淨:음란함을 보고 깨끗하다 함. 恩愛意盛增:은혜와 사랑하는 마음
이 성하게 더함. 從是造獄牢:이에 따라 감옥을 만듦.

【뜻 풀이】 도를 닦지 않고 방탕한 사람들과 사귀어 탐욕이 많고 애욕의 즐
거움에 빠져 있는 사람은, 음욕의 불길이 점점 타올라 드디어 방탕한 생
활을 보내어 스스로 감옥의 괴로움을 맛보게 된다.
부모에게 효도하고 행동이 성실하여 사람들을 많이 구제하는 사람은
늙어서도 행복한 생활을 보낸다. 그러나 남을 원망하기 잘하고 아집이

강한 사람은 만년에 불행하게 될 뿐 아니라 빨리 죽게 된다.

覺意滅婬者 常念欲不淨 從是出邪獄 能斷老死患.
각 의 멸 음 자 상 염 욕 부 정 종 시 출 사 옥 능 단 노 사 환

마음을 깨달아 음란함을 없애는 사람은 항상 탐욕이 깨끗하지 못함을 생각하여 이에 따라 사악한 감옥에서 나와 능히 늙고 죽음의 근심을 끊는다.

【글자 뜻】 覺:깨달을 각. 滅:멸할 멸. 邪:간사할 사.

【말의 뜻】 覺意滅婬者:마음을 깨달아 음란함을 없애는 사람. 常念欲不淨:
항상 탐욕이 깨끗하지 못함을 생각함. 從是出邪獄:이에 따라 사악한 감옥에서 나옴. 能斷老死患:능히 늙고 죽는 근심을 끊음.

【뜻 풀이】 밝은 지혜를 지녀 마음에 깨달아 음욕을 없애는 사람은, 항상 음욕이 깨끗하지 못하다는 것을 깊이 생각한다. 이에 따라서 속세의 즐거움에서 떠나고 능히 늙고 죽는 근심까지 끊어버려, 깨끗한 생활을 즐길 수가 있는 것이다.

以欲網自蔽 以愛蓋自覆 自恣縛於獄 如魚入笱口.
이 욕 망 자 폐 이 애 개 자 복 자 자 박 어 옥 여 어 입 구 구

욕망의 그물로써 스스로를 가리고 사랑의 뚜껑으로써 스스로를 덮으면 스스로 방자하여 감옥에 묶이는 것이 마치 물고기가 통발의 주둥이로 들어감과 같다.

【글자 뜻】 網:그물 망.　蔽:가릴 폐.　蓋:뚜껑 개.　覆:덮을 복.　恣:방자할
　　자.　縛:묶을 박.　笱:통발 구.

【말의 뜻】 以欲網自蔽:탐욕의 그물로써 스스로를 가림.　以愛蓋自覆:사랑
　　의 뚜껑으로 스스로를 덮음.　自恣縛於獄:스스로 방자하여 감옥에 묶임.
　　如魚入笱口:물고기가 통발 주둥이로 들어감과 같음.

【뜻 풀이】 사람들은 애욕의 그물로써 스스로를 가리는 것을 알지 못하고,
그 뚜껑을 스스로 덮어 방탕한 생활을 하기 때문에 드디어 지옥의 고통
에 묶이게 된다. 그것은 마치 물고기가 대나무로 엮은 통발로 들어가 잡
히는 것과 똑같다.

爲老死所伺 若犢求母乳 離欲滅愛迹 出網無所弊.
위 노 사 소 사　약 독 구 모 유　이 욕 멸 애 적　출 망 무 소 폐

늙고 죽음을 위하여 엿보는 바는 송아지가 어미의 젖을 구하는 것과 같으
니 애욕을 떠나 사랑의 자취를 없애어 그물에서 나오면 해치는 바가 없다.

【글자 뜻】 伺:엿볼 사.　犢:송아지 독.　乳:젖 유.　迹:자취 적.　弊:해칠 폐.
【말의 뜻】 爲老死所伺:늙고 죽음을 위하여 엿보는 것.　若犢求母乳:송아지
　　가 어미의 젖을 구함과 같음.　離欲滅愛迹:애욕을 떠나 사랑의 자취를
　　없앰.　出網無所弊:그물에서 나오면 해치는 바가 없음.

【뜻 풀이】 사람들은 태어나고, 늙고, 병에 걸려 죽게 된다는 것은 누구나
다 아는 바이지만, 그 사실은 마치 송아지가 어미의 젖을 그리워하는 것
처럼 필연적인 운명이다. 사람은 늙고 죽는 것을 빨리 깨달아 그 고뇌로

부터 해탈하여야 한다. 그것을 깨달아 그물에서 벗어나기만 하면, 모든 고뇌가 사라지고 열반에 이를 수 있는 것이다.

> 盡道除獄縛 一切此彼解 已得度邊行 是爲大智士.
> 진 도 제 옥 박 일 체 차 피 해 이 득 도 변 행 시 위 대 지 사

도를 다하여 감옥의 묶임을 제거하여 모든 이것저것을 풀어 이미 변행(邊行)의 제도함을 얻으니 이를 큰 지혜가 있는 선비라고 한다.

【글자 뜻】 盡:다할 진. 彼:저 피. 解:풀 해. 度:건널 도. 邊:갓 변.

【말의 뜻】 盡道除獄縛:도를 다하여 감옥에 묶임을 제거함. 一切此彼解:모든 이것저것을 풀음. 已得度邊行:이미 변행의 제도함을 얻음. 是爲大智士:이것을 큰 지혜를 지닌 선비라 함.

【뜻 풀이】 이 세상의 도를 철저히 탐구하여 애욕 때문에 묶인 것을 제거할수 있다면, 어둠 속에서 미혹된 몸은 종말을 고하고 드디어 광명의 세계로 나올 수 있다. 이런 사람을 큰 지혜를 가진 성자(聖者)라고 말하는 것이다.

> 勿親遠法人 亦勿爲愛染. 不斷三世者 會復墮邊行.
> 물 친 원 법 인 역 물 위 애 염 불 단 삼 세 자 회 부 타 변 행

법에서 멀어져 가는 사람에게 친하지 말고 또한 사랑에 물드는 일을 하지 말라. 삼세(三世)를 끊지 못하는 사람은 반드시 다시 변행(邊行)에 떨어진다.

【글자 뜻】 勿:말 물.   會:반드시 회.   復:다시 부.

【말의 뜻】 勿親遠法人:법에서 먼 사람과 친하지 말라.   亦勿爲愛染:사랑에
물드는 일을 하지 말라.   不斷三世者:과거·현재·미래의 삼세를 끊지
못하는 사람.   會復墮邊行:반드시 다시 변행에 떨어짐.

【뜻 풀이】 참다운 도에서 먼 사람과 친하게 사귀지 말라. 또 애욕에 물들
지 말라. 과거·현재·미래의 삼세를 윤회(輪廻)하는 사람은 반드시 생
사의 어둠 속에서 미혹하는 사람이므로, 그런 사람과 친하게 사귀지 말
라.

若覺一切法 能不著諸法 一切愛意解 是爲通聖意.
약 각 일 체 법 능 불 착 제 법 일 체 애 의 해 시 위 통 성 의

만일 모든 법을 깨달아 능히 모든 법에 집착하지 않고 모든 사랑하는 마
음을 풀면 이것을 성의(聖意)에 통한다고 한다.

【글자 뜻】 切:모두 체.   著:붙을 착.   解:풀 해.

【말의 뜻】 若覺一切法:만일 모든 법을 깨달음.   能不著諸法:능히 모든 법
에 집착하지 않음.   一切愛意解:모든 사랑하는 마음을 풀음.   是爲通聖
意:이것을 성자의 마음에 통한다고 함.

【뜻 풀이】 모든 법을 깨닫고, 모든 법에 구애되지 않고, 더구나 이 세상의
모든 애욕에서 벗어남을 얻은 사람이라면, 그를 성자의 마음에 통하는
사람이라고 한다.

衆施經施勝 衆味道味勝 衆樂法樂勝 愛盡勝衆苦.
중 시 경 시 승 중 미 도 미 승 중 락 법 락 승 애 진 승 중 고

모든 보시 중에서도 불경의 보시가 뛰어나고 모든 맛 중에서도 도의 맛이 뛰어나고 모든 즐거움 중에서도 법의 즐거움이니 사랑이 다하면 모든 고뇌를 이긴다.

【글자 뜻】 勝:나을 승. 味:맛 미. 勝:이길 승.

【말의 뜻】 衆施經施勝:모든 보시 중에서 불경의 보시가 제일임. 衆味道味勝:모든 맛 중에서 도의 맛이 제일임. 衆樂法樂勝:모든 즐거움 중에서 법의 즐거움이 제일임. 愛盡勝衆苦:사랑이 끝나면 모든 고뇌를 이김.

【뜻 풀이】 사람들에게 보시함에 있어서 불경을 보시하는 것이 제일 고맙고, 모든 맛 중에서 도에 대한 이야기를 듣는 것이 제일 낫고, 모든 즐거움 중에서 불경의 이야기나 법에 대한 이야기를 듣는 것이 가장 즐겁다. 그리고 사람이 애욕에 흥미가 없어지면, 이 세상의 모든 괴로움을 이길 수 있는 것이다.

愚以貪自縛 不求度彼岸 爲貪愛欲故 害人亦自害.
우 이 탐 자 박 불 구 도 피 안 위 탐 애 욕 고 해 인 역 자 해

어리석은 사람은 탐욕으로써 스스로를 묶어 피안에 건너는 것을 구하지 않아 애욕을 탐내기 때문에 사람들을 해치고 또 스스로를 해친다.

【글자 뜻】 愚:어리석을 우. 縛:묶을 박. 害:해칠 해.

【말의 뜻】 愚以貪自縛 不求度彼岸:어리석은 사람은 탐욕으로써 자기 몸을
묶어 피안으로 건너가기를 구하지 않음. 爲貪愛欲故 害人亦自害:애욕
을 탐내기 때문에 사람들을 해치고 또한 자신을 해침.

【뜻 풀이】 어리석은 사람은 탐욕이 한이 없어서 자기 자신까지 탐욕으로 몸
을 묶는다. 열심히 법을 닦고 깨달음을 얻어 피안으로 건너가려는 일을
마음에 구하지 않고, 오직 쾌락에 빠지고 애욕 때문에 몸을 망친다. 그
리하여 다른 사람들에게 피해를 끼치고 자기 자신까지 해쳐 지옥에 떨
어지는 것이다.

愛欲意爲田 婬怨癡爲種. 故施度世者 得福無有量.
애 욕 의 위 전 음 원 치 위 종   고 시 도 세 자   득 복 무 유 량

애욕의 마음을 밭으로 삼고 음란함과 원망과 어리석음을 씨앗으로 삼
는다. 그러므로 세상을 건너는 사람들에게 보시를 하면 복을 얻음이 한량
이 없다.

【글자 뜻】 田:밭 전. 怨:원망 원. 癡:어리석을 치. 種:씨앗 종. 量:분량 량.
【말의 뜻】 愛欲意爲田:애욕에 대한 마음을 밭으로 삼음. 婬怨癡爲種:음란
함과 원망과 어리석음을 씨앗으로 삼음. 施度世者:세상을 건너는 사람
들에게 보시를 함. 得福無有量:복을 얻음이 한량이 없음.

【뜻 풀이】 애욕에 대한 마음을 밭으로 삼고, 그 밭에 음란함과 원망과 어
리석음의 세 가지 씨앗을 심는다면, 그야말로 잡초가 무성하여 밭은 황
폐해질 것이다. 그러므로 이 모든 것을 버리고 복을 얻기 위해서는 부처

님에게 귀의하는 것이 제일이다. 그러면 자기 자신도 구제하고 다른 사람들에게도 구원을 베풀 수 있다. 애욕이야말로 무서운 악마로 사람을 망하게 만드는 큰 적이다.

伴少而貨多 商人怵惕懼. 嗜欲賊害命 故慧不貪欲.
반 소 이 화 다 상 인 출 척 구   기 욕 적 해 명 고 혜 불 탐 욕

친구들이 적고 재물이 많으면 상인들은 근심하고 두려워한다. 즐기는 탐욕의 해침은 목숨을 해롭게 하니 그러므로 지혜는 욕심을 탐내지 않는다.

【글자 뜻】伴:친구 반. 貨:재물 화. 怵:두려워할 출. 惕:두려워할 척. 懼: 두려워할 구. 嗜:즐길 기. 賊:해칠 적.

【말의 뜻】伴少而貨多:친구들이 적고 재물이 많음. 商人怵惕懼:상인들은 근심하고 두려워함. 嗜欲賊害命:즐기는 탐욕의 해침은 목숨을 해침. 慧不貪欲:지혜는 욕심을 탐내지 않음.

【뜻 풀이】 상인들이 동행은 적은데 짐이 많으면, 상인들은 위험을 느끼고 여행을 중지한다. 이와 마찬가지로 밝은 지혜가 있는 사람은 애욕에 빠지면 몸을 해치기 때문에, 삼가서 내 몸을 소중히 여겨 도에 성실하여 신중한 태도를 취한다.

心可則爲欲 何必獨五欲. 違可絕五欲 是乃爲勇士.
심 가 즉 위 욕 하 필 독 오 욕   위 가 절 오 욕 시 내 위 용 사

마음에 옳으면 곧 욕심이 되니 어찌 반드시 홀로 다섯 가지 욕심뿐이랴!

어기어서 다섯 가지 욕심을 끊도록 하라. 이것을 곧 용감한 선비라 한다.

【글자 뜻】可:옳을 가. 獨:홀로 독. 違:어길 위. 絕:끊을 절. 勇:날랠 용.

【말의 뜻】心可則爲欲 何必獨五欲:마음에 옳으면 욕심이 되니 어찌 반드시 홀로 다섯 가지 욕심뿐이랴! 違可絕五欲:어기어서 다섯 가지 욕심을 끊도록 하라. 是乃爲勇士:이렇게 하면 곧 용사가 된다.

【뜻 풀이】아직 불도를 수행하지 않는 사람이 자기 마음대로 행동하는 것을 욕심이라 한다. 이것은 반드시 다섯 가지 욕심에 한정된 것은 아니다. 그러므로 다섯 가지 욕심을 끊어버리고, 마음의 움직임을 억제하고, 자기를 올바른 길로 이끌어가는 사람을 용사라고 말한다.

無欲無有畏 恬淡無憂患. 欲除使結解 是爲長出淵.
무 욕 무 유 외 염 담 무 우 환   욕 제 사 결 해 시 위 장 출 연

욕심이 없으면 두려움이 있을 것이 없으니 편안하고 맑아 근심과 걱정이 없다. 욕심을 제거하여 맺음을 푸는 것을 이것을 깊은 연못에서 나왔다고 한다.

【글자 뜻】畏:두려울 외. 恬:편안할 염. 淡:맑을 담. 憂:근심 우. 患:걱정 환. 結:맺을 결. 解:풀 해.

【말의 뜻】無欲無有畏:욕심이 없으면 두려울 것이 없음. 恬淡無憂患:편안하고 맑아 근심과 걱정이 없음. 欲除使結解:욕심을 제거하여 맺음을 풂. 是爲長出淵:이것을 깊은 연못에서 나왔다 함.

【뜻 풀이】 이 세상의 모든 욕심을 끊어버린 다음은 두려움이 없고, 따라서 마음이 편안하고 깨끗하여 아무 걱정도 없어진다. 욕심을 제거하여 오랜 번뇌의 어둠을 깨달아 미혹의 연못에서 벗어날 수 있고, 깨달음의 피안에 이를 수가 있는 것이다.

欲我知汝本 意以思想生. 我不思想汝 則汝而不有.
욕 아 지 여 본 의 이 사 상 생   아 불 사 상 여   즉 여 이 불 유

내가 너의 근본을 알기를 바란다면 마음으로써 잘 생각하면 생긴다. 내가 너를 생각하지 않는다면 곧 너는 있지 않다.

【글자 뜻】 汝:너 여. 想:생각 상.

【말의 뜻】 欲我知汝本 意以思想生:내가 너의 근본을 알기를 바란다면 마음으로써 잘 생각하면 생김. 我不思想汝 則汝而不有:내가 너를 생각하지 않는다면 곧 너는 있지 않음.

【뜻 풀이】 이 세상의 삼라만상은 모두 마음이 근본이어서 마음으로부터 생겨난다. 그러므로 선함이나 악함도 마음에 의지하지 않는 것은 없다. 마음이 근본이며, 밖으로 나타나 보이는 모든 모습은 마음의 그림자인 것이다. 빨리 악함에서 떠나 선함에 나아가, 마음을 깨끗하게 하여 깨달음의 피안에 이르러야 한다.

伐樹勿休. 樹生諸惡 斷樹盡株 比丘滅度.
벌 수 물 휴   수 생 제 악   단 수 진 주   비 구 멸 도

나무를 베어 쉬지 말라. 나무는 모든 악함을 생기게 하나 나무를 끊고 뿌리를 다 캐내면 비구는 멸도(滅度)한다.

【글자 뜻】 伐:벨 벌. 樹:나무 수. 休:쉴 휴. 株:뿌리 주.

【말의 뜻】 伐樹勿休:나무를 벰에 쉬지 말라. 樹生諸惡:나무는 모든 악함을 생기게 함. 斷樹盡株:나무를 끊고 뿌리를 다 파냄. 比丘滅度:비구는 생사의 괴로움을 없애어 도를 깨달음.

【뜻 풀이】 나무를 벨 때는 쉬지 말고 뿌리까지 파내지 않으면 다시 싹이 나온다. 이와 마찬가지로 애욕의 번뇌의 싹은 다시 돋아나 성해진다. 나무를 베고 뿌리까지 파내면 다시는 싹이 나오지 않는다. 번뇌의 욕망도 이와 마찬가지여서 번뇌를 뿌리까지 뽑아내면 근심과 걱정이 없어지고, 비구도 생사의 번민을 벗어나 도를 깨달을 수 있을 것이다.

夫不伐樹 少多餘親 心繫於此 如犢求母.
부 불 벌 수 소 다 여 친 심 계 어 차 여 독 구 모

대저 나무를 베지 않고 다소의 나머지 친함이 있으면 마음이 이것에 묶여 마치 송아지가 어미를 구함과 같다.

【글자 뜻】 餘:나머지 여. 繫:묶일 계. 犢:송아지 독.

【말의 뜻】 夫不伐樹 少多餘親:대저 나무를 베지 않아 다소라도 나머지 친함이 있음. 心繫於此 如犢求母:마음이 이것에 매여 마치 송아지가 어미를 찾음과 같음.

【뜻 풀이】 만일 수행 중에 마음속에 조금이라도 애욕을 끊어버리는 것에 미련이 있어 애착이 남아 있다면, 마치 송아지가 어미를 그리워하여 찾는 것처럼, 이윽고는 마음속에 애욕을 그리워하게 된다. 그러면 깨달음을 얻어 열반에 이르지 못하게 되므로, 마음을 굳게 먹고 정진에 노력할 필요가 있는 것이다.

제33 이양품(利養品)

利養品者 勵已防貪 見德思義 不爲穢生.
이양품자 여이방탐 견덕사의 불위예생

이양품(利養品)이란 나를 격려하여 탐냄을 막고 덕을 보고 의를 생각하여 더러움을 생겨나지 않게 하려는 것이다.

【글자 뜻】 養:기를 양. 勵:힘쓸 려. 防:막을 방. 穢:더러울 예.
【말의 뜻】 勵已防貪:자기를 격려하여 탐냄을 막음. 見德思義:덕을 보고 의를 생각함. 不爲穢生:더럽고 악한 것이 생겨나지 못하게 함.

【뜻 풀이】 이양품이란 나를 격려하여 탐욕에서 떠나게 하고 덕을 쌓는다. 사물의 옳음과 사악함을 분별하여 더럽고 악한 것을 생겨나지 못하게 함으로써, 지혜를 깨닫고 몸을 수행하여 총명한 인간이 되도록 가르친 것이다.

芭蕉以實死 竹蘆實亦然. 駏驢坐妊死 士以貪自喪.
파초이실사 죽로실역연 거허좌임사 사이탐자상

파초는 열매로써 죽고 대나무와 갈대의 열매도 또한 그러하다. 버새(수말과 암나귀 사이에서 난 짐승)는 새끼를 배면 앉아서 죽고 선비는 탐냄으로써 스스로를 잃는다.

【글자 뜻】 芭:파초 파. 蕉:파초 초. 實:열매 실. 蘆:갈대 로. 駏:버새 거.
　　驢:버새 허. 妊:새끼 밸 임. 喪:잃을 상.

【말의 뜻】 芭蕉以實死 竹蘆實亦然:파초는 열매가 달리면 죽고 대나무와 갈
　　대의 열매도 또한 그렇다. 駏驢坐妊死:버새는 새끼를 배면 앉아서 죽
　　음. 士以貪自喪:선비는 탐욕 때문에 자기의 몸을 잃음.

【뜻 풀이】 파초나 대나무나 갈대는 열매가 달리면 나무가 죽고, 버새는 새
　　끼를 배면 죽는다. 사람들은 탐욕 때문에 자기의 몸을 잃게 된다. 탐욕
　　을 없애도록 노력하라.

如是貪無利 當知從癡生. 愚爲此害賢 首領分于地.
여 시 탐 무 리　당 지 종 치 생　　우 위 차 해 현　수 령 분 우 지

　　이와 같이 탐내는 것은 이로움이 없으니 마땅히 어리석음을 따라 생겨
난다는 것을 알라. 어리석음은 이것 때문에 현명함을 해쳐서 머리를 땅으
로 나눈다.

【글자 뜻】 愚:어리석을 우. 首:머리 수. 領:고개 령.

【말의 뜻】 如是貪無利 當知從癡生:이와 같이 탐냄은 이로움이 없으니 마
　　땅히 어리석음을 좇아 생겨난다는 것을 알라. 愚爲此害賢 首領分于地:
　　어리석음은 이것 때문에 현명함을 해쳐서 머리를 땅으로 나눔.

【뜻 풀이】 어리석은 사람은 마음에 탐욕을 지니게 된다. 그러나 탐욕은 조
　　금의 이익도 없어, 어리석은 사람은 이 탐욕 때문에 현명한 사람을 해치
　　고, 부처님의 도를 듣는 일이 없어 고뇌를 안고 살아가는 것이다.

天雨七寶 欲猶無厭 樂少苦多 覺者爲賢.
천 우 칠 보 욕 유 무 염 낙 소 고 다 각 자 위 현

하늘이 일곱 가지 보배를 비로 뿌리더라도 탐욕은 오히려 싫증내는 일이 없으니 즐거움은 적고 괴로움이 많다는 것을 깨닫는 사람을 현명하다고 한다.

【글자 뜻】 寶:보배 보.　厭:싫을 염.

【말의 뜻】 天雨七寶 欲猶無厭:하늘이 일곱 가지 보배를 비로 뿌릴지라도 탐욕은 오히려 싫증내는 일이 없음.　樂少苦多 覺者爲賢:즐거움은 적고 괴로움이 많다는 것을 깨달은 사람을 현명하다고 함.

【뜻 풀이】 탐욕에는 한이 없어 설사 하늘에서 일곱 가지 보배가 쏟아진다 할지라도, 그만하면 되었다고 생각하지 않는다. 인생에 있어서는 즐거움은 적고 괴로움이 많다는 사실을 빨리 깨닫는 사람을 현명한 사람이라고 말한다. 어리석음에서 깨어나 현명한 사람이 되라. 어리석음을 버리지 않는다면 평생 동안 탐욕 때문에 고뇌에서 벗어나지 못할 것이다.

雖有天欲 慧捨無貪. 樂離恩愛 爲佛弟子.
수 유 천 욕 혜 사 무 탐 낙 이 은 애 위 불 제 자

비록 하늘이 준 욕심이 있다 할지라도 지혜는 욕심을 버려 탐내는 일이 없다. 즐겨 은혜와 사랑을 떠나는 것을 부처님의 제자가 된다고 한다.

【글자 뜻】 捨:버릴 사.　離 떠날 리.　恩:은혜 은.

【말의 뜻】 雖有天欲:비록 하늘이 준 욕심이 있을지라도. 慧捨無貪:지혜는 욕심을 버려 탐내는 일이 없음. 樂離恩愛 爲佛弟子:즐겨 은혜와 사랑을 떠나는 것을 부처님의 제자가 된다고 말함.

【뜻 풀이】 밝은 지혜로써 깨닫는다는 것은 몹시 어려운 일이다. 탐욕에 사로잡혀 생활하면 항상 고뇌만이 있을 뿐 즐거운 때가 없다. 그러나 밝은 지혜를 지닌 사람은 탐욕을 버려 탐내는 일이 없다. 부모의 은혜나 애정을 떠나야 비로소 부처님의 제자가 될 수 있는 것이다. 물질적인 즐거움은 항상 덧없이 한 순간의 즐거움에 불과하다. 이《법구경(法句經)》을 읽고 생활을 즐기는 사람이야말로, 마음이 올바른 훌륭한 사람인 것이다.

遠道順邪 貪養比丘 止有慳意 以供彼姓.
원 도 순 사 탐 양 비 구 지 유 간 의 이 공 피 성

도를 멀리하고 사악함을 따라 탐욕을 기르는 비구는 오직 아끼는 마음이 있어 저 성에 이바지한다.

【글자 뜻】 止:오직 지. 慳:아낄 간. 供:이바지할 공.
【말의 뜻】 遠道順邪 貪養比丘:도를 멀리하고 사악함을 따라 탐욕을 기르는 비구. 止有慳意 以供彼姓:오직 아끼는 마음이 있어 저 성에 이바지함.

【뜻 풀이】 올바른 도를 멀리하고 사악함을 따라, 탐욕이 많은 비구는 사람들에게서 보시만을 바라고 있다. 불도를 수행하는 정신은 어디로 가고,

오직 어리석은 사람이라고 밖에 말할 수가 없다.

勿猗此養. 爲家捨罪 此非至意 用用何益. 愚爲愚計 欲慢用增.
물 의 차 양　위 가 사 죄　차 비 지 의　용 용 하 익　우 위 우 계　욕 만 용 증

이것을 기름에 의지하지 말라. 집을 위하여 죄악을 버리는 것은 이 지극한 마음이 아니니 쓰고 씀에 무엇이 유익하랴. 어리석음은 어리석은 계획을 하여 탐욕을 거만하게 써서 더한다.

【글자 뜻】 猗:의지할 의. 益:유익할 익. 慢:거만할 만.
【말의 뜻】 勿猗此養:이 탐욕 기르는 것을 의지하지 말라. 爲家捨罪 此非至意 用用何益:집을 위하여 죄악을 버림은 이것은 지극한 마음이 아니니 쓰고 씀에 어찌 유익하랴. 愚爲愚計 欲慢用增:어리석은 사람은 어리석은 계획을 세워 욕심을 거만하게 써서 탐욕을 더함.

【뜻 풀이】 도에서 멀어지는 비구의 마음은 이 세상의 탐욕과 애욕에 따르기 때문이니, 이와 같은 마음을 의지해서는 안 된다. 집안을 위하여 죄악을 버리고 출가하는 것은 지성의 마음이 아니다. 그와 같은 일은 자기를 위하여 아무런 유익함이 없으며, 어리석은 사람은 어리석은 계획을 세워 교만한 마음이 날로 더해갈 뿐이다.

異哉失利 泥洹不同 諦知是者 比丘佛子. 不樂利養 閑居却意.
이 재 실 리　이 원 부 동　체 지 시 자　비 구 불 자　불 요 이 양　한 거 각 의

이상 하도다 이익을 잃으면 해탈과는 같지 않으니 분명히 이것을 아는

사람은 비구요 부처님의 제자이다. 이익을 기르는 것을 좋아하지 않아 한가하게 살아도 마음을 물리친다.

【글자 뜻】 異:이상할 이. 失:잃을 실. 諦:밝을 체. 樂:좋아할 요. 閑:한가할 한. 居:살 거. 却:물리칠 각.

【말의 뜻】 異哉失利 泥洹不同:이상 하도다 이익을 잃는 것은 해탈과는 같지 않음. 諦知是者 比丘佛子:이것을 분명히 아는 사람은 비구요 부처님의 제자임. 不樂利養 閑居却意:이익 기르는 것을 좋아하지 않아 한가하게 살아도 마음을 물리침.

【뜻 풀이】 탐욕을 성하게 하여 마음으로 이득을 기르는 길이나, 욕망을 억제하고 깨달음을 얻으려는 길이나, 길은 한 가지이지만 각각 다른 것으로 이 구별을 분명하게 아는 사람이야말로 참다운 부처님의 제자이다. 그는 욕망 때문에 마음을 움직이지 않아 세속적인 탐욕을 떠나려고 노력하는 사람인 것이다.

> 自得不恃 不從他望. 望彼比丘 不至正定.
> 자 득 불 시 부 종 타 망   망 피 비 구 부 지 정 정

스스로 얻되 믿지 말고 다른 소망을 쫓지 말라. 저 이익 기름을 바라는 비구는 올바른 선정(禪定)에 이르지 못한다.

【글자 뜻】 恃:믿을 시. 望:바랄 망. 彼:저 피.

【말의 뜻】 自得不恃 不從他望:스스로 얻되 믿지 말고 다른 소망을 쫓지 말라. 望彼比丘 不至正定:저 이익 기름을 바라는 비구는 올바른 선정(禪

定)에는 이르지 못함.

【뜻 풀이】 자기 스스로 마음과 몸을 닦아 다른 사람에게 의지하지 않고, 속
세의 사람들이 바라는 탐욕에 따르지 않는 사람은 올바른 사람이다. 그
러나 헛되게 탐욕에 빠져 이득을 구하는 비구는 올바른 선정에 이르지
못할 뿐 아니라, 높은 깨달음을 얻지 못하는 딱한 사람이다.

夫欲安命 息心自省 不知計數 衣服飮食.
부 욕 안 명 식 심 자 성 부 지 계 수 의 복 음 식

대저 목숨이 편안하기를 바라거든 마음을 쉬게 하고 스스로 반성하여 계
수(計數)와 의복과 음식을 알지 말라.

【글자 뜻】 息:쉴 식. 省:살필 성. 飮:마실 음.
【말의 뜻】 夫欲安命:대저 목숨이 편안하기를 바람. 息心自省:마음을 쉬게
하고 스스로 반성함. 不知計數 衣服飮食:계수와 의복과 음식을 알지 말
라.

【뜻 풀이】 자기의 생명을 편안하게 하려고 생각하거든 마음을 쉬게 하고,
스스로 반성하여 돈의 계산서나 의복이나 음식물에 지나치게 구애 되지
말아야 한다. 지나치게 속세의 일에 끼어들어서는 안 된다.

夫欲安命 息心自省 取得知足 守行一法.
부 욕 안 명 식 심 자 성 취 득 지 족 수 행 일 법

대저 목숨이 편안하기를 바라거든 마음을 쉬게 하고 스스로 반성하여 취하여 얻음에 족한 줄을 알고 지키어 한결같이 법을 행하라.

【글자 뜻】取:취할 취. 足:족할 족. 守:지킬 수.

【말의 뜻】取得知足:취하여 얻음에 만족한 줄을 알음. 守行一法:지키어 한결같이 법을 행함.

【뜻 풀이】대저 몸과 생명을 편안하게 유지하려고 생각한다면, 마음을 쉬게 하고, 스스로 반성하여 취하여 얻는 것에 만족할 줄 알고, 법을 지키어 한결같이 행하라. 불도를 수행함에 있어서는 탐욕이 있어서는 안 된다.

夫欲安命 息心自省 如鼠藏穴 潛隱習敎.
부 욕 안 명 식 심 자 성 여 서 장 혈 잠 은 습 교

대저 목숨이 편안하기를 바라거든 마음을 쉬게 하고 스스로 반성하여 쥐가 굴속에 숨는 것과 같이 잠기어 숨어서 가르침을 익히라.

【글자 뜻】鼠:쥐 서. 藏:숨을 장. 穴:구멍 혈. 潛:잠길 잠. 隱:숨길 은.

【말의 뜻】如鼠藏穴:쥐가 굴속에 숨음과 같음. 潛隱習敎:잠기어 숨어서 가르침을 익힘.

【뜻 풀이】고뇌를 겪으며 세상을 살아가지 말고, 몸이 편안하기를 바라거든 마음을 쉬게 하라. 스스로 반성하여 마치 쥐가 굴속에 숨는 것과 같이, 조용한 곳에서 부처님의 도를 열심히 배우고 익혀야 한다.

約利約耳 奉戒思惟 爲慧所稱 淸吉勿怠.
약 리 약 이 봉 계 사 유 위 혜 소 칭 청 길 물 태

이익을 줄이고 귀를 줄여서 계율을 받들어 생각한다면 지혜가 칭찬 하는
바 되니 맑고 길함은 게을리 하지 말라.

【글자 뜻】 約:줄일 약. 惟:생각할 유. 稱:칭찬할 칭. 怠:게으를 태.
【말의 뜻】 約利約耳:이익을 줄이고 귀를 줄임. 奉戒思惟:계율을 받들고
　잘 생각함. 爲慧所稱:지혜가 칭찬하는 바가 됨. 淸吉勿怠:맑고 길함
　을 게을리 하지 말라.

【뜻 풀이】 이익으로 내닫지 말고 귀에 이익을 기르지 마라. 계율을 지켜 마
　음과 몸을 바르게 수행하면, 그의 덕이 참다운 도로 나아가고 있다고 지
　혜 있는 사람들이 칭찬을 하게 된다. 덕을 닦고 마음과 몸을 바르게 지
　녀 나가는 사람은, 사람들과 어울림에 깊이 깨달아 계율을 받들어 지키
　는 사람이다. 그러므로 게으르지 말고 정진에 노력해야 한다.

如有三明 解脫無漏. 寡智鮮識 無所憶念.
여 유 삼 명 해 탈 무 루　과 지 선 식 무 소 억 념

만일 세 가지 밝음이 있으면 해탈하여 번뇌함이 없다. 지혜가 적고 아는
것이 드문 것은 생각하는 바가 없다.

【글자 뜻】 漏:고민할 루. 寡:적을 과. 鮮:드물 선. 識:알 식. 憶:생각할
　억.

【말의 뜻】如有三明:만일 세 가지 밝음이 있음. 解脫無漏:해탈하여 번뇌함이 없음. 寡智鮮識:지혜가 적고 아는 것이 드물음. 無所憶念:생각하는 바가 없음.

【뜻 풀이】밝은 지혜와 수행을 쌓아 세 가지 밝은 힘(천안·숙명·번뇌가 없음)을 지니고 있으면, 해탈하여 탐욕과 번뇌가 없어져 부처님에 가까워지기 때문에 피안에 이를 수 있다. 그러나 지혜가 적고 아는 것이 없어 어리석다면, 참다운 도를 생각할 줄 모르기 때문에 참다운 깨달음은 얻지 못한다.

> 其於食飮 從人得利 而有惡法 從供養嫉.
> 기 어 식 음 종 인 득 리 이 유 악 법 종 공 양 질

그 먹고 마심에 있어서 사람에 따라 이익을 얻고 더구나 악한 법이 있다면 공양함에 따라 질투를 기르게 된다.

【글자 뜻】飮:마실 음. 供:바칠 공. 嫉:질투할 질.
【말의 뜻】其於食飮:그 먹고 마심에 있어서. 從人得利 而有惡法:사람에 따라 이익을 얻고 더구나 악한 법이 있음. 從供養嫉:공양함에 따라 질투심을 기르게 됨.

【뜻 풀이】특히 어려운 것은 음식에 관한 것으로, 사람에 따라서는 공양을 많이 하여 만족할 수 있겠지만, 사람에 따라서는 공양을 적게 하여 만족하지 못한다. 이익을 생각하여 탐욕이 많은 때는 도리어 질투를 지니게 되는 일이 있다.

多結怨利 强服法衣 但望飮食 不奉佛敎.
다 결 원 리 강 복 법 의 단 망 음 식 불 봉 불 교

많이 원망과 이익을 맺더라도 억지로 법의(法衣─가사)를 입고 단지 음식만을 바란다면 부처님의 가르침을 받들지 못한다.

【글자 뜻】 結:맺을 결. 怨:원망 원. 强:억지로 강. 服:입을 복. 但:다만 단. 望:바랄 망.

【말의 뜻】 多結怨利 强服法衣:많은 원망과 이익을 맺더라도 억지로 법의를 입음. 但望飮食:단지 음식만을 바람. 不奉佛敎:부처님의 가르침을 받들지 못함.

【뜻 풀이】 자기 마음에 이익을 길러 보시가 많기를 바라면서도, 억지로 법의를 걸치고 과분한 보시와 공양 얻기를 바란다면, 이것은 부처님에게 귀의하여 부처님의 가르침을 받들어 수행에 정진하는 사람이라고는 말할 수 없다. 욕심을 더 줄이고 아귀의 마음을 제거해야 한다.

當知是過. 養爲大畏 寡取無憂 比丘釋心.
당 지 시 과 양 위 대 외 과 취 무 우 비 구 석 심

마땅히 이것이 죄과임을 알라. 기름은 큰 두려움이 되니 적게 취하면 근심이 없어 비구는 마음을 푼다.

【글자 뜻】 過:죄과 과. 畏:두려울 외. 取:취할 취. 釋:풀 석.

【말의 뜻】 當知是過:마땅히 이것이 죄과임을 알라. 養爲大畏:기름은 큰

두려움이 됨.   寡取無憂:적게 취하면 근심이 없음.

【뜻 풀이】 사람들로부터 공양이 많기를 바라는 것은 죄과이니, 이것을 크
게 두려워해야 한다. 적게 취하면 욕심이 없어져 근심이 없어진다. 그
러므로 비구는 마음을 풀어 근심이 없고 마음을 닦을 수 있는 것이다.

> 非食命不濟 孰能不揣食. 夫立食爲先 知是不宜嫉.
> 비 식 명 부 제 숙 능 불 췌 식   부 입 식 위 선 지 시 불 의 질

먹는 것이 아니면 목숨을 구제하지 못한다면 누가 능히 먹는 것을 헤아
리지 않으랴! 대저 먹는 것 세우는 것을 우선으로 하니 이것을 안다면 마
땅히 미워하지 말라.

【글자 뜻】 濟:구제할 제. 孰:누구 숙. 揣:헤아릴 췌. 宜:마땅 의. 嫉:미
워할 질.
【말의 뜻】 非食命不濟 孰能不揣食:먹지 않으면 목숨을 구제하지 못한다면
누가 능히 먹는 것을 헤아리지 않으랴! 夫立食爲先 知是不宜嫉:대저 먹
는 것 세우는 것을 우선 하니 이것을 안다면 마땅히 미워하지 말라.

【뜻 풀이】 사람이 생명을 보존하기 위하여 먹는다고 하면, 음식을 받을 때
에 미리 정해 놓고 적게 먹으면 되기 때문에 탐욕을 앞세우지 마라. 도
에 들어가면 수명도 길어지므로, 이것을 깨달아 탐욕으로 내닫지 말고,
다른 사람들을 미워해서는 안 된다. 마음을 냉정히 지니고 도를 수행해
야 한다.

미워하면 먼저 자기를 상처내고 그런 뒤에 다른 사람들을 상처 낸다. 사람을 치면 침을 얻어 이것을 제거함을 얻지 못한다.

【글자 뜻】 嫉:미워할 질. 創:상처 낼 창. 擊:칠 격. 除:제할 제.

【말의 뜻】 嫉先創己:남을 미워하면 먼저 자기가 상처를 입음. 然後創人: 그런 뒤에 다른 사람에게 상처를 입힘. 擊人得擊:다른 사람을 치면 그도 나를 침. 是不得除:이것을 제거함을 얻지 못함.

【뜻 풀이】 사람이 도를 수행함에 있어서 탐욕과 성냄과 어리석음은 마음에 왕성하다. 그러므로 남을 미워하는 마음을 일으키면 우선 자기의 마음에 상처를 입히고, 그런 다음에 다른 사람의 마음에도 상처를 입힌다. 사람을 치면 그도 나를 치게 되어, 이것은 제거할 수 없는 악보(惡報)가 되는 것이다.

차라리 불탄 돌을 먹고 단 양동(洋銅)을 삼키고 마실지라도 계율이 없음으로써 다른 사람의 믿음과 베풂을 먹지 말라.

【글자 뜻】 寧:차라리 녕. 噉:먹을 담. 燒:불사를 소. 吞:삼킬 탄. 銅:구리 동.

【말의 뜻】寧噉燒石 吞飮洋銅:차라리 불탄 돌을 먹고 단 양동을 삼키고 마심. 不以無戒 食人信施:계율이 없음으로써 다른 사람들의 믿음과 베풂을 먹지 말라.

【뜻 풀이】 차라리 불에 탄 돌을 먹고, 빨갛게 단 구리물을 삼키고 마실지라도, 계율을 지니지 않고서 사람들의 믿음으로 베푸는 보시를 받지 않는 것이 죄를 짓지 않게 된다. 자기의 처지를 깨닫고서 비구가 되었다고 하여, 다른 사람들의 보시를 함부로 받아들여서는 안 된다. 마음과 몸을 수행하도록 힘써야 한다.

제34 사문품(沙門品)

> 沙門品者 訓以法正 弟子受行 得道解淨.
> 사 문 품 자 훈 이 법 정 제 자 수 행 득 도 해 정

사문품(沙門品)이란 법의 올바름으로써 가르치며 제자는 행함을 받아 도를 얻고 깨끗함을 깨닫는 것이다.

【글자 뜻】 訓:가르칠 훈. 受:받을 수. 淨:깨끗할 정.

【말의 뜻】 訓以法正:법의 올바름으로써 가르침. 弟子受行 得道解淨:제자는 행함을 받아 도를 얻고 깨끗함을 깨달음.

【뜻 풀이】 사문품에서는 진정한 도의 올바르고 참된 것을 말하여, 그 가르침을 행하는 제자는 마음과 몸이 고뇌에서 벗어난다. 악으로 가득 찬 속세를 떠나 깨끗하고 편안함을 깨달아, 피안에 이르는 마음을 밝히려는 데 있다.

> 端目耳鼻口 身意常守正. 比丘行如是 可以免衆苦.
> 단 목 이 비 구 신 의 상 수 정   비 구 행 여 시 가 이 면 중 고

눈과 귀와 코와 입을 단정히 하고 몸과 마음을 항상 올바르게 지켜야 한다. 비구가 이와 같이 행하면 가히 써 오는 괴로움에서 벗어날 수 있다.

【글자 뜻】 端:단정할 단. 鼻:코 비. 免:면할 면.

【말의 뜻】端目耳鼻口 身意常守正:눈과 귀와 코와 입을 단정히 하고 몸과 마음을 항상 올바르게 지킴. 比丘行如是 可以免衆苦:비구가 이와 같이 행하면 가히 써 모든 괴로움에서 벗어날 수 있음.

【뜻 풀이】눈과 귀와 코와 입을 단정하게 지니고, 몸과 마음을 언제나 올바르게 지켜, 몸은 단정히 하고 마음에는 굳은 신념을 가지라. 비구가 이와 같이 행할 수 있다면, 모든 고통과 번뇌에서 벗어날 수 있을 것이다.

手足莫妄犯 節言順所行 常內樂定意 守一行寂然.
수 족 막 망 범 절 언 순 소 행 상 내 락 정 의 수 일 행 적 연

손과 발을 망령되이 침범하지 말고 말을 절제하여 행하는 바를 따르게 하며 항상 안으로 선정(禪定)하는 뜻을 즐기고 하나를 지켜 고요하게 행하라.

【글자 뜻】妄:망령될 망. 節:절제할 절. 順:따를 순. 意:뜻 의. 寂:고요 적.

【말의 뜻】手足莫妄犯:손과 발을 망령되이 침범하지 말음. 節言順所行:말을 절제하여 행동을 따르게 함. 常內樂定意:항상 마음속으로 선정하는 뜻을 즐김. 守一行寂然:하나를 지켜 고요히 행함.

【뜻 풀이】손과 발로 법을 침범하지 말고, 말을 줄여서 행동을 따르게 하며, 항상 마음속으로 고요히 선정(禪定)하는 뜻을 즐기고, 한마음으로 정진하여 고요한 태도를 갖는 것이 진정한 비구이다. 훌륭한 비구가 되기는 어려우니, 이것이 참다운 사람이 되는 근본인 것이다.

배움에는 마땅히 입을 지키라. 너그러운 말이 편안하고 느리면 법과 의
때문에 정하여지니 말은 반드시 부드럽고 연해야 한다.

【글자 뜻】 宥:너그러울 유. 徐:느릴 서. 定:정할 정. 柔:부드러울 유. 軟:
　　연할 연.

【말의 뜻】 學當守口:배움에는 마땅히 입을 지킴. 宥言安徐:너그러운 말이
　　편안하고 느림. 法義爲定:법과 의 때문에 정하여짐. 言必柔軟:말은 반
　　드시 부드럽고 연해야 함.

【뜻 풀이】 학문하는 비구는 입을 삼가 함부로 떠들거나 다른 사람을 비판
　　하지 말라. 너그러운 말을 편안하고 느리게 하면 이것은 법과 의 때문에
　　그렇게 되는 것이니, 말은 반드시 부드럽고 상냥하게 해야 한다. 비구
　　는 말 속에 진실한 도의 올바름이 깃들어 있어야 한다.

법을 즐기고 법을 바라고 생각하여 법에 편안하라. 비구는 법에 의지하
면 올바르게 되어 소모되지 않는다.

【글자 뜻】 惟:생각할 유. 依:의지할 의. 費:소모할 비.

【말의 뜻】 樂法欲法:법을 즐거워하고 법을 바람. 思惟安法:깊이 생각하여

법에 편안함. 比丘依法 正而不費:비구가 법에 의지하면 올바르게 되어
소비하지 않음.

【뜻 풀이】 비구는 법을 즐기고 법을 원하여 항상 마음속으로 법을 생각하
라. 어떤 일이나 법에 의거하여 행동하면 마음과 몸이 올바르게 되어 시
간을 소비하지 않는다.

學無求利 無愛他行. 比丘好他 不得定意.
학 무 구 리 무 애 타 행   비 구 호 타 부 득 정 의

배움에 이익을 구하지 말고 다른 사람의 행함을 사랑하지 말라. 비구가
다른 사람을 좋아하면 마음 정함을 얻지 못한다.

【글자 뜻】 求:구할 구. 他:다를 타. 定:정할 정.
【말의 뜻】 學無求利:배움에 이익을 구하지 말음. 無愛他行:다른 사람의
행함을 사랑하지 말라. 比丘好他 不得定意:비구가 다른 사람을 좋아
하면 마음 정함을 얻지 못함.

【뜻 풀이】 도를 배우는 사람에게는 영예와 이익을 구할 필요가 없고 또 다
른 사람의 일을 부러워해서는 안 된다. 다른 사람을 부러워하는 비구는
항상 마음이 혼란되어 편안함을 얻지 못하게 된다.

比丘少取 以得無積 天人所譽 生淨無穢.
비 구 소 취 이 득 무 적 천 인 소 예 생 정 무 예

비구는 적게 취하여 써 쌓음이 없음을 얻으면 하늘과 사람들의 칭찬하는
바가 되고 깨끗함이 생기어 더러움이 없다.

【글자 뜻】 取:취할 취. 積:쌓을 적. 譽:기릴 예. 淨:깨끗할 정. 穢:더러
울 예.

【말의 뜻】 比丘少取 以得無積:비구는 적게 취하여 써 쌓음이 없음을 얻음.
天人所譽:하늘과 사람들의 칭찬하는 바가 됨. 生淨無穢:깨끗함이 생겨
더러움이 없음.

【뜻 풀이】 비구는 얻는 것을 적게 한다. 재물을 쌓는 일을 하지 않는 사람
은 하늘과 사람들에게서 칭찬을 받고, 스스로 깨끗해져서 조금도 더러
움이 없게 된다.

比丘爲慈 愛敬佛敎 深入止觀 滅行乃安.
비 구 위 자 애 경 불 교 심 입 지 관 멸 행 내 안

비구는 자비를 행하고 부처님의 가르침을 사랑하고 공경하여 깊이 지관
(止觀)에 들어가 행함을 멸하면 곧 편안해진다.

【글자 뜻】 敬:공경할 경. 深:깊을 심. 滅:멸할 멸.

【말의 뜻】 比丘爲慈 愛敬佛敎:비구는 자비를 행하고 부처님의 가르침을 사
랑하고 공경함. 深入止觀:깊이 지관에 들어감. 滅行乃安:행함을 멸하
면 곧 편안해짐.

【뜻 풀이】 부처님의 가르침을 사랑하고 공경하며 자비를 베풀려는 마음이

있는 비구는, 깨달음의 경지에 들어가 아무 욕망도 없고 마음과 몸이 편안함을 얻는다. 지관(止觀), 즉 선정(禪定)과 해탈과 삼매(三昧)에 들어가 부처님과 같게 된다.

> 一切名色 非有莫惑. 不近不憂 乃爲比丘.
> 일 체 명 색 비 유 막 혹   불 근 불 우 내 위 비 구

모든 이름과 형체는 있는 것이 아니니 미혹되지 말라. 가까이하지 않으면 근심되지 않는 것을 곧 비구라 한다.

【글자 뜻】 色:형체 색. 惑:미혹할 혹.

【말의 뜻】 一切名色 非有莫惑:모든 이름과 형체는 있는 것이 아니니 미혹되지 말라. 不近不憂 乃爲比丘:명색을 가까이하지 않으면 근심되지 않는 것을 곧 비구라 한다.

【뜻 풀이】 이 세상의 모든 이름이나 형체는 덧없는 것이다. 이에 미혹되지 말고, 이를 가까이하지 않고 근심되는 일이 없는 비구는 참다운 사람이다.

> 比丘扈船 中虛則輕. 除婬怒癡 是爲泥洹.
> 비 구 호 선 중 허 즉 경   제 음 노 치 시 위 이 원

비구는 배를 퍼내어 가운데를 비게 하면 곧 가벼워진다. 음란함과 성냄과 어리석음을 제거하면 이것이 열반이 된다.

【글자 뜻】 扈:퍼낼 호. 船:배 선. 虛:빌 허. 輕:가벼울 경.

【말의 뜻】 比丘扈船 中虛則輕:비구는 배를 퍼내어 가운데를 비게 하면 곧
가벼워짐. 除婬怒癡 是爲泥洹:음란함과 성냄과 어리석음을 제거하면
이것이 바로 열반이 됨.

【뜻 풀이】 비구는 배의 가운데로 들어온 물을 퍼내어 배를 가볍게 해야 한
다. 물이 가득차면 침몰할 위험성이 있기 때문이다. 이와 마찬가지로 탐
욕과 성냄과 어리석음의 삼독(三毒)을 제거한 비구는 빨리 열반에 들어
갈 수 있는 것이다.

捨五斷五 思惟五根 能分別五 乃渡河淵.
사 오 단 오 사 유 오 근 능 분 별 오 내 도 하 연

다섯을 버리고 다섯을 끊고 오근(五根)을 생각하여 능히 다섯을 분별한
다면 곧 강과 연못을 건너게 된다.

【글자 뜻】 捨:버릴 사. 斷 끊을 단. 渡:건널 도. 淵:못 연.

【말의 뜻】 捨五斷五:다섯을 버리고 다섯을 끊음. 思惟五根:오근을 깊이 생
각함. 能分別五:능히 다섯을 분별함. 乃渡河淵:곧 강과 연못을 건넘.

【뜻 풀이】 눈·귀·코·입·몸의 다섯 가지 감각기관의 고뇌를 끊어버려
근심이 없는 비구는, 생사(生死)의 고뇌에서 벗어난 사람이라고 한다.
이런 사람은 미혹이 없고 고뇌도 없다.

禪無放逸 莫爲欲亂. 不呑洋銅 自惱燋形.
선 무 방 일 막 위 욕 난　불 탄 양 동　자 뇌 초 형

선(禪)을 하여 방일함이 없고 욕심의 혼란을 행하지 말라. 양동(洋銅)을 삼켜 스스로 고뇌의 형체를 그슬리지 않게 하라.

【글자 뜻】 呑:삼킬 탄.　燋:그슬릴 초.

【말의 뜻】 禪無放逸:선을 행하여 방일함이 없음.　莫爲欲亂:욕심의 혼란을 행하지 말라.　不呑洋銅 自惱燋形:양동(洋銅)을 삼켜 스스로 고뇌의 형체를 그슬리지 않게 하라.

【뜻 풀이】 선정에 들어가 마음을 가다듬어 방일하지 말고, 속세의 쾌락에 마음을 혼란시켜서는 안 된다. 탐욕에 빠지면 죽어서 지옥에 가서 끓는 쇳물을 삼켜 몸을 불길에 그슬리게 된다.

無禪不智 無智不禪. 道從禪智 得至泥洹.
무 선 불 지 무 지 불 선　도 종 선 지　득 지 이 원

선(禪)이 없으면 지혜롭지 못하고 지혜가 없으면 선이 아니다. 도는 선과 지혜를 따라 열반에 이름을 얻게 한다.

【글자 뜻】 智:지혜로울 지.　從:따를 종.

【말의 뜻】 無禪不智 無智不禪:선이 없으면 지혜롭지 못하고 지혜가 없으면 선이 아님.　道從禪智 得至泥洹:도는 선과 지혜를 따라 열반에 이름을 얻게 함.

【뜻 풀이】 아무리 비구라 할지라도 지혜가 없으면 선정에 앉았어도 정신이 통일되지 않고, 선정에 들어가지 않으면 밝은 지혜를 얻지 못한다. 선정과 지혜를 다 갖춘 사람이야말로 열반에 들어갈 수 있고, 참다운 깨달음을 얻은 사람이다.

當學入空 靜居止意 樂獨屛處 一心觀法.
당 학 입 공 정 거 지 의 낙 독 병 처 일 심 관 법

마땅히 배워서 공(空)에 들어가서 고요히 거처하여 마음을 그치고 홀로 가린 곳을 즐거워하여 한 마음으로 법을 보아야 한다.

【글자 뜻】 空:빌 공. 靜:고요 정. 屛:가릴 병.
【말의 뜻】 當學入空:마땅히 배워서 공에 들어감. 靜居止意:고요히 거처하여 마음을 그침. 樂獨屛處:홀로 가린 곳을 즐거워함. 一心觀法:한 마음으로 법을 보아야 함.

【뜻 풀이】 열심히 배워서 공을 깨달은 비구는 고요한 방에 들어가 마음을 통일하여, 비로소 올바른 법을 다 깨달아 더 없는 즐거움을 얻게 된다. 선에 들어가 마음의 통일을 얻고 지혜의 밝은 빛이 비추어, 우주의 법의 모습을 깨닫는 즐거움은 각별한 것이다.

常制五陰 伏意如水 清淨和悅 爲甘露味.
상 제 오 음 복 의 여 수 청 정 화 열 위 감 로 미

항상 오음(五陰)을 억제하고 마음을 엎드린 물과 같이 하여 맑고 깨끗하

고 온화하고 기쁘면 단 이슬의 맛이 된다.

【글자 뜻】 伏:엎드릴 복. 和:화할 화. 悅:기쁠 열.

【말의 뜻】 常制五陰 伏意如水:항상 오음을 억재하고 마음을 엎드린 물과
　　같이 함. 淸淨和悅 爲甘露味:맑고 깨끗하고 온화하고 기쁘면 단 이슬
　　의 맛이 됨.

【뜻 풀이】 항상 오음(여색 · 받음 · 생각 · 행실 · 알음)의 감정과 행실을 억
　　제해 나가면 큰 죄악은 없게 되지만, 만일 생각대로 행하면 죄악을 저지
　　르게 된다. 그러므로 마음과 행동을 억제해 나가고, 마음을 물과 같이
　　고요히 가라앉혀 악의 원인을 깨닫는다. 항상 마음과 몸이 맑고 깨끗하
　　고 온화하고 기쁨을 느끼게 하여, 열반을 깨달아 인생을 단 이슬의 맛으
　　로 받아들이게 해야 한다.

不受所有 爲慧比丘. 攝根知足 戒律悉持 生當行淨 求善師友.
불 수 소 유 위 혜 비 구   섭 근 지 족 계 율 실 지 생 당 행 정 구 선 사 우

智者成人 度苦致喜.
지 자 성 인 도 고 치 희

　　소유를 받지 않음을 지혜로운 비구라 한다. 뿌리들을 다스려 만족함을
알고 계율을 다 지녀 살아서는 마땅히 깨끗함을 행하고 선한 스승과 벗을
구해야 한다. 지혜 있는 사람과 이룬 사람은 괴로움을 건너서 기쁨을 이
룬다.

【글자 뜻】 受:받을 수. 攝:다스릴 섭. 悉:다 실. 度:건널 도. 致:이룰 치.

【말의 뜻】不受所有 爲慧比丘:소유를 받지 않음을 지혜로운 비구라 함. 攝根知足:뿌리들을 다스려 만족함을 알음. 生當行淨 求善師友:살아서는 마땅히 깨끗함을 행하고 선한 스승과 벗을 구함. 智者成人 度苦致喜: 지혜 있는 사람과 이룬 사람은 괴로움을 건너 기쁨을 이룸.

【뜻 풀이】 수행하는 비구는 오근(눈·귀·코·입·몸)을 다스려 만족함을 알아야 하고, 계율을 다 지켜 자기 소유도 받지 않는다. 이런 사람을 지혜 있는 비구라 한다. 참다운 비구는 탐욕을 버리고, 훌륭한 스승을 모시고 선한 친구를 사귀어, 자기가 해야 할 일을 깨닫는다. 자비로운 마음을 더욱 맑게 하여 날마다 기쁨에 넘치는 생명을 지켜 나가기 때문에, 이 세상의 번뇌와 업고(業苦)는 다 사라지고 깨달음을 얻어 열반에 이르게 되는 것이다.

如衛師華 熟知自墮 釋婬怒癡 生死自解.
여 위 사 화 숙 지 자 타 석 음 노 치 생 사 자 해

춘(春)나무의 꽃이 익으면 스스로 떨어짐을 아는 것과 같이 음란함과 성냄과 어리석음을 풀면 생사를 스스로 깨닫게 된다.

【글자 뜻】 熟:익을 숙. 墮:떨어질 타. 釋:풀 석.

【말의 뜻】 如衛師華 熟知自墮:춘나무의 꽃이 익으면 스스로 떨어짐을 아는 것과 같음. 釋婬怒癡 生死自解:음란함과 성냄과 어리석음을 풀어버리면 생사를 스스로 깨닫게 됨.

【뜻 풀이】 춘(春)나무의 꽃은 활짝 피어 익으면 나무에서 스스로 떨어진다.

이와 마찬가지로 비구도 탐욕과 성냄과 어리석음의 삼독을 마음에서 끊어 내버리면, 생사의 고뇌는 자연히 없어지게 된다.

止身止言 心守玄默 比丘棄世 是爲受寂.
지 신 지 언 심 수 현 묵 비 구 기 세 시 위 수 적

몸을 그치고 말을 그치고 마음에 깊은 침묵을 지켜 비구의 세상을 버림을 이것을 고요함을 받는다고 한다.

【글자 뜻】 玄:깊을 현. 默:잠잠할 묵. 寂:고요 적.

【말의 뜻】 止身止言 心守玄默:몸을 그치고 말을 그치고 마음에 깊은 침묵을 지킴. 比丘棄世 是爲受寂:비구가 세상을 버리는 것을 이것을 고요함을 받는다고 함.

【뜻 풀이】 몸의 행동을 그치고, 말하는 것을 그치고, 깊은 침묵을 지킨다. 마음을 고요하게 하여 세상의 쾌락에 미혹되지 않고 살아가는 비구를 고요함을 받는다고 한다. 말함은 은이요 침묵은 금인 것이다.

當自勅身 內與心爭. 護身念諦 比丘惟安.
당 자 칙 신 내 여 심 쟁 호 신 염 체 비 구 유 안

마땅히 스스로 몸을 경계하여 안으로 마음과 다투어야 한다. 몸을 지키고 도를 생각하면 비구는 오직 편안하다.

【글자 뜻】 勅:경계할 칙. 爭:다툴 쟁. 護:지킬 호. 諦:도 체. 惟:오직 유.

【말의 뜻】當自勅身 內與心爭:마땅히 스스로 몸을 경계하여 안으로 마음 과 더불어 다투라. 護身念諦 比丘惟安:몸을 지키고 도를 생각하면 비 구는 오직 편안함.

【뜻 풀이】 비구는 마땅히 스스로 일어나서 마음을 경계하고, 참다운 도에 정진하여 안으로 마음과 싸워야 한다. 그리하여 악을 물리치고 선을 닦 아 참다운 도에 나아간다면, 이와 같은 비구는 세상을 즐겁게 살 수 있 다.

我自爲我 計無有我. 故當損我 調乃爲賢.
아 자 위 아 계 무 유 아   고 당 손 아 조 내 위 현

나는 스스로 나를 위하여 내가 있지 않음을 헤아리라. 그러므로 마땅히 나를 덜음을 헤아려 곧 현명하다고 한다.

【글자 뜻】 計:헤아릴 계. 損:덜 손. 調:헤아릴 조.
【말의 뜻】 我自爲我 計無有我:나는 스스로 나를 위하여 내가 없는 것으로 헤아림. 故當損我 調乃爲賢:그러므로 마땅히 나를 덜어내는 것을 헤아려 곧 현명하다고 함.

【뜻 풀이】 잘 헤아려 보면 나는 나이면서도 내가 없는 것이다. 그러므로 달 리 믿을 사람이 없기 때문에, 스스로를 닦아 나에게 손해되는 일이 없도 록 노력해야 한다. 이런 사람을 현명한 사람이라고 한다.

喜在佛教 可以多喜. 至到寂寞 行滅永安.
희 재 불 교 가 이 다 희   지 도 적 막 행 멸 영 안

기쁨이 부처님의 가르침에 있다면 가히 써 기쁨을 많이 하라. 적막함에
이르러 행함이 없어져서 길이 편안하다.

【글자 뜻】 喜:기쁠 희. 至:이를 지. 到:이를 도. 寂:고요 적. 寞:고요 막.
【말의 뜻】 喜在佛教 可以多喜:기쁨이 부처님의 가르침에 있다면 가히 써
　　기쁨을 많이 함. 至到寂寞 行滅永安:적막함에 이르러 행함이 없어지면
　　길이 편안함.

【뜻 풀이】 부처님의 가르침을 마음으로부터 신봉하는 비구는 점점 그 기쁨
　　이 몸에 충만하여, 열반의 도에 이르러 욕망은 몸에서 빠져나가고 길이
　　편안할 수 있다. 희로애락(喜怒哀樂)을 제거하여 마음이 속세의 감정에
　　좌우되지 않도록 노력해야 한다.

儻有少行 應佛教戒 此照世間 如日無曀.
당 유 소 행 응 불 교 계 차 조 세 간 여 일 무 열

혹시 적게 행함이 있을지라도 부처님의 가르침과 계율에 따르면 이것이
세상을 비추어 해가 흐림이 없는 것과 같다.

【글자 뜻】 儻:혹시 당. 照:비칠 초. 曀:흐릴 열.
【말의 뜻】 儻有少行 應佛教戒:혹시 적게 행함이 있을지라도 부처님의 가
　　르침과 계율을 따름. 此照世間 如日無曀:이것이 세상을 비춤이 해의 흐

림이 없는 것과 같음.

【뜻 풀이】 비록 수행이 적은 비구라도 부처님의 가르침과 계율을 신봉하는
비구는, 마치 태양이 구름에 가리지 않는 것처럼 밝은 빛으로 세상을 비
출 것이다.

棄慢無餘憍 蓮華水生淨. 學能捨此彼 知是勝於故.
기 만 무 여 교 연 화 수 생 정　학 능 사 차 피 지 시 승 어 고

교만함을 버려 나머지 교만함이 없음은 연꽃이 물에서 생겨나 깨끗함과
같다. 배움은 능히 모든 고뇌를 버리니 이것을 안다면 전보다 나아진다.

【글자 뜻】 棄:버릴 기.　慢:교만할 만.　餘:남을 여.　憍:교만할 교.　蓮:연
꽃 련.　華:꽃 화.　勝:나을 승.
【말의 뜻】 棄慢無餘憍:교만을 버려 나머지 교만이 없음.　蓮華水生淨:연꽃
이 물에서 자라 깨끗함과 같음.　學能捨此彼:배움은 능히 모든 고뇌를
버림.　知是勝於故:이것을 안다면 이전보다 나아짐.

【뜻 풀이】 교만한 마음을 다 버린다면 이것은 연꽃이 진흙 속에서 나왔어
도 깨끗함과 같다. 도를 배워서 능히 모든 고뇌를 끊어버리고 해탈에 이
른다는 것을 알고 노력하는 비구는 훌륭한 비구인 것이다.

割愛無戀慕 不受如蓮華. 比丘渡河流 勝欲明於故.
할 애 무 연 모 불 수 여 연 화　비 구 도 하 류 승 욕 명 어 고

사랑을 떼어내 연모하는 정이 없다면 받지 않음이 연꽃과 같다. 비구는
강의 흐름을 건너면 욕심을 이김이 전보다 밝아진다.

【글자 뜻】 割:떼어낼 할.　戀:그리워할 연.　慕:사모할 모.　渡:건널 도.

【말의 뜻】 割愛無戀慕:사랑을 떼어내 연모하는 정이 없음.　不受如蓮華:받
　　지 않음이 연꽃과 같음.　比丘渡河流 勝欲明於故:비구는 강의 흐름을 건
　　너면 욕심을 이김이 이전보다 밝아짐.

【뜻 풀이】 비구가 마음에서 애욕을 떼어내 연모하는 정이 없다면, 연꽃이
　　진흙에 더러워지지 않는 것처럼 마음이 깨끗하다. 애욕의 마음을 없애
　　버리고 마음을 닦는 비구는 밝은 지혜의 등불이 비추게 될 것이다.

截流自恃 逝心却欲. 仁不割欲 一意猶走.
절 류 자 시　서 심 각 욕　　인 불 할 욕　일 의 유 주

흐름을 끊어 스스로 믿고 마음을 가게 하여 욕심을 물리치라. 인(仁)함에
서 욕심을 떼어내지 않는다면 한 마음으로 오히려 달린다.

【글자 뜻】 截:끊을 절.　恃:믿을 시.　逝:갈 서.　却:물리칠 각.　猶:오히려
　　유.

【말의 뜻】 截流自恃:흐름을 끊어 스스로 믿음.　逝心却欲:마음을 가게 하
　　여 욕심을 물리침.　仁不割欲 一意猶走:인(仁)함에서 욕심을 떼어내지
　　않으면 한 마음으로 오히려 달림.

【뜻 풀이】 비구가 도를 수행함에 있어서 애욕의 마음을 물리치고, 인생의

고뇌의 흐름을 건너가니 이것이 비구의 의무이다. 만일 그렇지 못하면 마음이 미혹되어 탐욕에 빠지는 속세의 사람이 되어버리고 만다.

爲之爲之 必强自制. 捨家而懈 意猶復染.
위 지 위 지 필 강 자 제   사 가 이 해 의 유 부 염

이것을 하고 이것을 하여 반드시 굳세게 스스로를 억제하라. 집을 버리고서도 게을러지면 마음은 오히려 다시 물든다.

【글자 뜻】 强:굳셀 강. 懈:게으를 해. 復:다시 부. 染:물들 염.
【말의 뜻】 必强自制:반드시 굳세게 스스로를 억제함. 捨家而懈 意猶復染: 집을 버리고서도 게으르면 마음은 오히려 다시 물들음.

【뜻 풀이】 비구는 크게 결심을 하고 도를 지니고 지켜야 한다. 집까지 버리고서 깨달은 것이므로, 만일 게으른 생각이 일어나면 마음은 다시 악에 물들게 된다. 마음을 단속하여 반성하고, 마음으로 기도하여 훌륭한 비구가 되어야 하는 것이다.

行懈緩者 勞意弗除 非淨梵行 焉致大寶.
행 해 완 자 노 의 불 제 비 정 범 행 언 치 대 보

게으름을 행하여 느슨해지는 사람은 마음을 수고롭게 해 제거하지 않으니 깨끗한 범행(梵行)이 아니라면 어찌 큰 보배를 이루랴!

【글자 뜻】 懈:게으를 해. 緩:느슨할 완. 勞:수고로울 로. 弗:아닐 불.

【말의 뜻】 行懈緩者 勞意弗除:게으름을 행하여 느슨해진 사람은 마음을 수
고롭게 해 제거하지 않음. 非淨梵行 焉致大寶:깨끗한 범행이 아니라면
어찌 큰 보배를 이룰 수 있으랴!

【뜻 풀이】 부처님의 가르침을 받드는 비구가 마음에 게으름이 생기면 절대
로 마음과 몸이 깨끗해지지 않는다. 만일 열반의 도에 들어가기를 바란
다면, 부처님의 가르침과 계율을 지키지 않고서 어찌 큰 보배를 얻을 수
있겠는가!

沙門何行 如意不禁. 步步著粘 但隨思走.
사 문 하 행 여 의 불 금   보 보 착 점 단 수 사 주

사문(중―僧)이 어디에 가면 마음과 같이 금하지 못한다. 걸음걸음마다
들러붙어 다만 생각에 따라 달려간다.

【글자 뜻】 禁:금할 금. 著:붙을 착. 粘:끈끈할 점.
【말의 뜻】 沙門何行 如意不禁:중(僧)이 어디에 가면 마음과 같이 금하지 못
함. 步步著粘 但隨思走:걸음걸음이 둘러붙어 다만 생각에 따라 달림.

【뜻 풀이】 마음을 다스리지 않고 생각대로 행동한다면 드디어 악함에 떨어
지고 만다. 비구들이여 크게 마음을 단속하고 행동하지 않는다면, 속세
사람보다 더 악한 사람이 될지도 모른다.

가사를 어깨에 입었어도 악을 행하면 손해가 아닌가! 악하고 악함을 행
하는 사람은 이 악도에 떨어진다.

【글자 뜻】 袈:가사 가. 裟:가사 사. 披:입을 피. 肩:어깨 견.

【말의 뜻】 袈裟披肩 爲惡不損:가사를 어깨에 입었더라도 악을 행하면 손
해가 아닌가! 惡惡行者 斯墮惡道:악하고 악함을 행하는 사람은 이 악
도지옥에 떨어짐.

【뜻 풀이】 비구가 되어 머리를 깎고 가사(袈裟)를 입었더라도, 악한 일을
행하면 모처럼의 수행도 손해가 되어 속인이 되고 만다. 악하고도 악한
일만 행하는 사람은 악도지옥에 떨어지는 보답을 받게 된다.

不調難誡 如風枯樹. 作自爲身 曷不精進.
불 조 난 계 여 풍 고 수 작 자 위 신 갈 불 정 진

다스리지 아니하면 경계하기 어려움이 바람이 나무를 마르게 함과 같다.
스스로 행하는 것은 몸을 위함이니 어찌 정진하지 않을 수 있으랴!

【글자 뜻】 調:다스릴 조. 誡:경계 계. 枯:마를 고. 曷:어찌 갈.

【말의 뜻】 不調難誡 如風枯樹:다스리지 않으면 경계하기 어려움이 바람이
나무를 말리는 것과 같음. 作自爲身 曷不精進:스스로 행함이 몸을 위
한 것이니 어찌 정진하지 않을 수 있으랴!

【뜻 풀이】 마음을 굳게 먹고 마음과 몸을 다스려 나가야 하는데, 그것을 게
을리 하면 바람이 불어서 나무를 마르게 함과 같이, 스스로 타락해 버리
고 만다. 마음과 몸을 항상 조심하고 경계함은 다 자기 자신을 위하는
일이니, 크게 정진에 힘써야 할 것이다.

息心非剔 慢訑無戒. 捨貪思道 乃應息心.
식 심 비 척 만 탄 무 계   사 탐 사 도 내 응 식 심

마음을 쉬게 하는 것은 버리는 것이 아니고 교만하고 방탕하면 계율이 없
다. 탐냄을 버리고 도를 생각하면 곧 마음이 쉼을 따른다.

【글자 뜻】 息:쉴 식. 剔:버릴 척. 慢:교만할 만. 訑:방탕할 탄.
【말의 뜻】 息心非剔 慢訑無戒:마음을 쉬게 하는 것은 버리는 것이 아니고
교만하고 방탕하면 계율이 없음. 捨貪思道 乃應息心:탐냄을 버리고 도
를 생각하면 곧 마음이 쉼을 따르게 됨.

【뜻 풀이】 머리를 깎고 어깨에 가사(袈裟)를 걸쳤을지라도, 마음과 몸을 다
스려 나가지 않으면 비구라고 말할 수 없다. 사람들은 그 겉모습에는 속
아 넘어가지 않으니 마음과 행실을 보면 곧 알 수 있다. 탐욕을 버리고
도를 생각하고 계율을 지녀, 마음과 몸을 다스려 나가면 훌륭한 비구가
될 수 있다.

息心非剔 放逸無信. 能滅衆苦 爲上沙門.
식 심 비 척 방 일 무 신   능 멸 중 고 위 상 사 문

마음을 쉬게 하는 것은 버리는 것이 아니고 방탕하고 안일하면 믿음이 없다. 능히 모든 괴로움을 없애는 것을 훌륭한 사문이라고 한다.

【글자 뜻】 滅:멸할 멸. 衆:무리 중.
【말의 뜻】 放逸無信:방탕하고 안일하연 믿음이 없음. 能滅衆苦 爲上沙門: 능히 모든 고뇌를 없애는 것을 훌륭한 사문이라고 함.

【뜻 풀이】 비구가 머리를 깎고 가사(袈裟)를 걸쳤다고 해서 중[僧]이 될 수는 없다. 만일 그가 방탕하고 게을러서 도와 계율을 행하지 않는다면 신앙심이 없는 사람이다. 많은 사람들의 괴로움이나 번뇌를 없애 주고, 자기 자신도 모든 고뇌에서 벗어난 사람을 훌륭한 중[僧]이라고 말한다.

제35 범지품(梵志品)

범지품(梵志品)이란 말과 행실이 맑고 깨끗하여 도리를 배워서 더러움이 없으면 가히 도사(道士)라고 일컬을 수 있다.

【글자 뜻】 理:이치 리. 穢:더러울 예. 稱:일컬을 칭.
【말의 뜻】 言行淸白:말과 행실이 맑고 깨끗함. 理學無穢 可稱道士:도리를 배워 더러움이 없으면 가히 도사라고 일컬을 수 있음.

【뜻 풀이】 이 범지품에서는 말이나 행실이 맑고 깨끗하여 참다운 인생의 도를 배워, 마음과 몸이 깨끗한 사람을 도사라고 부름을 밝히고 있다.
　　‘범지(梵志)’란 우주의 최고원리인 ‘범천(梵天)의 뜻’을 구한다는 데서 온 말이다. 원래 출가하지 않은 남자 신자를 이르는 말이다.

흐름을 끊고서 건너가니 욕심 없는 것이 ‘범천(梵天)’과 같다. 행함이 이미 다함을 아는 것을 이것을 일러 ‘범지’라 한다.

【글자 뜻】 截:끊을 절. 渡:건널 도. 盡:다할 진. 謂:이를 위.

【말의 뜻】 截流而渡 無欲如梵:흐름을 끊고서 건너가니 욕심 없는 것이 범
  천과 같음.

【뜻 풀이】 속세의 모든 괴로움의 흐름을 끊고서 당당히 건너온 사람이야
  말로 탐욕에 미혹되지 않으니, 그 욕심 없는 것이 불교의 수호신인 범천
  과 같아 모든 행함이 다하였음을 안다. 이것을 범지라고 말한다.

以無二法 清淨渡淵 諸欲結解 是謂梵志.
이 무 이 법 청 정 도 연 제 욕 결 해 시 위 범 지

  두 가지 법이 없음으로써 맑고 깨끗하게 연못을 건너 모든 욕심의 맺음
을 푸는 것을 이것을 범지라고 말한다.

【글자 뜻】 淨:깨끗할 정. 淵:못 연. 結:맺을 결. 解:풀 해.
【말의 뜻】 以無二法 清淨渡淵:두 가지 법이 없음으로써 맑고 깨끗하게 연
  못을 건넘. 諸欲結解 是謂梵志:모든 욕심이 맺은 것을 푸는 것. 이것을
  범지라고 말함.

【뜻 풀이】 법에는 두 가지가 없기 때문에, 계율을 지니고 선에 들어가 모
  든 욕망의 굴레를 끊고 피안에 도달하면, 인생의 고뇌는 없어지고 지혜
  의 눈이 밝게 뜨임을 알 수 있다. 이것을 범지라고 말한다.

適彼無彼 彼彼已空 捨離貪婬 是謂梵志.
적 피 무 피 피 피 이 공 사 이 탐 음 시 위 범 지

그에게 감에 그가 없고 그들은 이미 공(空)이 되어 탐욕과 음란함을 버리고 떠나니 이것을 범지라고 말한다.

【글자 뜻】 適:갈 적. 捨:버릴 사. 離:떠날 리.

【말의 뜻】 適彼無彼 彼彼已空:그에게 가니 그는 없고 저들은 이미 공이 됨. 捨離貪婬 是謂梵志:탐욕과 음란함을 버리고 떠나니 이것을 범지라고 말함.

【뜻 풀이】 범사(梵士)가 깨달음의 도에 들어가면 아무것에도 구애되지 않고, 이 세상의 두려움도 없고 근심도 없어진다. 이런 사람을 최고 사상인 범천을 뜻하기 때문에 범사라고 한다.

思惟無垢 所行不漏. 上求不起 是謂梵志.
사 유 무 구 소 행 불 루   상 구 불 기 시 위 범 지

생각하므로 때가 없어지고 행하는 바가 새지 않는다. 위에서 구함이 일어나지 않는 것을 이것을 범지라고 한다.

【글자 뜻】 惟:생각할 유. 垢:때 구. 漏:샐 루.

【말의 뜻】 思惟無垢 所行不漏:생각하므로 때가 없어지고 행하는 바가 새지 않음. 上求不起:위에서 구함이 일어나지 않음.

【뜻 풀이】 깊이 생각하여 분별이 생김으로써 조금의 때도 없어지고 행실에서 더러움을 제거할 수 있다. 부끄러움을 알고 열심히 정진하여 열반의 경지에 들어가는 사람을 범사라고 한다.

> 日照於晝 月照於夜 甲兵照軍 禪照道人. 佛出天下 照一切冥.
> 일 조 어 주 월 조 어 야 갑 병 조 군 선 조 도 인   불 출 천 하 조 일 체 명

해는 낮에 비추고 달은 밤에 비추며 갑옷 입은 병사는 군대를 비추고 선
은 도인을 비춘다. 부처님은 천하에 나시어 모든 어두움을 비추신다.

【글자 뜻】 照:비출 조. 晝:낮 주. 甲:갑옷 갑. 禪:선할 선. 冥:어두울 명.
【말의 뜻】 甲兵照軍:갑옷 입은 병사는 군대를 비춤. 禪照道人:선은 도인을
　　비춤. 佛出天下 照一切冥:부처님은 천하에 나시어 모든 어두움을 비추
　　심.

【뜻 풀이】 태양은 낮 동안에 비추고 달은 밤에 비춘다. 병사는 군대를 빛내
　　고 선은 도인을 비춘다. 그리고 해탈하신 부처님은 모든 중생들을 위하
　　여 밤낮으로 어두움을 비추신다.

> 非剃爲沙門 稱吉爲梵志. 謂能捨衆惡 是則爲道人.
> 비 체 위 사 문 칭 길 위 범 지   위 능 사 중 악 시 즉 위 도 인

머리 깎음을 중〔僧〕이라 하지 않고 길함을 일컬어 범지라 한다. 능히 모
든 악을 버림을 일러 이것을 곧 도인이라고 한다.

【글자 뜻】 剃:깎을 체. 謂:이를 위. 捨:버릴 사.
【말의 뜻】 非剃爲沙門:머리를 깎는 것이 중〔僧〕이 아님. 稱吉爲梵志:길함
　　을 일컬어 범지라 함. 謂能捨衆惡 是則爲道人:능히 모든 악을 버리는
　　것을 일러 이것이 곧 도인이라고 함.

【뜻 풀이】 머리만 깎는다고 중〔僧〕이 되는 것이 아니다. 길함, 즉 모든 행복에 가득 찬 마음을 일컬어 범지라 한다. 능히 마음과 몸의 모든 악함과 더러움을 버리는 것을 일러 도인이라고 한다.

出惡爲梵志 入正爲沙門. 棄我衆穢行 是則爲捨家.
출 악 위 범 지 입 정 위 사 문   기 아 중 예 행 시 즉 위 사 가

악을 내보냄을 범지라 하고 올바름에 들어감을 사문이라 한다. 나의 모든 더러운 행실을 버리는 것을 이것을 곧 집을 버린다고 한다.

【글자 뜻】 穢:더러울 예. 捨:버릴 사.
【말의 뜻】 出惡爲梵志:악을 내보냄을 범지라 함. 入正爲沙門:올바름에 들어감을 사문이라 함. 棄我衆穢行 是則爲捨家:나의 모든 더러운 행실을 버리는 것을 이것을 곧 집을 버린다고 함.

【뜻 풀이】 이 세상의 모든 악에서 벗어나는 것을 범지라 하고, 올바른 도에 들어가는 것을 중〔僧〕이라 한다. 나의 몸에 들어붙은 모든 악한 행위를 버리고 집을 버리는 사람을 출가(出家)라 한다.

若猗於愛 心無所著 已捨已正 是滅衆苦.
약 의 어 애 심 무 소 착 이 사 이 정 시 멸 중 고

만일 사랑에 의하여 마음에 집착하는 바가 없고 이미 버리고 이미 올바르면 이것이 모든 괴로움을 없애 준다.

【글자 뜻】 猗:의할 의. 著:붙을 착.

【말의 뜻】 若猗於愛 心無所著:만일 사랑에 의하여 마음에 집착하는 바가 없음. 已捨已正 是滅衆苦:이미 번뇌를 버리고 이미 올바르면 이것이 모든 괴로움을 없앰.

【뜻 풀이】 만일 이 세상의 애욕에서 벗어나 마음에 집착하는 바가 하나도 없다. 이미 모든 고뇌를 버리고 올바른 도에 들어가면, 이것이 중생의 번뇌를 없애고 자기 인생의 고뇌를 없앤 사람이라고 말할 수 있다.

> 身口與意 淨無過失 能捨三行 是謂梵志.
> 신 구 여 의 정 무 과 실 능 사 삼 행 시 위 범 지

몸과 입과 마음을 깨끗이 하여 잘못이 없고 능히 세 가지 행실을 버리면 이것을 범지라고 말한다.

【글자 뜻】 過:허물 과. 失:잃을 실.

【말의 뜻】 身口與意 淨無過失:몸과 입과 마음을 깨끗하게 하여 과실이 없음. 能捨三行:능히 세 가지 행실을 버림.

【뜻 풀이】 마음이 깨끗하기 때문에 몸도 깨끗하고 말도 올바르게 하여 모든 잘못됨이 없으면, 이는 삼업(몸·입·마음)의 악을 제거한 사람으로 더러움이 없으니, 이것을 범지라고 말한다.

若心曉了 佛所說法 觀心自歸 淨於爲水.
약 심 효 료 불 소 설 법 관 심 자 귀 정 어 위 수

만일 마음에 부처님이 말씀하신 법을 밝게 깨달아 마음을 보는 것으로
스스로 돌아가면 물이 됨보다 더 깨끗하다.

【글자 뜻】曉:밝을 효. 了:깨달을 료.
【말의 뜻】若心曉了 佛所說法:만일 마음에 부처님이 말씀하신 법을 밝게
    깨달음. 觀心自歸:마음을 보는 것으로 스스로 돌아감. 淨於爲水:물이
    됨보다 더 깨끗함.

【뜻 풀이】만일 마음으로 부처님이 말씀하신 모든 법을 밝게 깨닫는다면,
    그리고 그 법을 마음으로부터 굳은 신념으로 삼고 법에 귀의한다면, 그
    마음과 몸의 깨끗함이 물보다도 더 깨끗하다.

非簇結髮 名爲梵志. 誠行法行 淸白則賢.
비 족 결 발 명 위 범 지 성 행 법 행 청 백 즉 현

섶처럼 머리를 땋는 것이 이름 하여 범지가 되는 것이 아니다. 정성을 행
하고 법을 행하여 맑고 깨끗하면 곧 현명해진다.

【글자 뜻】簇:섶 족. 結:땋을 결. 髮:머리 발.
【말의 뜻】非簇結髮 名爲梵志:섶처럼 머리를 땋는 것이 범지가 되는 것이
    아님. 誠行法行 淸白則賢:정성껏 행하고 법을 행하여 맑고 깨끗하면 곧
    현명해짐.

【뜻 풀이】 머리를 섶처럼 땋는 것이 범지가 되는 것이 아니다. 마음과 몸
　　으로 정성껏 지녀 부처님이 말씀하신 법을 믿고 행하여 맑고 깨끗해지
　　면, 그는 현명하기 때문에 범지라고 이름을 붙이는 것이다.

飾髮無慧 草衣何施. 內不離著 外捨何益.
식 발 무 혜　초 의 하 시　내 불 리 착　외 사 하 익

　머리를 장식할지라도 지혜가 없으면 풀로 만든 옷을 어찌 베풀랴! 안으
로 집착함이 떠나지 않는다면 밖으로 버린들 어찌 유익하랴!

【글자 뜻】 飾:꾸밀 식. 著:붙을 착. 益:더할 익.
【말의 뜻】 飾髮無慧 草衣何施:머리를 장식하고 지혜가 없으면 풀로 만든
　　옷을 어찌 베풀랴! 內不離著 外捨何益:안으로 집착함이 떠나지 않으면
　　밖으로 버린들 어찌 유익하랴!

【뜻 풀이】 머리를 장식하고 양가죽 옷을 입었더라도, 마음속에 지혜가 없
　　어 방탕과 음욕에 집착한다면, 겉으로는 깨끗할지라도 속은 비어 있다.
　　설사 보시를 하여 겉모습을 갖출지라도 그것은 형식뿐이고 마음속은 추
　　악함으로 가득 차 있다. 그러니 어찌 유익함이 있겠는가!

被服弊惡 躬承法行 閑居思惟 是謂梵志.
피 복 폐 악　궁 승 법 행　한 거 사 유　시 위 범 지

　옷은 해지고 나쁜 것을 입었을지라도 몸으로 법을 이어받아 행하고 한가
히 거처하며 생각하는 것을 이것을 범지라고 말한다.

【글자 뜻】 被:입을 피. 服:옷 복. 弊:해질 폐. 躬:몸 궁. 承:이을 승. 閑:
　　한가할 한.

【말의 뜻】 被服弊惡 躬承法行:옷은 해지고 나쁜 것을 입었을지라도 몸으
　　로 법을 이어받아 행함. 閑居思惟:한가히 살면서 깊이 생각함.

【뜻 풀이】 몸에는 떨어진 옷을 입었을지라도 법을 지키어 힘써 행하고, 한
　　가한 곳에서 좌선(坐禪)하여 깊은 생각에 잠기면서 생활하는 사람을 범
　　지라고 말한다.

佛不教彼 讚己自稱 如諦不妄 乃爲梵志.
불 불 교 피　찬 기 자 칭　여 체 불 망　내 위 범 지

　부처님은 그에게 자기를 찬양하고 스스로 칭찬하도록 가르치시지 않았
는데도 도와 같이 망령되지 않음을 곧 범지라고 한다.

【글자 뜻】 讚:칭찬할 찬. 稱:칭찬할 칭. 諦:도 체.

【말의 뜻】 佛不教彼 讚己自稱:부처님은 그에게 자기를 찬양하고 스스로 칭
　　찬하라고 가르치시지 않았음. 如諦不妄:도와 같이 망령되지 않음.

【뜻 풀이】 부처님은 그에게 자기를 찬양하고 스스로 칭찬하도록 가르쳐 주
　　시지 않았는데도, 진리를 깨닫고 법에 따라 행동하여 조금도 망령된 행
　　동이 없는 것을 말하여 범지라고 한다.

絶諸可欲 不婬其志 委棄欲數 是謂梵志.
절 제 가 욕　불 음 기 지　위 기 욕 수　시 위 범 지

　모든 욕심낼 것을 끊고 그 뜻을 음탕하게 하지 않으며 욕심의 수를 버리
는 것을 이것을 범지라고 말한다.

【글자 뜻】 絶:끊을 절.　委:버릴 위.
【말의 뜻】 絶諸可欲:모든 욕심낼 것을 끊음.　不婬其志:그 뜻을 음란하게
　하지 않음.　委棄欲數:욕심의 수를 버림.

【뜻 풀이】 모든 욕망을 끊어버려 집착하지 않는다. 그 뜻이 음란하지 않으
　며 욕심의 수를 점점 버려 나가는 사람을 범지라고 말한다.

斷生死河 能忍起度 自覺出塹 是謂梵志.
단 생 사 하　능 인 기 도　자 각 출 참　시 위 범 지

　생사의 개울을 끊고 능히 참고 일어나 건너서 스스로 깨달아 구덩이에서
나옴을 이것을 범지라고 말한다.

【글자 뜻】 忍:참을 인.　起:일어날 기.　度:건널 도.　覺:깨달을 각.　塹:구
　덩이 참.
【말의 뜻】 斷生死河 能忍起度:생사의 개울을 끊고 능히 참아서 일어나 건
　넘.　自覺出塹:스스로 깨달아 구덩이에서 나옴.

【뜻 풀이】 생사의 고해를 건너고 속세의 미혹을 끊어버려, 스스로 깨달아

구덩이에서 벗어나는 사람을 참다운 범지라고 한다.

見罵見擊 默受不怒 有忍辱力 是謂梵志.
견 매 견 격 묵 수 불 노 유 인 욕 력 시 위 범 지

꾸짖음을 당하고 침을 당할지라도 말없이 받아 성내지 않아 욕됨을 참는
힘이 있음을 이것을 범지라고 말한다.

【글자 뜻】 罵:꾸짖을 매. 擊:칠 격. 默:잠잠할 묵. 受:받을 수. 辱:욕될
　욕.
【말의 뜻】 見罵見擊:꾸짖음을 당하고 침을 당함. 默受不怒 有忍辱力:말없
　이 받아 성내지 않아 욕됨을 참는 힘이 있음.

【뜻 풀이】 도덕적으로 겸손하여 다른 사람의 꾸짖음이나 매 맞음을 당할지
　라도, 이것을 말없이 받아들여 성내지 않고 그 욕됨을 참는 인내력이 강
　한 사람을, 진실한 범지가 있다고 말한다.

若見侵欺 但念守戒 端身自調 是謂梵志.
약 견 침 기 단 염 수 계 단 신 자 조 시 위 범 지

만일 침범하고 속임을 당할지라도 다만 계율 지키기를 생각하여 몸을 단
정히 하고 스스로를 다스림을 이것을 범지라고 말한다.

【글자 뜻】 侵:침범할 침. 欺:속일 기. 端:단정할 단. 調:다스릴 조.
【말의 뜻】 若見侵欺:만일 침범하고 속임을 당함. 但念守戒 端身自調:다만

계율 지킬 것을 생각하여 몸을 단정히 하고 스스로를 다스림.

【뜻 풀이】 사람들이 그의 재산을 침범하고 그를 속일지라도 오직 한 마음
　으로 계율 지킬 것을 생각하여, 자기의 몸을 단정히 하고 스스로 덕을
　닦아 조금도 성내지 않는다. 탐욕을 떠나 법의 도에 따라 스스로의 인격
　을 닦아 나가는 사람을 참다운 범지라고 말한다.

心棄惡法 如蛇脫皮 不爲欲汚 是謂梵志.
심 기 악 법　여 사 탈 피　불 위 욕 오　시 위 범 지

　마음에서 악한 법 버리기를 뱀이 허물을 벗는 것같이 하여 욕심의 더러
움을 행하지 않는 것을 이것을 범지라고 말한다.

【글자 뜻】 蛇:뱀 사. 脫:벗을 탈. 皮:가죽 피. 汚:더러울 오.
【말의 뜻】 心棄惡法 如蛇脫皮:마음에서 악한 법 버리기를 뱀이 허물을 벗
　는 것같이 함. 不爲欲汚:욕심의 더러움을 행하지 않음.

【뜻 풀이】 마음에서 악한 법을 버려 쾌락에 빠지지 않는다. 마음과 몸을 잘
　단속하여 연꽃이 진흙 속에서 나와도 진흙에 물들지 않는 것처럼, 깨끗
　하게 자기 욕심으로 몸을 더럽히지 않는 사람을 진실한 범지를 지닌 사
　람이라고 말한다.

覺生爲苦 從是滅意 能下重擔 是謂梵志.
각 생 위 고　종 시 멸 의　능 하 중 담　시 위 범 지

삶의 괴로움이 됨을 깨닫고 이에 따라 마음을 멸하여 능히 무거운 짐을
내려놓는 것을 이것을 범지라고 말한다.

【글자 뜻】 苦:괴로울 고. 滅:멸할 멸. 擔:짐 담.

【말의 뜻】 覺生爲苦 從是滅意:삶이 괴로움이 됨을 깨닫고 이에 따라 마음
을 멸함. 能下重擔:능히 무거운 짐을 내려놓음.

【뜻 풀이】 인생을 사는 것도 죽는 것도 얼마나 참기 어려운 괴로움인가를
깨닫고, 마음에 부처님의 마음을 받들어 이 무거운 짐을 내려놓는다. 몸
의 괴로움에서 벗어나 수행에 힘쓰는 사람을 참다운 범지를 지녔다고
말한다.

解微妙慧 辯道不道 體行上義 是謂梵志.
해 미 묘 혜 변 도 불 도 체 행 상 의 시 위 범 지

미묘한 지혜를 깨닫고 도와 도 아닌 것을 분별하여 으뜸가는 의를 몸으
로 행하는 것을 이것을 범지라고 말한다.

【글자 뜻】 妙:묘할 묘. 辯:분별할 변. 體:몸 체.

【말의 뜻】 解微妙慧 辯道不道:미묘한 지혜를 깨닫고 도와 도 아닌 것을 바
로 잡음. 體行上義:으뜸가는 도를 몸으로 행함.

【뜻 풀이】 사람의 지혜가 깊고 밝음을 깨닫고 이 세상의 도의 선악(善惡)과
정사(正邪)를 잘 분별한다. 훌륭하고 올바른 도를 걸어가 최상의 경지에
이르는 사람을 참다운 범지를 지녔다고 말한다.

棄捐居家 無家之畏 少求寡欲 是謂梵志.
기 연 거 가 무 가 지 외 소 구 과 욕 시 위 범 지

집을 버리는 것과 집이 없는 두려움을 버려 적게 구하여 욕심을 적게 하
는 것을 이것을 범지라고 말한다.

【글자 뜻】 捐:버릴 연. 畏:두려울 외. 寡:적을 과.
【말의 뜻】 棄捐居家 無家之畏:집을 버리는 것과 집이 없는 두려움을 버림.
　少求寡欲:적게 구하여 욕심을 적게 함.

【뜻 풀이】 설사 집에 있거나 출가(出家)했거나, 마음에 아무런 두려움이 없
　고 욕심을 적게 하여 만족함을 아는 것을, 참다운 범지를 지녔다고 말한
　다.

棄放活生 無賊害心 無所嬈惱 是謂梵志.
기 방 활 생 무 적 해 심 무 소 요 뇌 시 위 범 지

사는 것을 내버리고 해롭게 하려는 마음이 없어 번거롭게 고뇌하는 바가
없는 것을 이것을 범지라고 말한다.

【글자 뜻】 活:살 활. 賊:해칠 적. 嬈:번거로울 요.
【말의 뜻】 棄放活生 無賊害心:사는 것을 내버리고 해치려는 마음이 없음.
　無所嬈惱:번거롭게 고뇌하는 바가 없음.

【뜻 풀이】 현실생활을 하고 있는 사람은 다른 사람의 생활에 대하여, 여러

가지로 헐뜯고 비판할 것을 찾는 것이 흔히 있는 일이다. 이와 같은 마음을 버려 남을 해치려 하지 않고, 아무런 고뇌도 없이 화락하게 지내는 사람을 범지를 지녔다고 말한다.

避爭不爭 犯而不慍. 惡來善待 是謂梵志.
피 쟁 불 쟁 범 이 불 온　악 래 선 대 시 위 범 지

다툼을 피하여 다투지 아니하면 침범해도 성내지 아니한다. 악이 옴을 잘 기다리는 것을 이것을 범지라고 말한다.

【글자 뜻】避:피할 피. 爭:다툴 쟁. 犯:침범할 범. 慍:성낼 온. 待:기다릴 대.

【말의 뜻】避爭不爭 犯而不慍:다툼을 피하여 다투지 아니하면 침범해도 성내지 않음. 惡來善待:악이 오는 것을 잘 기다림.

【뜻 풀이】싸움을 걸어와도 이를 피하여 다투지 않으면, 침범을 당해도 성내지 않는다. 오히려 덕으로 부드럽게 대하여, 어떤 악이 닥쳐와도 꾹 참고 감정을 억제하여 기다리는 사람을 범지를 지녔다고 말한다.

去婬怒癡 憍慢諸惡 如蛇脫皮 是謂梵志.
거 음 노 치　교 만 제 악　여 사 탈 피　시 위 범 지

음란함과 성냄과 어리석음과 교만한 모든 악함을 버리기를 뱀이 허물을 벗는 것같이 하면 이것을 범지라고 말한다.

【글자 뜻】 婬:음란할 음. 怒:성낼 노. 癡:어리석을 치. 憍:교만할 교. 慢:
　　교만할 만. 蛇:뱀 사.

【말의 뜻】 去婬怒癡 憍慢諸惡:음란하고 성냄과 어리석고 교만한 모든 악
　　을 버림. 如蛇脫皮:뱀이 허물을 벗는 것같이 함.

【뜻 풀이】 사람들의 마음에서 가장 악함인, 탐욕과 음란함과 성냄과 교만
　　함의 모든 악을, 뱀이 허물을 벗어버리듯이 제거할 수 있는 사람을 범지
　　를 지녔다고 말한다.

斷絶世事 口無麤言 八道審諦 是謂梵志.
단 절 세 사　구 무 추 언　팔 도 심 체　시 위 범 지

　　세상일을 끊어버리고 입으로 거친 말을 하지 않으며 팔성도(八聖道)를
살피어 밝히는 것을 이것을 범지라고 말한다.

【글자 뜻】 斷:끊을 단. 絶:끊을 절. 麤:거칠 추. 審:살필 심. 諦:살필 체.

【말의 뜻】 斷絶世事:세상일을 끊음. 口無麤言:입으로 거친 말을 하지 않
　　음. 八道審諦:팔성도를 살피어 밝힘.

【뜻 풀이】 속세의 모든 일을 끊어버리고 입으로 거친 말을 하지 않아 진실
　　만을 말하며, 팔성도를 살피어 마음에 깨닫고 실행하는 사람을 범지를
　　지녔다고 말한다.

所世惡法 修短巨細 無取無捨 是謂梵志.
소 세 악 법　수 단 거 세　무 취 무 사　시 위 범 지

세상의 악한 법이 되는 바를 짧고 크고 세밀히 닦아 취함이 없고 버림이 없는 것을 이것을 범지라고 말한다.

【글자 뜻】短:짧을 단.　巨:클 거.　細:가늘 세.

【말의 뜻】所世惡法 修短巨細:세상의 악한 법이 되는 것을 짧고 크고 세밀하게 닦음.　無取無捨:취하지도 않고 버리지도 않음.

【뜻 풀이】속세에서 악한 법이라 하는 것들을 다 짧고 크고 세밀하게 닦고, 선악을 논하지 않고서 취사선택을 잘하는 사람을 범지를 지녔다고 말한다.

今世行淨 後世無穢 無習無捨 是謂梵志.
금 세 행 정 후 세 무 예 무 습 무 사 시 위 범 지

지금 세상에서 행실이 깨끗하고 뒤의 세상에서 더러움이 없어 익힘이 없고 버림이 없는 것을 이것을 범지라고 말한다.

【글자 뜻】淨:깨끗할 정.　穢:더러울 예.

【말의 뜻】今世行淨:지금 세상에서 행실이 깨끗함.　後世無穢:뒤의 세상에서도 더러움이 없음.　無習無捨:익힘이 없고 버릴 것이 없음.

【뜻 풀이】살아 있는 동안에 행실이 깨끗하기 때문에, 죽은 뒤에도 탐욕과 음란함으로 더러워진 일이 없다. 집착을 버리고 쾌락에 빠지는 일이 없이 결백한 사람을 범지를 지녔다고 말한다.

棄身無猗 不誦異行 行甘露滅 是謂梵志.
기 신 무 의 불 송 이 행 행 감 로 멸 시 위 범 지

몸을 버려서 의지할 곳이 없고 다른 수행을 외우지 아니하여 단 이슬의
멸함을 행하는 것을 이것을 범지라고 말한다.

【글자 뜻】 猗:의지할 의. 誦:외울 송. 滅:멸할 멸.

【말의 뜻】 棄身無猗:몸을 버려서 의지할 곳이 없음. 不誦異行:다른 수행
을 외우지 않음. 行甘露滅:단 이슬 멸함을 행함.

【뜻 풀이】 모든 번뇌에 몸을 버린 사람에게는 어디에 의지할 곳도 없다. 다
른 이상한 수행을 하지도 않고, 즐거운 단 이슬의 멸함을 행하기 때문에
지혜가 열리고 깨달음의 경지에 이르게 된다. 이것을 범지라고 말한다.

於罪與福 兩行永除 無憂無塵 是謂梵志.
어 죄 여 복 양 행 영 제 무 우 무 진 시 위 범 지

죄와 복에 있어서 두 가지 행함을 길이 제거하여 근심이 없고 티끌도 없
는 것을 이것을 범지라고 말한다.

【글자 뜻】 除:제할 제. 憂:근심 우. 塵:티끌 진.

【말의 뜻】 於罪與福 兩行永除:죄와 복에 있어서 두 가지 행위를 길이 제거
함. 無憂無塵:근심도 없고 티끌도 없음.

【뜻 풀이】 마음과 몸이 깨끗하여 깨달음의 도에 들어간 사람은, 죄와 복이

라는 이 세상의 선악의 차원을 초탈한다. 이를 길이 제거하여 근심도 없고 고뇌도 없다. 죄악에 물들지 않고, 마음과 몸을 깨끗하게 지니기 때문에 이것을 범지라고 말한다.

心喜無垢 如月盛滿 謗毀已除 是謂梵志.
심 희 무 구 여 월 성 만 방 훼 이 제 시 위 범 지

마음이 기쁘고 해가 없어서 달이 성하게 가득 참과 같아서 비방하고 헐뜯음을 이미 제거하니 이것을 범지라고 말한다.

【글자 뜻】 垢:때 구. 謗:헐뜯을 방. 毀:헐뜯을 훼.
【말의 뜻】 心喜無垢 如月盛滿:마음이 기쁘고 때가 없어서 달이 성하게 가득 참과 같음. 謗毀已除:비방하고 헐뜯음을 이미 제거함.

【뜻 풀이】 마음에 기쁨을 느끼고 악에 물들지 않아 때가 없어서, 마치 보름달이 밝게 빛나는 것처럼 마음이 깨끗하다. 속세에서 남을 원망하고 헐뜯음을 제거한 사람을 범지를 지녔다고 말한다.

見癡往來 墮塹受苦 欲單渡岸 不好他語 唯滅不起 是謂梵志.
견 치 왕 래 타 참 수 고 욕 단 도 안 불 호 타 어 유 멸 불 기 시 위 범 지

어리석음이 가고 오고하여 구덩이에 떨어져서 괴로움 받는 것을 보고 단순히 언덕으로 건너갈 것을 바라 다른 말을 좋아하지 않고 오직 멸하여 일어나지 않게 하는 것을 이것을 범지라고 말한다.

【글자 뜻】 塹:구덩이 참. 岸:언덕 안. 唯:오직 유.

【말의 뜻】 見癡往來 墮塹受苦:어리석음이 가고 오고하여 구덩이에 떨어져서 괴로움 받는 것을 봄. 欲單渡岸 不好他語:단순히 언덕으로 건너가기를 바라 다른 말을 좋아하지 않음. 唯滅不起:오직 멸하여 일어나지 않게 함.

【뜻 풀이】 어리석은 사람은 여기저기 방황하여 세상 살아가는 것에 미혹을 느껴 구덩이에 떨어진 뒤에 깨닫는다. 그리하여 욕심과 성냄과 어리석음을 버리고, 남을 원망함과 거짓됨을 깨달아 모든 속박에서 벗어나 피안에 들어가는 것을 범지를 지녔다고 말한다.

已斷恩愛 離家無欲 愛有已盡 是謂梵志.
이 단 은 애 이 가 무 욕 애 유 이 진 시 위 범 지

이미 은혜와 사랑을 끊고 집을 떠나 욕심이 없으며 사랑이 있음을 이미 다함을 이것을 범지라고 말한다.

【글자 뜻】 斷:끊을 단. 恩:은혜 은. 離:떠날 리. 盡 :다할 진.

【말의 뜻】 已斷恩愛:이미 은혜와 사랑은 끊음. 離家無欲:집을 떠나 욕심이 없음. 愛有已盡:사랑이 있음을 이미 다함.

【뜻 풀이】 비록 두뇌가 명석하지 않을지라도 열심히 수행하여 정진해 나가는 사람은, 은혜와 사랑의 굴레를 끊는다. 출가하여 탐욕을 없애고 애욕이 다시 일어나지 않게 하는 사람을 범지를 지녔다고 말한다.

離人聚處 不墮天聚 諸聚不歸 是謂梵志.
이 인 취 처 불 타 천 취 제 취 불 귀 시 위 범 지

사람이 모인 곳을 떠나 하늘이 모인 곳에 떨어지지 않고 모든 모임으로
돌아가지 않는 것을 이것을 범지라고 말한다.

【글자 뜻】 聚:모일 취.   墮:떨어질 타.

【말의 뜻】 離人聚處:사람들이 모이는 곳을 떠남.   不墮天聚:하늘이 모인
곳에 떨어지지 않음.   諸聚不歸:모든 모임으로 돌아가지 않음.

【뜻 풀이】 사람들이 많이 모이는 곳을 떠나 속박에서 벗어나고 하늘의 우
두머리인 곳을 넘어, 모든 질곡에서 벗어남을 얻은 사람을 범지를 지녔
다고 말한다.

棄樂無樂 滅無慍懦 健違諸世 是謂梵志.
기 락 무 락 멸 무 온 나 건 위 제 세 시 위 범 지

즐거움과 즐거움 없는 것을 버리고 멸하여 성내고 나약함이 없으며 굳세
어서 모든 세상과 다른 것을 이것을 범지라고 말한다.

【글자 뜻】 慍:성낼 온.   懦:나약할 나.   健:굳셀 건.   違:다를 위.

【말의 뜻】 棄樂無樂:즐거움과 즐거움 없는 것을 버림.   滅無慍懦:멸하여
성내고 나약함이 없음.   健違諸世:굳세어서 모든 세상과 다름.

【뜻 풀이】 인생의 탐욕과 쾌락을 모두 버리고 아무것에도 얽매이지 않고,

깊은 깨달음과 강한 인내력과 확고한 신념을 가지고 모든 속세의 굴레에서 벗어난 사람을 범지를 지녔다고 말한다.

```
所生已訖 死無所趣. 覺安無依 是謂梵志.
소 생 이 흘  사 무 소 취   각 안 무 의   시 위 범 지
```

사는 것이 이미 끝나고 죽어서 향할 곳이 없다. 깨달음과 편안함에 의지함이 없는 것을 이것을 범지라고 말한다.

【글자 뜻】 訖:마칠 흘. 趣:향할 취. 依:의지할 의.

【말의 뜻】 所生已訖 死無所趣:사는 것이 이미 끝나고 죽어서 향할 곳이 없음. 覺安無依:깨달음과 편안함에 의지함이 없음.

【뜻 풀이】 모든 행위가 덧없는 인생에 있어서 생사의 두 법을 윤회(輪廻)하는 것은 보통 사람들의 슬픈 모습이다. 이것을 벗어나기 위한 것이 멸(滅)의 법이다. 그러므로 속세의 모든 질곡에서 벗어나 번뇌를 초월한 세계에서 불사(不死)를 깨달은 사람을 범지를 지녔다고 말한다.

```
已度五道 莫知所墮 習盡無餘 是謂梵志.
이 도 오 도  막 지 소 타   습 진 무 여   시 위 범 지
```

이미 오도(五道)를 건너서 떨어질 곳을 알지 못하며 습관이 다하여 나머지가 없음을 이것을 범지라고 말한다.

【글자 뜻】 度:건널 도. 盡:다할 진. 餘:남을 여.

【말의 뜻】已度五道 莫知所墮:이미 오도를 건너서 떨어질 곳을 알지 못함.
習盡無餘:습관이 다하여 나머지가 없음.

【뜻 풀이】 이미 오도인 지옥계(地獄界)·아귀계(餓鬼界)·축생계(畜生界)
·수라계(修羅界)·인간계(人間界)를 건넌 사람은 다음에 죽으면 어디
로 갈지를 알지 못한다. 필시 팔상계에 태어날 것이다. 욕심을 하나도 없
이 다하고서 부처님의 자리 옆으로 가까이 가는 것을 이것을 범지라고
말한다.

> 于前于後 乃中無有 無操無捨 是謂梵志.
> 우 전 우 후　내 중 무 유　무 조 무 사　시 위 범 지

앞으로 뒤로 이에 가운데 있는 일이 없고 잡음이 없고 버림이 없는 것을
이것을 범지라고 말한다.

【글자 뜻】操:잡을 조.　捨:버릴 사.
【말의 뜻】于前于後 乃中無有:앞으로 뒤로 이에 가운데 있는 일이 없음.
無操無捨:잡는 것도 없고 버리는 것도 없음.

【뜻 풀이】 앞으로 뒤로 가운데로도, 모든 사물에 집착하는 마음이 없고 잡
는 것도 없고 버리는 것도 없다. 오직 담담하게 인생의 대도(大道)를 더
러움 없이 깨끗하게 정도로 나아가, 마음에 아무런 후회도 없이 모두를
버리고 깨달은 사람을 범지를 지녔다고 말한다.

最雄最勇 能自解度 覺意不動 是謂梵志.
최 웅 최 용 능 자 해 도 각 의 부 동 시 위 범 지

가장 굳세고 가장 용기가 있어 능히 스스로 깨달아 건너가서 마음을 깨
달아 움직이지 않는 것을 이것을 범지라고 말한다.

【글자 뜻】 雄:굳셀 웅. 勇:날랠 용. 度:건널 도.

【말의 뜻】 最雄最勇 能自解度:가장 굳세고 가장 용기가 있어 능히 스스로
깨달아 건넘. 覺意不動:마음을 깨달아 움직이지 않음.

【뜻 풀이】 의지가 굳세고 용기가 있어 모든 악마의 방해를 쳐부수고 스스
로 깨달아, 마음의 동요를 알지 못하는 사람을 범지를 지녔다고 말한다.

自知宿命 本所更來 得要生盡 叡通道玄 明如能默 是謂梵志.
자 지 숙 명 본 소 갱 래 득 요 생 진 예 통 도 현 명 여 능 묵 시 위 범 지

스스로 숙명(宿命)의 근본과 다시 올 것을 알아 삶이 다함을 기다림을
얻고 지혜는 도의 현묘함과 통하여 밝음이 능히 침묵과 같음을 이것을 범
지라고 말한다.

【글자 뜻】 宿:묵을 숙. 更:다시 갱. 要:기다릴 요. 叡:슬기로울 예. 玄:
현묘할 현. 默:잠잠할 묵.

【말의 뜻】 自知宿命 本所更來:스스로 숙명의 근본과 다시 올 것을 알음. 得
要生盡:삶이 다하기를 기다려 얻음. 叡通道玄:지혜는 도의 현묘함과 통
함. 明如能默:밝음이 능히 침묵함과 같음.

【뜻 풀이】 스스로 자기의 숙명을 알아 자기가 본래 온 곳을 다 알고, 다시
생명이 다함을 기다림을 얻는다. 밝은 지혜는 도의 근본과 통하여 자기
의 생사의 윤회(輪廻)가 이 세상으로 끝남을 알고, 밝음을 침묵과 같이
하여 깊은 지혜에 이른다. 행하는 모든 행동이 완전무결한 사람을 참다
운 범지를 지녔다고 말한다.

제36 이원품(泥洹品)

泥洹品者 叙道大歸 恬惔寂滅 度生死畏.
이원품자 서도대귀 염담적멸 도생사외

이원품(泥洹品)이란 도의 크게 돌아감을 서술하고 편안함과 근심함을 고요히 멸하여 생사의 두려움을 건너게 하는 것이다.

【글자 뜻】 泥:진흙 니. 洹:물 이름 원. 叙:베풀 서. 恬:편안할 염. 惔:근심할 담. 寂:고요 적. 畏:두려울 외.

【말의 뜻】 叙道大歸:도의 크게 돌아감을 서술함. 恬惔寂滅:편안함과 근심을 고요히 멸함. 度生死畏:생사의 두려움을 제도함.

【뜻 풀이】 스스로 지키는 행위는 욕됨을 참는 것으로 이보다 나은 것은 없다. 부처님께서는 이원(泥洹)이라는 부처님의 열매를 최상의 법으로 삼고 계시다. 마음을 고요하고 밝고 굳세게 지녀 출가한다. 덕을 지키고 행동이 깨끗하여 다른 사람들을 해치지 않도록 주의하는 일이야말로, 편안함과 근심을 다 없애고 생사에서 벗어나는 유일한 법이다.

忍爲最自守 泥洹佛稱上. 捨家不犯戒 息心無所害.
인위최자수 이원불칭상 사가불범계 식심무소해

참음을 가장 스스로를 지키는 것으로 삼고 이원(泥洹)을 부처님은 최상으로 칭찬하신다. 집을 버리고 계율을 침범하지 않으면 마음을 쉬게 하고 해되는 바가 없다.

【글자 뜻】 忍:참을 인. 最:가장 최. 稱:칭찬할 칭. 犯:침범할 범. 息:쉴
    식.
【말의 뜻】 忍爲最自守:참는 것을 가장 스스로를 지키는 것으로 삼음. 泥
    洹佛稱上:부처님께서는 이원을 최상이라고 칭찬하심. 捨家不犯戒 息心
    無所害:집을 버리고 계율을 침범하지 않으면 마음을 쉬게 하고 해되는
    바가 없음.

【뜻 풀이】 내 몸을 지키는 데는 참는 것보다 나은 것이 없다. 부처님께서
    는 이원을 최상의 불과(佛果)라고 칭찬하셨다. 출가하여 덕(德)으로써
    사람들과 사귐을 지키고 탐욕이 없고 온순하여, 다른 사람들을 괴롭히
    지 말도록 살아가야 한다.

無病最利 知足最富 厚爲最友 泥洹最快.
무 병 최 리 지 족 최 부 후 위 최 우 이 원 최 쾌

  병이 없으면 가장 이롭고 만족함을 알면 가장 부유하며 후함을 가장 좋
은 친구로 삼으면 이원은 가장 유쾌하다.

【글자 뜻】 足:족할 족. 厚:후할 후. 快:유쾌할 쾌.
【말의 뜻】 無病最利 知足最富:병이 없으면 가장 이롭고 만족함을 알면 가
    장 부유함. 厚爲最友 泥洹最快:후함을 가장 좋은 벗으로 삼으면 이원
    은 가장 유쾌함.

【뜻 풀이】 병이 없어 건강하면 가장 행복하고, 만족할 줄 알면 가장 부유하고, 믿음이 두터우면 좋은 친구이니, 이원은 최상의 쾌락을 느낀다.

飢爲大病 行爲最苦. 已諦知此 泥洹最樂.
기 위 대 병 행 위 최 고   이 체 지 차 이 원 최 락

굶주리면 큰 병이 되고 행함이 가장 괴로움이 된다. 이미 이것을 밝히어 알면 이원은 가장 즐거워한다.

【글자 뜻】 飢:주릴 기. 病:병들 병. 諦:밝힐 체.
【말의 뜻】 飢爲大病:굶주리면 큰 병이 됨. 行爲最苦:행함이 가장 큰 괴로움이 됨. 已諦知此 泥洹最樂:이미 이것을 밝히어 알면 이원은 가장 즐거워함.

【뜻 풀이】 마음이 만족함을 얻으면 아무런 괴로움도 없지만, 만일 마음이 굶주려서 불평불만을 말한다면 이것은 큰 병의 근원이 된다. 이 이치를 올바로 안다면 작은 일에도 만족하고 감사하며 이원이 안락한 뿌리를 내린다.

少往善道. 趣惡道多. 如諦知此 泥洹最安.
소 왕 선 도   취 악 도 다   여 체 지 차 이 원 최 안

조금은 선도(善道)로 가라. 악도(惡道)로 나아감이 많다. 만일 이것을 밝히어 알면 이원은 가장 편안하다.

【글자 뜻】 往:갈 왕. 趣:나아갈 취.

【말의 뜻】 少往善道:조금은 선도로 가라. 趣惡道多:악도로 나아감이 많음.
如諦知此 泥洹最安:만일 이것을 밝히어 알면 이원은 가장 편안함.

【뜻 풀이】 선도로 가는 사람들은 적고, 악도로 나아가는 사람들은 많다. 이
이치를 분명히 알면 이원은 가장 편안한 곳이다.

> 從因生善 從因墮惡. 由因泥洹 所緣亦然.
> 종 인 생 선 종 인 타 악   유 인 이 원 소 연 역 연

원인에 따라 착함이 생기고 원인에 따라 악에 떨어진다. 원인으로 말미
암아 이원이 있으니 인연하는 바도 또한 그러하다.

【글자 뜻】 因:원인 인. 由:말미암을 유. 緣:인연 연.

【말의 뜻】 從因生善:인연에 따라 선함이 생김. 從因墮惡:인연에 따라 악
에 떨어짐. 由因泥洹 所緣亦然:인연으로 말미암아 이원이 있으니 인연
하는 바도 또한 그러함.

【뜻 풀이】 좋은 원인을 맺으면 복이 돌아오고, 나쁜 원인을 맺으면 악도에
떨어진다. 그리고 원인에 의하여 이원에 이르게 된다. 그러므로 인연을
맺는 일도 또한 이와 같다.

> 麋鹿依野 鳥依虛空. 法歸其報 眞人歸滅.
> 미 록 의 야 조 의 허 공   법 귀 기 보 진 인 귀 멸

사슴들은 들에 의지하고 새는 허공에 의지한다. 법은 그 갚음으로 돌아
가고 참다운 사람은 멸함으로 돌아간다.

【글자 뜻】 麋:사슴 미. 鹿:사슴 록.

【말의 뜻】 麋鹿依野 鳥依虛空:사슴들은 들에 의지하고 새는 허공에 의지
함. 法歸其報:법은 그 갚음으로 돌아감. 眞人歸滅:참다운 사람은 멸함
으로 돌아감.

【뜻 풀이】 이 세상의 만물은 각각 그 사는 곳이 있다. 사슴은 들에서 살고
새들은 하늘과 나무에서 산다. 법은 부처님에 의하여 그 행하는 바에 따
라 각각 보답을 받는다. 참다운 도를 깨달은 사람은 최후의 목적인 열반
에서 산다.

始無如不 始不如無. 是爲無得 亦無有思.
시 무 여 부 시 불 여 무   시 위 무 득   역 무 유 사

시작이 없으면 아니함과 같아서 시작하지 않으면 없는 것과 같다. 이것
을 얻음이 없는 것이라 하니 또한 생각함이 없는 것이다.

【글자 뜻】 始:비로소 시. 思:생각 사.

【말의 뜻】 始無如不 始不如無:시작이 없으면 아니함과 같아서 시작하지
않으면 없는 것과 같음. 是爲無得 亦無有思:이것을 얻음이 없다고 하
니 또한 생각함이 없는 것임.

【뜻 풀이】 처음이 없다면 끝도 없고, 끝이 없다면 처음도 없다. 이것을 생

각하면 마음을 혼란시킬 수가 없다. 얻지 못함을 생각하지 않는 것이 좋으며, 인생은 선견지명(先見之明)을 가지고 살아가야 한다. 그러면 미혹되는 일도 없고 슬퍼할 것도 없다. 무는 영원히 무인 것이다. 시작이 없고 끝이 없는 것은 부처님이 깨달으신 것이다.

心難見習可觀 覺欲者乃具見. 無所樂爲苦際 在愛欲爲增痛.
심 난 견 습 가 도 각 욕 자 내 구 견   무 소 낙 위 고 제 재 애 욕 위 증 통

마음은 보기 어려워도 익히면 볼 수 있고 욕심을 깨닫는 사람은 곧 함께 본다. 즐거워하는 바 없는 것을 괴로움을 만나는 것으로 삼고 애욕이 있음을 고통이 더하는 것으로 삼는다.

【글자 뜻】 覩:볼 도. 具:함께 구. 際:만날 제. 痛:아플 통.

【말의 뜻】 心難見習可觀:마음은 보기 어려우나 익히면 볼 수 있음. 覺欲者乃具見:욕심을 깨달은 사람은 곧 함께 봄. 無所樂爲苦際:즐거운 바가 없는 것을 괴로움을 만난 것으로 삼음. 在愛欲爲增痛:애욕이 있음을 고통이 더하는 것으로 삼음.

【뜻 풀이】 모든 것의 근본인 마음은 소중하여 볼 수도 없고 알기도 어렵지만, 법을 통하여 익히면 볼 수도 있고 알 수도 있다. 욕심을 떠나기만 하면 마음도 볼 수 있고 알 수도 있다. 속세의 애욕이 있으면 고통이 더하고, 거기에 마음이 얽매이면 고통이 더할 뿐이다.

밝으면 맑고 깨끗하지 못함을 능히 제어하고 가까이 갈 곳이 없으면 고
통을 만났다고 한다. 보면 봄이 있고 들으면 들음이 있고 생각하면 생각이
있고 알면 앎이 있다. 보아도 집착함이 없고 또한 앎이 없어서 모두를 버림
을 얻음을 만났다고 한다. 몸과 생각을 제거하면 고통 행함이 없어지고 앎
이 이미 다하면 괴로움이 끝났다고 한다.

【글자 뜻】御:부릴 어. 識:알 식. 著:붙을 착. 想:생각 상. 痛:아플 통.
竟:마침 경.

【말의 뜻】明不淸淨能御:밝으면 맑고 깨끗하지 못함을 능히 제어함. 無所
近爲苦際:가까이 갈 곳이 없으면 괴로움을 만났다고 함. 觀無著亦無識:
보아도 집착함이 없고 또한 앎이 없음. 一切捨爲得際:모두를 버리는 것
을 얻음을 만났다고 함. 除身想滅痛行:몸과 생각을 제거하면 고통이 행
함을 없앰. 識已盡爲苦竟:앎이 이미 다하면 괴로움이 끝났다고 함.

【뜻 풀이】 마음에 큰 깨달음을 얻으면 들어갈 땅도 없고 허공조차도 쓸데
가 없다. 생각도 필요 없고, 이 세상이나 저 세상도 필요치 않으며 해와
달의 생각조차 없다.
　　지혜가 밝아지면 몸을 더럽히는 일도 없고, 악에 물들지 않아도 되
며, 잘 보면 볼 만한 일이 있고, 잘 들으면 들을 만한 일이 있으며, 마
음에 깊이 생각할 만한 일이 있고, 깊이 알면 알 만한 일이 있어, 알면

알수록 깨달음이 깊어진다.

그러므로 보아도 집착하지 않고, 모든 것에 얽매이지 않으면 고통도 없어진다. 이리하여 고뇌의 뿌리를 끊어버리면 인생의 고뇌는 제거되어 고통이 끝나게 된다.

猗則動虛則淨 動非近非有樂. 樂無近爲得寂 寂已寂已往來.
의 즉 동 허 즉 정 동 비 근 비 유 락　낙 무 근 위 득 적 적 이 적 이 왕 래

의지하면 움직이고 비면 깨끗하니 움직이면 가깝지 않고 즐거움이 있지도 않다. 즐거움에 가까움이 없으면 고요함을 얻었다고 하니 고요함이 이미 고요하면 가고 옴은 끝난다.

【글자 뜻】 虛:빌 허.　寂:고요 적.　已:그칠 이.

【말의 뜻】 猗則動虛則淨:의지하면 움직이고 비면 깨끗함.　動非近非有樂: 움직이면 가깝지도 않고 즐거움이 있지도 않음.　樂無近爲得寂:즐거움에 가깝지 않으면 고요함을 얻었다 함.　寂已寂已往來:고요함이 이미 고요하면 가고 옴이 끝남.

【뜻 풀이】 사물에 얽매이는 사람은 마음이 혼란하다. 이 마음을 텅 비게 하면 깨끗한 마음이 된다. 마음이 혼란하면 열반에 가까이 갈 수가 없다. 마음이 깨끗하고 쾌락에 빠지지 않으면 적멸(寂滅)을 얻었기 때문에, 생사를 왕래하는 일이 끝나게 되는 것이다.

來往絕無生死 生死斷無此彼 此彼斷爲兩滅 滅無餘爲苦除.
내 왕 절 무 생 사 생 사 단 무 차 피 차 피 단 위 양 멸 멸 무 여 위 고 제

오고 감을 끊으면 생사가 없고 생사를 끊으면 이것저것이 없으며 이것저 것을 끊으면 두 가지를 멸하게 되고 멸하여 나머지가 없음을 괴로움을 제 거했다고 한다.

【글자 뜻】 絶:끊을 절. 斷:끊을 단. 餘:남을 여.
【말의 뜻】 來往絶無生死:오고 감을 끊으면 생사가 없음. 生死斷無此彼:생 사를 끊으면 이것저것이 없음. 此彼斷爲兩滅:이것저것을 끊으면 두 가 지를 멸함이 됨. 滅無餘爲苦除:멸하여 나머지가 없음을 괴로움을 제거 했다 함.

【뜻 풀이】 윤회(輪廻)가 다하면 생사를 왕래할 필요도 없게 된다. 따라서 욕심과 애욕에 따라 마음이나 몸을 움직이지 못하고, 모든 세상의 즐거 움을 초탈하게 되어 고뇌도 다 없어진다.
　　지옥계(地獄界)·아귀계(餓鬼界)·축생계(畜生界)·수라계(修羅 界)·인간계(人間界)의 오도를 두루 돌아다녀, 태어나고 죽고 하는 것 을 윤회라 한다. 이 세상에서 진정으로 깨달은 사람은 이 윤회가 없다 고 한다.

比丘有世生 有有有作行 有無生無有 無作無所行. 夫唯無念者
비 구 유 세 생　유 유 유 작 행　유 무 생 무 유　무 작 무 소 행　부 유 무 념 자

爲能得自致.
위 능 득 자 치

비구는 세상에 살음이 있어 유가 있으면 행함을 지음이 있고 유가 없으 면 삶이 있음이 없고 지음이 없으면 행하는 바도 없다. 대저 오직 생각이

없으면 능히 스스로 이룸을 얻는다고 한다.

【글자 뜻】 作:지을 작. 唯:오직 유. 致:이룰 치.

【말의 뜻】 比丘有世生:비구가 세상에 삶이 있음. 有有有作行:유가 있으면
행함을 짓는 것이 있음. 有無生無有:유가 없으면 삶이 있음이 없음. 無
作無所行:지음이 없으면 행하는 바가 없음. 夫唯無念者 爲能得自致:대
저 오직 생각이 없으면 능히 스스로 이룸을 얻는다고 함.

【뜻 풀이】 비구가 이 세상에 살면서 유에 집착하면, 행하는 것이 있기 때
문에 윤회에서 벗어나지 못한다. 그러나 유가 없으면 윤회하는 일이 없
다. 그러므로 비구가 이 세상에서 탐욕의 생각을 끊어 없애면, 자연히
생사의 고해에서 벗어나게 된다.

無生無復有 無作無行處. 生有作行者 是爲不得要.
무 생 무 부 유 무 작 무 행 처   생 유 작 행 자 시 위 부 득 요

태어남이 없으면 다시 있음이 없어 지음도 없고 갈 곳도 없다. 살아서 행
하여 지음이 있으면 이것을 요체(要諦)를 얻지 못했다고 한다.

【글자 뜻】 復:다시 부. 得:얻을 득.

【말의 뜻】 無生無復有 無作無行處:태어남이 없으면 다시 있음이 없어서 지
음도 없고 갈 곳도 없음. 生有作行者 是爲不得要:살아서 행함을 지음
이 있으면 이것을 요체를 얻지 못했다고 함.

【뜻 풀이】 태어남이 없으면 유의 세계에 집착하지도 않고, 행위도 없고 갈

곳도 없어 고뇌에 시달리지도 않는다. 태어나서 속세의 일에 얽매어 살아가면, 밝은 지혜도 얻지 못하고 깨달음도 얻지 못한다.

若已解不生 不有不作行 則生有得要. 從生有已起 作行致死生
약 이 해 불 생   불 유 불 작 행   즉 생 유 득 요   종 생 유 이 기   작 행 치 사 생

爲開爲法果.
위 개 위 법 과

만일 이미 태어나지 않아 유가 없어 행함을 짓지 않음을 깨닫는다면 곧 살아서 요체를 얻음이 있다. 삶에 따라 유가 이미 일어나면 행함을 지어 사생을 이루니 이 때문에 열어서 법과(法果)를 행한다.

【글자 뜻】 起:일어날 기. 致:이룰 치.

【말의 뜻】 若已解不生 不有不作行:만일 이미 태어나지 않아 있지 않으면 행함을 짓지 못함을 깨달음. 則生有得要:곧 살아서 요체를 얻음이 있음. 從生有已起:삶을 따라 이미 일으킴이 있음. 作行致死生:행함을 지어서 사생을 이룸. 爲開爲法果:이 때문에 열어서 법과를 행함.

【뜻 풀이】 만일 이미 죽어서 태어나지 않고, 살아있지 않으면 행함을 짓지 못하는 것을 깨닫는다. 모든 집착을 버리고 이 세상에서 살면서 깨달음을 얻는다. 그러나 생각함이 있어 이욕에 집착하면 행하는 것이 있어, 생사의 윤회함을 얻기 때문에 눈을 열어 법과를 얻게 된다.

從食因緣有 從食致憂樂. 而此要滅者 無復念行迹 諸苦法已盡
종 식 인 연 유 종 식 치 우 락   이 차 요 멸 자 무 부 념 행 적 제 고 법 이 진
行滅湛然安.
행 멸 잠 연 안

먹음을 따라 인연이 있고 먹음을 따라 근심과 즐거움을 이룬다. 그리하여 이 필요함을 멸하면 다시는 행한 자취를 생각함이 없으니 모든 괴로운 법이 이미 다하고 행함을 멸하여 맑아져서 편안하다.

【글자 뜻】 憂:근심 우. 復:다시 부. 迹:자취 적. 湛:맑을 잠.

【말의 뜻】 從食因緣有 從食致憂樂:먹음에 따라 인연이 있고 먹음에 따라 근심과 즐거움을 이룸. 而此要滅者 無復念行迹:그리하여 이 필요함을 멸하면 다시는 행함의 자취를 생각함이 없음. 諸苦法已盡 行滅湛然安: 모든 괴로움의 법이 이미 다하고 행함을 멸하여 맑아서 편안함.

【뜻 풀이】 식사는 인생의 쾌락의 한 가지이기 때문에, 외국 사람들은 식사할 때 담소하며 즐긴다. 그러나 도를 행하는 수행자에게는 식사를 즐길 필요가 없다. 식사에서 여러 가지 인연이 생기기 때문에 마음으로 잘 억제하여 거칠게 먹고 적게 먹는다. 근심과 즐거움을 제거하고 고뇌를 떠나 무위(無爲)에 들어가, 마음을 어지럽히지 않는 사람은 편안한 즐거움을 얻는다.

比丘吾已知 無復諸入地 無有虛空入 無諸入用入 無想不想入
비 구 오 이 지 무 부 제 입 지 무 유 허 공 입 무 제 입 용 입 무 상 불 상 입
無今世後世 亦無日月想 無往無所懸.
무 금 세 후 세 역 무 일 월 상 무 왕 무 소 현

비구는 내가 이미 알면 다시는 모든 땅에 들어감이 없고 유가 허공에 들어감이 없으며 모든 필요함에 들어감이 없고 생각이 생각지 않음에 들어감이 없으며 지금 세상과 뒤의 세상이 없고 또 해와 달을 생각함이 없으며 감이 없고 걸리는 바도 없다.

【글자 뜻】 想:생각 상. 往:갈 왕. 懸:갈 현.

【말의 뜻】 比丘吾已知 無復諸入地:비구가 내가 이미 알면 다시는 모든 땅에 들어감이 없음. 無有虛空入 無諸入用入:유가 허공으로 들어감이 없으며 모든 필요함으로 들어감이 없음. 無想不想入 無今世後世:생각이 생각지 않음으로 들어감이 없으며 지금 세상과 후의 세상도 없음. 亦無日月想 無往無所懸:또한 해와 달을 생각함도 없으며 갈 곳도 없고 마음에 걸리는 것도 없음.

【뜻 풀이】 마음의 깨달음이야말로 가장 소중한 것으로, 속세의 모든 이욕에 얽매어서는 안 된다. 욕심을 없애어 다 버려라. 무(無)란 평등이고, 유(有)란 차별이며, 공(空)이란 적멸(寂滅)이다. 담담하여 뜬 구름과 같이 살아가고 큰 산과 같이 움직이지 말아야 한다.

我已無往反 不去而不來. 不沒不復生 是際爲泥洹.
아 이 무 왕 반 불 거 이 불 래   불 몰 불 부 생 시 제 위 이 원

나는 이미 가고 돌아옴이 없으니 가지도 않고 오지도 않는다. 죽지도 않고 다시 태어나지도 않으니 이것이 다함을 이원이라 한다.

【글자 뜻】 反:돌이킬 반. 沒:죽을 몰. 際:다할 제.

【말의 뜻】我已無往反 不去而不來:나는 이미 가고 돌아옴이 없으니 가지도 않고 오지도 않음. 不沒不復生 是際爲泥洹:죽지도 않고 다시 태어나지도 않으니 이것이 다하면 이원이라 함.

【뜻 풀이】 나는 이미 깨달았기 때문에 가는 일도 없고 돌아오는 일도 없다. 죽는 일도 없고 다시 태어나는 일도 없으니, 이것이 다하면 생사도 없고 생철(生澈)도 없다. 이것을 이원이라고 한다.

如是像無像 苦樂爲以解 所見不復恐 無言言無疑.
여 시 상 무 상 고 락 위 이 해 소 견 불 부 원 무 언 언 무 의

이와 같이 형상이 있되 형상이 없어 괴로움과 즐거움을 써 깨달음을 행하면 보는 바도 다시 두렵지 않고 말이 없어도 말에 의심이 없다.

【글자 뜻】 像:형상 상. 恐:두려울 공. 疑:의심 의.
【말의 뜻】 如是像無像:이와 같이 형상이 있어도 형상이 없음. 苦樂爲以解:괴로움과 즐거움을 써 깨달음을 행함. 所見不復恐 無言言無疑:보는 바가 다시 두렵지 않고 말이 없으되 말에 의심이 없음.

【뜻 풀이】 대오철저(大悟徹底)하면 형상이 있고 없음을 통하여, 괴로움과 즐거움을 제거하여 무엇을 봐도 두려워하지 않고, 이심전심(以心傳心)으로 말에 의심이 없게 된다.

断有之射箭 遘愚無所猗. 是爲第一快 此道寂無上.
단 유 지 사 전 구 우 무 소 의   시 위 제 일 쾌 차 도 적 무 상

유의 화살 쏨을 끊고 어리석음을 만나도 의지할 곳이 없다. 이것을 제일
가는 유쾌함으로 삼으니 이 도는 고요하여 그 위가 없다.

【글자 뜻】 射:쏠 사. 箭:화살 전. 遘:만날 구.

【말의 뜻】 断有之射箭 遘愚無所猗:유의 화살 쏘는 것을 끊고 어리석음을
만나도 의지할 곳이 없음. 是爲第一快:이것을 제일가는 유쾌함으로 삼
음. 此道寂無上:이 도는 고요하여 그 위가 없음.

【뜻 풀이】 소유하는 생각에 사는 것을 끊고, 어리석음에 빠지지 말고, 밝
은 지혜를 지니게 되면, 이것이 가장 유쾌한 즐거움의 도이어서, 더할
수 없는 정적의 장소이다.

受辱心如地 行忍如門閾 淨如水無垢 生盡無彼受.
수 욕 심 여 지 행 인 여 문 역 정 여 수 무 구 생 진 무 피 수

욕됨을 받아도 마음은 땅과 같고 참음 행하기를 문지방과 같이 하며 깨끗
하기가 물의 때가 없음과 같으면 삶이 다함에 그가 받는 것이 없다.

【글자 뜻】 辱:욕될 욕. 忍:참을 인. 閾:문지방 역. 垢:때 구.

【말의 뜻】 受辱心如地:욕됨을 받아도 마음은 땅과 같음. 行忍如門閾:참음
을 행함에 문지방과 같음. 淨如水無垢:깨끗하기가 물에 때가 없는 것
같음. 生盡無彼受:삶이 다함에 그가 받는 것이 없음.

【뜻 풀이】 사람에게서 욕됨을 받아도 그 무례함을 참고 성내지 않는 것이 대지(大地)와 같고, 인내를 행하기를 나라를 지키는 산과 같이 하며, 마음과 몸이 깨끗하여 더러움이 없고 밝은 지혜를 지닌다면 미혹되지 않는다.

利勝不足恃 雖勝猶復苦. 當自求法勝 已勝無所生.
이 승 부 족 시 수 승 유 부 고   당 자 구 법 승 이 승 무 소 생

이득의 이김도 믿음에는 부족하니 비록 이길지라도 오히려 다시 괴롭다. 마땅히 스스로 법의 이김을 구하여 이미 이기면 생겨나는 바가 없다.

【글자 뜻】 恃:믿을 시. 猶:오히려 유. 復:다시 부.
【말의 뜻】 利勝不足恃:이득이 이겨도 믿음에는 부족함. 雖勝猶復苦:비록 이길지라도 오히려 다시 괴로움. 當自求法勝:마땅히 스스로 법이 이기기를 구함. 已勝無所生:이미 이기면 생겨나는 바가 없음.

【뜻 풀이】 이익을 얻어 모든 것에 이길지라도, 언젠가는 다시 시들어 떨어지는 가을이 오기 때문에, 이것도 함부로 믿을 것이 못된다. 그러므로 스스로를 다스리고 법에 의하여 모든 일을 지켜 나간다면, 세상의 즐거움을 극복하고 고뇌도 이겨낼 수 있다.

畢故不造新 厭胎無婬行. 種燋不復生 意盡如火滅.
필 고 불 조 신 염 태 무 음 행   종 초 불 부 생 의 진 여 화 멸

옛것이 다하면 새로운 것을 만들지 말고 아이 배는 것을 싫어하여 음란한 행동을 하지 말라. 씨앗이 그슬리면 다시 생겨나지 아니하니 마음 다함

이 불이 꺼짐과 같다.

【글자 뜻】 畢:마칠 필. 故:예 고. 厭:싫어할 염. 胎:아이 밸 태. 燋:그슬
릴 초.

【말의 뜻】 畢故不造新:옛것이 다하면 새로운 것을 만들지 않음. 厭胎無婬
行:애 배는 것을 싫어하여 음란한 행동을 하지 말라. 種燋不復生:씨앗
이 그슬리면 다시 생겨나지 않음. 意盡如火滅:마음 다함이 불이 꺼짐
과 같음.

【뜻 풀이】 세상의 악법이 다 끝나거든 이것에 대신할 새로운 법을 만들지
말고, 애 배는 것을 싫어하여 음란한 행동을 하지 말라. 그 근본을 제거
하면 다시 생겨나지 않으니, 불이 꺼짐과 같이 마음의 불길을 끄면, 자
연히 마음도 없어질 것이다.

胞胎爲穢海 何爲樂婬行. 雖上有善處 皆莫如泥洹.
포 태 위 예 해 하 위 락 음 행   수 상 유 선 처   개 막 여 이 원

아이 배는 것을 더러운 바다라고 하니 어찌 음란한 행동을 즐겨 행하리
오. 비록 위에 선한 곳이 있다 할지라도 다 이원과 같지는 못하다.

【글자 뜻】 胞:태 껍질 포. 胎:아이 밸 태. 穢:더러울 예.
【말의 뜻】 胞胎爲穢海:아이 배는 것을 더러운 바다라 함. 何爲樂婬行:어
찌 음란한 행실의 즐거움을 행하랴. 雖上有善處:비록 위에 선한 곳이
있다 할지라도. 皆莫如泥洹:다 이원만 같지 못함.

【뜻 풀이】 아이를 배는 것은 깨끗지 못하여 더러운 것이므로, 음란한 행위를 하여 즐겨서는 안 된다. 아무리 천상의 쾌락이 좋다고 하지만, 이원의 즐거움보다 낫지는 못하다.

悉知一切斷 不復著世間. 都棄如滅度 衆道中斯勝.
실 지 일 체 단 불 부 착 세 간   도 기 여 멸 도   중 도 중 사 승

다 알아서 모두를 끊어 다시는 세상에 집착하지 말라. 모두를 버리면 멸도(滅度)와 같으니 여러 가지 도 중에서 이것이 뛰어나다.

【글자 뜻】 悉:다 실. 復:다시 부. 著:붙을 착. 都:모두 도. 斯:이 사. 勝: 나을 승.

【말의 뜻】 悉知一切斷:다 알아서 모두를 끊음. 不復著世間:다시는 세상에 집착하지 말라. 都棄如滅度:모두를 버리면 멸도와 같음. 衆道中斯勝: 여러 가지 도 중에서 이것이 뛰어남.

【뜻 풀이】 참다운 도에 들어가서 모든 악을 끊고, 또 세상의 악에 집착하지 말라. 모두를 버려 깨끗하면 멸도를 행함과 같으니, 애욕의 굴레를 끊고 열반의 고요함으로 돌아가는 것이, 도 중에서 가장 뛰어난 것이다.

佛以現諦法. 智勇能奉持 行淨無瑕穢 自知度世安.
불 이 현 체 법   지 용 능 봉 지 행 정 무 하 예 자 지 도 세 안

부처님은 써 법을 밝히어 나타내셨다. 지혜와 용기로 능히 받들어 가지면 행실이 깨끗하고 허물과 더러움이 없어 스스로 세상 건넘을 알아 편안

하다.

【글자 뜻】 諦:밝힐 체. 瑕:허물 하.

【말의 뜻】 佛以現諦法:부처님은 써 법을 밝히어 나타내심. 智勇能奉持:지혜와 용기로 능히 받들어 가짐. 行淨無瑕穢:행실이 깨끗하여 허물과 더러움이 없음. 自知度世安:스스로 세상 건넘을 알아 편안함.

【뜻 풀이】 부처님은 이미 참다운 도를 열어 법을 밝히어 나타내셨다. 지혜와 용기로 이 법을 받들어 가진다면, 마음과 행실이 깨끗하여 허물과 더러움도 제거되고, 스스로 혼탁한 세상을 건너서 편안함을 얻을 수 있다.

道務先遠欲 早服佛敎戒 滅惡極惡際 易如鳥逝空.
도 무 선 원 욕   조 복 불 교 계   멸 악 극 악 제   이 여 조 서 공

도에 힘쓰면 먼저 욕심에서 멀어지고 빨리 부처님의 가르침과 계율에 복종하면 악을 멸하고 악 만남을 멀리하여 그 쉬움이 새가 하늘을 가는 것과 같다.

【글자 뜻】 服:복종할 복. 極:멀 극. 際:만날 제. 易:쉬울 이. 逝:갈 서.

【말의 뜻】 道務先遠欲:도에 힘쓰면 먼저 욕심에서 멀어짐. 早服佛敎戒:빨리 부처님의 가르침과 계율에 복종함. 滅惡極惡際:악을 멸하고 악 만남을 멀리함. 易如鳥逝空:쉽기가 새가 하늘을 감과 같음.

【뜻 풀이】 한 마음으로 도에 힘쓰면 먼저 욕심이 제거되고, 부처님의 가르침과 계율을 엄중히 지켜 나가면 죄악을 범하는 일이 없다. 죄악 만남을

멀리해 주어 마치 새가 하늘을 날아가는 것과 같이, 모든 것이 쉽게 이루어져 마음이 편안하고 아무런 장애도 일어나지 않는다.

若已解法句 至心體道行 是度生死岸 苦盡而無患.
약 이 해 법 구 지 심 체 도 행 시 도 생 사 안 고 진 이 무 환

만일 이미 법구를 풀어 지극한 마음으로 도를 본받아 행하면 이것이 생사의 언덕을 건너게 하여 괴로움이 다하여서 근심이 없다.

【글자 뜻】解:풀 해. 體:본받을 체. 岸:언덕 안.
【말의 뜻】若已解法句 至心體道行:만일 이미 법구를 풀어 지극한 마음으로 도를 본받아 행함. 是度生死岸 苦盡而無患:이것이 생사의 언덕을 건너게 하고 괴로움이 다하여 근심이 없음.

【뜻 풀이】만일 부처님의 높으신 가르침과 법을 깨달아 한 마음으로 도에 정진하여 힘쓴다면, 생사의 언덕을 건너 인생의 괴로움이 없어지고 모든 고뇌에서 벗어나 마음과 몸이 안락하게 된다.

道法無親疎 正不問羸强. 要在無識想 結解爲淸淨.
도 법 무 친 소 정 불 문 영 강   요 재 무 식 상 결 해 위 청 정

도와 법은 친하고 성김이 없고 올바름은 나머지와 강함을 묻지 않는다. 요는 알고 생각함을 없앰에 있어 맺음을 풀어 맑고 깨끗하게 된다.

【글자 뜻】疎:성길 소. 羸:남을 영. 識:알 식. 想:생각 상. 結:맺을 결.

【말의 뜻】 道法無親疎:도와 법은 친하고 성김이 없음. 正不問羸强:올바름은 나머지와 강함을 묻지 않음. 要在無識想:요는 알고 생각함을 없앰에 있음. 結解爲淸淨:맺음을 풀어 맑고 깨끗하게 됨.

【뜻 풀이】 참다운 도와 법에는 친하고 멀리하는 구별이 없다. 법을 신봉하는 사람으로서는 의식이나 상상력을 없애어, 정신적으로도 모든 고뇌를 버려 마음과 몸이 깨끗해져야 한다.

上智饜腐身 危跪非眞實 苦多而樂少 九孔無一淨. 慧以危貿安
상 지 염 부 신 위 궤 비 진 실 고 다 이 락 소 구 공 무 일 정 혜 이 위 무 안

棄猗脫衆難. 形腐銷爲沫 慧見捨不貪.
기 의 탈 중 난 형 부 소 위 말 혜 견 사 불 탐

상등의 지혜는 썩은 몸으로 꿇어앉는 것이 진실이 아니며 괴로움이 많아서 즐거움이 적고 아홉 구멍에 하나도 깨끗함이 없음을 싫어한다. 지혜는 위태함으로써 편안함으로 바꾸고 의지함을 버리고 모든 어려움에서 벗어난다. 형체는 썩어 녹음이 물거품이 되고 지혜는 참내지 않음을 버림을 본다.

【글자 뜻】 饜:싫어할 염. 腐:썩을 부. 跪:무릎 꿇을 궤. 孔:구멍 공. 貿:바꿀 무. 銷:녹을 소. 沫:거품 말.
【말의 뜻】 危跪非眞實:꿇어앉음이 진실이 아님. 苦多而樂少:괴로움이 많아서 즐거움이 적음. 九孔無一淨:아홉 구멍에 하나도 깨끗한 것이 없음. 慧以危貿安:지혜는 위태함으로써 편안함으로 바꿈. 棄猗脫衆難:의지함을 버려서 모든 어려움을 벗어남. 形腐銷爲沫:형체는 썩어 녹음

이 물거품이 됨. 慧見捨不貪:지혜는 탐내지 않음을 버림을 봄.

【뜻 풀이】 상등의 지혜는 중요하지만, 몸이 썩어 시체가 된다면 아무 공도 없고 즐거움도 적다. 구사일생(九死一生)을 얻을지라도 깨끗하기를 원하면 아무 행복도 없다. 지혜는 위험을 피하여 편안함을 얻으며 많은 어려움에서 벗어난다. 형체가 썩어 녹아서 물거품같이 되면, 지혜는 이것을 버리고 돌아보지도 않는다. 육체는 별로 두려워할 것이 못되는 것이다.

觀身爲苦器 生老病死痛. 棄垢行淸淨 可以獲大安.
관 신 위 고 기　생 노 병 사 통　기 구 행 청 정　가 이 획 대 안

몸을 보면 괴로움의 그릇이 되어 태어나고 늙고 병들고 죽음이 고통스럽다. 때를 버리고 맑고 깨끗함을 행하여 가히 써 크게 편안함을 얻으라.

【글자 뜻】 器:그릇 기. 痛:아플 통. 獲:얻을 획.
【말의 뜻】 觀身爲苦器 生老病死痛:몸을 보면 괴로움의 그릇이 되어 태어나고 늙고 병들어 죽음이 고통스러움. 棄垢行淸淨 可以獲大安:때를 버리고 맑고 깨끗함을 행하여 가히 써 크게 편안함을 얻음.

【뜻 풀이】 우리들의 몸을 잘 보면, 태어나고 늙고 병들고 죽어버리니, 마치 괴로움을 담는 그릇과 같다. 그러므로 모든 때를 버리고 깨달아, 맑고 깨끗함을 행하여 도에 매달려서 열반에 이르러야 한다.

依慧以却邪 不受漏得盡 行淨致度世 天人莫不禮.
의 혜 이 각 사 불 수 루 득 진 행 정 치 도 세 천 인 막 불 례

지혜에 의하여 써 사악함을 물리치고 받지 않으면 번뇌가 다함을 얻으
며 깨끗함을 행하여 세상 제도함을 이루면 하늘과 사람이 예로 아니함이
없다.

【글자 뜻】 依:의할 의. 却:물리칠 각. 漏:고뇌 루.

【말의 뜻】 依慧以却邪:지혜에 의하여 써 사악함을 물리침. 不受漏得盡:받
지 않으면 고뇌가 다함을 얻음. 行淨致度世:깨끗함을 행하여 세상 제
도함을 이룸. 天人莫不禮:하늘이나 사람이나 예하지 않음이 없음.

【뜻 풀이】 밝은 지혜로 사악함을 물리치고 애욕을 받지 않으면 고뇌에서 벗
어날 수 있다. 몸을 깨끗하게 행하여 세상을 제도하고 사람들을 구제한
다면, 하늘이나 사람이나 그를 존경하지 않을 수 없다.

제37 생사품(生死品)

生死品者 說諸人魂 靈亡神在 隨行轉生.
생 사 품 자 설 제 인 혼 영 망 신 재 수 행 전 생

생사품(生死品)이란 모든 사람의 혼령은 죽은 신(神)에게 있어 행함을 따라 바뀌어 태어남을 말하고 있다.

【글자 뜻】 魂:혼령 혼. 靈:혼령 령. 亡:죽을 망. 隨:따를 수. 轉:바뀔 전.

【말의 뜻】 說諸人魂 靈亡神在:모든 사람의 혼령이 죽은 신에게 있음. 隨行轉生:행함을 따라 바뀌어 태어남.

【뜻 풀이】 사람이 죽으면 뼈는 재가 되어 형체와 모습이 다 없어지지만, 영혼은 없어지는 일이 없다. 그 사람의 행위에 따라 다른 것으로 태어나게 되니, 이것이 생사품에서 말하는 것이다.

命如菓待熟 常恐會零落 已生皆有苦 孰能致不死.
명 여 과 대 숙 상 공 회 영 락 이 생 개 유 고 숙 능 치 불 사

목숨은 과실이 익음을 기다리는 것과 같아 항상 떨어짐을 만날 것을 두려워하여 이미 태어나면 다 괴로움이 있으니 누가 능히 죽지 않음을 이루랴!

【글자 뜻】 菓:과실 과. 待:기다릴 대. 熟:익을 숙. 恐:두려울 공. 會:만날 회. 零:떨어질 령. 孰:누구 숙.

【말의 뜻】 命如菓待熟:목숨은 과실이 익음을 기다리는 것과 같음. 常恐會零落:항상 떨어짐을 만날까 두려워함. 已生皆有苦:이미 태어나면 다 괴로움이 있음. 孰能致不死:누가 능히 죽지 않음을 이루랴!

【뜻 풀이】 사람의 목숨은 과실이 익음을 기다리는 것과 같아서, 항상 떨어짐을 당할까 두려워한다. 사람들이 태어나면 누구나 다 괴로움이 계속된다. 그러므로 빨리 근심과 걱정을 버리고 열반의 경지에 들어 가야 한다.

從初樂恩愛 可婬入泡影 受形命如電 畫夜流難止.
종 초 낙 은 애　가 음 입 포 영　수 형 명 여 전　주 야 유 난 지

처음을 따라 은혜와 사랑을 즐기고 음란함에 의하여 물거품의 그림자로 들어가며 형체를 받으니 목숨은 번개와 같고 밤낮으로 흘러서 그치기 어렵다.

【글자 뜻】 可:의할 가. 泡:거품 포. 影:그림자 영. 電:번개 전.
【말의 뜻】 從初樂恩愛:처음에 따라 은혜와 사랑을 즐김. 可婬入泡影:음란함에 의하여 물거품의 그림자로 들어감. 受形命如電:형체를 받으니 목숨이 번개와 같음. 畫夜流難止:밤낮으로 흘러서 그치기 어려움.

【뜻 풀이】 사람은 천지개벽의 처음부터 은혜와 사랑의 굴레에 얽매어서 음란한 행동을 하여 아기가 배게 된다. 형체는 번개와 같이 흘러서 그치지 않아 밤낮으로 성욕을 행하여 그치지 않고 흘러간다. 이리하여 인생에는 근심과 걱정이 끊일 사이가 없는 것이다.

是身爲死物 精神無形法. 假令死復生 罪福不敗亡.
시 신 위 사 물 정 신 무 형 법　가 령 사 부 생 죄 복 불 패 망

이 몸은 죽은 물건이 되나 정신은 형체의 법이 없다. 가령 죽더라도 다시
태어나 죄와 복은 패망하지 않는다.

【글자 뜻】 假:거짓 가.　復:다시 부.　敗:패할 패.

【말의 뜻】 是身爲死物 精神無形法:이 몸은 죽는 물건이 되나 정신은 형체
의 법이 없음.　假令死復生 罪福不敗亡:가령 죽더라도 다시 태어나 죄
와 복은 패망하지 않음.

【뜻 풀이】 잘 생각해 보면 사람은 생사의 사이를 전전하며 왕복하여 한이
없다. 살아 있는 동안에는 형체가 갖추어지지만 일단 죽으면 형체도 없
고 그림자도 없다. 그러나 정신은 없어지지 않아도 형상이 없어 죽으면
다시 태어나게 되며, 죄와 복도 영원히 없어지지 않는다.

終始非一世 從癡愛久長. 自此受苦樂 身死神不喪.
종 시 비 일 세 종 치 애 구 장　자 차 수 고 락 신 사 신 불 상

끝남과 시작은 한 세대가 아니라 어리석은 사랑에 따라 오래가고 길다.
스스로 이 고락을 받아 몸이 죽더라도 영혼은 잃지 않는다.

【글자 뜻】 癡:어리석을 치.　久:오랠 구.　喪:잃을 상.

【말의 뜻】 終始非一世:끝남과 시작은 한 세대가 아님.　從癡愛久長:어리석
은 사랑에 따라 오래가고 길음.　自此受苦樂:스스로 이 고락을 받음.　身

死神不喪:몸은 죽어도 영혼은 잃지 않음.

【뜻 풀이】 사람은 이 세상에서 한이 있는 일생이 아니라, 어리석은 애욕에 따라 오래가고 길음을 헤아릴 수 없다. 태어나서는 죽고, 태어나면 생활고에 시달리어 괴로움과 즐거움이 반반 되는 인생을 살다가, 몸은 죽어도 영혼은 죽지 않는다.

> 身四大爲色 識四陰曰名. 其情十八種 所緣起十二.
> 신 사 대 위 색 식 사 음 왈 명   기 정 십 팔 종 소 연 기 십 이

몸은 사대(四大)가 물질이 되고 앎의 사음(四陰)을 명상(名相)이라 한다. 그 정은 열여덟 가지이고 인연이 일어나는 바는 열둘이다.

【글자 뜻】 色:물질 색. 陰:그윽할 음. 緣:인연 연.

【말의 뜻】 身四大爲色:몸은 사대가 물질이 됨. 識四陰曰名:앎의 사음을 명상이라 함. 其情十八種:그 정은 열여덟 가지임. 所緣起十二:인연이 일어나는 바는 열두 가지임.

【뜻 풀이】 사람의 몸은 사대—지(地)·수(水)·화(火)·풍(風)으로 구성되어 있고, 앎의 사음—계율(戒律)·선정(禪定)·해탈(解脫)·지혜(智慧)를 명상이라 한다. 사람의 정은 열여덟 가지로 이루어져 있고, 인연이 일어나는 바는 열두 가지이다.

　여기에서 십이인연(十二因緣)에 대하여 설명해 두겠다.

　과거(過去)의 인연(因緣)으로 무명(無明)과 행(行)이 있다. 무명은 어리석음과 미혹이요, 행은 미혹에 의하여 악업을 행하는 일이다.

셋째는 식(識)이니, 모태에 던져져서 수태하는 일이다.

넷째는 명색(名色)으로, 명은 마음이고 색은 물질이다.

다섯째는 육입(六入)으로, 눈·귀·코·혀·몸·마음이 어머니의 태내에서 이루지는 일이다.

여섯째는 촉(觸)으로, 어린이가 태어나서 3,4세가 될 때까지를 말한다.

일곱째는 수(受)로, 모든 감정을 받아들이는 시기이다.

여덟째는 애(愛)로, 14,5세부터 18,9세에 이르는 사이를 말한다. 사랑함과 미워함 좋아함과 싫어하는 생각이 일어남을 가리킨다.

아홉째의 취(取)란, 20세 이후 모든 것에 집착하는 마음이 생기고 자기를 좋아하는 집착의 욕망을 말한다.

열 번째의 유(有)란, 소유한다는 뜻이며, 집착하는 마음을 일으켜 선과 악의 업을 일으켜 미래에 있어서의 결과가 되는 업을 행한다.

이상의 열 가지 인연은 현재에 관한 것이다.

미래의 인연으로 생(生)과 노사(老死)가 있다. 생은 육도 중에 생을 받아, 유에 따라 돌아가서 내세에 생을 받는 것을 말하며, 노사란 태어난 몸이 파괴됨을 말한다. 태어남이 있으면 노사는 당연한 일이다.

神止凡九處 生死不斷滅. 世間愚不聞 蔽闇無天眼.
신 지 범 구 처   생 사 불 단 멸   세 간 우 불 문   폐 암 무 천 안

영혼이 멈추는 곳은 대개 아홉 가지 곳으로 생사가 끊어져 멸하지 않는다. 세상의 어리석은 사람은 듣지 않기 때문에 어두움에 가려서 천안(天眼)이 없다.

【글자 뜻】 蔽:가릴 폐. 闇:어두울 암. 眼:눈 안.

【말의 뜻】 神止凡九處:혼령이 머물 곳은 대개 아홉 곳임. 生死不斷滅:생
사가 끊어져 멸하지 않음. 世間愚不聞:세상의 어리석은 사람은 듣지 못
함. 蔽闇無天眼:어두움에 가려 천안이 없음.

【뜻 풀이】 영혼이 머물 곳은 대체로 아홉 종류가 있어, 생사가 끊어져 없
어지는 일이 없다. 세상의 어리석은 사람들은 참다운 도를 듣지 않기 때
문에 항상 어두움에 덮여 방황하여, 밝은 천안을 지니지 못하여 생사에
서 윤회(輪廻)하고 있다.

自塗以三垢 無目意妄見. 謂死如生時 或謂死斷滅.
자 도 이 삼 구 무 목 의 망 견   위 사 여 생 시 혹 위 사 단 멸

스스로 세 가지 때로써 바르고 눈이 없으면 마음이 망령되이 본다. 죽음
을 산 때와 같다고 말하고 혹은 죽어서 끊어 멸한다고 말한다.

【글자 뜻】 塗:바를 도. 垢:때 구. 妄:망령될 망. 謂:이를 위.
【말의 뜻】 自塗以三垢:스스로 세 가지 때로써 바름. 無目意妄見:눈이 없
으면 마음이 망령되이 봄. 謂死如生時:죽음이 살 때와 같다고 말함. 或
謂死斷滅:혹은 죽음이 끊겨 없어진다고 말함.

【뜻 풀이】 스스로 탐냄과 성냄과 어리석음의 세 가지 때로써 스스로를 발
라, 천안이 어둡기 때문에 밝은 지혜의 눈이 떠지지 않아 마음이 망령되
이 탐욕을 낸다. 잘못하여 죽음을 산 때와 같다고도 말하며, 혹은 생사
를 이미 끊어 멸하였다고 말하기도 한다.

識神造三界 善不善五處. 陰行而默到 所往如響應.
식 신 조 삼 계 선 불 선 오 처   음 행 이 묵 도 소 왕 여 향 응

앎의 신은 삼계와 선과 악의 다섯 곳을 만든다. 음으로 가서 잠잠히 이르
니 가는 곳이 울림을 응함과 같다.

【글자 뜻】 造:지을 조. 默:잠잠할 묵. 響:울릴 향.

【말의 뜻】 識神造三界 善不善五處:앎의 신은 삼계와 선과 악의 다섯 곳을
만듦. 陰行而默到 所往如響應:음으로 가서 잠잠히 이르니 가는 곳이
울림에 응함과 같음.

【뜻 풀이】 앎의 신은 삼계(욕계ㆍ색계ㆍ무색계)와 선과 악의 다섯 곳을 만
들지만, 스스로의 마음에 근본 하는 것으로, 생사를 왕래하는 것이 소
리의 울림에 응함과 같아서, 항상 함께 왕래하는 것이다.

欲色不色有 一切因宿行. 如種隨本像 自然報如意.
욕 색 불 색 유 일 체 인 숙 행   여 종 수 본 상 자 연 보 여 의

욕계와 색계와 무색계가 있어 모두는 숙행에 인한다. 씨앗은 본래의 형
상에 따름과 같아서 자연의 갚음은 마음과 같다.

【글자 뜻】 因:인할 인. 宿:묵을 숙. 種:씨앗 종. 像:형상 상. 報:갚을 보.

【말의 뜻】 欲色不色有 一切因宿行:욕계와 색계와 무색계가 있어 모두는 숙
행에 인함. 如種隨本像:씨앗이 본래의 형상에 따름과 같음. 自然報如
意:자연의 갚음은 마음과 같음.

【뜻 풀이】 욕계와 색계와 무색계의 세 가지가 있어, 모두는 자신이 과거의 세상에서 행한 업에 따라 갚음을 받는다. 업이 갚음을 받는 것은 그림자가 형상을 따르는 것 같아서, 자연히 인과응보(因果應報)에 따라 갚음을 받게 되는 것이다.

神以身爲名 如火隨形字 著燭爲燭火 隨炭草糞薪.
신 이 신 위 명 여 화 수 형 자 착 촉 위 촉 화 수 탄 초 분 신

영혼은 몸으로써 이름이 되니 불이 형자(形字)를 따르고 초에 붙으면 촛불이 되며 숯이 초분(草糞)의 섶에 따름과 같다.

【글자 뜻】 著:붙을 착. 燭:초 촉. 炭:숯 탄. 糞:똥 분. 薪:섶 신.
【말의 뜻】 神以身爲名:영혼은 몸으로써 이름이 됨. 火隨形字:불이 형자를 따름. 著燭爲燭火:초에 붙으면 촛불이 됨. 隨炭草糞薪:숯이 초분의 섶을 따름.

【뜻 풀이】 사람의 영혼이 몸의 형체와 모습에 따라 여러 가지 이름이 붙여지는 것은, 불이 붙여지는 형자(形字)에 따른다. 초에 불붙이면 촛불이 되며, 숯이 섶에 불을 붙임과 같이 이름이 붙여지는 것이다.

心法起則起 法滅而則滅. 興衰如雨雹 轉轉不自識.
심 법 기 즉 기 법 멸 이 즉 멸   홍 쇠 여 우 박 전 전 불 자 식

마음에 법이 일어나면 곧 일어나고 법이 멸하면 곧 멸한다. 흥함과 쇠함은 비와 우박과 같아서 전전하여 스스로 알지 못한다.

【글자 뜻】興:흥할 흥. 衰:쇠할 쇠. 雹:우박 박.

【말의 뜻】心法起則起 法滅而則滅:마음에 법이 일어나면 곧 일어나고 법이 멸하면 곧 멸함. 興衰如雨雹:흥하고 쇠함은 비와 우박과 같음. 轉轉不自識:전전하여 스스로 알지 못함.

【뜻 풀이】마음속에 법이 떠오르면 일어나고, 법이 없어지면 마음속이 무(無)가 된다. 법이 일어나고 없어지는 것이 비나 우박과 같이 동요하기 때문에, 자기 자신도 그것을 깨닫지 못한다.

識神走五道 無一處不更. 捨身復受身 如輪轉著地.
식 신 주 오 도 무 일 처 불 경   사 신 부 수 신 여 륜 전 착 지

앎의 신은 다섯 가지 길을 달려서 한 곳에 고치지 않음이 없다. 몸을 버리고 다시 몸을 받을지라도 바퀴가 굴러서 땅에 닿음과 같다.

【글자 뜻】走:달릴 주. 更:고칠 경. 受:받을 수. 輪:바퀴 륜.

【말의 뜻】識神走五道 無一處不更:앎의 신은 다섯 가지 길을 달려서 한 곳을 고치지 않음이 없음. 捨身復受身:몸을 버리고 다시 몸을 받음. 如輪轉著地:바퀴가 굴러 땅에 닿음과 같음.

【뜻 풀이】앎의 신은 끊임없이 몸속의 다섯 가지 길을 달려서 한 곳에 정지하는 일이 없다. 그러므로 몸이 죽어서 다시 태어남을 받을지라도 마치 바퀴가 구르다가 땅에 닿음과 같다. 육체와 앎의 신은 밀접한 관계를 유지하여 영원히 떨어지는 일이 없다.

> 如人一身居 去其故室中. 神以形爲廬 形壞神不亡.
> 여 인 일 신 거 거 기 고 실 중   신 이 형 위 려 형 괴 신 불 망

사람의 한 몸이 살아서 그 옛 방(房)의 속을 버림과 같다. 영혼은 형체로써 집을 삼되 형체가 무너져도 영혼은 망하지 않는다.

【글자 뜻】故:예 고. 廬:집 려. 壞:무너질 괴.

【말의 뜻】如人一身居 去其故室中:사람의 한 몸이 살다가 그 옛 방의 속을 버림과 같음. 神以形爲廬:영혼은 형체로써 집을 삼음. 形壞神不亡:형체가 무너져도 영혼은 망하지 않음

【뜻 풀이】영혼은 사람의 형체에 깃드는 것으로, 사람이 옛 방을 버리는 것과 마찬가지다. 사람의 형체는 죽어서 무너져도 영혼은 망하지 않는다.

> 精神居形軀 猶雀藏器中 器破雀飛去 身壞神逝生.
> 정 신 거 형 구 유 작 장 기 중 기 파 작 비 거 신 괴 신 서 생

정신은 형체와 몸에 살아서 마치 참새를 그릇 안에 감추면 그릇은 깨어지고 참새는 날아감과 같아서 몸은 무너져도 영혼은 가서 산다.

【글자 뜻】軀:몸 구. 猶:같을 유. 雀:참새 작. 藏:감출 장. 器그릇 기. 破:깨질 파. 逝:갈 서.

【말의 뜻】精神居形軀:영혼은 형체와 몸에 살음. 猶雀藏器中 器破雀飛去:마치 참새를 그릇 안에 감추면 그릇은 깨어지고 참새는 날아감과 같음. 身壞神逝生:몸은 무너져도 영혼은 가서 살음.

【뜻 풀이】 영혼은 형체와 몸속에서 산다. 몸은 죽어서 무너져도 영혼은 날아가서 산다. 마치 참새를 그릇 안에 감추면 그릇은 깨어지고 참새는 날아감과 같이, 영혼은 날아가 사는 것이다.

> 性癡淨常想 樂身想疑想. 嫌望非上要 佛說是不明.
> 성 치 정 상 상 낙 신 상 의 상   혐 망 비 상 요 불 설 시 불 명

성격이 어리석으면 깨끗함을 항상 생각하여 몸은 즐겁더라도 생각은 의심하는 생각이 있다. 싫어하고 바라는 것이 상등으로 필요한 것이 아니니 부처님은 이것을 분명치 않다고 말씀하셨다.

【글자 뜻】 想:생각 상. 疑:의심 의. 嫌:싫어할 혐.

【말의 뜻】 性癡淨常想:성격이 어리석으면 깨끗함을 항상 생각함. 樂身想疑想:몸은 즐거워도 생각은 의심하는 생각이 있음. 嫌望非上要:싫어함과 바라는 것이 상등의 필요함이 아님. 佛說是不明:부처님께서는 이것을 분명치 않다고 말씀하셨음.

【뜻 풀이】 사람은 타고난 본성이 어리석기 때문에 항상 깨끗해지려는 생각을 가져야 한다. 이리하여 몸은 즐거워도 생각은 의심하는 마음이 많아 집착하려는 욕망에 사로잡힌다. 싫어하거나 희망하는 마음의 동요를 피해야만 한다. 부처님은 이것을 분명치 않은 어리석음이라고 말씀하셨다.

> 一本二展轉 三垢五彌廣. 諸海十三事 淵銷越度歡.
> 일 본 이 전 전 삼 구 오 미 광   제 해 십 삼 사 연 소 월 도 환

한 가지 근본에 두 가지로 펼쳐 구르고 세 가지 때에 다섯 가지로 점점 넓어진다. 모든 바다에 열세 가지 일이 있으니 연못을 다하여 넘어 건넘을 기뻐한다.

【글자 뜻】展:펼 전. 彌:점점 미. 銷:다할 소. 越:넘을 월. 歡:기쁠 환.
【말의 뜻】一本二展轉:한 가지 근본에 두 가지로 펼쳐 구름. 三垢五彌廣: 세 가지 때에 다섯 가지로 점점 넓어짐. 諸海十三事:모든 바다에 열세 가지 일이 있음. 淵銷越度歡:연못을 다하여 넘어 건넘을 기뻐함.

【뜻 풀이】사람의 본성은 원래 하나인데 마음이 선과 악으로 움직이고, 세 가지 때와 다섯 가지로 점점 넓어진다. 그러므로 십이인연(十二因緣)을 깨달으면 기쁨을 얻을 수 있다. 사람의 마음은 번뇌구(煩惱垢)·해구(害垢)·한구(恨垢)에 더럽혀져 밝은 지혜가 없어지기 때문에, 영혼은 몸을 버리고 다른 것으로 옮겨가는 것이다.

三事斷絕時 知身無所直 命氣溫煖識 捨身而轉逝.
삼 사 단 절 시 지 신 무 소 직 명 기 온 난 식 사 신 이 전 서

세 가지 일을 끊어버릴 때 몸에 고칠 것이 없음을 알고 목숨의 기운이 따뜻함을 알면 몸을 버리고서 굴러서 간다.

【글자 뜻】絕:끊을 절. 直:고칠 직. 煖:따뜻할 난.
【말의 뜻】三事斷絕時 知身無所直:세 가지 일을 끊어버릴 때 몸에 고칠 것이 없음을 알음. 命氣溫煖識:목숨의 기운이 따뜻함을 알음. 捨身而轉逝:몸을 버리고서 굴러서 감.

【뜻 풀이】 탐냄과 성냄과 어리석음의 세 가지 독을 끊어버리면, 마음은 평정하여 성자와 같이 되어, 영혼은 체내로 들어오지 못하고 다른 것으로 옮겨간다. 이리하여 시체만이 남아 현재도 없고 과거도 없고 미래조차 없다. 그러므로 되도록 빨리 진리를 깨달아 살아 있는 동안에 이원(泥洹)으로 가야 한다.

當其死臥地 猶草無所知. 觀其狀如是 但幻而愚貪.
당 기 사 와 지 유 초 무 소 지   관 기 상 여 시 단 환 이 우 탐

그 죽음을 당하여 땅에 누워서 오히려 풀과 같이 아는 바가 없다. 그 상황을 봄에 이와 같으니 다만 허깨비여서 어리석게 탐낸다.

【글자 뜻】 臥:누울 와. 狀:모양 상. 但:다만 단.
【말의 뜻】 當其死臥地 猶草無所知:그 죽음을 당하여 땅에 누워서 오히려 풀과 같아서 아는 바가 없음. 觀其狀如是 但幻而愚貪:그 상황을 보면 이와 같으나 다만 허깨비여서 어리석게 탐냄.

【뜻 풀이】 사람의 죽어가는 상황을 보면 몸은 죽어서 땅에 누웠어도, 영혼이 사라져서 풀과 같이 아는 바가 없다. 그 모양이 이와 같으니, 다만 허깨비여서 어리석게 탐낸다. 덕행은 죽어도 남지만, 명예와 재산은 쓸데없는 것이다.

제38 도리품(道利品)

道利品者 君父師行 開示善道 率之以正.
도 리 품 자 군 부 사 행 개 시 선 도 솔 지 이 정

도리품(道利品)이란 임금과 아버지와 스승의 행함이 선도(善道)를 열어
보여서 거느리기를 올바름으로써 한다.

【글자 뜻】 師:스승 사. 示:보일 시. 率:거느릴 솔.

【말의 뜻】 君父師行 開示善道:임금과 아버지와 스승의 행함이 선도를 열
어 보임. 率之以正:거느리기를 올바름으로써 함.

【뜻 풀이】 이 도리품에서는 웃어른인 임금과 아버지와 스승이 행하는 것이
선도를 보여 주어, 올바름으로써 지도하고 이끌어 줌이 있다.

人知奉其上 君父師道士 信戒施聞慧 終吉所生安.
인 지 봉 기 상 군 부 사 도 사 신 계 시 문 혜 종 길 소 생 안

사람은 그 웃어른인 임금과 아버지와 스승과 도사를 받들음을 알아 믿
음과 계율과 보시와 들음과 지혜가 있으면 마침내 길하여 생기는 바가 편
안하다.

【글자 뜻】 奉:받들 봉. 施:베풀 시.

【말의 뜻】 人知奉其上 君父師道士:사람이 그 웃어른인 임금과 아버지와 스

승과 도사를 받듦을 앎. 信戒施聞慧 終吉所生安:믿음과 계율과 보시와
들음과 지혜가 있으면 마침내 길하여 생기는 바가 편안함.

【뜻 풀이】 사람은 그 웃어른인 임금과 아버지와 스승과 도사를 존경하고
따른다. 믿음과 계율과 보시와 많이 들음과 지혜를 굳게 지녀 나가면,
드디어 길함을 얻어 생기는 바에 안락할 수 있다.

宿命有福慶 生世爲人尊 以道安天下 奉法莫不從.
숙 명 유 복 경   생 세 위 인 존   이 도 안 천 하   봉 법 막 불 종

숙명으로 복과 경사가 있으면 세상에 태어나서 사람을 존경함이 되고 도
로써 천하를 편안하게 하며 법을 받들어 따르지 않음이 없다.

【글자 뜻】 宿:오랠 숙. 慶:경사 경. 尊:높일 존.
【말의 뜻】 宿命有福慶:숙명으로 복과 경사가 있음. 生世爲人尊:세상에 태
어나서 사람을 존경함이 됨. 以道安天下:도로써 천하를 편안하게 함.
奉法莫不從:법을 받들어 따르지 않음이 없음.

【뜻 풀이】 사람이 태어나서 전 세상에서 선을 행하였으면, 이 세상에 태어
나서 사람들의 존경을 받고, 참다운 도를 받들어 널리 사람들을 안락하
게 해 주어 누구도 따르지 않는 사람이 없다. 죽은 부모가 사람들에게
선을 베풀고 편안하게 구제해 주었으면, 그 아들과 손자도 사람들로부
터 존경을 받고 행복하게 된다.

王爲臣民長 常以慈愛下 身率以法戒 示之以休咎.

왕 위 신 민 장 상 이 자 애 하 신 솔 이 법 계 시 지 이 휴 구

　왕(王)은 백성들의 어른이 되니 항상 자애로써 아랫사람들을 사랑하고
몸을 거느리되 법과 계율로써 하며 보여줌에 써 허물을 쉬도록 해야 한다.

【글자 뜻】 臣:신하 신. 慈:사랑 자. 示:보일 시. 休:쉴 휴. 咎:허물 구.

【말의 뜻】 王爲臣民長 常以慈愛下:왕은 백성들의 어른이 되니 항상 자애로
　써 아랫사람들을 사랑함. 身率以法戒:몸을 거느리되 법과 계율로써 함.
　示之以休咎:보임에 써 허물을 쉬어야 함.

【뜻 풀이】 왕은 백성들의 주인이므로 항상 자애로써 어진 정치를 하고, 왕
　자신은 참다운 도로써 올바르게 지킨다. 백성들에게 보임에는 악을 범
　하지 말도록 해야 한다.

處安不忘危 慮明福轉厚. 福德之反報 不問尊以卑.

처 안 불 망 위 여 명 복 전 후 복 덕 지 반 보 불 문 존 이 비

　편안함에 처하되 위태함을 잊지 않아야 하고 생각이 밝으면 복이 굴러 후
해진다. 복과 덕의 돌이켜 갚음은 높고 낮음을 묻지 않기 때문이다.

【글자 뜻】 忘:잊을 망. 慮:생각 려. 厚:후할 후. 反:돌이킬 반. 卑:낮을
　비.

【말의 뜻】 處安不忘危:편안함에 처하되 위태함을 잊지 않음. 慮明福轉厚:
　생각이 밝으면 복이 굴러 후해짐. 福德之反報:복과 덕이 돌이켜 갚음.

不問尊以卑:높고 낮음을 묻지 않기 때문임.

【뜻 풀이】 설사 자기가 편안함에 처해 있을지라도 항상 위태로움에 처할
   것을 잊지 말아야 하고, 앞으로의 일을 잘 생각하여 밝게 처신해 나간다
   면 복의 보답이 두터워진다. 그것은 복과 덕의 보답은 사회 전 신분의
   귀하고 천함을 구별하지 않기 때문이다.

夫爲世間將 修正不阿枉 心調勝諸惡 如是爲法王.
부 위 세 간 장 수 정 불 아 왕 심 조 승 제 악 여 시 위 법 왕

   대저 세상의 장수가 되면 올바름을 닦고 의지하여 구부리지 않고 마음을
다스려 모든 악에 이기니 이와 같이 하여 법왕(法王)이 된다.

【글자 뜻】 將:장수 장. 阿:의지할 아. 枉:구부릴 왕. 調:다스릴 조.

【말의 뜻】 夫爲世間將:대저 세상의 장수가 됨. 修正不阿枉:올바름을 닦고
   의지하여 구부리지 않음. 心調勝諸惡:마음을 다스려 모든 악을 이김.
   如是爲法王:이와 같이 하여 법왕이 됨.

【뜻 풀이】 참다운 법을 닦고 올바른 도를 행하여 사악하지 않고, 마음을 다
   스려 모든 악을 이긴다. 마음을 구부리지 않고 도를 받들어 나간다면,
   장수뿐만 아니라 법왕까지도 된다.

見正能施惠 仁愛好利人. 旣利以平均 如是衆附親.
견 정 능 시 혜 인 애 호 이 인   기 리 이 평 균 여 시 중 부 친

올바름을 보고 능히 은혜를 베풀고 인애(仁愛)로 잘 사람들을 이롭게 한다. 이미 이롭게 하되 평균으로써 하여 이와 같이 하면 대중은 붙어 친하게 된다.

【글자 뜻】惠:은혜 혜. 旣:이미 기. 均:고를 균. 附:붙을 부.

【말의 뜻】見正能施惠:올바름을 보고 능히 은혜를 베풂. 仁愛好利人:인애로 잘 사람들을 이롭게 함. 旣利以平均:이미 이롭게 하되 평균으로 써 함. 如是衆附親:이와 같이 하면 대중이 붙어 친해짐.

【뜻 풀이】다른 사람의 올바르게 하는 것을 보면, 은혜를 그 사람들에게 베풀고, 인자하고 자비롭게 사람들에게 이롭게 한다. 이미 사람들에게 이롭게 하되 평등하게 한다면, 어떤 사람이나 그를 존경하고 친해지게 된다.

如牛厲渡水 導正從亦正. 奉法心不邪 如是衆普安.
여 우 여 도 수 도 정 종 역 정   봉 법 심 불 사 여 시 중 보 안

소를 격려하여 물을 건너게 함과 같이 인도함을 올바르게 하면 따름도 또한 올바르다. 법을 받들어 마음을 사악하지 않게 하여 이와 같이 하면 대중이 널리 편안하다.

【글자 뜻】厲:힘쓸 려. 導:인도할 도. 普:너를 보.

【말의 뜻】如牛厲渡水 導正從亦正:소를 격려하여 물을 건너게 함과 같이 인도하기를 올바로 하면 따름도 또한 올바름. 奉法心不邪:법을 받들어 마음을 사악하지 않게 함. 如是衆普安:이와 같이 하면 대중이 널리 편안함.

【뜻 풀이】 어리석은 소를 격려하여 물을 건너게 함과 같이, 지도를 올바르게 하면 따르는 사람도 올바르게 된다. 참다운 도를 올바르게 받들어 지도한다면, 가르침이 사람들을 널리 편안하게 할 수 있다.

勿妄嬈神象. 以招苦痛患. 惡意委自煞 終不至善方.
물 망 요 신 상   이 초 고 통 환   악 의 위 자 살   종 부 지 선 방

망령되이 신의 형상을 어지러이 하지 말라. 고통과 근심을 부르기 때문이다. 악한 마음은 스스로를 죽이게 되어 마침내 선한 쪽에 이르지 못한다.

【글자 뜻】 嬈:어지러울 요. 象:형상 상. 招:부를 초. 痛:아플 통. 煞:죽일 살.
【말의 뜻】 勿妄嬈神象:망령되이 신의 형상을 어지럽히지 말라. 以招苦痛患:고통과 근심을 부르기 때문임. 惡意委自煞:악한 마음은 스스로를 죽이게 됨. 終不至善方:마침내 선한 쪽에 이르지 못함.

【뜻 풀이】 함부로 신의 형상을 어지럽혀서는 안 된다. 고통과 근심을 불러 들이기 때문이다. 악의를 가지고 다른 사람을 대하면 도리어 자기 자신을 죽이는 결과가 되어, 마침내 선에는 이르지 못하게 된다. 눈에 보이지 않는 죄악에 대한 응보는 몹시 무서운 것이다.

戒德可恃怙 福報常隨己. 見法爲人長 終遠三惡道.
계 덕 가 시 호   복 보 상 수 기   견 법 위 인 장   종 원 삼 악 도

계율의 덕은 믿을 수가 있으니 복의 갚음이 항상 몸을 따른다. 법을 보면

사람의 어른으로 삼아라. 마침내 삼악도에서 멀어진다.

【글자 뜻】恃:밀을 시.　怙:믿을 호.　長:어른 장.

【말의 뜻】戒德可恃怙 福報常隨己:계율의 덕은 받을 수가 있으니 복의 갚
음이 항상 몸을 따름.　見法爲人長:법을 보면 사람의 어른으로 삼으라.
終遠三惡道:마침내 삼악도에서 멀어짐.

【뜻 풀이】계율을 지키어 얻은 덕은 반드시 복의 보답을 가져다 준다. 법
을 받들어 도에 들어가면 사람들 중의 어른이 되어, 삼악도(지옥·아
귀·축생)에서 멀어져 깨끗함을 얻게 된다.

戒愼除苦畏 福德三界尊. 鬼龍邪毒害 不犯持戒人.
계 신 제 고 외　복 덕 삼 계 존　　귀 룡 사 독 해　불 범 지 계 인

계율을 삼가서 괴로움과 두려움을 제거하면 복과 덕은 삼계에서도 높
다. 귀신과 용의 사악한 독의 해는 계율을 가진 사람을 침범하지 못한다.

【글자 뜻】愼:삼갈 신.　鬼:귀신 귀.　毒:독 독.　犯:침범할 범.　持:가질 지.

【말의 뜻】戒愼除苦畏:계율을 삼가서 괴로움과 두려움을 제거함.　福德三
界尊:복과 덕이 삼계에서도 높음.　鬼龍邪毒害 不犯持戒人:귀신과 용의
사악한 독의 해는 계율을 가진 사람을 침범하지 않음.

【뜻 풀이】계율을 지키어 모든 고뇌를 제거하면 그 복과 덕은 삼계(욕계·
색계·무색계)에서도 존귀하다. 귀신과 용 등의 사악한 독의 해도 계율
을 지키는 사람에게는 침범하지 못한다.

의리가 없고 성실하게 믿지 않아 속이고 망령되어 싸움과 다툼을 좋아
하면 마땅히 이에서 멀리 떠나 어리석음에 가까워 죄를 일으킴이 많음을
알라.

【글자 뜻】 欺:속일 기. 鬪:싸울 투. 諍:다툴 쟁.

【말의 뜻】 無義不誠信:의리가 없고 성실하게 믿지 않음. 欺妄好鬪諍:속이
고 망령되이 싸우고 다툼을 좋아함. 當知遠離此 近愚興罪多:마땅히 이
에서 멀리 떠나 어리석음에 가까워 죄를 일으킴이 많음을 알라.

【뜻 풀이】 의리와 인정도 없고 성실한 신념도 없어, 속이고 망령되이 사람
들과 싸우기를 좋아한다면, 이는 어리석은 사람과 같아서, 죄악을 저지
르는 일이 많아 복의 갚음을 얻기 어렵다.

인자하고 현명한 말은 성실한 믿음이 있어 많이 들으면 계율 행함이 갖
추어진다. 마땅히 이에 친하고 붙으면 지혜에 가까워 성실한 선이 많음을
알라.

【글자 뜻】 具:갖출 구. 附:붙을 부.

【말의 뜻】 仁賢言誠信:인자하고 현명한 말은 성실한 믿음이 있음. 多聞戒

行具:많이 들으면 계율 행함이 갖추어짐. 當知親附此 近智誠善多:마땅히 이에 친하고 붙으면 지혜에 가까워 성실한 선이 많음을 알라.

【뜻 풀이】 인자하고 현명한 말은 지혜가 풍부하고 진실하여, 많이 듣고 널리 배워 덕을 겸하고 있기 때문에, 이런 사람과 가까이 지내면 자신도 지혜가 더하고 덕을 닦아 선행을 많이 하게 된다.

> 善言不守戒 志亂無善行 雖身處潛隱 是爲非學法.
> 선 언 불 수 계 지 난 무 선 행 수 신 처 잠 은 시 위 비 학 법

　잘하는 말도 계율을 지키지 않으면 뜻이 혼란되어 선행이 없고 비록 몸을 잠기고 숨어 처할지라도 이것을 법을 배우지 않았다고 한다.

【글자 뜻】 志:뜻 지. 亂:어지러울 란. 潛:잠길 잠. 隱:숨을 은.
【말의 뜻】 善言不守戒:잘하는 말도 계율을 지키지 않음. 志亂無善行:뜻이 혼란하여 선행이 없음. 雖身處潛隱:비록 몸을 잠기고 숨어 처할지라도. 是爲非學法:이것을 법을 배우지 않았다고 함.

【뜻 풀이】 말은 잘할지라도 계율을 지키지 않아 덕행이 없다. 마음이 혼란하여 언행이 일치되지 않고 마음이 가라앉지 않아 악행만을 하게 된다. 비록 몸은 고요한 곳에서 살지라도 참다운 도를 지키며 산다고는 할 수 없다.

> 美說正爲上 法說爲第二 愛說可彼三 誠說不欺四.
> 미 설 정 위 상 법 설 위 제 이 애 설 가 피 삼 성 설 불 기 사

아름답게 말하여 올바르면 위가 되고 법을 말함은 둘째가 되며 사랑하는
말은 저 셋째가 되고 성실하게 말하여 속이지 않음이 넷째가 된다.

【글자 뜻】 美:아름다울 미. 彼:저 피. 欺:속일 기.

【말의 뜻】 美說正爲上:아름답게 말하여 올바르면 위가 됨. 法說爲第二:법
　　을 말함이 둘째가 됨. 愛說可彼三:사랑하는 말이 저 셋째가 됨. 誠說
　　不欺四:성실하게 말하여 속이지 않음이 넷째가 됨.

【뜻 풀이】 말하는 것이 아름답고 말이 올바르면 최상이 되고, 법에 따라 말
　　하는 것은 둘째가 되며, 자비로운 마음으로 말하는 것은 셋째가 되고,
　　성실하게 말하여 속이지 않는 것이 넷째가 된다.

無便獲利刃 自以剋其身. 愚學好妄說 行牽受幸戾.
무 변 획 리 인 자 이 극 기 신　　우 학 호 망 설 행 견 수 행 려

문득 날카로운 칼날을 얻었을지라도 스스로 써 그 몸을 이김이 없다. 어
리석음은 배워도 망령된 말을 좋아하고 가서 끌어도 다행히 어그러짐을 받
는다.

【글자 뜻】 便:문득 변. 利:날카로울 리. 刃:칼날 인. 剋:이길 극. 牽:끌
　　견. 戾:어그러질 려.

【말의 뜻】 無便獲利刃 自以剋其身:문득 날카로운 칼날을 얻을지라도 스스
　　로 써 그 몸을 이기지 못함. 愚學好妄說:어리석은 사람은 배워도 망령
　　된 말을 좋아함. 行牽受幸戾:가서 끌어도 다행히 어긋남을 받음.

【뜻 풀이】 미설(美說)·법설(法說)·애설(愛說)·성설(誠說)의 네 가지 설법을 문득 얻을지라도, 어리석은 사람은 그것을 이용하지 못하고 방일(放逸)하기 때문에 마음과 지혜를 활용하지 못한다. 어리석은 사람은 배워도 그릇된 일만을 생각하여 망령된 말을 좋아하고 악에 빠지게 된다.

> 貪婬瞋恚癡 是三非善本. 身以斯自害 報由癡愛生.
> 탐 음 진 에 치 시 삼 비 선 본   신 이 사 자 해 보 유 치 애 생

탐내어 음란함과 성냄과 어리석음의 이 세 가지는 착한 근본이 아니다. 몸은 이로써 스스로를 해치고 갚음은 어리석은 사랑으로 말미암아 생긴다.

【글자 뜻】 瞋:성낼 진. 恚:성낼 에. 斯:이 사.
【말의 뜻】 貪婬瞋恚癡 是三非善本:탐내어 음란함과 성냄과 어리석음의 이 세 가지는 착함의 근본이 아님. 身以斯自害:몸은 이로써 스스로 해침. 報由癡愛生:갚음은 어리석은 사랑으로 말미암아 생김.

【뜻 풀이】 싫증나지 않는 음란한 생활에 빠지면 마음이 사악한 쾌락에 빠진다. 탐냄과 성냄과 어리석음의 세 가지는 선의 근본이 아니라 악덕이어서, 도리어 이 때문에 몸을 해치고 어리석은 사랑 때문에 악한 보답을 받게 된다.

> 有福爲天人 非法受惡形. 聖人明獨見 常善承佛令.
> 유 복 위 천 인 비 법 수 악 형   성 인 명 독 견 상 선 승 불 령

복이 있으면 천인(天人)이 되고 법이 아니면 악형(惡形)을 받는다. 성인

은 밝아서 홀로 보아 항상 잘 부처님의 명령을 받는다.

【글자 뜻】 受:받을 수. 承:받들 승.

【말의 뜻】 有福爲天人:복이 있으면 천인이 됨. 非法受惡形:법이 아니면 악
　형을 받음. 聖人明獨見 常善承佛令:성인은 밝아서 홀로 보아 항상 잘
　부처님의 명령을 받듦.

【뜻 풀이】 복과 덕을 지키어 올바르면 천인이 되고, 법의 도에 어긋나는 사
　람은 악도에 떨어진다. 성인은 지혜가 깊고 마음이 올바르기 때문에, 부
　처님의 가르침에 어긋나는 행동을 하지 않는다.

戒德後世業 以作福追身. 天人稱譽善 心正無不安.
계 덕 후 세 업   이 작 복 추 신   천 인 칭 예 선   심 정 무 불 안

　계율의 덕은 후세의 업이니 써 복이 몸을 따르도록 지으라. 천인은 칭찬
을 선으로 삼아 마음이 올바르면 편안하지 않음이 없다.

【글자 뜻】 追:쫓을 추. 稱:칭찬할 칭. 譽:기릴 예.

【말의 뜻】 戒德後世業:계율의 덕은 후세의 업임. 以作福追身:써 복이 몸
　을 따르도록 지으라. 天人稱譽善:천인은 칭찬을 선으로 삼음. 心正無
　不安:마음이 올바르면 편안하지 않음이 없음.

【뜻 풀이】 부처님의 가르침과 계율을 지키며 살면 후세에 복을 무한량으로
　받는다. 천인은 칭찬을 선(善)으로 삼아 마음이 올바르기 때문에 방일하
　지 않는다. 성실하기 때문에 항상 마음과 몸이 편안할 수 있다.

┌───┐
│ 爲惡不念止 日縛不自悔 命逝如川流 是恐宜守戒.   │
│ 위 악 불 염 지 일 박 불 자 회 명 서 여 천 류 시 공 의 수 계   │
└───┘

　악을 행하여 그칠 생각을 아니하고 날로 묶이되 스스로 후회하지 않으면 목숨 가는 것이 내의 흐름과 같으니 이것을 두려워하거든 마땅히 계율을 지키라.

【글자 뜻】 縛:묶을 박. 逝:갈 서. 恐:두려울 공.

【말의 뜻】 爲惡不念止 日縛不自悔:악을 행하여 그칠 생각을 하지 않고 날로 묶이되 스스로 후회하지 않음. 命逝如川流:목숨 가는 것이 내의 흐름과 같음. 是恐宜守戒:이것이 두렵거든 마땅히 계율을 지키라.

【뜻 풀이】 많은 사람들은 죄악을 범하고서도 그치려 하지 않고 조금의 후회도 하지 않는다. 그러나 목숨은 냇물처럼 빨리 흘러서 덧없으니, 이것이 두렵거든 항상 계율을 지켜 침범하지 않도록 노력해야 한다.

┌───┐
│ 今我上體首 白生爲被盜. 已有天使召 時正宜出家.   │
│ 금 아 상 체 수 백 생 위 피 도 　 이 유 천 사 소 시 정 의 출 가   │
└───┘

　이제 나의 상체의 머리에 백발이 나기 때문에 도둑을 맞는다. 이미 천사의 부름이 있으니 때로 올바르게 하고 마땅히 출가하라.

【글자 뜻】 體:몸 체. 首:머리 수. 被:입을 피. 盜:도둑 도. 召:부를 소.

【말의 뜻】 今我上體首 白生爲被盜:이제 나의 상체 머리에 백발이 나기 때문에 도둑을 맞음. 已有天使召:이미 천사의 부름이 있음. 時正宜出家:

때로 올바르게 하고 마땅히 출가하라.

【뜻 풀이】 '소년은 늙기 쉽고 배움은 이루기 어렵다—少年易老學難成'이란 시가 있다. 어물어물하다 보면 늙어서 머리가 백발이 된다. 알지 못하는 사이에 도둑을 맞은 기분이다. 이미 천사의 부름이 있어 생명도 보장할 길이 없다. 젊은 동안에 빨리 출가하여 참다운 도를 구해야 한다.

제39 길상품(吉祥品)

> 吉祥品者 修己之術 去惡就善 終厚景福.
> 길 상 품 자 수 기 지 술 거 악 취 선 종 후 경 복

길상품(吉祥品)이란 자기의 재주를 닦아 악을 버리고 선에 나아가면 마침내 큰 복이 두터워진다.

【글자 뜻】 祥:상서 상. 術:재주 술. 就:나아갈 취. 厚:두터울 후. 景:클 경.

【말의 뜻】 修己之術:자기의 재주를 닦음. 去惡就善:악을 버리고 선에 나아감. 終厚景福:마침내 큰 복이 두터워짐.

【뜻 풀이】 이 길상품에서는 자기가 타고난 재주를 닦아 모든 악을 버리고 선행에 뜻을 두어 다른 사람들을 구제하면, 마침내 복의 갚음을 받아 행복이 두터워짐을 말하고 있다.

> 佛尊過諸天 如來常現義. 有梵志道士 來問何吉祥.
> 불 존 과 제 천 여 래 상 현 의 유 범 지 도 사 내 문 하 길 상

부처님은 높으시어 모든 하늘을 지나시고 여래는 항상 의를 나타내신다. 범지와 도사가 있어 와서 무엇이 길하고 상서로운 것이냐고 묻는다.

【글자 뜻】 尊:높을 존. 現:나타낼 현. 祥:상서로울 상.

【말의 뜻】佛尊過諸天:부처님은 높으시어 모든 하늘을 지나심. 如來常現
　義:석가여래께서는 항상 의를 나타내심. 有梵志道士 來問何吉祥:범지
　와 도사가 있어 와서 무엇이 길하고 상서로운 것이냐고 물음.

【뜻 풀이】부처님은 모든 하늘에 지날 만큼 높으시고, 석가여래께서는 항
　상 의를 나타내셨다. 범지와 도사들이 있어 부처님께 와서 무엇이 길하
　고 상서로운 것이냐고 여쭈었다.

於是佛愍傷 爲說眞有要. 已信樂正法 是爲最吉祥.
어 시 불 민 상 위 설 진 유 요　　이 신 락 정 법 시 위 최 길 상

　여기에서 부처님은 슬퍼하시고 상하시어 위하고 참다운 필요가 있음을
말씀하셨다. 이미 올바른 법을 믿고 즐거워하면 이것이 가장 길하고 상서
롭다고 하셨다.

【글자 뜻】愍:불쌍할 민. 傷:상할 상. 最:가장 최.
【말의 뜻】於是佛愍傷 爲說眞有要:여기에서 부처님께서는 슬퍼하시고 상
　하시어 위하고 참다운 필요가 있음을 말씀하셨다. 已信樂正法 是爲最
　吉祥:이미 올바른 법을 믿고 즐기면 이것이 가장 길하고 상서로운 것이
　된다.

【뜻 풀이】범지와 도사들이 길상(吉祥)을 물은 것은 세상의 행복이었는데,
　부처님이 말씀하신 것은 올바른 법을 믿고 즐기는 것을 말씀하신 것이
　다. 부처님은 참다운 도에 노력하는 것을 기뻐하시고 행복이라고 말씀
　하신 것이다.

若不從天人 希望求僥倖 亦不禱祠神 是爲最吉祥.
약 불 종 천 인 희 망 구 요 행 역 불 도 사 신 시 위 최 길 상

　만약에 천인에 따라 희망함과 요행을 구하지 아니하고 또한 사당 신에게 빌지 아니하면 이것을 가장 길하고 상서롭다고 한다.

【글자 뜻】希:바랄 희. 僥:요행 요. 倖:요행 행. 禱:빌 도. 祠:사당 사.
【말의 뜻】若不從天人 希望求僥倖:만약에 천인을 따라 희망과 요행을 구하지 아니함. 亦不禱祠神:또한 사당 신에게 빌지 아니함. 是爲最吉祥: 이것이 가장 길하고 상서로움이 됨.

【뜻 풀이】만일 천인에게 따르지 않을지라도 요행으로 우연의 행복을 희망하지 않고, 또한 사당의 신에게 빌지 아니하여 함부로 복만을 구하지 않는다. 올바른 참다운 도를 기도한다면, 이야말로 가장 길하고 상서로움이 된다.

友賢擇善居 常先爲福德 勅身從眞正 是爲最吉祥.
우 현 택 선 거 상 선 위 복 덕 칙 신 종 진 정 시 위 최 길 상

　현명한 사람을 벗으로 삼고 선을 가리어 살고 항상 먼저 복과 덕을 행하며 몸을 삼가서 참다운 올바름에 따르면 이것을 가장 길하고 상서롭다고 한다.

【글자 뜻】擇:가릴 택. 勅:삼갈 칙
【말의 뜻】友賢擇善居:현명한 사람을 벗으로 삼고 선한 곳을 가리어 살음.

常先爲福德:항상 먼저 복과 덕을 행함.   勅身從眞正:몸을 삼가 참다운 올바름을 따름.

【뜻 풀이】 현명한 사람을 벗으로 사귀고 선한 곳을 가리어 살면서, 항상 복과 덕을 베푼다. 몸을 삼가서 죄악을 피하고 참다운 올바름을 따른다면, 이것을 가장 길하고 상서롭다고 한다.

去惡從就善 避酒知自節 不婬于女色 是爲最吉祥.
거 악 종 취 선 피 주 지 자 절 불 음 우 여 색 시 위 최 길 상

악을 버리고 선을 따라 나아가고 술을 피하여 스스로 절제할 줄 알며 여색에 음란하지 않으면 이것을 가장 길하고 상서롭다고 한다.

【글자 뜻】 就:나아갈 취. 避:피할 피. 節:절제할 절.
【말의 뜻】 去惡從就善:악을 버리고 선을 따라 나아감. 避酒知自節:술을 피하여 스스로 절제할 줄 알음. 不婬于女色:여색에 음란하지 않음.

【뜻 풀이】 악한 일을 모두 버리고 선한 일을 따라 행하고, 술 마심을 피하여 스스로 절제할 줄 알며, 여색에 빠져 음란하지 않으면, 이것이 가장 길하고 상서롭다고 한다.

多聞如戒行 法律精進學 修已無所爭 是爲最吉祥.
다 문 여 계 행 법 률 정 진 학 수 이 무 소 쟁 시 위 최 길 상

많이 들어서 계율과 같이 행하고 법과 계율을 정진하여 배우며 닦음을 끝

내어 다투는 바가 없으면 이것을 가장 길하고 상서롭다고 한다.

【글자 뜻】律:계율 률. 已:마칠 이.

【말의 뜻】多聞如戒行:많이 듣고 계율과 같이 행함. 法律精進學:법과 계율을 정진하여 배움. 修已無所爭:닦음을 끝내어 다투는 바가 없음.

【뜻 풀이】많이 들어서 불경과 계율을 지키어 행하고, 크게 정진하여 법과 계율을 배우며, 지식과 몸을 잘 닦아서 다른 사람과 다투는 일이 없으면, 이것을 가장 길하고 상서롭다고 한다.

居孝事父母 治家養妻子 不爲空之行 是爲最吉祥.
거 효 사 부 모　치 가 양 처 자　불 위 공 지 행　시 위 최 길 상

거처함에 부모에게 효도로 섬기고 집안을 다스려 처자를 기르며 헛된 행실을 하지 않으면 이것을 가장 길하고 상서롭다고 한다.

【글자 뜻】事:섬길 사. 治:다스릴 치. 養:기를 양.

【말의 뜻】居孝事父母:거처함에 부모에게 효도로 섬김. 治家養妻子:집안을 다스려 처자를 기름. 不爲空之行:헛된 행실을 하지 않음.

【뜻 풀이】이것은 일반 사람에게 가르친 말씀이다. 가정에서 거처함에는 부모에게 효도로써 섬기고, 집안을 잘 다스려 처자를 기르며 세상일에 마음을 돌리지 않아 헛된 행실을 하지 않는다. 오로지 가정에서 선량한 사람이 되면, 이것을 가장 길하고 상서롭다고 한다.

不慢不自大 知足念反復 以時誦習經 是爲最吉祥.
불 만 불 자 대 지 족 염 반 복 이 시 송 습 경 시 위 최 길 상

거만하지 않아 스스로를 크게 여기지 않고 만족함을 알아 되풀이하여
생각하며 때때로 써 불경을 외우고 익히면 이것이 가장 길하고 상서롭다
고 한다.

【글자 뜻】 慢:거만할 만. 反:돌이킬 반. 復:되풀이할 복. 誦:외울 송. 習:
익힐 습.

【말의 뜻】 不慢不自大:거만하지 않아 스스로를 크게 여기지 않음. 知足念
反復:만족함을 알아 되풀이하여 생각함. 以時誦習經:때때로 써 불경을
외우고 익힘.

【뜻 풀이】 마음에 거만함이 없어 스스로를 크게 여기지 않고, 만족함을 알
아 구하는 것이 적으며, 때때로 불경을 외우고 익혀 나가면, 이것이 가
장 길하고 상서롭다고 한다.

所聞常以忍 樂欲見沙門 每講輒聽受 是爲最吉祥.
소 문 상 이 인 낙 욕 견 사 문 매 강 첩 청 수 시 위 최 길 상

듣는 바를 항상 참음으로써 하고 즐겨서 사문 보기를 바라며 매양 강함
에 문득 들어 받아들이면 이것이 가장 길하고 상서롭다고 한다.

【글자 뜻】 忍:참을 인. 講:풀이할 강. 輒:문득 첩. 聽:들을 청. 受:받을
수.

【말의 뜻】所聞常以忍:듣는 바를 항상 참음으로써 함. 樂欲見沙門:즐겨 사
　　문 보기를 바람. 每講輒聽受:매양 강함에 문득 들어 받아들임.

【뜻 풀이】어떤 일이나 들을 때에는 참는 마음으로써 하고, 항상 사문 만나
　　는 것을 즐겁게 여기며, 언제나 강설(講說)이 있으면 달려가 이를 듣고
　　받아들이면, 이것이 가장 길하고 상서롭다고 한다.

> 持齋修梵行 常欲見賢聖 依附明智者 是爲最吉祥.
> 지 재 수 범 행　상 욕 견 현 성　의 부 명 지 자　시 위 최 길 상

　　재계를 가져 범행을 닦고 항상 현인과 성인 보기를 바라며 밝은 지혜
　를 지닌 사람에게 의지하여 붙으면 이것을 가장 길하고 상서롭다고 한다.

【글자 뜻】持:가질 지. 齋:재계할 재.
【말의 뜻】持齋修梵行:재계를 가지고 범행을 닦음. 常欲見賢聖:항상 현인
　　과 성인 보기를 바람. 依附明智者:밝은 지혜가 있는 사람에게 의지하
　　여 붙음.

【뜻 풀이】마음과 몸을 깨끗하게 유지하기 위하여 몸과 입과 마음의 삼업을
　　깨끗하게 행동하고, 항상 성현 만나기를 원한다. 밝은 지혜가 있는 사람
　　에게 의지하여 친하게 지내면, 이것이 가장 길하고 상서롭다고 한다.

> 以信有道德 正意向無疑 欲脫三惡道 是爲最吉祥.
> 이 신 유 도 덕　정 의 향 무 의　욕 탈 삼 악 도　시 위 최 길 상

도와 덕이 있음을 믿음으로써 마음을 올바르게 하고 향하여 의심이 없으며 삼악도에서 벗어나기를 바라면 이것이 가장 길하고 상서롭다고 한다.

【글자 뜻】 向:향할 향. 疑:의심할 의. 脫:벗을 탈.

【말의 뜻】 以信有道德:도와 덕이 있음을 믿음으로써. 正意向無疑:마음을 바르게 하고 향하여 의심이 없음. 欲脫三惡道:삼악도에서 벗어나기를 바람.

【뜻 풀이】 마음을 바르게 하고 의심을 품지 않고, 도와 덕을 다하면 반드시 그 보답이 있을 것을 믿으며, 삼악도에 떨어질 것을 벗어나기를 바란다면, 이것이 가장 길하고 상서롭다고 한다.

等心行布施 奉諸得道者 亦敬諸天人 是爲最吉祥.
등 심 행 보 시 봉 제 득 도 자 역 경 제 천 인 시 위 최 길 상

같은 마음으로 보시를 행하고 모든 도를 얻은 사람들을 받들며 또한 모든 천인들을 공경하면 이것이 가장 길하고 상서롭다고 한다.

【글자 뜻】 等:같을 등. 布:베풀 보. 施:베풀 시.

【말의 뜻】 等心行布施:같은 마음으로 보시를 행함. 奉諸得道者:모든 도를 얻은 사람들을 받듦. 亦敬諸天人:또한 모든 천인들을 공경함.

【뜻 풀이】 범행을 닦는 사람은 평등한 마음으로 보시를 행하고, 모든 도를 얻은 사람들을 받들고, 또한 천인들을 존경하니, 이것이 가장 길하고 상서로운 일이다.

常欲離貪欲 愚癡瞋恚意 能習誠道見 是爲最吉祥.
상 욕 이 탐 욕 우 치 진 에 의 능 습 성 도 견 시 위 최 길 상

　항상 탐욕과 어리석음과 성내는 마음을 떠나고자 하고 능히 성실한 도를
보고 익히면 이것이 가장 길하고 상서로움이 된다.

【글자 뜻】 離:떠날 리.　癡:어리석을 치.　瞋:성낼 진.　恚:성낼 에.
【말의 뜻】 常欲離貪欲 愚癡瞋恚意:항상 탐욕과 어리석음과 성내는 마음을
　　떠나기를 바람.　能習誠道見:능히 성실한 도를 보고 익힘.

【뜻 풀이】 항상 탐욕과 성냄과 어리석음의 삼독(三毒)의 마음을 떠나기를
　　바라고, 깨끗하고 참다운 도를 올바로 깨달으려고 정진한다면, 이것이
　　가장 길하고 상서로운 일이 된다.

若以棄非務 能勤修道用 常事於可事 是爲最吉祥.
약 이 기 비 무 능 근 수 도 용 상 사 어 가 사 시 위 최 길 상

　만일 써 그르게 힘씀을 버리고 능히 부지런히 도의 씀을 닦으며 항상 옳
은 일을 섬기면 이것이 가장 길하고 상서로움이 된다.

【글자 뜻】 棄:버릴 기.　務:힘쓸 무.　勤:부지런할 근.　事:섬길 사.
【말의 뜻】 若以棄非務:만일 써 그르게 힘씀을 버림.　能勤修道用:능히 부
　　지런히 도의 씀을 닦음.　常事於可事:항상 옳은 일을 섬김.

【뜻 풀이】 마음이 절대로 힘써서는 안 될 일은 피하여 버리고, 부지런히 힘

써 참다운 도에 들어가서 항상 올바른 일만을 행하면, 이것이 가장 길하고 상서로운 일이 된다.

一切爲天下 建立大慈意 修仁安衆生 是爲最吉祥.
일 체 위 천 하 건 립 대 자 의 수 인 안 중 생 시 위 최 길 상

모든 천하를 위하고 큰 자비로운 마음을 세우며 인자함을 닦고 중생을 편안하게 하면 이것이 가장 길하고 상서로움이 된다.

【글자 뜻】 切:모두 체. 建:세울 건. 慈:사랑할 자.

【말의 뜻】 一切爲天下:모든 천하를 위함. 建立大慈意:큰 자비로운 마음을 세움. 修仁安衆生:인자함을 닦고 중생을 편안하게 함.

【뜻 풀이】 생각과 행함을 모두 천하를 위하여 하고, 큰 자비로운 마음을 마음에 일으켜서 인자함을 닦고, 모든 중생을 위하여 행복하기를 바란다면, 이것이 가장 길하고 상서로움이 된다.

欲求吉祥福 當信敬於佛. 欲求吉祥福 當聞法句義. 欲求吉祥
욕 구 길 상 복 당 신 경 어 불   욕 구 길 상 복 당 문 법 구 의   욕 구 길 상
福 當供養衆僧. 戒具淸淨者 是爲最吉祥.
복 당 공 양 중 승   계 구 청 정 자 시 위 최 길 상

길하고 상서로운 복을 구하기를 바라면 마땅히 부처님을 믿고 공경하라. 길하고 상서로운 복을 구하기를 바라거든 마땅히 법구의 옳음을 들으라. 길하고 상서로운 복을 구하기를 바라거든 마땅히 많은 중〔僧〕에게 공

양하라. 계율을 갖추고 맑고 깨끗한 사람은 이것이 가장 길하고 상서로운 일이 된다.

【글자 뜻】 義:옳을 의. 供:바칠 공. 僧:중 승. 具:갖출 구.

【말의 뜻】 欲求吉祥福:길하고 상서로운 복을 구하기를 바람. 當信敬於佛: 마땅히 부처님을 믿고 공경함. 當聞法句義:마땅히 법구의 옳음을 들음. 當供養衆僧:마땅히 많은 중에게 공양함. 戒具淸淨者:계율을 갖추어 맑고 깨끗한 사람.

【뜻 풀이】 만일 길하고 상서로운 복을 과보로 얻기를 바라거든, 마땅히 부처님을 믿고 공경하라. 불경과 계율인 이《법구경(法句經)》의 옳은 뜻을 들어 받들고, 모든 중〔僧〕들에게 공양을 하라. 계율을 갖추고 마음이 맑고 깨끗한 사람은, 이것이 가장 길하고 상서로운 일이 된다.

> 智者居世間 常習吉祥行 自致成慧見 是爲最吉祥.
> 지 자 거 세 간 상 습 길 상 행 자 치 성 혜 견 시 위 최 길 상

지혜 있는 사람은 세상에 살더라도 항상 길하고 상서로운 행실을 익히어 스스로 지혜 봄을 이루거니와 이것이 가장 길하고 상서로움이 된다.

【글자 뜻】 居:살 거. 致:이룰 치.

【말의 뜻】 智者居世間 常習吉祥行:지혜 있는 사람은 세상에 살지라도 항상 길하고 상서로운 행실을 익힘. 自致成慧見:스스로 지혜 봄을 이룸.

【뜻 풀이】 지혜가 밝은 사람은 속세에서 살지라도, 항상 길하고 상서로운

행실을 익히고, 스스로 지혜 보는 것을 이루어 해탈의 도에 들어가니, 이 것이 가장 길하고 상서로운 일이 된다.

梵志聞佛敎 心中大歡喜 即前禮佛足 歸命佛法衆.
범 지 문 불 교 심 중 대 환 희 즉 전 예 불 족 귀 명 불 법 중

범지는 부처님의 가르침을 듣고 마음속에 크게 기뻐하여 곧 앞서가 부처 님 발에 절하고 불법의 무리에 귀명한다.

【글자 뜻】 歡:기쁠 환. 禮:절 례.

【말의 뜻】 梵志聞佛敎:범지는 부처님의 가르침을 들음. 心中大歡喜:마음 속에 크게 기뻐함. 即前禮佛足:곧 앞으로 나아가 부처님 발에 절함. 歸 命佛法衆:불법의 무리에 귀명함.

【뜻 풀이】 범지들은 부처님의 가르침을 듣고, 부처님이 말씀하신 참다운 길하고 상서로움을 알 수가 있다. 마음의 미혹에서 깨어나 크게 기뻐하 고, 자진하여 부처님 발에 절하고 삼보에 귀의하여, 출가할 것을 청하 여 부처님의 불쌍히 여기심을 얻어 사문이 될 것을 얻었다. 부처님과 법 과 중〔僧〕의 삼보에 귀의하여, 이것을 마음속에 지녀 청정무구한 중〔僧〕 이 되어 계율을 지키는 승려가 되었다.

깊이 있는 해설과 풍부한 원문해석으로
고전 해석의 깊은 감동을 드립니다.

일생에 한번은 꼭 읽고 마음에 새겨야할 《명심보감(明心寶鑑)》
"착한 일을 하는 사람에게는 하늘이 복으로 갚고,
악한 일을 하는 사람에게는 하늘이 재앙으로 갚는다."

《明心寶鑑》 이는 곧 '마음을 밝혀 주는 보배로운 거울'이란 뜻이다. 사람이 세상에 태어나서 어찌 사람답지 못한 인간이 될 수 있으랴? 사람은 누구나 자기 자신의 인격을 꾸준히 수양함으로써, 마음이 선량한 데서 떠나지 않고 행동이 올바른 도리에서 벗어나지 않게 되는 것이다.

'착한 일을 하는 사람에게는 하늘이 복으로써 갚고, 악한 일을 하는 사람에게는 하늘이 재앙으로써 갚는다.'고 말하고 있다. 착한 행실은 선량한 마음에서 나오고 악한 행실은 악한 마음에서 나온다. 그러므로 착한 행실을 하려면 먼저 마음부터 선량하게 닦아야 한다. 극단적으로 말하면, 사람은 누구나 자신의 마음을 가꾸기 위하여 일생을 산다고 해도 과언이 아니다. 사람의 마음은 그만큼 가꾸기 어려운 것이다. 그러나 또 본인 자신이 마음만 굳게 먹는다면, 누구나 온전한 마음을 지녀 나갈 수 있는 것이다.

추적. 범립본 원저 | 박일봉 편저 | 신국판 양장 | 472쪽 | 정가 20,000원

고전 역사학자 박일봉 선생께서 직접 번역 · 감수하신
일봉 시리즈는 풍부한 원문해설, 어원, 뜻 풀이, 해설 등으로
정통 고전의 진수를 직접 확인해 보실 수 있습니다.

인격수양의 지침서 《채근담(茶根譚)》
부귀한 사람에게 경계를, 가난한 사람에게 기쁨을,
성공한 사람에게 충고를 주어 인생의 모든 일을 달성할 수 있게 한다.

세상에는 인생과 처세에 대한 수양서가 헤아릴 수
없이 많이 있지만 그 중에서 이 《채근담》 이야말로
동서고금에 그 유례가 없는 군계일학의 백미이리
라. 《채근담》 전 · 후집을 통하여 살펴보면 저자 홍
자성은 그 사상의 뿌리를 유교에 두고 있으나 노장
의 도교나 불교의 사상까지도 폭넓게 받아들이고
있다. 그러므로 그는 인생을 초탈하되 속세 속에서
초탈하라고 강조하고 있으며 물질과 명예도 맹목
적으로 부정하고 있지는 않다. 《채근담》이 현대인
의 공감을 불러일으키는 이유도 여기에 있는 것이
다. 이리하여 이 《채근담》은 부귀한 사람에게는 경
계를 주고 빈천한 사람에게는 안락을 주며, 성공한
사람에게는 충고를 주고 실의에 빠진 사람에게는
격려를 주어 누구에게나 인격수양의 지침서가 되
고 삶의 지혜의 샘물이 되어 만인에게 즐거움을 안
겨 주는 것이다.

홍자성 원저 | 박일봉 편저 | 신국판 양장 | 576쪽 | 정가 20,000원

이 시대를 구성하고 있는 우리 모두에게 사회 전반을 이해하는데 커다란 영향을 미칠 수 있는 역사 인식의 길잡이!!

'역사란, 역사가와 사실들 사이의 상호작용의 부단한 과정이며, 현재와 과거와의 끊임없는 대화이다.'

What is History?

이 책은 역사라는 근본 문제를 하나하나 빠짐없이 논한 역사철학서이다. 〈역사란 무엇인가〉는 아마도 현대에서 가장 새롭고 가장 뛰어난 철학서일 것이다. 이 책의 뛰어난 내용은 E. H. Carr 가 직업적인 철학자가 아니라 현대의 가장 탁월한 역사가라는 점과, 따라서 이 책이 그의 오랜 동안의 역사적 연구 및 서술의 경험을 통해 얻은 지혜의 결정(結晶)이라는 점이다.

"역사란 현재와 과거의 대화이다." E. H. Carr는 이 말을 이 책 속에서 여러 차례 반복하고 있다. 이것은 그의 역사철학의 정신이다. 한편으로는, 과거는 과거 때문에 문제가 되는 것이 아니라 우리들이 살고 있는 현재에서의 의미 때문에 문제가 되는 것이며, 다른 한편으로는, 현재라는 것의 의미는 고립(孤立)한 현재에서가 아니라 과거와의 관계를 통해 분명해지는 것이다.

What is History
E. H. 카 지음 | 박종국 옮김

역사란
무엇인가

이 시대를 구성하고 있는 우리 모두에게
사회 전반을 이해하는데 커다란 영향을
미칠 수 있는 역사 인식의 길잡이!!

육문사

E. H. 카 (Edward Hallet Carr) 지음 | 박종국 옮김 | 신국판 양장 | 240쪽 | 정가 13,000원

세상을 보는 눈과
마음을 키우는 책 !

세상을
움직이는 책

세상을 움직이는 책 시리즈

❶ 에밀(장 자크 루소 / 민희식 옮김)
❷ 역사란 무엇인가(E. H. 카 / 박종국 옮김)
❸ 소크라테스의 변명, 크리톤, 향연, 파이돈(플라톤 / 박병덕 옮김)
❹ 생활의 발견(임어당 / 박병진 옮김)
❺ 철학의 위안(보에티우스 / 박병덕 옮김)
❻ 유토피아(토머스 모어 / 박병진 옮김)
❼ 채근담(박일봉 편저)
❽ 맹자(박일봉 편저)
❾ 명심보감(박일봉 편저)
❿ 논어(박일봉 편저)
⓫ 손자병법(박일봉 편저)
⓬ 노자 도덕경(박일봉 편저)
⓭ 사기 본기(박일봉 편저)
⓮ 사기 열전 1(박일봉 역저)
⓯ 사기 열전 2(박일봉 역저)
⓰ 대학 · 중용(박일봉 편저)
⓱ 목민심서(박일봉 편저)
⓲ 고사성어(박일봉 편저)
⓳ 장자 내편(박일봉 편저)
⓴ 장자 외편(박일봉 편저)
㉑ 장자 잡편(박일봉 편저)
㉒ 소학(박일봉 편저)
㉓ 고문진보-전집(시편)(박일봉 편저)
㉔ 고문진보-후집(문편)(박일봉 편저)
㉕ 법구경(박일봉 편저)
㉛ 정신분석 입문(지그문트 프로이트 / 이규환 옮김)
㉜ 톨스토이 인생론·참회록(톨스토이 / 박병덕 옮김)
㉝ 쇼펜하우어 인생론(쇼펜하우어 / 김재혁 옮김)
㉞ 몽테뉴 수상록(몽테뉴 / 민희식 옮김)
㉟ 죽음에 이르는 병(쇠렌 오뷔에 키에르케고르 / 박병덕 옮김)
㊱ 아우렐리우스 명상록(아우렐리우스 / 박병덕 옮김)
㊲ 셰익스피어 4대 비극(셰익스피어 / 박수남·김재남 옮김)
㊳ 셰익스피어 5대 희극(셰익스피어 / 박수남·김재남 옮김)
㊴ 셰익스피어 4대 비극·5대 희극(셰익스피어 / 박수남·김재남 옮김)
㊵ 파스칼 팡세(블레즈 파스칼 / 정봉구 옮김)

※ 세상을 움직이는 책 시리즈는 계속 출간됩니다.

경기도 고양시 일산동구 산두로 128, 909동 202호 | T · 031-902-9948 | F · 031-903-4315   육문사 Yukmoonsa

학문을 키워주는 미래로의 산책

온고지신
인문학

온고지신(溫故知新)

'온고(溫故)'는 옛것을 익힌다는 뜻이고, '지신(知新)'은 새것을 안다는 뜻으로
새로운 것을 알기 위해서 옛것을 익히고 배워야 한다.